LA
MORALE ANGLAISE

CONTEMPORAINE

MORALE DE L'UTILITÉ ET DE L'ÉVOLUTION

PAR

M. GUYAU

OUVRAGE COURONNÉ PAR L'ACADÉMIE DES SCIENCES MORALES ET POLITIQUES

DEUXIÈME ÉDITION
Revue et augmentée

PARIS
ANCIENNE LIBRAIRIE GERMER BAILLIÈRE ET Cie
FÉLIX ALCAN, ÉDITEUR
108, BOULEVARD SAINT-GERMAIN, 108

1885
Tous droits réservés.

LA
MORALE ANGLAISE
CONTEMPORAINE

OUVRAGES DU MÊME AUTEUR :

La morale d'Épicure et ses rapports avec les doctrines contemporaines. *Couronné par l'Académie des sciences morales et politiques*, 1 vol. in-8° (Librairie F. Alcan). 2ᵉ édition. 6 fr. 50

Les problèmes de l'esthétique contemporaine, 1 vol. in-8° (Librairie F. Alcan). 5 fr.

Esquisse d'une morale sans obligation ni sanction. 1 vol. in-8° (Librairie F. Alcan). 5 fr.

Vers d'un philosophe. 1 vol. in-12 (Librairie F. Alcan). 3 fr. 50

Etude sur la philosophie d'Épictète et traduction du Manuel d'Épictète (Librairie Ch. Delagrave), 1 vol. in-12. 2 fr. 50

Coulommiers. — Imprimerie Paul BRODARD et GALLOIS.

AVANT-PROPOS

Le travail dont nous publions aujourd'hui la 2ᵉ édition faisait partie d'un mémoire écrit en 1873 et couronné l'année suivante par l'Académie des sciences morales[1]. On ne sera pas étonné que depuis cette époque (nous avions alors dix-neuf ans) une évolution naturelle se soit produite dans notre esprit, et que nos idées se soient modifiées dans une notable mesure ; néanmoins nous avons cru devoir conserver la plus grande partie du mémoire primitif que l'Académie avait honoré de son suffrage. Les conclusions de ce travail sont du reste purement critiques : nous reviendrons ailleurs, s'il y a lieu, sur certaines questions importantes[2].

Dans ce volume, nous avons essayé de faire mieux connaître et apprécier les doctrines anglaises sur la morale. Nous les avons d'abord exposées en toute conscience et le plus fidèlement qu'il nous a été possible ; nous nous sommes fait pour un temps le disciple des Bentham, des Stuart Mill, des Spencer ; nous nous sommes efforcé de les défendre contre certaines objections superficielles, de marquer enfin le développement graduel et l'évolution de leurs systèmes souvent si profonds et si vrais[3]. Plus tard, — quand la critique suc-

---

[1]. Le mémoire primitif avait pour sujet *l'histoire et la critique de la morale utilitaire* ; il allait d'Epicure jusqu'à l'école anglaise contemporaine. La première moitié de ce mémoire a paru sous le titre de *La morale d'Epicure et ses rapports avec les doctrines contemporaines*. C'est la seconde moitié que contient ce volume.

[2]. Voir notre *Esquisse d'une morale sans obligation ni sanction*.

[3]. Dans l'exposition historique, le moindre mérite que le lecteur ait le droit d'exiger, c'est l'exactitude, surtout quand il s'agit de résumer des travaux étrangers. Ici, les étrangers eux-mêmes sont les meilleurs juges. Nous permettra-t-on de dire que M. Spencer, dans une bienveillante lettre, nous a affirmé l'entière exactitude de l'exposition que nous avions faite de son propre système ? De même pour Ch. Darwin. M. Pollock, l'éditeur de Spinoza, qui a consacré dans le *Mind* un article à notre volume, a constaté la même exactitude dans l'exposition des autres doctrines anglaises. D'après M. Pollock, comme d'après M. Spencer, « il n'existe nulle part, même en

cède, dans cet ouvrage, à la simple exposition, — nous avons naturellement recouvré notre indépendance : au lieu de parler pour ainsi dire par procuration, nous avons dû parler pour notre propre compte et souvent pour le compte des adversaires les plus convaincus de la doctrine anglaise; nous avons cherché toutes les objections possibles. Selon nous, exposer et critiquer sont deux choses absolument différentes, et qu'il ne faut jamais mêler. Celui qui critique une doctrine doit mettre autant d'ardeur à en marquer les points faibles que celui qui l'expose à en découvrir les qualités. Nous avons ainsi soumis en quelque sorte les doctrines anglaises à deux débats contradictoires. Mettant aux prises l'école anglaise et les écoles dérivées de Kant qui semblent encore actuellement en honneur, nous avons fourni à l'une comme aux autres le plus d'arguments que nous avons pu : le lecteur pourra ainsi mieux juger entre elles. Chacune a d'ailleurs sa part de vérité.

Les systèmes anglais, dont nous entreprenons ici l'exposition, la critique et aussi la justification partielle, ont été longtemps accueillis avec grande défiance dans notre pays. Maintenant encore, malgré la réaction légitime qui s'est produite récemment en leur faveur, beaucoup de gens tiennent ces doctrines pour suspectes, s'effrayent de leurs conséquences, et, comme ils les craignent, ils tâchent de les connaître le moins possible, de les réfuter même avant de les comprendre. Cette ignorance volontaire est fréquente : que de doctrines on combat ainsi par l'inertie, en leur opposant quelques vieilles objections rebattues sans vouloir les

Angleterre, une histoire aussi complète, aussi digne de foi de l'utilitarisme anglais (*Mind*, avril 1880, p. 281). » Nous donnons ces témoignages comme un renseignement aussi précieux pour le lecteur français que pour l'auteur. Dans cette nouvelle édition, nous avons résumé, en outre, les travaux les plus marquants publiés en Angleterre sur la philosophie morale depuis 1879.

approfondir en conscience ! Quand il s'agit de morale ou de religion, la majorité des hommes est toujours portée à éviter la discussion, à se retrancher en soi, à laisser les doctrines adverses dans une ombre qui empêche l'esprit de les apprécier à leur juste valeur ; en un mot on préfère les juger de parti pris, comme si ce qu'il y a de plus difficile au monde, ce n'était pas de juger une doctrine qui n'est point la nôtre ! On ne saurait assez se persuader combien une tête humaine est étroite, combien nous avons de peine à faire entrer en nous toute la pensée d'autrui et à regarder les choses du point de vue d'où les autres les regardent. Dans les pays de montagnes, ne suffit-il pas parfois d'une distance de quelques pas pour nous cacher une haute cime qu'un autre mieux placé découvre au loin ?

Les moralistes anglais, il faut pourtant le reconnaître, n'ont jamais eu l'intention de provoquer cette crainte et cette répugnance qu'ils causent encore maintenant à beaucoup d'esprits. Ils se sont bornés à exposer simplement, presque naïvement leur pensée ; ils sont généralement froids et semblent avoir l'horreur du « scandale », qui sourit assez aux écrivains allemands ou français. Aussi leurs idées ne se produisent-elles point bruyamment ; d'autre part, elles ne se cachent point sous de mystérieuses formules et ne cherchent point la profondeur apparente dans l'obscurité. Les Anglais semblent un peu ignorer ces « coups de pistolet » dont parle M. Lewes et que savent si bien tirer les philosophes allemands contemporains. On a plaisir à les accompagner dans leur recherche de la vérité, tant ils accomplissent cette recherche avec conscience et scrupule ; ils y apportent même cet esprit de minutie propre aux Anglais et qui parfois empêche les vues d'ensemble, excepté chez les grands esprits. Quand ils présentent un paradoxe, c'est le plus souvent d'une façon un peu oblique et comme à regret. Il faut voir, par exemple, avec quelle prudence Darwin expose ses belles hypothèses ; en général même, il restreint chacune de ses moindres assertions par des formules dubitatives, tant il a peur d'affirmer comme vrai ce qui ne serait que probable. Stuart Mill en faisait autant. M. Spencer, lui, a moins de ces hésitations : il nous déclare qu'il a un système et nous le développe en entier ; mais il ne s'attache nullement, au moins en morale et en religion, à agiter l'opinion publique par quelque paradoxe trop hardi ; il entreprend de faire à chacun sa part, tout en faisant, bien entendu, la part la plus grosse à l'hérédité et à l'évolution. Outre la sincérité entière de la pensée, on trouve chez les philosophes anglais cette sincérité du langage qui est la simplicité ; il n'y a pas de place chez eux pour la rhétorique, pour les phrases redondantes, en un mot pour tous les artifices qui trompent le lecteur et jusqu'à l'auteur. On peut dire même qu'ils n'ont pas ce que nous appelons le *style* (c'est d'ailleurs chez eux un défaut plutôt qu'une qualité). En somme, malgré les préjugés dont ils sont l'objet, il semble *a priori* que leur doctrine doit avoir d'autant plus de valeur qu'ils la présentent toute nue pour ainsi dire et qu'ils ont convaincu beaucoup d'esprits sans jamais les entraîner.

Ainsi donc, si les théories anglaises de l'utilité et surtout de l'évolution ont contredit l'opinion publique, il n'était pas possible de le faire avec plus de ménagements : il est difficile d'être plus doucement révolutionnaire. Au lieu d'attaquer de front les croyances communes, les penseurs anglais les minent par la base, lentement, sans beaucoup de bruit. On nous dira que c'est le plus sûr moyen pour qu'elles s'écroulent toutes à la fois. Aussi ne voulons-nous pas faire de la doctrine anglaise une doctrine bénévole et indifférente. Non, mais nous croyons qu'un système si sincère, qui s'appuie sur le seul raisonnement et prétend être fort comme la science, mérite l'examen le plus approfondi et le plus consciencieux; qu'on ne se borne donc pas, comme on l'a fait trop souvent, à le flétrir d'un mot hautain ou à l'écarter comme dangereux; il est digne d'être étudié sans prévention, d'être compris et respecté même lorsqu'il paraît porter atteinte à des idées qui nous sont chères. Le caractère le plus remarquable de l'esprit philosophique et scientifique moderne, c'est de ne plus s'enfermer dans une doctrine, de s'ouvrir tout grand à toutes, sans crainte et sans hésitation, prêt à admettre la vérité nouvelle, prêt à recommencer tout son travail d'autrefois, à rompre avec son passé, plein de cette tranquillité que la nature apporte dans ses métamorphoses et qui ne compte pour rien les souffrances du *moi*, ses préjugés évanouis ou ses espérances brisées.

A ce large point de vue, où doit se placer tout chercheur consciencieux de la vérité, y a-t-il encore des « doctrines dangereuses », suivant une expression souvent employée et qu'on n'a pas épargnée aux théories anglaises? Nous ne le croyons pas. Une *théorie*, un *système raisonné* ne peuvent être dangereux, car le danger serait dans la raison même, puisqu'ils ne tirent leur force que de la raison. On pourrait plutôt appliquer une telle épithète aux superstitions populaires, aux religions qui se prétendent révélées et qui, s'appuyant sur le miracle et le mystère, s'appuient sur l'irrationnel, sur l' « absurde », comme l'avouent Tertullien et Pascal; ne tendent-elles pas ainsi à détruire en nous la raison pour s'y substituer? Tout *dogme* est foncièrement immoral en lui-même, mais tout système qui n'est pas un dogme ne peut plus rien offrir de véritablement dangereux à l'esprit qui poursuit la vérité : car la diversité des systèmes est précisément le seul moyen de la découvrir. Chaque théorie, quel qu'en soit l'objet, aura donc des droits égaux aux yeux du penseur : qu'il s'agisse de la morale et de ses fondements ou de toute autre science, peu importe. Tout doit être objet de libre spéculation et de libre examen pour l'homme, et ce sont les spéculations sur les choses les plus graves, comme la morale, qui doivent être le plus encouragées, dans quelque sens qu'elles se portent; au fond, et pour qui regarde l'avenir, elles sont les plus utiles de toutes, car si elles contiennent quelque part de vérité, cette vérité est de toutes la plus haute. Il faut donc mettre au grand jour même ces doctrines réputées dangereuses, sans rien en cacher, sans rien y changer; il faut reconnaître hardiment ce qu'elles peuvent avoir de beau et de vrai; il faut aussi relever non moins hardiment ce qu'elles peuvent avoir d'inexact et d'incomplet, d'autant plus que, entreprendre ainsi la critique sincère et sérieuse d'un système, c'est quelquefois finir par se convaincre mieux soi-même de sa vérité relative. Si une doctrine est séduisante, si elle vous tente, raison de plus pour ne pas se signer devant elle comme les moines du moyen âge, mais pour la regarder en face, en se disant que ce qu'on prend pour la tentation, c'est peut-être le salut. Assurément notre époque est un temps de trouble et d'inquiétude pour les esprits qui ne possèdent pas le calme un peu triste et la raison froide du savant ou du philosophe : c'est précisément ce qui fait sa grandeur. Celui-là ne se sent jamais troublé ni inquiet, qui n'a

AVANT-PROPOS

jamais cherché la vérité ou qui croit à jamais l'avoir trouvée; mais le premier manque de cœur, et quant au second, ne manque-t-il pas de clairvoyance? Mieux vaut le trouble que l'indifférence ou la foi aveugle. Heureux donc les hardis novateurs, comme il en existe en Angleterre, qui peuvent répandre le trouble dans les esprits les plus tranquilles jusque-là, qui peuvent ébranler la masse encore tout engourdie de la majorité des hommes, provoquer partout les discussions, les débats, le doute provisoire, et faire s'entrechoquer les idées au sein de l'humanité, comme se heurtent les ondes lumineuses dans l'éther ou les vagues dans l'océan. Cette tempête intérieure vaut mieux que le calme et la béatitude d'autrefois; nous croyons qu'il faut sans frémir l'appeler sur nous et sur les autres [1].

---

[1]. Voici, dans le *Rapport* présenté à l'Académie des sciences morales par M. Caro, les pages bienveillantes consacrées à l'appréciation de notre livre :

« Le mémoire inscrit sous le numéro 2 est un ouvrage de 1300 pages « in-quarto, qui promet par ses dimensions mêmes des recherches con- « sidérables, et qui tient encore au delà de ce qu'il promet.

« Le plan de l'exposition historique se lie à une vue personnelle de « l'auteur. Il distingue dans l'histoire de la morale utilitaire trois pé- « riodes : la première, où cette morale se fonde sur l'intérêt particulier, « comme dans Epicure, dans Hobbes, et en France au XVIIIe siècle; « la seconde, où elle s'établit sur l'harmonie entre l'intérêt particulier « et l'intérêt général (c'est la période de l'esprit utilitaire en Angle- « terre jusqu'à Bentham inclusivement); la troisième enfin, la période « tout à fait moderne, où la morale utilitaire prétend ne plus pour- « suivre que l'intérêt général : c'est la phase marquée par les noms de « MM. Stuart Mill, Bain, Bailey, Darwin, Herbert Spencer. Il y a donc, « suivant ce point de vue ingénieux et profond, un véritable progrès, « une évolution continue dans l'école utilitaire depuis Epicure jusqu'à « l'époque contemporaine, où son mouvement s'épuise et après laquelle « il n'y a plus pour elle ou bien qu'à se confondre avec la morale « rationnelle du devoir, dont elle semble parfois toucher les frontières, « ou bien à revenir en arrière jusqu'à son point de départ, pour « recommencer un cercle sans fin. Nous aurions sur plus d'un point « peut-être à contester la justesse et l'exactitude de ces divisions trop « nettement tranchées d'une morale qui, au fond, ne cesse pas de se « ressembler beaucoup à elle-même dans toutes ses métamorphoses. « Mais c'est assurément un bel essai de généralisation, une synthèse « vraie au moins dans les grandes lignes et qui témoigne dès les pre- « mières pages d'un esprit de haute valeur.

« L'auteur excelle (ce n'est pas trop dire) dans l'interprétation et la

« restitution des doctrines tant anciennes que modernes. Nous sommes
« unanimes à signaler à l'Académie une étude singulièrement appro-
« fondie sur Epicure, traité avec un soin tout particulier par l'auteur,
« qui voit en lui l'utilitarisme à la fois naissant et presque achevé dès
« sa naissance... » Ici, le savant rapporteur apprécie notre travail sur
Epicure et les Epicuriens, qui a été déjà publié à part. « Nous avons cité
« cet exemple pour donner l'idée de l'originalité décisive, je dirai presque
« impérieuse de l'auteur, qui ne s'arrête devant aucune tradition, devant
« aucune autorité dans l'histoire de la philosophie et qui revendique
« hautement le droit, bien justifié d'ailleurs, de reviser les sentences
« portées avant lui. Dans cet ordre d'interprétations vraiment neuves
« et personnelles, citons particulièrement le chapitre sur Bentham, où
« l'auteur rectifie habilement, non sans des raisons plausibles et fortes,
« l'analyse et l'explication qui avaient été proposées par M. Jouffroy
« de cette doctrine. Tout dans cette exposition des systèmes est telle-
« ment complet, conçu dans de si larges proportions, que véritablement
« on ne pourrait se plaindre que de l'excès et de la surabondance, non
« dans les détails, qui tous ont leur prix, mais dans l'ensemble de
« cette vaste composition, où l'on sent vaguement qu'il y aurait à re-
« trancher quelque chose pour en faire une œuvre plus harmonieuse et
« plus saisissante, sans qu'on puisse se décider à marquer la place où
« le sacrifice devrait être accompli.

« La partie critique ne le cède en rien à la partie historique. La
« méthode de l'école *inductive* opposée à la méthode *intuitive*, la fin mo-
« rale déterminée par les différents critériums de l'école utilitaire, les
« questions de l'obligation et de la sanction, l'examen de la science
« sociale, du droit et de la politique d'après les nouvelles doctrines,
« enfin, ce qui est vraiment nouveau, le système de l'utilité et le sys-
« tème tout récent de l'évolution comparés entre eux et ramenés l'un
« à l'autre : voilà un ample programme, tracé et rempli de manière à
« donner pleine satisfaction aux esprits les plus exigeants.

« Je ne ferai qu'une seule remarque sur la méthode dialectique de
« l'auteur. Il est tellement pénétré de l'excellence de la vérité qu'il
« porte presque trop loin les concessions à ses adversaires. Il est bon
« d'être généreux ; il n'est pas même mauvais d'être convaincu de sa
« force. Mais enfin, parfois, il y a comme une noble imprudence à trop
« accorder d'avance aux doctrines fausses. C'est jouer un jeu dange-
« reux que de donner une impression si vive et si engageante des sys-
« tèmes que l'on doit combattre. Il semble que l'auteur ait voulu ne
« rien épargner pour en augmenter la séduction logique et le prestige,
« comme pour augmenter le mérite de les vaincre. N'est-il pas à craindre
« que le trouble de l'esprit du lecteur ne survive au péril entrevu, et
« que la vérité démontrée ne vienne trop tard rassurer la pensée un
« instant surprise et confondue ?

« Mais, en compensation de ces légères critiques, il faut louer sans
« restriction la science de l'auteur, puisée aux sources, sa fécondité
« inépuisable d'argumentation, la variété de ses points de vue, les con-
« clusions décisives, et par surcroît l'éloquence, celle qui résulte du
« mouvement de la pensée et qui répand la lumière avec l'émotion par-
« tout où elle se porte. Quelques-uns des arguments trouvés par l'au-
« teur, particulièrement contre l'école de l'évolution, resteront dans la
« science et garderont le nom de l'auteur, réservé d'ailleurs, on peut
« l'augurer à coup sûr, à d'autres succès et à un bel avenir d'écrivain
« philosophe... » (M. Caro, *Comptes rendus de l'Académie*, t. CII, p. 535.)

LA MORALE ANGLAISE

CONTEMPORAINE

PREMIÈRE PARTIE

EXPOSITION DES DOCTRINES

CHAPITRE PREMIER

BENTHAM

PRINCIPES DE LA MORALE

Bentham et l'esprit anglais. — Influence de Bentham en Angleterre pendant la première partie de notre siècle.
I. — Comment Bentham découvrit la vraie formule de son système. — Son enthousiasme. — Bentham comparé à Descartes par ses disciples. — Un nouveau monde moral. — Le plaisir et la peine, seuls mobiles de la pensée, de la volonté et des actions de l'homme. — Ce principe de la morale utilitaire est-il susceptible de preuve ? — Comment la recherche du plaisir, pour être conséquente, devient la recherche de l'utilité. — Comment la doctrine utilitaire, chez Bentham, s'oppose elle-même à toutes les autres doctrines et prend une attitude agressive. — L'*ipsédixitisme* produisant, selon Bentham, l'*ascétisme* et le *principe d'antipathie et de sympathie*. — Suppression de la vertu, de l'obligation, du devoir. — Méthode de Bentham. — Les qualités morales résolues en quantités et soumises au calcul. — L'économie morale. — Définition de la vertu. — Progrès introduit sur ce point par Bentham dans la doctrine utilitaire, telle que l'avaient laissée Helvétius et ses successeurs. — Ce progrès implique-t-il inconséquence.
II. — Le sacrifice qu'exige la vertu est-il provisoire ou définitif. Bentham et Epicure. — Que la méchanceté est une faute de calcul. — Optimisme absolu. — Critique du désintéressement et de l'abnégation. — Les consommations improductives en morale. — Que la morale utilitaire est une régularisation de l'égoïsme.

III. — Passage tenté par Bentham de l'intérêt personnel à l'intérêt social. — Des prétendues contradictions chez les vrais penseurs, et en particulier chez Bentham. — Comment l'égoïsme, pour se compléter, a parfois besoin de se sacrifier. — L'égoïsme, base de la bienveillance universelle. — Deux grands moyens d'unir les intérêts sans avoir recours, comme le voulait Helvétius, à la législation : la sanction sociale et la sympathie. — Transformation rationnelle par laquelle cette formule : « mon plus grand bonheur, » devient : « le plus « grand bonheur du plus grand nombre, ou le maximum du bonheur « possible. » — Que les animaux ont les mêmes titres que les hommes à la sympathie. — Jusqu'à quel point les reproches d'inconséquence adressés à Bentham sont-ils fondés. — Appréciation de Bentham par Jouffroy. — Bentham a-t-il été généralement bien compris par les critiques.

Il n'y a peut-être aucun pays où l'on s'occupe plus en ce moment des questions morales qu'en Angleterre. Depuis un siècle, de l'autre côté de la Manche, une partie de la vie intellectuelle a été absorbée par la discussion des doctrines utilitaires de Bentham. En outre, de nos jours, l'application à la morale des théories de l'évolution et de la sélection a de nouveau ému les esprits et suscité un redoublement d'activité ; sur ce point, les livres de M. Herbert Spencer et plusieurs chapitres de Ch. Darwin ont fait époque et marqué l'apparition d'une morale vraiment nouvelle. Ainsi l'esprit anglais, très-pratique en philosophie comme dans les sciences, déduit toujours rapidement les résultats positifs de toute spéculation théorique : il se complaît dans la morale comme dans la mécanique appliquée ; il excelle à analyser les ressorts de la conduite comme à compter et à disposer les rouages divers de ses admirables machines. Si l'on juge de l'influence que le peuple anglais peut exercer dans les sciences morales et sociales par celle qu'il a exercée dans les autres sciences appliquées, elle devra être considérable.

L'homme dans lequel l'esprit anglais s'est personnifié le mieux, avec ses qualités et ses défauts poussés à l'extrême, c'est peut-être Jérémie Bentham. Né à Londres en 1748, sa longue existence fut tournée tout entière du côté de la pratique ; il avait pris les intérêts de l'humanité aussi à cœur qu'un commerçant peut prendre ceux de la maison où il a ses fonds engagés. Il avait l'œil sur toutes les nations du monde et leur envoyait tour à tour ses projets de réforme, faisant partout la guerre aux préjugés, aux vieilles coutumes, aux vieilles idées morales ou juridiques, et proclamant que l'intérêt personnel est à la fois le vrai principe de la morale et de la législation. Témoin et partisan de notre Révolution, il lui donna ses conseils, soumit à la Constituante une foule d'idées, souvent très-pratiques et très-justes, sur les impôts, les tribunaux, les prisons, les colonies ; d'ailleurs il ne voulait pas entendre parler des « droits de l'homme » et de tous les principes abstraits sur lesquels nos législateurs fondaient la constitution nouvelle. La Convention donna à Bentham le titre de citoyen français. Mais bientôt les événements se précipitèrent, et Bentham, se sentant impuissant en France, tourna ses efforts d'un autre côté : il s'occupa de la Pologne, de la Russie, des États-Unis, leur proposant un projet de codification et des réformes dans l'instruction publique. Mais c'est surtout en Angleterre que son infatigable activité se dépense. Là il est, avec son disciple James Mill, à la tête du parti qu'on appelait alors le parti des « radicaux », et son influence domine toute la première moitié de ce siècle. Un jour qu'il reçut la visite de Philarète Chasles, il dit à notre compatriote : « Je voudrais que chacune des années qui me « restent à vivre se passât à la fin de chacun des siècles qui « suivront ma mort : je serais témoin de l'influence qu'exer- « ceront mes ouvrages. » Peut-être Bentham s'exagérait-il cette influence ; cependant elle a été et elle est encore très-réelle, surtout en Angleterre. Son système moral s'est imposé à ceux de ses compatriotes qui avaient d'abord pour lui le plus de répugnance, comme Grote et Stuart-Mill ; il compte encore de nos jours d'ardents défenseurs ; quant à son libéralisme, il a vaincu ou vaincra un jour. C'est Bentham qui a provoqué en Angleterre une étude vraiment scientifique de la loi ; c'est en partie grâce à lui que s'est accompli et que se continue encore aujourd'hui un important mouvement de réforme dans la législation anglaise. Il serait vraiment malheureux qu'un homme qui a travaillé toute sa vie pour être utile à l'humanité, n'eût pas réussi à l'être. Lorsque Bentham mourut en 1832 (après avoir vu notre révolution de Juillet et y avoir applaudi), il voulut encore qu'après sa mort son corps pût servir à quelque chose, et il recommanda qu'on le disséquât [1].

---

1. Voici le curieux récit que Philarète Chasles nous a laissé de son entrevue avec Bentham :
« J'allai visiter, dit-il, ce La Fontaine des philosophes, véritable enfant pour les habitudes sociales ; il avait passé trente années dans une maison qui donne sur le parc de Westminster, et où sa vie d'anachorète se consacrait à réduire la théorie des lois à un système mécanique, et l'intelligence humaine à des fonctions machinales. Il sortait rarement

On peut saisir maintenant, d'après cette esquisse, la vie et le caractère de Bentham : singulier mélange d'enthousiasme et de calcul, de philanthropie et de sécheresse, de charité et de dureté ; il y manque l'onction, la grâce aimante, un je ne sais quoi enfin qui fait souvent défaut à nos voisins d'outre-mer. La secte des benthamistes est du même pays qui a produit dans la religion la secte des quakers. Il y a un certain sentiment esthétique qui est inséparable pour nous du sentiment moral ou religieux, et qui peut s'en séparer pour l'esprit anglais. — Nous retrouverons dans la doctrine de Bentham les mêmes traits qui nous frappent dans son caractère et dans sa vie.

et voyait peu de monde. Le petit nombre de personnes qui avaient leurs entrées chez lui n'étaient admises que l'une après l'autre, comme dans un confessionnal. Chef de secte, il n'aimait pas à causer devant témoins ; grand parleur, il ne s'occupait que des faits.

« Quand je lui rendis visite, il me pria de faire avec lui quelques tours de jardin : c'était un emploi habile et économique de ses heures, un moyen de soigner sa santé. Le vieillard, tout en se promenant dans ses allées, l'esprit agité de mille pensées, nous entretint avec chaleur des plans qu'il méditait et de l'avenir des peuples... Il ne marchait pas, il courait ; sa voix était perçante, et ses phrases étaient souvent interrompues... Il s'arrêta devant deux cotonniers, arbres magnifiques placés à l'extrémité du jardin, et me fit lire ces mots : *Dédié au prince des poètes*. En effet, c'est dans une maison située dans ce lieu même que le grand Milton a longtemps vécu.

« Mon jeune ami, me dit-il, je songe à couper ces arbres et à trans-
« former en écoles chrestomathiques la maison de Milton, le berceau
« du *Paradis perdu*. Seriez-vous encore sensible aux délicatesses idéales
« et poétiques que le monde vante ? Tant pis pour vous ! »

« Ainsi, pensais-je, où le grand poète respirait librement dans la solitude de son génie, une multitude bruyante se rassemblera tous les jours ; leurs querelles profaneront ce lieu sacré !

« Bentham devina ma pensée et me dit : « Je ne méprise pas Milton,
« mais il appartient au passé, et le passé ne sert à rien. »

« Après tout, Milton, qui a été maître d'école, ressemblait beaucoup à Bentham. Même physionomie sévère et douce ; même expression d'autorité puritaine ; même irritabilité de caractère, corrigée par l'habitude et la raison ; même son de voix argentin ; même chevelure épaisse et négligée. Il ressemblait aussi un peu à Franklin, dont les traits exprimaient plus de fine malice, et à Charles Fox, dont il avait le regard perçant et l'inquiétude ardente ; son œil vif étincelait pour ainsi dire dans le vide ; on devinait que son regard s'occupait de chiffres invisibles et de problèmes lointains.

« Des gouttes de pluie nous forcèrent à rentrer avec le philosophe. Il s'assit dans son fauteuil et se mit à préluder sur son piano, l'œil fixé sur une perspective de verdure, pour se préparer, me disait-il, à un travail sur la réforme des prisons. Il s'occupait alors de régler son panopticon circulaire, espèce de ruche transparente où chacun des malades moraux avait sa loge à part : il devait se placer au milieu d'eux tous, examiner, de ce point central, les actes de chacun, sermonner sa confrérie, lui donner du travail, lui enlever tout moyen de nuire, la nourrir, la vêtir et la chausser, puis, après l'avoir convaincue, moitié de force, moitié par ses arguments, que tout était pour son bien, il espérait lui ouvrir les portes et rendre à la société la troupe parfaitement convertie. » (Philarète Chasles, *Mémoires*, p. 164.)

I. — Bentham raconte qu'il cherchait depuis longtemps un système de morale auquel il pût s'attacher, lorsqu'un livre du docteur Priestley, à présent oublié, lui tomba par hasard sous la main ; il y trouva pour la première fois cette formule écrite en italiques : *Le plus grand bonheur du plus grand nombre :* « A cette vue, je m'écriai transporté de joie, « comme Archimède lorsqu'il découvrit le principe fonda-« mental de l'hydrostatique : Je l'ai trouvé, Εὕρηκα [1] ! » Tout jeune encore, dès sa treizième année, il s'indignait en traduisant Cicéron et en y apprenant que la douleur n'est pas un mal. Pourtant, utilitaire par nature, il n'avait pu trouver immédiatement une formule qui rendît bien toute sa pensée : le livre de Priestley la lui révéla ; depuis, il ne l'abandonna plus. Il y puise la confiance et l'enthousiasme, sinon le génie des grands novateurs. « Qu'ai-je à craindre ? « s'écrie-t-il. Je démontrerai avec tant d'évidence que l'ob-« jet, le motif, le but de mes investigations est l'augmen-« tation de la félicité générale, qu'il sera impossible à qui « que ce soit de faire croire le contraire. » Les disciples de Bentham comparent leur maître à Descartes. « Donnez-moi « la matière et le mouvement, disait Descartes, et je ferai le « monde ; » mais Descartes ne parlait que du monde physique, œuvre inerte et insensible ; en vain le mouvement emportait ses tourbillons, sa mécanique ne faisait point la vie : il ne pouvait créer, artiste inférieur, qu'un monde inférieur. « Donnez-moi, peut dire à son tour Bentham, donnez-« moi les affections humaines, la joie et la douleur, la « peine et le plaisir, et je créerai un monde moral. Je « produirai non seulement la justice, mais encore la géné-« rosité, le patriotisme, la philanthropie et toutes les vertus « aimables ou sublimes dans leur pureté et leur exalta-« tion [2]. »

On voit combien grande est l'ambition de Bentham et de ses disciples. Le but qu'ils se proposent est du reste le même que poursuit toute l'école anglaise contemporaine : c'est de construire le monde moral tout entier avec la sensation seule. Voici les principes que pose, au début de son principal ouvrage, le rénovateur de la morale anglaise : « La

---

1. *Déontologie*, I, 22 (trad. franç.).
2. Sur la fin de sa vie seulement, il y substitua cette formule : *Maximisation du bonheur*, qui ne dit rien de plus, mais qui a le mérite de ne donner lieu à aucune équivoque. — Outre Priestley, il faut compter, parmi les écrivains qui durent avoir une grande influence sur l'esprit de Bentham, Helvétius, qu'il avait lu dès l'âge de douze ans, Hartley et Paley.

« nature a placé le genre humain sous l'empire de deux
« souverains maîtres, la *peine* et le *plaisir*. Nous leur de-
« vons toutes nos idées ; nous leur rapportons tous nos
« jugements, toutes les déterminations de notre vie. Celui
« qui prétend se soustraire à leur assujettissement ne sait
« ce qu'il dit... Ces sentiments éternels et irrésistibles doi-
« vent être la grande étude du moraliste et du législa-
« teur [1]. »

Ces principes de Bentham sont les mêmes que ceux d'Epicure, d'Helvétius et des autres moralistes utilitaires ; mais
il y a cette différence que Bentham n'essaye même pas de
les prouver. Il les pose comme évidents : selon lui, il suffit
de les *éclairer*, de les *expliquer* pour les faire reconnaître ;
quant à les démontrer, c'est chose impossible. La science
de la morale, comme la plus certaine de toutes les sciences,
la géométrie, doit s'appuyer sur un *postulat*. Le plaisir
étant l'unique fin de la vie, il en sera l'unique règle ; étant
le but de tous, il servira à mesurer la distance à laquelle
chacun, dans chaque instant, se trouve de ce but. Or, en
tant que le plaisir, et le plaisir à son maximum, devient la
règle et la mesure des actions, il prend le nom d'*utilité*.

Bentham n'a du reste rien plus à cœur que de rendre
précise et claire cette idée d'utilité qu'il donne pour base
à la morale. Il ne veut pas qu'avec Hume on prenne le mot
utile en un sens abstrait, et qu'on entende par là une organisation de moyens en vue d'une fin *quelconque*, qui ne
serait pas nécessairement le plaisir. Beaucoup de personnes, lors de la publication des *Principes de la morale*, com-
mirent cette erreur, et lady Holland, dans la conversation,
dit un jour à Bentham que sa doctrine de l'utilité mettait
un *veto* sur le plaisir. Bentham s'indigne d'être ainsi interprété, « lui qui s'était imaginé que l'allié le plus précieux
« et le plus influent que pût trouver le plaisir, c'était le
« principe de l'utilité [2]. » L'utilité, à ses yeux, n'a aucune
valeur propre : c'est une forme, un cadre, dont le contenu,
qui seul en fait le prix, n'est et ne peut être que le plaisir.
Les moralistes, il est vrai, « s'effarouchent et prennent la
« fuite » dès qu'on prononce ce mot de plaisir [3] ; le plaisir
est pourtant le seul bien, et Bentham s'écrie après Epicure

---

1. « Nature has placed mankind under the governance of two sove-
« reign masters, *pain* and *pleasure*. » (*Introduction to the princ. of mor.
and legis.*, ch. I.) Cf. Dumont de Genève, *Traité de législ. civ. et pén.*,
I, 3, 4.
2. *Déontol.*, I, 373.
3. *Déontol.*, I, 263.

que, si le souverain bien des anciens pouvait exister, ce ne pourrait être que du plaisir élevé à son maximum ou, selon son expression barbare, *maximisé* [1]. La déontologie, cette nouvelle science que Bentham pensait avoir créée, ne s'oppose en aucun cas au plaisir : elle se borne à le régler, et elle ne le règle que pour l'agrandir.

« Par le principe de l'utilité, on entend ce principe qui « approuve ou désapprouve toute action d'après sa ten- « dance à augmenter ou à diminuer le bonheur *de la per-* « *sonne dont l'intérêt est en question*, ou, en d'autres termes, « à promouvoir ce bonheur ou à s'y opposer [2]. » L'idée d'utilité est donc inséparable de l'idée de plaisir et de bonheur; une chose n'est pas vraiment utile, qui est utile à telle fin particulière, sans augmenter la somme générale de plaisir. Par exemple, une table n'est pas utile en tant qu'elle sert à y déposer des objets, mais en tant qu'elle sert au plaisir de celui qui les y dépose. La distinction de l'utile et de l'agréable est superficielle : l'agréable est utile par cela même, et ne peut être nuisible que s'il se détruit lui-même par ses conséquences et si, tout compté, il apporte plus de désagrément que d'agrément. — Telle est, ce semble, la pensée de Bentham; l'utilitaire enseigne « à « donner au plaisir une direction telle qu'il soit productif « d'autres plaisirs, et à la peine une direction telle qu'elle « devienne, s'il est possible, une source de plaisir, ou du « moins qu'elle soit rendue aussi légère, aussi supportable « et aussi transitoire que possible [3]. »

Après avoir cherché à éclaircir, à « illustrer » le principe de l'utilité, faisons-le en quelque sorte ressortir par le contraste des idées opposées.

Bentham ne voit en face de sa doctrine qu'un antagoniste, un seul, mais qui se revêt de mille formes diverses : c'est ce « principe absolu et magistral qui a pour devise :

---

1. *Déontol.*, I, 51.
2. *Introd. to the princ. of mor. and legisl.*, ch. I, § 2 : « By the principle « of utility is meant that principle which approves or disapproves of « every action whatsoever, according to the tendency which it appears « to have to augment or diminish the happiness of the party whose inte- « rest is in question : or, what is the same thing in other words, to pro- « mote or to oppose that happiness. » Remarquons que, dans la définition même de son principe, Bentham évite soigneusement la confusion qu'on lui a reprochée entre l'utilité personnelle et l'utilité sociale (Jouffroy, *Cours de dr. nat.*). Si, plus tard, nous le verrons identifier ces deux utilités, ce sera en connaissance de cause, et non à son propre insu.
3. *Déontol.*, II, 38. — Cf. Dumont de Genève, I, p. 3; *Principles of mor.*, 1, III.

« *Ipse dixi :* Je l'ai dit [1]. » A l'*ipsédixitisme* se rattachent deux doctrines. La première est l'*ascétisme*, contre lequel Bentham n'a pas de paroles assez virulentes. Le principe ascétique, comme celui de l'utilité, approuve ou désapprouve les actions d'après leur tendance à produire le bonheur ; seulement il procède inversement, approuve toute action qui tend à diminuer le bonheur, désapprouve toute action qui tend à l'augmenter [2] ; — définition fort incomplète assurément. Bentham s'est placé à un point de vue tout extérieur pour apprécier l'ascétique et le mystique ; il les juge d'après leurs actes, qui précisément n'ont pour eux aucune valeur, et il oublie l'intention, qui est tout à leurs yeux. Il y a sans doute contradiction entre les principes ascétiques et utilitaires ; mais la contradiction est plus intime que ne le croyait Bentham : l'utilitaire tend à faire prédominer l'action sur l'intention, le résultat et l'effet sur le principe et la cause ; l'ascétique tend à absorber l'action dans l'intention, à supprimer l'effet au profit de la cause, à ne tenir compte que du *vouloir* et non du *faire :* voilà le point sur lequel s'opposent véritablement les deux doctrines et les deux règles pratiques.

La seconde doctrine adverse repose sur ce que Bentham appelle le principe de *sympathie* et d'*antipathie.* Ce principe consiste à approuver ou à blâmer par sentiment, sans admettre aucune autre raison de ce jugement que le jugement même [3] : simple affaire « d'humeur, d'imagination et de « goût. » A ce principe Bentham rattache toute doctrine qui admet soit la *conscience*, soit le *sens moral*, soit une *loi naturelle*, un *droit naturel*, une *obligation morale*, etc. Tous les moralistes *à priori* rentrent ainsi, selon Bentham, dans le genre trop nombreux de ceux qui blâment ou approuvent sans raison, par une sympathie ou une antipathie instinctive. Cette sympathie et cette antipathie elles-mêmes se ramènent, en fin de compte, à une foule de mobiles intéressés que Bentham énumère et classe : on désapprouve par répugnance des sens, par orgueil blessé, etc. Sous l'apparent arbitraire des sentiments moraux, Bentham croit retrouver l'influence fatale de l'intérêt.

Et maintenant, quiconque, dans le jugement des actions,

---

1. *Déont.*, I, 381.
2. *Introd. to the principles*, ch. II, III. — Dumont de Genève, *Traité de législ.*, I, II.
3. *Introd. to the princ.*, ch. II, § XI et suiv. — Dum. de Gen., I, III, sect. 1 et 2.

fait appel à un autre critérium que le critérium utilitaire, quiconque dit : « Ceci est bien, » ou : « Ceci est mal, » — « Ceci est juste, » ou : « Ceci est injuste, » sans prouver qu'il en résulte de la peine ou du plaisir ; quiconque enfin n'est pas entièrement et exclusivement utilitaire dans ses paroles, dans ses actions, dans ses jugements, — celui-là rentre dans l'une des deux catégories d'adversaires que nous venons de signaler ; il est ou partisan du principe ascétique ou partisan du principe de sympathie et d'antipathie ; il ne peut prétendre en aucune manière au titre de *déontologue*.

Chez Bentham, la morale anglaise est arrivée à ce moment décisif où, pour se poser, elle s'oppose à toutes les autres, trace nettement ses contours, ses limites, et dit : Qui les franchit ne m'est plus ami, mais ennemi : *Qui non sub me, contra me* [1]. Si vous repoussez la plus petite parcelle de plaisir (the least particle of pleasure), *pro tanto* vous êtes ascétique [2], et comme tel digne de toutes les invectives de Bentham. Heureusement Bentham « n'appellera « jamais la persécution au secours de son enseignement » ; il ne recourra jamais à la « punition » [3] : ce serait trop étrange, en effet, que l'apôtre du plaisir employât la douleur pour défendre sa doctrine ; il se bornera aux voies persuasives, tournant sans cesse ses regards vers le principe de l'utilité, « comme le tournesol vers le soleil [4]. » — « J'ai « adopté pour guide, dit Bentham, le principe de l'utilité ; « je le suivrai partout où il me conduira. Point de préjugés « qui m'obligent à quitter ma voie [5]. »

Cette voie dans laquelle Bentham s'engage en dépit de tous les « préjugés », essayons d'en tracer le dessin.

Le premier obstacle que nous rencontrons et qu'il s'agit d'écarter, c'est ce fantôme que les moralistes appellent *vertu*. « La vertu est chef d'une famille nombreuse dont « les vertus sont les membres. Elle représente à l'imagi- « nation une mère que suit une nombreuse postérité... C'est « un être de raison, une entité fictive, née de l'imper- « fection du langage. » La vertu se rattache au principe d'antipathie et de sympathie ; demandez à quelqu'un pour-

---

1. *Déont.*, I, 303.
2. *Introd. to the princ. of morals*, II, IV. — Ces affirmations extrêmes et caractéristiques ont été supprimées bien à tort par le traducteur Dumont de Genève, I, II.
3. *Déont.*, I, 35.
4. *Déont.*, I, 28.
5. *Déont.*, II, préf., p. 3.

quoi tel acte est vertueux, il vous répondra : Il l'est, parce que je pense qu'il l'est [1]. Quant à la prétendue *obligation morale*, c'est un terme vague, nuageux et vide, aussi longtemps que l'idée d'intérêt ne vient pas le préciser et le remplir. Des *devoirs*, « il est fort inutile d'en parler; le « mot même a quelque chose de désagréable et de répul-« sif... Quand le moraliste parle de devoirs, chacun pense « aux intérêts [2]. » Mais la conscience ? demandera-t-on peut-être. — « Chose fictive, » répond Bentham. La conscience, c'est l'*opinion* favorable ou défavorable qu'un homme conçoit de sa propre conduite, opinion qui n'a de valeur qu'autant qu'elle est conforme au principe utilitaire [3].

Nous avons supprimé les vertus, les devoirs, l'obligation; ce n'est pas tout : il faut les remplacer, car nous ne pouvons nous en passer entièrement. Après avoir déblayé les débris de tous les autres systèmes, l'utilitaire, « cet architecte moral, » doit commencer la construction du nouvel édifice.

Descartes, quand il voulut faire pour toute la philosophie ce que Bentham entreprend pour la morale, commença par chercher et trouver une *méthode*. Bentham, lui aussi, a sa méthode propre, curieuse et originale : c'est la méthode arithmétique. L'intention, nous le savons, n'a pas pour lui de valeur intrinsèque; elle ne vaut que par l'action qu'elle produit ou peut produire. D'autre part, l'action ne vaut que par ses résultats pathologiques, par la peine ou la douleur qu'elle fait ressentir aux organes. Or, tout ce qui tombe dans le domaine physique, chimique, physiologique, peut ou pourra tôt ou tard s'exprimer en chiffres, être soumis à l'arithmétique et à l'algèbre. L'utilitarisme anglais est donc essentiellement, et c'est le mérite de Bentham de l'avoir compris, une application de l'arithmétique et de l'algèbre, une sorte d'économie morale; il doit calculer ce qui semble le plus étranger au calcul : la moralité. La première règle de la méthode cartésienne était la suivante : Ne recevoir jamais aucune chose pour vraie qu'on ne la reconnaisse évidemment telle. Bentham, lui, prendra cette règle : Ne recevoir jamais aucune chose comme bonne qu'on ne la reconnaisse évidemment la plus utile. La quatrième règle de Descartes

---

1. *Déontol.*, I, 167.
2. *Déontol.*, I, 16, 17.
3. *Déontol.*, I, 165.

aurait pu être acceptée par Bentham sans y rien changer : Faire partout des dénombrements si entiers et des revues si générales, qu'on soit assuré de ne rien omettre.

Voici, en termes précis, le problème qui se pose : nous avons un principe, une base, l'utilité ; nous avons une méthode, la méthode arithmétique ; sur cette base et par cette méthode, édifier la moralité.

Nous sommes d'abord en mesure, s'il faut en croire Bentham, de restituer aux hommes la vertu que nous leur avions enlevée. Dès lors qu'il y a des *quantités* dans le bien, la vertu représentera la quantité la plus grande : la vertu, « c'est ce qui maximise les plaisirs et minimise les « peines, c'est ce qui contribue le plus au bonheur [1]. » On a fait rentrer jusqu'à présent l'*économie* dans les vertus ; mais ce sont toutes les vertus qui, d'après Bentham, doivent rentrer dans l'économie : « L'homme vertueux amasse dans « l'avenir un trésor de félicité ; l'homme vicieux est un pro-« digue qui dépense sans calcul son revenu de bonheur... « La vertu est comme un économe prudent, qui rentre dans « ses avances et cumule les intérêts. »

Toutefois, l'économie et le calcul, s'ils sont l'œuvre de la froide raison, ne suffisent pas à constituer la vertu et la moralité. Ici, nous devons remarquer un progrès notable que Bentham fait accomplir à la morale utilitaire. La vertu, dit-il, n'est pas simplement un raisonnement, un calcul ; il faut qu'au calcul s'ajoute l'*effort*, la lutte, le sacrifice d'un bien présent au bien à venir, en un mot une certaine dose d'*abnégation* temporaire, sinon définitive. Boire, manger, autant d'actes qui tendent à « maximiser » le bonheur et qui cependant ne sont point comptés au nombre des vertus ; pourquoi ? « Parce que dans leur exercice il n'y a « point d'abnégation, point de sacrifice d'un bien présent « à un bien à venir... Pour appliquer aux habitudes ou aux « dispositions d'un homme l'appellation de vertu, il est « indispensable de supposer que ces habitudes sont accom-« pagnées (ou ont été jadis accompagnées) d'une certaine « somme de répugnance, et par conséquent d'abnégation [2]. » En joignant ainsi à l'idée de vertu celle d'effort, Bentham fait faire à l'utilitarisme un progrès évident que réclamait la logique même du système. Désormais, nous ne serons plus exposés à confondre des actes qui, quoique utiles,

---

1. *Déontol.*, I, 25 ; *ib.*, 169, 172 ; II, 43. — Cf. Dum. de Gen., I, p. 5.
2. *Déontol.*, I, 385 ; 173, 176, 269.

exigent un très-minime effort, avec les actes vertueux ; nous ne mettrons plus, comme les cyrénaïques, la force du corps, ou, comme Volney, la propreté au rang des vertus cardinales[1] ; nous ne mèlerons plus les prescriptions de l'hygiène et celles de la déontologie. La vertu, en redevenant une lutte, redevient un travail ; or le travail est un déploiement de volonté, et là où la volonté se déploie le plus, agit et veut le plus, elle est le plus capable de moralité.

Mais, dira-t-on peut-être, Bentham, en joignant à l'idée de vertu celle d'effort et de lutte, est infidèle au système utilitaire : il n'appelle plus vertueuse toute action utile, mais seulement l'action utile qui a exigé un effort ; cependant l'effort, considéré en lui-même, n'a rien d'utile ni d'agréable ; Bentham, en jugeant les actes vertueux, se sert donc d'un autre critérium que l'utilité ; il abandonne ses principes. — Nullement, répondrons-nous. Il est bien vrai qu'une action donnée, si on la prend à part et indépendamment de la volonté intelligente qui l'a produite, n'est point plus utile qu'une autre par la seule raison qu'elle a coûté plus d'effort. Mais on ne doit pas séparer ainsi les actions de la puissance intelligente qui les produit. Or, quel est l'homme le plus capable de recommencer, dans toutes les circonstances et malgré les tentations les plus vives, une action utile ? est-ce celui qui a accompli une première fois cette action sans effort, par une simple disposition d'esprit et par une inclination momentanée, ou est-ce celui qui l'a accomplie avec effort, avec lutte, avec abnégation ? En mécanique, on peut calculer la distance que parcourra un mobile, étant données sa force et l'intensité des forces inférieures qui lui résistent. Il en est de même en morale. Si la vertu d'un homme est l'œuvre de ses efforts, cette vertu plus intense trouvera moins d'empêchements dans les accidents ordinaires de la vie ; elle les franchira sans peine ; elle résistera, inaltérable, aux épreuves ; ce sera donc un capital plus sûr. Le cuivre a toujours moins de valeur que l'or, parce que l'or est plus inaltérable. La vertu de l'homme courageux est comme une vertu d'or, et l'eau régale ellemême, qui décompose l'or, ne la ternirait pas. Cette vertu d'effort a donc plus de valeur ; elle subsistera plus longtemps : elle aura, si l'on regarde non seulement le présent, mais le possible et l'avenir, plus de vraie utilité.

1. Voir sur Volney notre *Morale d'Épicure*.

En résumé, la vertu, d'après Bentham, est un sacrifice provisoire tendant au maximum de plaisir.

II. — Une question se pose alors : Le plaisir présent dont la vertu m'ordonne le sacrifice, me le rendra-t-elle plus tard? et suis-je sûr de retrouver un jour, grossi des intérêts, le capital dont je me dessaisis aujourd'hui?

La réponse de Bentham est curieuse : il nie que jamais, en aucun cas, le sacrifice accompli par la vertu puisse et doive être définitif. « Aujourd'hui, dit-il, l'homme vicieux
« semble avoir une balance de plaisir en sa faveur; le len-
« demain, le niveau sera rétabli, et le jour suivant on verra
« que la balance est en faveur de l'homme vertueux...
« La déontologie ne demande pas de sacrifice définitif.
« Elle propose à l'homme un surplus de jouissances. Il
« cherche le plaisir ; elle l'encourage dans cette recherche ;
« elle la reconnaît pour sage, honorable et vertueuse ; mais
« elle le conjure de ne point se tromper dans ses calculs.
« Elle lui représente l'avenir... Elle demande si, pour la
« jouissance goûtée aujourd'hui, il ne faudra point payer
« un intérêt usuraire. Elle supplie que la même prudence
« de calcul qu'un homme sage applique à ses affaires jour-
« nalières soit appliquée à la plus importante de toutes les
« affaires, celle de la félicité et du malheur. » Et ailleurs :
« La tâche du moraliste éclairé est de *démontrer* qu'un
« acte immoral est un faux calcul de l'intérêt *personnel*,
« et que l'homme vicieux fait une estimation erronée des
« plaisirs et des peines [1]. »

Bentham, sur ce point, s'accorde donc avec Epicure : ἀχώριστον τῆς ἡδονῆς ἡ ἀρετή, disait ce dernier. D'ailleurs, Bentham ne pouvait faire autrement; l'utilitarisme, en effet, doit nécessairement se changer en une sorte d'optimisme. Ne savons-nous pas que l'homme, d'après les utilitaires, doit rechercher et recherche partout son plaisir, son intérêt? Dès lors, de deux choses l'une : ou le plaisir et le devoir sont indissolubles : alors l'homme suivra le devoir pour suivre son intérêt; ou le plaisir et le devoir peuvent se séparer : dans ce cas, la ligne de conduite de l'homme sera infailliblement dirigée du côté du plaisir, et toutes les paroles, toute l'éloquence des moralistes ne pourraient pas la faire dévier d'une quantité infinitésimale. Force est donc à l'utilitaire, pour conserver la vertu et le devoir, de les identifier

---

1. *Déont.*, II, 38, 191, 20.

absolument avec l'intérêt; c'est ce qu'a vu nettement Bentham, et c'est sur quoi il insiste avec une véritable obstination : « Il est fort inutile de parler des devoirs... L'intérêt est
« uni au devoir dans *toutes les choses de la vie ;* plus on exami-
« nera ce sujet, plus *l'homogénéité* de l'intérêt et du devoir
« paraîtra *évidente...* En saine morale, le devoir d'un homme
« *ne saurait jamais consister* à faire ce qu'il est de son intérêt
« de ne pas faire...; par une juste estimation, il apercevra
« la coïncidence de ses intérêts et de ses devoirs... Toutes
« les fois qu'il s'agit de morale, il est invariablement
« d'usage de parler des devoirs de l'homme exclusivement.
« Or, quoiqu'on ne puisse établir rigoureusement en prin-
« cipe que ce qui n'est pas de l'intérêt évident d'un individu
« ne constitue pas son devoir, cependant *on peut affirmer*
« *positivement qu'à moins de démontrer que telle action ou telle*
« *ligne de conduite est dans l'intérêt d'un homme, ce serait*
« *peine perdue que d'essayer de lui prouver que cette action,*
« *cette ligne de conduite sont dans son devoir...* Il est certain
« que tout homme agit *en vue de son propre intérêt;* ce n'est
« pas qu'il voie toujours son intérêt là où il est vérita-
« blement... Chaque homme est à lui-même plus intime
« et plus cher qu'il ne peut l'être à tout autre ; il faut, de
« toute nécessité, qu'il soit lui-même le premier objet de sa
« sollicitude [1]. »

Aussi ne peut-on blâmer le méchant que comme on blâme un caissier inhabile. « Voilà un homme qui a mal
« calculé, » disait Fontenelle en voyant emmener un scélérat; ainsi parle Bentham. Le vice, n'étaient ses conséquences nuisibles, serait un bien : « La déontologie reconnaît que
« l'ivrogne lui-même se propose un but convenable ; mais
« elle est prête à lui prouver que ce but, l'ivrognerie ne le
« lui fera pas atteindre [2]. » Celui qui vole ou tue n'est pas plus coupable que celui qui s'enivre, si l'on fait abstraction des conséquences : ἀδικία οὐ καθ' ἑαυτὴν κακόν, avait déjà dit Épicure. Bentham se plaît à renchérir sur ces paroles :
« D'après le principe de l'utilité, le plus abominable plaisir
« que le plus vil des malfaiteurs ait jamais retiré de son
« crime (the most abominable pleasure which the vilest of
« malefactors ever reaped from his crime) ne devrait pas
« être réprouvé s'il demeurait seul; le fait est qu'il ne
« demeure jamais seul, mais il est nécessairement suivi
« d'une telle quantité de peine, ou, *ce qui revient au même*

1. *Déont.*, I, 17, 18, 19, 26.
2. *Déont.*, I, 192.

« (what comes to the same thing), d'une telle chance d'une
« certaine quantité de peine, » — il est difficile, par paren-
thèse, de comprendre comment cela peut revenir au même,
— « que le plaisir en comparaison est comme rien ; et c'est là
« la vraie, la seule raison (the true and sole reason), mais
« parfaitement suffisante, pour en faire un sujet de châ-
« timent [1]. »

Le sacrifice définitif, loin de constituer la vertu, constitue donc essentiellement le vice. Et Bentham, pour le prouver, invoque ici les règles de l'économie politique : « Le sacri-
« fice de l'intérêt se présente, en abstraction, comme quel-
« que chose de grand et de vertueux, parce qu'il est
« convenu que le plaisir qu'un homme rejette loin de lui est
« nécessairement recueilli par un autre... Mais, dans
« l'échange du bonheur comme de la richesse, la grande
« question est de faire que la production s'accroisse par la
« circulation. Il n'est donc pas plus convenable, en écono-
« mie morale, de faire du désintéressement une vertu, que
« de faire en économie politique un mérite de la dépense. »
Non-seulement Bentham rejette le sacrifice, mais il finit par s'en indigner, comme un économiste s'indigne des *consommations improductives :* « Le désintéressement peut se trouver
« dans les hommes légers et insouciants ; mais un homme
« désintéressé avec réflexion, c'est ce qui, heureusement, est
« rare. Montrez-moi l'homme qui rejette plus d'éléments de
« félicité qu'il n'en crée, et je vous montrerai un sot et un
« prodigue. Montrez-moi l'homme qui se prive d'une plus
« grande somme de bien qu'il n'en communique à autrui,
« et je vous montrerai un homme qui ignore jusqu'aux pre-
« miers éléments de l'arithmétique morale [2]. »

Comme on voit, un sacrifice définitif est une prodigalité au même titre que le crime : l'homme désintéressé et le vicieux se touchent de bien près ; la seule différence, c'est que le vicieux sacrifie les autres à soi, et l'homme désintéressé, soi aux autres. Le premier est bien plus logique que le second, et si, par une hypothèse difficile d'ailleurs à réaliser, il résultait une somme de bonheur égale dans les deux cas, celui qui sacrifie les autres pourrait bien être plus digne d'approbation que celui qui, par étourderie et prodigalité, se sacrifie lui-même. Abraham et Jephté doivent

---

1. *Princ. of mor.*, II, IV. — Passage supprimé par Dumont de Genève.
2. *Déont.*, I, 199. — Cf. Dum. de Gen., I, 29. — *Princ. of mor.*, ch. II, § XX.

plaire beaucoup plus aux partisans de l'utilité que les Décius et les Curtius. Si le dévouement devenait trop fréquent, l'existence sociale serait menacée : « La continuation de « l'existence elle-même dépend du principe de la person- « nalité. Si Adam s'était plus soucié du bonheur d'Ève que « du sien propre, Satan eût pu s'épargner les frais d'une « tentation... La mort de tous deux eût mis une prompte « conclusion à l'histoire de l'homme [1]. »

D'ailleurs, ne nous y trompons pas, ceux qui sacrifient leur plaisir, leur intérêt, leur bonheur ne font point une réelle exception à l'universel mobile de l'utilité et ne peuvent fournir une objection à ce principe. D'après Bentham, le sacrifice est un mal, et nul ne peut vouloir le mal pour le mal, mais en vue d'un plaisir ; le sacrifice, en tant qu'il est désiré et voulu, représente donc un plaisir, et ceux qui se sacrifient cherchent encore, comme tous les hommes, le plaisir ; seulement, par une étrange bizarrerie, ils trouvent précisément ce plaisir à se dépouiller de tous les plaisirs ordinaires. Le sacrifice est encore un calcul, mais un « calcul erroné » ; c'est un acte de folle prodigalité, non de désintéressement véritable : « Lorsque l'homme fait le « sacrifice de son bonheur au bonheur des autres, ce ne « peut être que dans un intérêt d'économie ; car si, de ma- « nière ou d'autre, il ne retirait plus de plaisir du sacrifice, « il ne le ferait pas, il ne pourrait pas le faire [2]. »

En face de la doctrine qui, en prêchant le désintéressement, prêche l'imprudence et la prodigalité, Bentham relève et défend l'intérêt bien entendu. Rien de plus caractéristique que la page suivante : « La déontologie ne pro- « fesse aucun mépris pour cet égoïsme qu'invoque le vice « lui-même. Elle abandonne tous les points qui ne peuvent « pas être démontrés avantageux à l'individu. Elle consent « même à faire abstraction du code du législateur et des « dogmes du prêtre. » — Ici, Bentham va bien plus loin qu'Helvétius, d'après lequel le législateur était seul capable d'accomplir la fusion entre la vertu sociale et l'intérêt [3]. — « Elle admet comme convenu qu'ils ne s'opposent point « à son influence ; que ni la législation ni la religion ne « sont hostiles à la morale, et elle veut que la morale ne « soit pas opposée au bonheur. » Par la seule force des

---

1. *Déontol.*, 1, 26.
2. *Déontol.*, I, 231.
3. Voir, dans *la Morale d'Épicure et ses rapports avec les doctrines contemporaines*, le chapitre sur Helvétius.

choses, le bonheur accompagne donc la vertu, loin que le sacrifice du bonheur en soit la condition. C'est la doctrine optimiste que professèrent également dans l'antiquité, à des points de vue différents, Socrate et Épicure. Mais l'optimisme de Bentham est encore plus convaincu : « Montrez « à la déontologie *un seul cas où elle ait agi contrairement à la* « *félicité humaine, et elle s'avouera confondue...* Tout ce qu'elle « se propose, c'est de mettre un frein à la précipitation, « d'empêcher l'imprudence de prendre des mesures irré- « médiables et de faire un mauvais marché. *Elle n'a rien à* « *objecter aux plaisirs qui ne sont point associés à une portion* « *de peine plus qu'équivalente.* En un mot, elle *régularise* « *l'égoïsme* [1]. »

Bentham vient enfin de trouver la vraie formule de sa morale : régulariser l'égoïsme ; c'est bien là, en fin de compte, tout ce que peut nous promettre la doctrine benthamiste ; mais que de choses inattendues nous allons trouver contenues dans cette formule !

III. — En général, dans un système philosophique, il est aisé de découvrir un certain nombre de tendances qui entraînent à la fois, mais avec une force inégale, la pensée du philosophe en divers sens. Ainsi, dès l'abord, deux tendances qui semblent contradictoires se montrent chez Bentham : d'un côté il se déclare partisan et défenseur de l'égoïsme ; d'un autre côté il aspire, comme toute l'école anglaise contemporaine, aux sentiments sympathiques et sociaux ; de là, parfois, lorsque ces deux tendances se montrent simultanément, une apparence d'hésitation et de contradiction. Pour supprimer cette apparence, il nous suffit de ne montrer les deux tendances que successivement, de les subordonner l'une à l'autre, en s'élevant de l'une à l'autre, et d'introduire ainsi dans l'exposition de la doctrine une gradation qui était dans l'esprit de Bentham, mais pas assez peut-être dans ses paroles. Fidèles à la méthode que nous avons exposée ailleurs [2], nous essayerons de montrer comment, lorsqu'on suit pas à pas la marche et l'évolution d'un système, on voit se dissiper telle contradiction qu'on croyait apercevoir lorsqu'on n'en connaissait

---

[1] *Déont.*, I, p. 192, 193. — « N'allez pas vous figurer que les hommes remueront le bout du doigt pour vous servir, s'ils n'ont aucun avantage à le faire : cela n'a jamais été, cela ne sera jamais. » (*Déont.*, II, 158.)
[2] Voir notre *Morale d'Épicure*, avant-propos.

que les idées éparses, sans les relier fortement entre elles.

Bentham a fait l'apologie de l'égoïsme, au même titre que les économistes font l'apologie de l'épargne. Rien de plus conforme au principe de l'utilité. Mais l'économie politique est la première à proscrire l'épargne aveugle de l'avare : il en sera de même pour l'économie morale, et Bentham blâme l'égoïste qui n'amasse le plaisir que pour soi. « Quelles déductions importantes tirerons-nous de nos « principes? se demande Bentham. Sont-ils immoraux « dans leurs conséquences? — Loin de là, répond-il; ils « sont au plus haut point *philanthropiques* et *bienfaisants*[1]. » Le premier mouvement de quiconque lira ces lignes ne peut être qu'un mouvement de surprise. Pourtant, quand on y réfléchit, ces déductions, que Bentham appelle justement « importantes », peuvent se soutenir. En effet, l'égoïsme bien entendu, c'est la recherche du bonheur; or Bentham regarde les jouissances de la sympathie et de l'affection comme inséparables de ce bonheur même : elles doivent donc être recherchées. Mais on ne peut obtenir l'affection d'autrui qu'en témoignant à autrui de l'affection, et on ne peut témoigner de l'affection que par des actes où entre dans une certaine portion le sacrifice de l'égoïsme : l'égoïsme, pour se conserver, est donc contraint, dans une certaine mesure, de se sacrifier. — Raisonnement qui ne manque pas de force et qu'avaient déjà fait les Épicuriens antiques[2]. « Comment, dit Bentham, un homme pourra-t-« il être heureux, si ce n'est en obtenant l'affection de ceux « dont dépend son bonheur? Et comment pourra-t-il obte-« nir leur affection, si ce n'est en les convainquant qu'il « leur donne la sienne en retour? Et cette conviction, com-« ment la leur communiquer, si ce n'est *en leur portant une* « *affection véritable?* Et si cette affection est vraie, la preuve « s'en trouvera dans ses actes et dans ses paroles. » Non-seulement donc l'égoïsme doit simuler l'affection ; mais, comme l'affection la plus vraisemblable est encore généralement la plus vraie, comme ce qu'on simule ne vaut jamais ce qu'on éprouve, l'égoïsme devra s'efforcer d'éprouver une véritable affection, ou tout au moins de se cacher à ses propres yeux comme à ceux d'autrui. Pour tromper les autres, le mieux sera donc de se tromper soi-

---

1. *Déont.*, I, p. 27. — Cf. *Principles of morals and legisl.*, ch. X : *of human dispositions.*
2. Voir notre *Morale d'Épicure.*

même. — Bien plus, l'intérêt nous commande de faire les premiers pas vers autrui et les premiers sacrifices ; il nous conseille de demander peu en échange, de considérer nos sacrifices comme définitifs, quoique dans le fond nous ne les fassions que parce que nous les croyons provisoires : « Helvétius a dit que pour aimer les hommes « il faut peu en attendre. Soyons donc modérés dans nos « calculs, modérés dans nos exigences. La *prudence* veut « que nous n'élevions pas trop haut la mesure de nos espé- « rances, car le *désappointement* diminuera nos jouissances « et nos bonnes dispositions envers autrui ; tandis que, « recevant de leur part des services inattendus qui nous « donnent le charme de la surprise, nous éprouvons un « plaisir plus vif et nous sentons se fortifier les liens qui « nous unissent aux autres hommes [1]. » — On le voit, aucun plaisir n'est négligé dans cette analyse, pas même l'agréable émotion de la « surprise » ; enfin, un principe capital, sur lequel nous aurons plus tard à revenir, est mis en avant : c'est celui du *désappointement* et du *non-désappointement*. Au nom de ces divers plaisirs, nous devons être bienveillants et sympathiques, désintéressés : bienveillants et sympathiques, pour qu'on le soit à notre égard ; désintéressés, de peur que notre intérêt trompé ne nous inflige la peine du désappointement.

« L'effet général de la sympathie, dit Dumont de Genève, « est d'augmenter la sensibilité, soit pour les peines, soit « pour les plaisirs. Le moi acquiert plus d'étendue, il cesse « d'être solitaire, il devient collectif. On vit pour ainsi dire « à double dans soi et dans ceux qu'on aime, et même il « n'est pas impossible de s'aimer mieux dans les autres que « dans soi-même, d'être moins sensible aux événements « qui nous concernent par leur effet immédiat sur nous que

---

[1]. *Déont.*, I, 27. — Cf. *Principles of mor.*, ch. XIX ; Dumont de Genève, I, 113 : « Il y a une liaison naturelle entre la prudence et la probité, « c'est-à-dire que notre intérêt bien entendu *ne nous laisserait jamais* « *sans motif* pour nous abstenir de nuire à nos semblables... *Indépen-* « *damment de la religion et des lois*, nous avons *toujours* quelques mo- « tifs *naturels*, c'est-à-dire *tirés de notre propre intérêt*, pour consulter « le bonheur d'autrui : 1° la pure bienveillance ; 2° les affections pri- « vées ; 3° le désir de la bonne réputation. Ceci est une espèce de calcul « et de commerce : payer pour avoir du crédit, être vrai pour obtenir « la confiance, *servir pour être servi...* Un homme d'esprit disait que, si « la probité n'existait pas, il faudrait l'inventer comme moyen de faire « fortune. » — L'*Introduction aux principes* et le *Traité de législation* sont donc entièrement d'accord sur ce point avec la *Déontologie* : si nous poursuivons l'intérêt d'autrui, c'est parce qu'il y a entre cet intérêt et le nôtre une liaison naturelle.

« par leur impression sur ceux qui nous sont attachés... Les
« sentiments reçus et rendus s'augmentent par cette com-
« munication, comme des verres, disposés de manière à se
« renvoyer les rayons de lumière, les rassemblent dans un
« foyer commun et produisent un degré de chaleur beau-
« coup plus grand par leurs reflets réciproques [1]. »

La sympathie, qui n'est autre chose, en somme, que le plaisir du plaisir des autres, ne nous porte pas seulement vers les hommes les plus rapprochés de nous ; l'amour de soi, après s'être fait sympathique, se fait philanthropique : « L'amour de soi sert de base à la bienveillance univer-
« selle ; il n'en saurait servir à la malveillance universelle [2]. »
Qu'est-ce d'ailleurs que cette philanthropie, cette bienveillance universelle, sinon une bienveillance plus vague, plus indéterminée ? Et comment pourrions-nous préciser, déterminer, retenir dans des limites fixes des sentiments qui s'étendent et se dilatent aussi aisément que ceux de la bienveillance ? La sympathie commence par embrasser certains individus, puis une classe subordonnée d'individus, puis la nation entière (*the whole nation*), puis le genre humain en général (*human kind in general*), et enfin la *création sentante tout entière* (*the whole sensitive creation*) [3]. La bienveillance va du reste partout où va l'intérêt ; or, il est impossible de maintenir l'intérêt dans une sphère bornée, comme la famille, la cité, l'État : la solidarité des hommes tend non-seulement à les unir plus fortement, mais à les unir plus fréquemment et plus universellement : « Les re-
« lations sociales pénètrent toute la substance de la société.
« Il n'est presque pas d'individu qui ne soit rattaché à la
« société générale par quelque lien social plus ou moins
« fort. Le cercle s'étend, l'intimité se fortifie à mesure que
« la société s'éclaire. L'intérêt, d'abord renfermé dans la
« famille, s'étend à la tribu, de la tribu à la province, de
« la province à la nation, de la nation au genre humain tout
« entier. Et à mesure que les sciences politique et déonto-
« logique seront mieux comprises, on verra augmenter la
« dépendance de chacun de la bonne opinion de tous, et la
« sanction morale se fortifier de plus en plus. Ajoutons que
« sa force sera de beaucoup accrue lorsqu'elle pourra faire

---

1. Dumont de Genève, I, p. 66. — *Introd. to the princ.*, p. 25.
2. *Déont.*, II, 49. — Cf. II, 152.
3. *Introd. to the princ.*, VI, p. 21. — Dumont de Genève atténue ici, comme il lui arrive souvent, la pensée de Bentham, et rapetisse son système : il s'arrête aux hommes. Bentham, lui, étend la sympathie partout où s'étend la sensibilité. Cf. Dum. de Gen., I, p. 66.

« une appréciation plus exacte de sa propre puissance [1]. »
« — Plus on s'éclaire, dit ailleurs Bentham, plus on con-
« tracte un esprit de bienveillance générale, parce qu'on
« voit que les intérêts des hommes se rapprochent par plus
« de points qu'ils ne se repoussent. Dans le commerce, les
« peuples ignorants se sont traités comme des rivaux qui
« ne pouvaient s'élever que sur les ruines les uns des
« autres. L'ouvrage d'Adam Smith est un traité de bienveil-
« lance universelle, parce qu'il fait voir que le commerce
« est également avantageux pour les différentes nations ;
« que les peuples sont associés et non pas rivaux dans la
« grande entreprise sociale. » Bentham, à l'encontre d'Helvétius, assimile donc entièrement, en s'appuyant sur la
science nouvelle créée par Adam Smith, l'amour de soi
à la philanthropie universelle; il les assimile parce qu'il
identifie l'intérêt privé et l'intérêt public, et le moyen
terme de cette identification, c'est, outre le profit économique, le plaisir de la sympathie, complété par la peine
de la *sanction*.

Bentham, en effet, comme tous les utilitaires, attache
la plus grande importance à la sanction. Helvétius avait
surtout insisté sur la sanction légale; Bentham reconnaît
plusieurs autres sanctions naturelles et non moins importantes : sanction physique, sociale, populaire, enfin religieuse; et là il se sépare positivement d'Helvétius. Pour
montrer mieux l'influence de la sanction, il raconte l'histoire de deux apprentis, Timothée et Walter, dont la conduite différente vaut à l'un un bonheur sans mélange, à
l'autre une misère sans remède [2]. On sait que ces sortes
d'histoires forment chez nos voisins, dont l'esprit national
est essentiellement utilitaire, le fond de la plupart des
livres à l'usage des enfants. On inculque ainsi à l'enfant
un optimisme exagéré, en lui faisant croire que la sanction la plus terrible vient frapper immédiatement le coupable, et on s'efforce de l'habituer à la vertu par la crainte
du châtiment.

Pour bien saisir la doctrine utilitaire jusqu'au point où
nous sommes parvenus, résumons sous une forme systé-
matique la manière dont Bentham explique les rapports
des hommes entre eux. Chacun cherche son plus grand
intérêt, chacun est égoïste : voilà le point de départ. Mais

---

1. *Déontologie*, I, 200.
2. *Déont.*, I, 145. — Cf. Dum. de Gen., I, ch. vii.

l'intérêt de chacun est lié à l'intérêt de tous par deux principes, celui de la sanction et celui de la sympathie. La sanction fait subir à l'égoïsme une première transformation ; mais c'est en quelque sorte malgré lui : elle le menace du châtiment. La sympathie produit, non pas seulement dans la ligne extérieure de conduite, mais au sein même de l'égoïsme, un changement plus important encore : elle l'attire par le plaisir. Je suis homme, et comme tel, selon Bentham, tout ce qui n'est pas moi m'est indifférent; mais, en premier lieu, la crainte intervient et me dit : Si tu ne respectes pas le bien et la vie des autres, ils ne respecteront pas ton bien et ta vie : tu auras fait un mauvais calcul. Je l'écoute, et je m'abstiens de tout ce qui peut m'attirer la peine de la sanction. Voilà donc un premier pas de fait : c'est, pour ainsi dire, après ma tendance à tout envahir, un pas en arrière ; je reviens sur moi, je rentre dans les limites de mon domaine, je suis juste. Mais l'absence de crainte, quoique étant une excellente chose, ne me suffit pas, comme elle suffisait à la rigueur aux Épicuriens, pour constituer le bonheur. Mon plaisir, en effet, n'est pas complet; je suis à l'étroit dans mon *moi;* mon bonheur, pour être intense, a besoin d'être large et de comprendre le bonheur des autres ; il y manque la plus douce jouissance, celle de la sympathie : pour l'obtenir, je vais à autrui, je me fais bienveillant, bienfaisant, désintéressé même. La société est fondée. « La vertu sociale, dit Bentham, est le sacrifice qu'un « homme fait de son propre plaisir pour obtenir, en servant « l'intérêt d'autrui, une plus grande somme de plaisir pour « lui-même [1]. »

Comme on voit, la doctrine de Bentham se montre déjà ingénieuse et même subtile : ce qui la caractérise, c'est cette identification perpétuelle et obstinée de l'intérêt public et de l'intérêt privé. Pourtant, nous n'avons pas encore déduit de cette identification la conséquence la plus remarquable.

Nous recherchons et devons rechercher notre bonheur : mais, puisque notre bonheur est toujours d'accord avec la justice, il ne portera tort en aucune façon au bonheur d'autrui; notre plaisir n'exclura en aucune manière le plaisir d'autrui. Cela posé, fidèles à la méthode arithmétique de Bentham, considérons-nous comme chiffres dans

---

[1]. *Déontologie*, I, 173. Cf. *Intr. to the principles*, ch. XI.

la somme des êtres tendant au bonheur : il est évident que, notre bonheur s'accroissant d'une certaine quantité, la somme du bonheur total s'accroîtra de la même quantité. Première conséquence. En outre, comme notre bonheur non-seulement n'est pas exclusif du bonheur d'autrui, mais l'embrasse et le contient, comme nous ne pouvons être complétement heureux que par l'affection des autres et que, pour obtenir l'affection des autres, nous devons commencer par rendre les autres heureux; comme enfin notre chiffre de bonheur personnel ne s'accroît qu'à condition que le chiffre de bonheur s'accroisse tout autour de nous, il en résulte évidemment que, en augmentant notre bonheur propre, nous ne faisons pas une simple addition au bonheur universel, mais nous opérons une véritable multiplication de ce bonheur. Ainsi, en travaillant à notre bonheur propre, nous avons travaillé au bonheur de tous les êtres; en servant notre intérêt, nous avons servi autant qu'il était possible l'intérêt universel; nous avons cherché *le plus grand bonheur du plus grand nombre* (*the greatest happiness of the greatest number*); et inversement, toutes les fois que nous augmentons le bonheur du plus grand nombre, nous augmentons notre propre bonheur.

Ainsi, par une transformation algébrique très-simple, nous pouvons réduire cette formule : *mon bonheur*, à cette autre : *le plus grand bonheur du plus grand nombre,* ou à cette autre encore, à laquelle Bentham s'est finalement arrêté : *la maximisation du bonheur.* On peut indifféremment énoncer l'une de ces trois formules : toutes trois représentent également le but que la morale anglaise propose à tous les hommes.

Cette interprétation est confirmée par des textes précis. — « L'intérêt de chaque homme, dit nettement Bentham, « doit, à ses yeux, passer avant tout autre ; et, en y regar- « dant de près, il n'y a dans cet état de choses *rien qui fasse* « *obstacle à la vertu et au bonheur :* car comment obtiendra- « t-on le *bonheur de tous dans la plus grande proportion pos-* « *sible, si ce n'est à la condition que chacun en obtiendra pour* « *lui-même la plus grande quantité possible?* De quoi se com- « posera la *somme du bonheur total,* si ce n'est des *unités* « *individuelles?* » Et ailleurs : « La première loi de la nature, « c'est de désirer notre propre bonheur. Les voix réunies « de la prudence et de la bienveillance se font entendre « et nous disent : Cherchez votre propre bonheur dans le

« bonheur d'autrui. » — « Si chaque homme, agissant avec « connaissance de cause dans son intérêt individuel, obte-« nait la plus grande somme de bonheur possible, alors l'hu-« manité arriverait à la suprême félicité, et le but de toute « morale, le bonheur universel, serait atteint [1]. » — « En « écrivant cet ouvrage, ajoute Bentham, nous avons pour « objet le bonheur de l'humanité, ton bonheur, lecteur, et « celui de tous les hommes [2]. »

Bentham ne pouvait s'arrêter aux hommes ; la sympathie, ce lien de l'individu et du genre, du particulier et de l'universel, ne s'y arrête pas, et la morale de Bentham devait embrasser tout ce qu'embrasse la sympathie : « Ce que nous nous proposons, c'est d'étendre le domaine du bonheur partout où respire un être capable de le goûter; et l'action d'une âme bienveillante n'est pas limitée à la race humaine, car, si les animaux que nous appelons inférieurs n'ont aucun titre à notre sympathie, sur quoi s'appuieraient donc les titres de notre propre espèce ? » En d'autres termes, si le plaisir que nous éprouvons à caresser les animaux n'était pas un mobile d'action suffisant, le plaisir que nous éprouvons à aimer les hommes en serait-il un ? Un homme sympathique envers les animaux sera plus disposé à la sympathie envers les hommes, et réciproquement. Bentham ajoute ces belles paroles : « La chaîne de « la vertu enserre la création sensible tout entière. Le bien-« être que nous pouvons départir aux animaux est intime-« ment lié à celui de la race humaine, et celui de la race « humaine est inséparable du nôtre [3]. » Bentham, du reste, ne plaçant point le principe de la morale dans la raison, était naturellement amené à ce résultat : « La question n'est pas : Les animaux peuvent-ils raisonner ? peuvent-ils parler ? mais : Peuvent-ils souffrir [4] ? »

En résumé, dans la partie théorique du système de Bentham que nous venons d'exposer, tout nous a paru se

---

1. *Déont.*, I, 26, 25, 19.
2. *Déont.*, I, p. 20. — Cf. *Intr. to the princ.*, ch. XVIII.
3. *Déont.*, I, *ib.* — A ce sujet, Bentham se demande s'il est conforme à son principe de tuer les animaux pour les manger. « Sans doute, répond-il, et en cela nous sommes justifiables; la somme de leurs souffrances n'égale pas celle de nos jouissances : le bien excède le mal. » — Mandeville, le contemporain de Bentham, qui soutient que le meurtre des animaux est l'un des crimes nécessaires au maintien de la société, eût peut-être fait demander à Bentham, par le lion qu'il met en scène, de quel droit l'homme se ferait juge du plaisir goûté par les animaux.
4. *Déont.*, I, 22.

déduire avec logique. Entre l'égoïsme et le désintéressement, Bentham a cherché un point de contact, et il en a trouvé un. S'il a identifié entièrement l'intérêt individuel avec l'intérêt universel, c'est en parfaite connaissance de cause. S'il a dit, d'un côté, qu'on devait prendre pour fin son bonheur, de l'autre, qu'on devait prendre pour fin le plus grand bonheur du plus grand nombre, c'est qu'il considérait ces deux fins comme absolument identiques. Il peut avoir tort, comme Socrate avait tort, comme Épicure avait tort, en croyant à un optimisme absolu; mais sa doctrine est raisonnée et consciente d'elle-même; elle a déjà, dans sa partie théorique, une évidente originalité, et c'est parfois cette originalité même qui l'a empêchée d'être bien comprise [1].

A vrai dire, on s'est souvent représenté Bentham tout autre qu'il n'est; tantôt on en a fait un philanthrope enthousiaste, se souciant peu de construire un système logique et bien déduit, pourvu qu'au bout de ce système il crût trouver le bonheur de l'humanité; tantôt on n'a vu en lui que le légiste; on a dit que la morale, dans sa doctrine, était le secondaire, la législation le capital; qu'il n'avait guère vu la morale qu'à travers les lois. Loin de là, ce sont les lois qu'il n'a vues qu'à travers sa morale.

---

1. « J'ai besoin, messieurs, dit Jouffroy, d'attirer votre attention sur « une *confusion de choses et d'idées* dans laquelle l'esprit très-peu phi- « losophique de Bentham *s'est laissé tomber*... Elle consiste à substituer « dans le système égoïste la règle de l'intérêt général à celle de l'in- « térêt individuel, comme si ces deux règles étaient identiques, comme « si la première n'était que la traduction de la seconde. « (Jouffroy, *Cours « de dr. nat.*, II, p. 19.) — Mais, précisément, elle n'en est pour Bentham que la traduction et, comme nous l'avons montré, la transformation algébrique. — « Que Bentham, en opérant cette substitution, « *n'en ait pas eu conscience*, c'est un point *incontestable*. En effet, pour « *peu qu'il s'en fût aperçu*, la différence qu'il y a, ne fût-ce que dans « les mots, entre la règle de l'intérêt personnel et celle de l'intérêt « général, l'aurait *frappé*. » — L'originalité de Bentham semble consister justement à nier cette différence, dont il s'est fort bien aperçu. — « Il se serait cru obligé de dire quelque chose pour rassurer ses « lecteurs et leur montrer l'identité de ces deux règles... Mais *il n'y a « pas trace* d'un semblable souci dans tout le livre de Bentham. » — Jouffroy ne parle ici que de l'*Introduction to the principles*, où se trouvent d'ailleurs des traces fort visibles d'un semblable souci, par exemple dans le chapitre XIX; — s'il eût connu la *Déontologie*, qui a paru deux ans avant la publication du *Cours de droit naturel*, il eût certainement retiré cette assertion. « Ne croyez pas, ajoute Jouffroy, que je fasse « tort à Bentham et interprète mal sa pensée. » Pourtant, s'il l'eût mieux saisie, il eût peut-être retiré plusieurs critiques qui portent à faux; il n'eût pas semblé croire, par exemple, que Bentham rejetait entièrement les sentiments sympathiques et le « mode de détermination passionné ». La Rochefoucauld même admettait, en un certain sens, ce mode de détermination.

Il est utilitaire par nature, par esprit, par nationalité, par système ; il l'est obstinément, il l'est sciemment ; il sait qu'il aboutit à l'égoïsme, mais il croit de toutes ses forces que « l'amour de soi peut servir de base à la bienveillance universelle ». Non-seulement pour les autres, mais pour lui-même, il repousse le titre de désintéressé ; il pratique l'utilitarisme dans sa conduite, comme il le préconise dans ses écrits : c'est un penseur original, non moins bizarre qu'original ; mais il a vraiment son mérite, comme le montre l'extrême influence qu'il a eue sur la philosophie anglaise et l'influence pratique peut-être plus grande encore qu'il a exercée sur la législation anglaise.

CHAPITRE II

BENTHAM (Suite.)

L'ARITHMÉTIQUE APPLIQUÉE A LA MORALE

I. — Comment trouver un *critérium* pratique, jugeant de la valeur immédiate des actions ? — La μετρητική de Platon et d'Epicure ; son insuffisance. — Les actions humaines sans tarif ; variété de poids et de mesures. — Calcul arithmétique de Bentham. — Les sept propriétés des plaisirs et des peines. — L'ivrognerie jugée par le calcul moral. — Tables et catalogues de Bentham. — L'unité de poids et de mesures découverte. — La morale utilitaire fondée en tant que science d'application. — Tâche nouvelle du moraliste. — Apaisement de toutes les controverses en morale.

II. — Application du calcul moral à la conduite pratique. — Deux grandes vertus : prudence et bienveillance. — Laquelle est antérieure et supérieure, laquelle doit être sacrifiée en cas de conflit ? A quelle condition le désintéressement peut-il se justifier ? — Nouvelles preuves de l'optimisme conscient de Bentham. — Le moraliste utilitaire, exemple vivant de la vertu utilitaire. — Définition de la moralité.

Nous avons recherché, dans le chapitre précédent, la condition que devait remplir un acte quelconque, d'après Bentham, pour mériter le nom de moral et de vertueux : cet acte doit tendre au maximum du bonheur universel, et il doit y tendre en passant pour ainsi dire par le bonheur individuel.

Maintenant, en pratique, à quels signes reconnaître cet acte ? Le plus grand bonheur du plus grand nombre est une sorte de mesure idéale d'après laquelle on ne pourrait juger qu'une quantité d'actions très-restreinte, et à laquelle échappent la plupart des actions de la vie pratique.

Platon, dans le *Protagoras*, et Epicure parlent sans doute d'une sagesse pratique, φρόνησις, d'un art de mesurer, συμμέτρησις. Epicure même, s'attribuant cette sagesse et cet art, avait tracé à ses disciples une ligne de conduite : il leur avait indiqué d'une manière générale les actions qu'ils devaient accomplir ou éviter. Mais, en premier lieu, cette ligne de conduite ne pouvait suffire à guider les hommes dans toutes les sinuosités de la vie. Nulle série de préceptes, si développés et circonstanciés qu'ils soient, ne peut égaler la série des choses possibles. En second lieu, Bentham n'accorde point à la légère, même au moraliste, même au sage, la faculté d'apprécier la quantité de plaisir résultant, pour tout autre que lui, d'une action donnée. « Qu'est-ce que le plaisir? qu'est-ce que la peine? Tous les hommes s'en forment-ils la même idée? Loin de là : *le plaisir, c'est ce que le jugement d'un homme, aidé de sa mémoire, lui fait considérer comme tel.* Nul homme ne peut reconnaître dans un autre le droit de décider pour lui ce qui est plaisir et de lui en assigner la quantité requise... Il faut laisser tout homme d'un âge mûr et d'un esprit sain juger et agir en cette matière par lui-même, et il y a folie et impertinence à vouloir diriger sa conduite dans un sens opposé à ce qu'il considère comme son intérêt [1]. » Ainsi, toute appréciation *arbitraire* des plaisirs d'autrui est nuisible et blâmable, et toute règle de conduite fondée sur une telle appréciation est impossible [2].

Voici donc le problème, tel que Bentham le pose : trouver à l'usage de *chaque individu* un moyen *scientifique* de mesurer les plaisirs et de choisir en connaissance de cause, parmi les diverses actions possibles, celle qui contribuera le plus à l'augmentation du bonheur individuel, et conséquemment du bonheur universel. En d'autres termes, chaque homme possède une certaine somme, une certaine richesse de bonheur, et il désire accroître cette richesse. Parmi les innombrables sortes de plaisirs dont l'ensemble

---

1. *Déont.*, I, p. 39. Cf. p. 74.
2. Bentham, évidemment, ne veut pas déclarer *à priori* que les plaisirs éprouvés par diverses personnes ne puissent se comparer et se mesurer en aucune manière ; dans ce cas, il se lierait lui-même les mains. Il défend, en premier lieu, toute intrusion despotique dans le domaine de la liberté individuelle; en second lieu, il repousse toute comparaison et toute mesure des plaisirs qui n'aurait pas un caractère de certitude scientifique. Il pratique ici une sorte de doute méthodique et semble croire à l'absolue *subjectivité* des plaisirs; nous verrons plus tard qu'il admet dans tout plaisir éprouvé par un individu des éléments communs aux autres individus, des éléments *objectifs*.

constitue la vraie richesse de l'homme, quels sont donc ceux qui sont préférables? n'y a-t-il pas, pour ainsi dire, des plaisirs d'or, de fer, de cuivre, de bois? comment mesurer leur poids, leur densité? comment s'assurer de leur valeur? « Avant Bentham, dit Dumont de Genève, il y avait comme une *variété de poids et de mesures* en morale... Les actions humaines n'avaient point de tarif authentique et certain [1]. »

Quelque variables que soient les plaisirs et les peines qui peuvent être pris par nous comme buts d'action, ils ne peuvent pourtant attirer notre volonté que par un certain nombre de caractères invariables. Si, par exemple, je me considère seul et abstraction faite des autres hommes, la *valeur* immédiate de tout plaisir et de toute peine dépendra pour moi de quatre conditions, ni plus ni moins : 1° son *intensité* (*intensity*) ; 2° sa *durée* (*duration*); 3° sa *certitude* (*certainty*); 4° sa *proximité* (*propinquity*). Ce sont là, pour ainsi dire, les quatre formes dans lesquelles toutes les espèces de plaisirs et de peines sont forcées de venir se mouler pour parvenir à être pensées et voulues : quelque différents qu'ils soient sous les autres rapports, ils ont tous une certaine intensité et une certaine durée; ils sont plus ou moins en notre pouvoir, ils sont plus ou moins rapprochés de nous.

Ce n'est pas tout Nous avons considéré les peines et les plaisirs en eux-mêmes; mais à chaque plaisir et à chaque peine est intimement lié un certain nombre de conséquences que nous ne pouvons mettre hors de compte. Outre l'*action* (the act), voyons, suivant Bentham, la *tendance* (the tendency) de l'action.

Si un plaisir tend à produire des plaisirs, et une peine des peines, ce plaisir et cette peine seront *féconds*. Si un plaisir tend à produire des peines, et une peine des plaisirs, ce plaisir et cette peine seront *impurs*. Voilà donc deux nouveaux caractères dont il faut tenir compte : la *fécondité* et la *pureté* (*fecundity and purity* [2]).

---

1. Dumont de Genève, *Disc. prélim.*, XX.
2. Bentham a soin de nous prévenir qu'il n'attache point à ces mots de *pureté* et d'*impureté* le sens que la « rhétorique » y attache fréquemment ; il les emploie dans le sens arithmétique ou mathématique. « La pureté est le profit, l'impureté la perte. Lorsque la pureté prédomine dans un plaisir, c'est comme si, dans un compte, la balance était du côté du profit... L'idée première de la pureté est l'absence de toute autre substance que celle à laquelle on veut donner cet attribut. » La farine est *impure*, mêlée de charbon ; le charbon est

Enfin les conséquences des plaisirs ne s'arrêtent pas toujours à l'individu : si nous voulons estimer un plaisir par rapport à une collection, il faut y ajouter un dernier caractère, l'*étendue* (*extent*).

En somme, tous les plaisirs ont sept propriétés : qu'ils viennent de l'ouïe, de la vue ou de l'odorat, qu'ils viennent du corps ou de l'esprit, on pourra les comparer sous ces sept rapports. Voulez-vous apprécier la bonté d'une action par comparaison avec une autre, rien n'est plus facile, dit Bentham. Vous êtes enclin, par exemple, à l'ivrognerie : Bentham ne s'attachera point à vous montrer dans l'ivrognerie une action honteuse, dégradante, mauvaise en elle-même; nullement; mais il s'engage à vous démontrer mathématiquement qu'elle vous sera nuisible. Sans doute, sous le rapport de l'intensité, de la proximité, de la certitude, elle ne laisse rien à désirer, quoique sur ce point une foule d'autres plaisirs puissent rivaliser avec elle. La durée est courte; il y a là un premier inconvénient. Pourtant, à ces quatre premiers points de vue, l'ivrognerie est avantageuse : c'est ce que Bentham appelle, dans le budget moral, la colonne des profits; mais voyons la colonne des pertes. En premier lieu, fécondité nulle. Quant à l'impureté, elle est extrême. En effet, « faisons entrer en ligne de compte : 1° les indispositions et autres effets préjudiciables à la santé; 2° les peines contingentes à venir, résultat probable des maladies et de l'affaiblissement de la constitution; 3° la perte de temps et d'argent proportionnée à la valeur de ces deux choses; 4° la peine produite dans l'esprit de ceux qui vous sont chers, tels que, par exemple, une mère, une épouse, un enfant; 5° la défaveur attachée au vice de l'ivrognerie, le discrédit notoire qui en résulte aux yeux d'autrui; 6° le risque d'un châtiment légal et la honte qui l'accompagne, comme, par exemple, les lois punissant la manifestation publique de l'insanie temporaire produite par l'ivresse; 7° le risque des châtiments attachés aux crimes qu'un homme ivre est exposé à commettre; 8° le tourment produit par la crainte des peines d'une vie future [1]. »

Il est évident, conclut Bentham, que mathématiquement l'ivrognerie est une action mauvaise; la colonne des pertes probables l'emporte énormément sur celle des profits

---

impur, mêlé de farine. « La qualité d'être insalubre ou dégoûtant, soit « aux sens, soit à l'imagination, ajoute à l'intensité assignée à l'impu-« reté. » (*Déont.*, I, 92.)

1. *Déontol.*, I, 190.

assurés. L'ivrognerie, au point de vue commercial, serait une spéculation ruineuse ; on « achèterait trop cher » le plaisir qu'elle procure.

Qu'on applique le même calcul à toutes les actions, on les verra se ranger en deux grandes classes, se diviser en bonnes et en mauvaises, puis se subdiviser en meilleures et en pires sans que les sentiments arbitaires de sympathie et d'antipathie apportent jamais le trouble dans cette classification régulière. L'unité intérieure de poids et de mesure est découverte ; désormais chacun pourra peser dans une exacte balance ses plaisirs et ses peines, prendre les uns, rejeter les autres ; cette sorte d'échange qui sans cesse a lieu au-dedans de nous, cette circulation intérieure de plaisirs et de peines, ne sera plus entravée par l'absence de commune mesure. La commune mesure, c'est ma conscience : je m'habitue à apprécier aussi exactement que possible l'intensité et la durée des plaisirs que je ressens ; je fixe dans ma mémoire cette intensité et cette durée ; je m'efforce en outre de prévoir les conséquences ; j'interroge les statistiques, le calcul des probabilités : cela fait, je range sous les sept catégories principales les profits et les pertes, j'établis une balance, et l'action est jugée ; ou plutôt, non ; ce terme est impropre : l'action est *évaluée*. Le mal, en effet, c'est la dépense ; le bien, c'est la recette. « La morale devient une affaire d'arithmétique [1]. »

« C'est là une marche lente, dit Dumont de Genève, mais sûre : au lieu que ce qu'on appelle *sentiment* est un aperçu prompt, mais sujet à être fautif. Au reste, il ne s'agit pas de recommencer ce calcul à chaque occasion : quand on s'est familiarisé avec ses procédés, on compare la somme du bien et du mal avec tant de promptitude qu'on ne s'aperçoit pas de tous les degrés du raisonnement. On fait de l'arithmétique sans le savoir. Cette méthode analytique redevient nécessaire lorsqu'il se présente quelque opération nouvelle et compliquée, ou lorsqu'il s'agit d'éclaircir un point contesté [2]. »

---

1. Dumont de Genève, I, 58 ; Cf. *Disc. prélim.*, XVIII ; Bentham, *Introd. to the princ.*, IV, VI. — Les règles de l'arithmétique morale de Bentham ont été mises en vers anglais peu après l'*Introduction aux principes*:

> *Intense, long, certain, speedy, fruitfull, pure,*
> Such marks in *pleasures* and in *pains* endure.
> Such pleasures seek, if *private* be thy end :
> If it be *public*, wide let them *extend*.
> Such *pains* avoid, whichever be thy view :
> If *pains must* come, let them *extend* to few.

2. Dum. de Gen., I, 59.

Dans son *Discours préliminaire*, Dumont de Genève compare l'arithmétique morale de Bentham « au syllogisme inventé par Aristote » ou au *novum organum* de Bacon ; c'est, d'après lui, une sorte d' « *instrument* dans les sciences morales, un nouveau moyen de rapprocher et de comparer les idées, une nouvelle méthode de raisonnement. » Quoi qu'on pense de ces affirmations excessives, on ne saurait nier que Bentham, outre le perfectionnement apporté dans la partie théorique de l'utilitarisme, n'ait tenté de renouveler le critérium pratique de cette doctrine ; la morale utilitaire, en tant que science d'application, est fondée [2].

Par là, Bentham a changé la tâche du moraliste. Le moraliste ne prononcera plus les noms « repoussants » de devoir et d'obligation : « sa tâche sera d'amener dans les régions de la peine et du plaisir toutes les actions humaines, afin de prononcer sur leur caractère de *propriété* et d'*impropriété*, de vice ou de vertu [2]. » Toutefois, nous le savons, le déontologue n'imposera point arbitrairement à autrui les actions qu'il juge en son for intérieur les plus productives de plaisir : le plaisir de chacun, c'est surtout son bon plaisir : « en matière de déontologie, l'homme est constamment traduit à son propre tribunal, rarement à celui d'autrui. » Le déontologue n'appréciera donc point, dans les actions, l'élément qui peut varier avec les individus, à savoir l'*intensité :* son domaine n'empiétera point sur celui

---

1. *Ibid., Disc. prélim.*
2. Bentham ne s'arrête point, du reste, après ce premier pas. Pour mieux évaluer et comparer les plaisirs et les peines, il faut connaître les principaux genres dans lesquels ils rentrent. Non seulement tous les plaisirs, quels qu'ils soient, ont sept caractères communs, mais chaque plaisir partage un certain nombre de caractères avec d'autres plaisirs : et de même pour les peines. Bentham rangea toutes les peines et tous les plaisirs, tant physiques qu'intellectuels, dans treize classes principales. C'est là ce qu'il appelle le tableau des *motifs*. (*Intr. to the princ.*, ch. v; Dum. de Gen., I, p. 38; *Déont.*, I, p. 79.)
Ce qu'il avait fait pour les motifs, il le fit pour les *intérêts* et pour les *désirs*, qu'il en distingue, dans le *Tableau des ressorts de l'action*. Il avait, dans l'*Introduction aux principes*, énuméré les buts derniers des actions, les plaisirs ; dans le *Tableau des ressorts de l'action*, il énumère les formes si nombreuses dont l'imagination revêt ces plaisirs et sous lesquelles la volonté les désire. (*Table of the springs of action*, Works of Jeremy Bentham, part. I, p. 195.)
Nous retrouverons d'autres classifications moins arides dans la politique de Bentham. Tous ces tableaux et ces catalogues représentaient pour Bentham le travail préparatoire d'une science nouvelle, dont nous parlerons dans le chapitre suivant, la *Pathologie mentale*.
3. *Déont.*, I, p. 84.

de la liberté individuelle. Mais, s'il lui est impossible de mesurer l'intensité des plaisirs et des peines, il n'en est plus ainsi pour les six autres caractères de toute sensation ; le moraliste retrouve de ce côté ce qu'il perd de l'autre. En effet, il ne s'agit plus ici que d'examiner et de classer les plaisirs à un point de vue extérieur, par leurs conséquences et leurs résultats. « Que devient alors la tâche du moraliste ? Il peut mettre sous les yeux de celui qui l'interroge un aperçu des probabilités de l'avenir, plus exact et plus complet qu'il ne se serait offert à ses regards au milieu des influences du moment. Le moraliste peut l'aider à faire des réflexions et à tirer des conclusions, à tenir compte du passé sous un point de vue plus large et à en déduire des calculs et des conjectures pour l'avenir. Il peut lui indiquer des *fins* qui ne s'étaient pas présentées et les *moyens* de les accomplir. Il peut le mettre à même de choisir entre les plaisirs et les peines sagement balancés... Pour être véritablement *utile*, il faut qu'il aille à la découverte des conséquences qui doivent résulter d'une action donnée [1]. » C'est à accomplir cette *tâche* que Bentham a travaillé toute sa vie : « Il s'occupait continuellement à calculer le nombre des plaisirs, à peser leur valeur, à estimer leurs résultats ; et la grande affaire de sa vie était de procurer à chacun des membres de la famille humaine la plus grande quantité possible de félicité, soit par l'allégement des souffrances, soit par l'accroissement des jouissances [2]. »

Bentham, esprit très-classificateur et très-méthodique, espère que le déontologue, à force de calculs, d'expériences, de statistiques, arrivera à mettre en telle évidence les profits ou les pertes résultant des actions, que toutes les discussions, toutes les dissidences, toutes les controverses s'éteindront peu à peu. Mettez aux prises sur telle ou telle question deux partisans du sens moral : comment voulez-vous qu'ils se convainquent, puisqu'ils s'en réfèrent à leur sentiment et que leur sentiment est contraire ? La dispute ne finira que si le plus fort saisit l'autre et « le brûle tout vif ». Au contraire, dit Bentham, mettez en présence deux utilitaires : ou ils tomberont aisément d'accord, ou, s'ils ne sont pas d'accord, « ce sera au sujet de quelques faits, et il n'y a pas lieu de supposer aucun

---

[1]. *Déontologie*, I, 38.
[2]. John Bowring, *Déont.*, I,

d'eux assez déraisonnable pour se fâcher *sur une question de fait.* » Remarque assez juste ; mais on pourrait demander à Bentham : D'où vient cette chaleur soudaine dans les discussions sur les questions *de droit?* Cette indifférence à l'égard du fait, ce réveil et cette vivacité dès qu'il s'agit de droit, ne tendraient-ils pas à montrer qu'il y a chez l'homme quelque chose de supérieur au simple calcul des faits, une préoccupation de l'idéal ?

Mettre en pratique, pour son propre compte, les prescriptions du code moral, cela s'appelle *prudence;* les mettre en pratique pour le compte d'autrui, cela s'appelle *bienveillance effective.* Bentham n'admet que ces deux grandes vertus, auxquelles il ramène toutes les autres [1].

A propos de la bienveillance, il examine les cas où cette vertu peut se trouver en désaccord avec la prudence personnelle : c'est la question du *sacrifice* qui se présente à un nouveau point de vue. Bentham n'hésite pas un instant : si l'intérêt personnel se trouve en hostilité avec les sympathies bienfaisantes, « il faut que ces dernières succombent; il n'y a pas de remède, elles sont les plus faibles. » Il n'y a pas de remède, en effet, car il n'y a aucun moyen d'échapper à l'intérêt. « Heureusement que ces cas sont rares, » a soin d'ajouter Bentham [2]. Les hommes sont dans une dépendance mutuelle les uns des autres, dans une solidarité presque absolue, de telle sorte que toute haine et tout amour produisent presque nécessairement une « réaction » par laquelle la haine voit disparaître ses profits et l'amour voit combler ses pertes [3]. L'homme est comme le marchand, qui, s'il vendait plus cher qu'il ne doit, réaliserait de gros mais bien courts bénéfices. Ajoutons à cette dépendance qui attache les hommes entre eux, comme le marchand et l'acheteur, l'influence énorme de la « concurrence ». Il y a, dit Bentham, une concurrence dans le monde moral comme dans le monde économique : c'est la « concurrence universelle et constante pour obtenir le respect, l'estime et l'amour des autres. » La concurrence précipite la sanction et la rend plus grave. D'où il suit que *presque toujours* la prudence personnelle et la bienveillance s'accordent à commander les mêmes actions.

Mais, encore une fois, s'il arrive que l'action de la bien-

---

1. *Déontologie,* I, 89.
2. *Déont.,* I, 219.
3. *Déont.,* II, 53.

veillance tende réellement à nous « appauvrir », si elle nous ôte plus qu'elle ne nous donne, il faut l'appeler alors une « imprudence », une « folie », un « gaspillage de bonheur ¹. » Pour qu'il y ait vertu, c'est-à-dire profit, il faut, dit Bentham, qu'il y ait *égalité* entre le plaisir *sacrifié* et le plaisir *communiqué*. Il faut que je vous transmette, sans en laisser en chemin un atome, tout le plaisir que j'abandonne. Alors seulement le bonheur général n'y perd rien; les plateaux de la balance sont en équilibre; bien plus, le bonheur général y gagne, car les plaisirs sympathiques ont bientôt fait pencher la balance du bon côté ². Le sacrifice doit être comme une somme de bonheur que je vous envoie et qui, durant le voyage, s'accroît des intérêts. — Un exemple vivant du vrai sacrifice, où la prudence personnelle et la bienveillance s'unissent et se compensent mutuellement, c'est le déontologue. D'une part, dans ses discours, dans ses écrits, dans tous ses efforts, qu'est-ce qui l'encourage, si ce n'est « la pensée que par là, peut-être, il produit plus de bonheur, et à moindres frais, qu'aucun autre moyen ne pourrait en produire? Et en effet, ne contribue-t-il pas à agrandir le domaine du bonheur? » D'autre part, « *que lui en coûte-t-il pour cela?* Le soin d'arranger et de combiner quelques phrases. Ces vérités, *qui ne lui ont coûté que la peine* de faire entendre quelques paroles ou d'emprunter dans ce but la voix infatigable de la presse, n'auront-elles pas pour résultat certain d'étendre le domaine de la félicité?... » Plus l'*indigence morale* de l'humanité est grande, plus le don du moraliste a de valeur. Aussi, « quelle mission plus haute que la sienne! En rendant aux autres d'inestimables services, *il établit son droit irrésistible aux services des autres;* il exerce une puissance qui, elle-même, est un plaisir... En cela, *point de sacrifice d'intérêt personnel;* c'est *par ces moyens* et par d'autres semblables que chacun peut seconder le progrès et accélérer le triomphe du bonheur universel ³. »

On voit combien la doctrine de Bentham est consciente d'elle-même, et combien elle est loin de cette confusion involontaire qu'on lui a tant reprochée entre l'intérêt personnel et l'intérêt général : de petits sacrifices pour entretenir la sympathie, et la sympathie pour sauver l'égoïsme, voilà tout Bentham. Il revient sans cesse sur

---

1. *Déontologie*, I, 229, 230, 231.
2. *Déont.*, I, 231, 232.
3. *Déont.*, I, 234.

cette pensée et la reproduit sous de nouvelles formes :
« On a dit que la probité est le meilleur des calculs... Il y a un calcul qui vaut mieux encore : c'est celui de la bienveillance active... » La bienfaisance n'est autre chose qu'une semence en vue de la récolte. Au point de vue économique, « tous les actes de bienfaisance vertueuse qu'un homme accomplit sont un véritable versement effectué par lui dans un fonds commun, une sorte de caisse d'épargne dépositaire du bon vouloir général ; c'est un capital social dont il sait que l'intérêt lui sera payé par ses semblables en services de tout genre, négatifs ou positifs [1]. »

Epicure, Hobbes, Helvétius avaient cherché à détruire la conscience morale ; Bentham, doué de l'esprit anglais, porté à compter et à évaluer toutes choses, revenant sans cesse à la pratique, ne s'en éloignant jamais que pour y revenir plus sûrement ensuite, Bentham a cherché à remplacer la conscience morale par une conscience économique et mathématique. « Quand un homme joue aux boules, vous le voyez longtemps balancer en avant et en arrière la main qui tient la boule avant de la lancer. Que se passe-t-il pendant tout ce temps dans son esprit ? Il place les forces motrices de sa main dans une infinité de situations différentes ; il ajuste les fibres musculaires de son bras à leurs divers degrés de tension. Il passe en revue toutes ces combinaisons, afin de trouver celle que lui fournit sa mémoire. Voilà donc une infinité de jugements prononcés dans l'espace de quelques minutes. » Ainsi doit faire l'homme vertueux de Bentham : il accomplit une action comme on lance une boule, et « quand le résultat final est bien calculé, il y a moralité ; quand le calcul est faux, il y a immoralité [2]. »

---

1. *Déontologie*, II, 310, 296.
2. *Déont.*, II, 96. Cf. *ibid.*, 38, 39.

CHAPITRE III

BENTHAM (Suite.)

POLITIQUE UTILITAIRE

I. — Principes de la législation utilitaire. — Que la morale et la politique ont un même but. — Ce que Dumont appelle la logique de la législation. — Suppression de la loi naturelle et du droit naturel. — Le droit dérivé du délit. — Principe important : Toute loi est mauvaise en soi. — Que la seule affaire du gouvernement est le choix des maux. — Critique de la législation vulgaire et de la charité despotique.
II. — Législation appliquée. — Devise de Bentham : *Observation*. — Insuffisance de l'arithmétique morale pour le législateur. — Science nouvelle, que Bentham espère fonder : *Pathologie mentale*, ou science de la sensation. — L'utilitarisme et la médecine. — Les vrais maîtres de Bentham. — Principes de pathologie. — Proportionner la peine au degré de sensibilité du coupable. Énumération des circonstances influant sur la sensibilité. — Proportionner la peine au mal commis. — Conséquences des actions. — Catalogues de Bentham. — Le législateur et le chimiste.
III. — Nécessité d'une seconde science pour la législation utilitaire. — Dynamique mentale, d'après Bentham. — Les sanctions, au point de vue de la législation. — Doit-on sanctionner la prudence ? — Doit-on sanctionner la bienveillance et dans quelle mesure ? Analyse des éléments du bonheur social : subsistance, abondance, égalité, sûreté. — Que la liberté est secondaire. — Principe de la sûreté générale. — 1° *Des lois relatives à la subsistance*. — Des moyens de remédier à l'indigence. — 2° *Des lois relatives à l'abondance*. — 3° *Des lois relatives à la sûreté*. — Définition de la propriété. — La propriété fondée par la loi. — Qu'il n'existe pas de droit de propriété. — Que l'impôt n'est pas une atteinte à la propriété. — Cas dans lesquels il est nécessaire d'établir des impôts. — Justification de la propriété. — 4° *Des lois relatives à l'égalité*. — Théorèmes de pathologie. Tentative de conciliation entre l'égalité et la sûreté. — Que toute la morale de Bentham se résume dans cette formule déduite de l'harmonie naturelle des intérêts : Cherche ton bonheur dans celui

d'autrui ; et toute sa politique dans cette autre formule, déduite aussi de l'harmonie des intérêts : Cherche le bonheur de tous dans le bonheur de chacun. — Union de la sympathie et de l'égoïsme. — Originalité du système et de l'esprit de Bentham.

I. — La politique, aux yeux de Bentham, a la même fin que la morale ; le « déontologue » et le législateur poursuivent un même but : élever le bonheur au maximum. Mais, si la fin est identique, les moyens sont différents. Tandis que le moraliste conseille, le législateur commande ; or, le commandement ne peut s'appliquer indistinctement à tout ce qui est objet de conseil. Par cela même que le législateur a des moyens plus efficaces que le moraliste à sa disposition, il doit plus rarement mettre en œuvre ces moyens ; son pouvoir est plus grand, son domaine est plus restreint : « Toutes les actions, soit publiques, soit privées, sont du ressort de la morale. Celle-ci est un guide qui peut mener l'individu, comme par la main, dans tous les détails de sa vie, dans toutes ses relations avec ses semblables. La législation ne le peut pas ; et, si elle le pouvait, elle ne devrait pas exercer une intervention continuelle et directe sur la conduite des hommes. La morale prescrit à chaque individu de faire tout ce qui est à l'avantage de la communauté, *y compris son avantage personnel;* mais il y a bien des actes utiles à la communauté que la législation ne doit pas commander... La législation, en un mot, a bien le même centre que la morale, mais elle n'a pas la même circonférence [1]. »

Le principe de l'utilité étant posé comme centre de la législation, Bentham exclut soigneusement tout autre principe et trace les lignes de démarcation de son système politique avec autant de netteté que celles de son système moral. C'est ce que Dumont de Genève appelle la *logique de la législation;* cette logique consiste à rejeter « tout ce qui n'est pas raison » ; or n'est pas raison, d'après Bentham, tout ce qui n'est pas utilité. On sait que Bentham a écrit un long ouvrage sur les *Sophismes politiques* et les *Sophismes anarchiques.* Au nombre de ces derniers, il place la *Déclaration des droits de l'homme et du citoyen :* « *Loi naturelle, droit naturel :* deux espèces de fictions ou de métaphores... Le sens primitif du mot *loi,* c'est le sens vulgaire, c'est la volonté d'un législateur. La *loi de la nature*

---

1. Dumont de Genève, I, 101. — *Intr. to the princ.*, ch. XIX.

est une expression figurée; on se représente la nature comme un être, on lui attribue telle ou telle disposition, qu'on appelle figurativement *loi*. Dans ce sens, toutes les inclinations générales des hommes, toutes celles qui paraissent exister indépendamment des sociétés humaines, et qui ont dû précéder l'établissement des lois politiques et civiles, sont appelées lois de la nature. *Voilà le vrai sens de ce mot* [1]. » — « *Mais on ne l'entend pas ainsi*, ajoute-t-il. Les auteurs ont pris ce mot comme s'il avait un sens propre, comme s'il y avait un code de lois naturelles; ils en appellent à ces lois, ils les citent, ils les opposent littéralement aux lois des législateurs... Ce qu'il y a de naturel dans l'homme, ce sont des sentiments de peine ou de plaisir, des penchants; mais appeler ces sentiments et ces penchants des *lois*, c'est introduire une idée fausse et dangereuse; c'est mettre le langage en opposition avec lui-même : car il faut faire des *lois* précisément pour réprimer ces penchants. »

Le *droit*, à son tour, est créé par la loi; la loi naturelle étant une métaphore, le droit naturel est « une métaphore qui dérive d'une autre. Ce qu'il y a de naturel dans l'homme, ce sont des moyens, des facultés; mais appeler ces moyens, ces facultés, des *droits naturels*, c'est encore mettre le langage en opposition avec lui-même, car les *droits* sont établis pour assurer l'exercice des moyens et des facultés. Le droit est la garantie, la faculté est la chose garantie. Comment peut-on s'entendre avec un langage qui confond sous le même terme deux choses aussi distinctes? Où en serait la nomenclature des arts, si l'on donnait au *métier* qui sert à faire un ouvrage le même nom qu'à l'ouvrage même [2]. »

Après la loi naturelle, c'est la loi rationnelle à laquelle s'attaque Bentham. « Raison fantastisque n'est pas raison, dit-il. Rien de plus commun que de dire : *La raison veut, la raison éternelle prescrit*, etc.; mais qu'est-ce que cette raison? Si ce n'est pas la vue distincte d'un bien ou d'un mal, d'un plaisir ou d'une peine, c'est une fantaisie, un despotisme qui n'annonce que la persuasion intérieure de celui qui parle [3]. » Puis vient le tour de ces *rapports* des choses dont parle Montesquieu : « Je suis d'une indifférence

---

1. Dumont de Genève, *Traité de légis.*, I, p. 143.
2. Dum. de Gen., I, p. 147.
3. Dum. de Gen., I, p. 121.

absolue sur les *rapports ;* les *plaisirs* et les *peines*, voilà ce qui m'intéresse [1]. »

Une fois supprimés tout droit éternel, toute justice, toute loi, toute obligation antérieurs à la volonté du législateur, il s'agit de leur trouver des équivalents. A la loi naturelle Bentham substitue la loi artificielle, œuvre du législateur ; au droit éternel, le droit « créé » par l'homme. Le législateur, dit-il, *distribue* parmi les membres de la communauté : 1° les droits, 2° les obligations. Les droits sont des bénéfices pour qui en jouit ; les obligations sont des charges onéreuses. Ces deux idées opposées s'appellent pourtant mutuellement : l'origine de tout droit est une obligation ou un devoir ; l'origine de toute obligation ou devoir est un droit.

Et maintenant, quelle est l'idée « fondamentale » et première d'où sont dérivées et à laquelle peuvent se ramener celles de droit et d'obligation ? C'est l'idée de *délit ;* un délit, c'est une action à laquelle s'attache une peine. « La loi civile n'est au fond que la loi pénale sous un autre aspect : on ne peut entendre l'une sans entendre l'autre. Car établir des droits, c'est accorder des permissions, c'est faire des défenses, c'est, en un mot, créer des délits. » Le législateur humain étant, en effet, le seul créateur du droit, et n'ayant à sa disposition qu'une autorité, — si c'en est une, — celle de la force, il ne pourra appuyer le droit que sur la force, la loi que sur la peine, la faute que sur le délit. « Le droit civil n'est donc que le droit pénal considéré sous une autre face [2]. »

« *Droits, obligations, délits*, conclut Bentham, ne sont que la loi civile et pénale considérée sous différents aspects ; ils existent dès qu'elle existe ; ils *naissent* et *meurent* avec elle. Rien n'est plus simple, et les propositions mathématiques ne sont pas plus certaines... Ce sont les mots *droit* et *obligation* qui ont élevé des vapeurs épaisses par lesquelles la lumière a été interceptée. On n'a point connu leur origine ; on s'est perdu dans les nuages ; on a raisonné sur ces mots comme sur des êtres éternels qui ne naissaient point de la loi et qui au contraire lui donnaient naissance. On ne les a point considérés comme les productions de la volonté du législateur, mais comme les productions d'un droit chimérique. »

---

1. Dumont de Genève, I, p. 122.
2. Dum. de Gen., *Préf. des princ. du Code civ.*, t. I, p. 156.

La loi est donc une *production* comme toutes les autres, un moyen relatif comme tous les autres ; et la volonté qui la produit doit s'en servir pour le plus grand bonheur du plus grand nombre. Mais une difficulté se présente : nulle loi ne peut exister sans coercition, nulle coercition sans souffrance, et toute souffrance est un mal ; toute loi est donc, envisagée isolément, un mal [1]. D'une part, il est impossible de créer des droits sans créer des obligations et des délits, de défendre la liberté sans la restreindre ; d'autre part, « chaque restriction imposée à la liberté est sujette à être suivie d'un sentiment naturel de peine plus ou moins grand, indépendamment d'une variété infinie d'inconvénients et de souffrances qui peuvent résulter du mode particulier de cette restriction [2]. »

C'est là une conséquence extrêmement curieuse et très-bien déduite par Bentham du principe utilitaire. Les utilitaires, en effet, ne voient dans la liberté que le côté extérieur : être libre, pour eux, c'est *pouvoir ;* plus on peut, plus on est libre ; toute borne apportée au pouvoir est une entrave mise à la liberté ; et si la liberté est un bien, toute entrave est un mal, toute loi est un mal. « Cette proposition, *claire jusqu'à l'évidence*, n'est point généralement reconnue : au contraire, les zélateurs de la liberté, plus ardents qu'éclairés, se font un devoir de conscience de la combattre... Ils parlent une langue qui n'est celle de personne. Voici comment ils définissent la liberté : *La liberté consiste à pouvoir faire tout ce qui ne nuit pas à autrui.* » Bentham aurait dû dire, pour être exact : tout ce qui ne nuit pas à l'*égale liberté* d'autrui. Quant à lui, il repousse cette définition, qui est celle de la Déclaration des droits de l'homme, et il croit avec Hobbes que la liberté s'étend partout où s'étend le pouvoir matériel. « La liberté de faire du mal n'est-elle pas liberté ? Si ce n'est pas liberté, qu'est-ce donc ? et quel est le mot dont on peut se servir pour en parler ? Ne dit-on pas qu'il faut ôter la liberté aux fous et aux méchants, parce qu'ils en abusent [3] ? » — Mais précisément, pourrait-on répondre, l'abus de la liberté, est-ce la vraie liberté ? C'est encore, sans doute, de la liberté physique ; mais, même à ce point de vue, c'est une liberté qui tend à se détruire elle-même, qui, en empiétant sur autrui, attire autrui contre soi. Loin

---

1. *Déontologie*, I, 377. — Dumont de Genève, I, 108.
2. Dum. de Gen., 164.
3. Dum. de Gen., 165, 166.

qu'une loi ne puisse protéger la liberté qu'en la restreignant, elle ne doit la protéger que pour lui enlever des restrictions, pour la mettre elle-même à l'abri contre des retours offensifs de la part d'autrui. La vraie loi n'est point un mal ni une atteinte à la liberté individuelle; et c'est un agrandissement de la liberté générale.

Si contestable que soit la conséquence tirée par Bentham de la doctrine utilitaire, elle va épargner à Bentham les erreurs dans lesquelles étaient tombés, en politique, Hobbes et Helvétius.

En effet, si toute loi est un mal en elle-même, le législateur ne devra évidemment en imposer qu'avec la plus grande circonspection. « Aucune restriction ne doit être imposée, aucun pouvoir conféré, aucune loi coercitive sanctionnée, sans une raison suffisante et spécifique. Il y a toujours une raison contre toute loi coercitive, et une raison qui, au défaut de toute autre, serait suffisante par elle-même : c'est qu'elle porte atteinte à la liberté. Celui qui propose une loi coercitive doit être prêt à prouver non-seulement qu'il y a une raison spécifique en faveur de cette loi, mais encore que cette raison l'emporte sur la raison générale contre toute loi [1]. » — Ce sont là des conseils pratiques fort justes et auxquels devraient se conformer plus souvent nos législateurs; l'esprit très-anglais de Bentham retrouve ici toute sa supériorité en passant de la théorie à l'application.

« Il en est, ajoute-t-il, du gouvernement comme de la médecine : sa seule affaire est le choix des maux. » Dans le choix des maux, le législateur doit avoir ce but toujours en vue : accomplir le plus de bien possible au moyen du moins de mal possible ; faire en sorte que la sanction soit : 1° moins mauvaise que le mal auquel elle remédie ; 2° meilleure que toute autre sanction appropriée au même mal. « Il y a deux choses à observer, le mal du délit et le mal du remède. » L'obligation que tout droit conféré amène avec lui doit avoir moins d'inconvénients que le droit accordé n'a d'avantages; tout droit étant, au point de vue économique, une acquisition, et toute obligation un sacrifice, « le gouvernement s'approche de la perfection à mesure que l'acquisition est plus grande et le sacrifice plus petit [2]. »

---

[1]. Dumont de Genève, 164, 165.
[2]. Dum. de Gen., I, 167. Cf. *Déont.*, I, p. 377.

Les législateurs, conclut Bentham avec son bon sens, « ont en général beaucoup trop gouverné. Au lieu de se fier à la prudence des individus, ils les ont traités comme des enfants et des esclaves. Ils se sont livrés à la même passion que les fondateurs des ordres religieux, qui, pour mieux signaler leur autorité et par petitesse d'esprit, ont tenu leurs sujets dans la plus abjecte dépendance et leur ont tracé jour à jour, moment à moment, leurs occupations, leurs aliments, leur lever, leur coucher et tous les détails de leur conduite. Il y a des codes célèbres où l'on trouve une multitude d'entraves de cette espèce : ce sont des gênes inutiles sur le mariage, des peines contre le célibat, des règlements somptuaires... et mille puérilités semblables, qui ajoutent à tous les inconvénients d'une contrainte inutile celui d'abrutir une nation, en couvrant ces absurdités d'un voile mystérieux pour en déguiser le ridicule. »

En général, Bentham échappe à cet écueil où se sont heurtés bien des utilitaires, la charité despotique ; il ne veut point, comme tant d'autres, qu'on fasse le bonheur des peuples malgré eux. Précisément parce qu'il admet que la vertu est une chose relative et variable, il croit qu'elle ne peut pas s'imposer comme quelque chose d'absolu ; la bienveillance, la charité, doivent se plier aux temps, aux individus, aux opinions, mais non les plier à elles : « Le despotisme n'est jamais plus funeste que lorsqu'il se produit sous le manteau de la bienveillance ; il n'est jamais plus dangereux que quand il agit dans la conviction qu'il représente la bienveillance [1]. »

En résumé, d'après Bentham, la loi civile est une puissance dont il ne faut user qu'avec une grande modération, une extrême circonspection : c'est un remède efficace, comme certains poisons, mais qu'il faut distribuer à très-petites doses, car il peut tuer le malade au lieu de le guérir.

II. — Et maintenant, comment appliquer dans la pratique ces préceptes généraux ? à quels pronostics le législateur, ce médecin moral, doit-il se fier pour apprécier le caractère plus ou moins pernicieux de la maladie, le caractère plus ou moins bienfaisant du remède ? Pour le législateur qui, comme nos pères de la Révolution française, croit aux droits de l'homme, rien de plus simple ; il lui suffit de

---

[1]. *Déontologie*, II, 327.

raisonner ; la grande difficulté, mais aussi la seule, c'est de raisonner juste ; il procède par des déductions *à priori*. Ainsi ne fera pas le législateur utilitaire : Bacon, le grand réformateur de la philosophie, avait pris pour devise : *Expérience ;* Bentham, le grand réformateur de la morale, prend et donne pour devise au législateur : *Observation*. Par l'observation, il espère « constater la *quantité* et la *qualité* des curatifs à appliquer aux maux que les actions de la classe malfaisante amènent à leur suite ; et tandis que la plume est occupée à tracer leurs *qualités* ou leurs *formes* respectives, il faut que la balance les pèse avec exactitude et fasse connaître leurs *quantités* respectives [1]. » Bentham considère, on le voit, la qualité des curatifs et des maux comme une simple forme dont il est possible de dessiner les contours ; le *fond* des choses, c'est d'après lui la quantité, le nombre. Pour connaître cette quantité, le législateur doit, comme le simple moraliste, employer la balance arithmétique dont nous avons parlé plus haut ; il doit évaluer les plaisirs et les douleurs, les peines et les récompenses. Le calcul que le moraliste nous enseigne à faire chacun pour son propre compte, le législateur apprendra lui-même à le faire pour le compte de tous les autres hommes.

Ici se présente une nouvelle et grave difficulté. Bentham, nous le savons, se plaît à répéter que chacun est le meilleur juge de ses plaisirs ; qu'un autre individu ne peut, « sans impertinence, » se mettre à sa place et décider pour lui ce qui est peine, ce qui est plaisir ; mais pourtant il est de toute nécessité que le législateur se mette à la place des légiférés. Loi suppose sanction ; sanction suppose souffrance ou jouissance distribuée plus ou moins arbitrairement. Le législateur ne pourra-t-il donc appuyer la loi que sur un terrain complétement mouvant et insondable ? D'une part, il doit agir sur la sensibilité et en vue de la sensibilité ; d'autre part, s'il est vrai que cette sensibilité varie aussi complétement d'individu à individu, il lui sera impossible de la connaître et de l'apprécier.

Bentham ne se dissimule pas la difficulté ; pour la résoudre, il s'appuie sur une science nouvelle dont il espère jeter les fondements, la *pathologie mentale*. « *Pathologie*, dit-il, est un terme usité en médecine ; il ne l'est pas dans

---

1. *Déontologie*, p. 376. (John Bowring, *Coup d'œil sur le princ. de la maximisation du bonheur.*)

la morâle, où il est également nécessaire. J'appelle *pathologie* l'étude des sensations, des affections, des passions et de leurs effets sur le bonheur... Il faudrait avoir un *thermomètre moral* qui rendît sensibles tous les degrés de bonheur ou de malheur. C'est un terme de perfection qu'il est impossible d'atteindre, mais qu'il est bon d'avoir devant les yeux... *Les sensations des hommes sont assez régulières pour devenir l'objet d'une science et d'un art...* La médecine a pour base des axiomes de pathologie physique. La morale est la médecine de l'âme; la législation en est la partie pratique : elle doit avoir pour base des axiomes de pathologie mentale [1]. » — Résoudre la morale et la législation en une sorte de pathologie, voilà bien en effet la tendance qui devait entraîner tôt ou tard la doctrine de l'utilité; l'utilitaire cherche la sensation de plaisir la plus durable : dès lors, ne pourrait-il analyser les éléments de la sensation, comme le chimiste les éléments qui composent un sel, puis reproduire artificiellement la sensation, étant donnés les éléments, comme le chimiste recompose le sel qu'il a décomposé? Les modernes psychologues anglais ont cherché à faire une sorte de chimie mentale; plus curieuse encore serait une chimie morale, une médecine morale s'appuyant sur la physiologie, sur l'observation, sur le raisonnement.

« Les sens, voilà mes philosophes, » disait La Mettrie; et c'est ce que peut répéter Bentham. Mais toute philosophie fondée sur les sens tend à se transformer en une science physique et physiologique. Car, ou bien les sensations sont le domaine du variable, du passager, de l'inconnaissable, et alors l'utilitarisme ne serait plus qu'une sorte d'utopie; ou bien elles sont soumises à certaines règles, elles sont dans des rapports fixes avec les nerfs, avec le cerveau, et d'une manière plus particulière avec les tempéraments, avec les habitudes naturelles et acquises; dans ce cas, il serait sans doute possible d'établir : 1° une hygiène du bonheur, comme une hygiène de la santé; 2° une nosologie et une thérapeutique du bonheur, fondées elles-mêmes sur une physiologie et une pathologie du bonheur.

La Mettrie, l'un des plus bizarres représentants de l'utilitarisme en France, était médecin, et il avait déjà eu l'idée d'une sorte d'application grossière de la médecine

---

[1]. Dumont de Genève, I, p. 180.

à la recherche du bonheur. « Certains remèdes, comme l'opium, » disait-il, « font plus pour le bonheur que les pensées les plus graves, pour peu qu'elles ne soient pas dans le droit fil des sensations ; un seul grain de suc narcotique ajouté au sang nous communique plus de vraie jouissance que tous les traités de philosophie. » Bentham, s'il n'est pas médecin, a des préférences marquées pour la médecine. « J'étais frappé, écrit-il, en lisant quelques traités modernes de cette science, de la classification des maux et des remèdes. Ne pourrait-on pas transporter le même ordre dans la législation ?... Ce que j'ai trouvé dans Trébonien, les Cocceji, les Blackstone, les Vattel, les Potier, les Domat, est bien peu de chose : Hume, Helvétius, *Linnée, Bergman, Cullen* m'ont été bien plus utiles. »

Si l'arithmétique morale nous avait jusqu'à présent suffi, c'est que le moraliste, dont nous examinions la tâche, conseille et ne commande pas ; il donne aux hommes les chiffres du calcul : à chacun d'exécuter le calcul, comme il l'entend, sur les plaisirs que sa propre expérience lui a fait connaître. Ainsi n'agit pas le législateur ; il est dans la nécessité d'opérer lui-même le calcul, de l'opérer à la place de tous les individus ; il faut donc qu'il représente par de nouveaux chiffres les différences qui se rencontrent d'individu à individu. L'arithmétique se change ainsi tout naturellement en pathologie.

« La peine et le plaisir sont produits dans l'esprit de l'homme par l'action de certaines causes (by the action of certain causes), » voilà le principe de la pathologie. « Mais la *quantité* de peine et de plaisir (the quantity of pleasure and pain) n'est pas uniformément proportionnelle à la cause (runs not uniformly in proportion to the cause) [1]. » Voilà le fait, qui paraît d'abord en opposition avec la loi énoncée ; pour ramener ce fait à la loi, pour expliquer la *différence de la sensibilité*, il faut tenir compte des *circonstances qui influent sur la sensibilité* (circumstances influencing sensibility). « Comme on ne peut calculer le mouvement d'un vaisseau sans connaître les circonstances qui influent sur sa vitesse, telles que la force des vents, la résistance de l'eau, la coupe du bâtiment, le poids de sa charge, etc., de même on ne peut opérer avec sûreté (one cannot work with certainty) en matière de législation, sans considérer toutes les circonstances qui influent sur

---

[1]. *Introd. to the princ.*, ch. VI. — Dumont de Genève, I, p. 60.

la sensibilité [1]. » — Ainsi Bentham admet qu'il n'y a pas de différence plus notable et plus intime entre les diverses sensibilités qu'entre divers vaisseaux ; toute sensation renferme un élément objectif qu'il est possible de dégager en tenant compte des circonstances extérieures : c'est là le postulatum de la nouvelle science.

Ces circonstances sont de deux sortes : il y en a du premier et du second ordre. Dumont de Genève en compte quinze de premier ordre : avant tout, le tempérament, puis la santé, la force, la fermeté d'âme, les habitudes naturelles ou acquises, le développement de l'intelligence, de la sympathie, etc. [2]. C'est en examinant soigneusement toute cette série de circonstances qu'on pourrait approcher le plus près du for intérieur, et deviner très-exactement les tendances utiles ou pernicieuses de chaque âme ainsi que les genres de sanction appropriés à ces tendances.

Par malheur, le législateur ne peut le faire : force nous est de passer des circonstances primaires, impossibles à observer dans tout leur détail, aux circonstances secondaires, qui sont au nombre de neuf : le sexe, l'âge, le rang, l'éducation, les professions, le climat, la race, le gouvernement, la profession religieuse. Ces circonstances « évidentes et palpables » sont les seules que le législateur doive observer. « Le voilà donc soulagé de la partie la plus difficile. Il ne s'arrête pas aux qualités métaphysiques ou morales, il ne se prend qu'à des circonstances ostensibles. Il ordonne, par exemple, la modification de telle peine, non pas à cause de la plus grande sensibilité de l'individu, ou à raison de sa persévérance, de sa force d'âme, de ses lumières, etc., mais à raison du sexe ou de l'âge [3]. » Sans doute il peut se tromper : telle femme, tel enfant, peut ne pas être plus sensible qu'un homme. Mais le législateur néglige les exceptions, les détails : la pathologie, pour devenir pratique, doit perdre de son exactitude. Qu'elle n'en perde pourtant que le moins possible. Bentham combat vigoureusement cet adage : *Les mêmes peines pour les mêmes délits* (The same punishments for the same offences) ; c'est la source de la plus monstrueuse inégalité (most monstrous inequality). Au contraire, « lorsque le législateur étudie le cœur humain, lorsqu'il se prête aux différents degrés de sensibilité par

---

1. *Intr. to the princ.*, ch. VI, *Observations*. — Dumont de Genève, I, p. 77.
2. Dum. de Gen., I, 60. — *Introd. to the princ.*, VI, vi, p. 22 et suiv.
3. Dum. de Gen., I, 82. — *Introd. to the princ.*, VI, *Observations*.

des exceptions, des limitations, des adoucissements, — ces tempéraments du pouvoir nous charment comme une condescendance paternelle : c'est le fondement de cette approbation que nous donnons aux lois sous les termes vagues (under the vague terms) d'humanité, d'équité, de convenance, de modération, de sagesse [1]. »

En modifiant la loi pénale, le législateur pourra désormais proportionner la sanction au degré de sensibilité des individus. Ce n'est pas tout ; il faut qu'il la proportionne au mal commis : il faut qu'il observe et compare à la fois le mal du délit et le mal de la loi. Pour cela il a sans doute l'arithmétique morale, — instrument bien insuffisant, car, parmi les sept caractères de tout mal, celui que présente en premier lieu le mal social est l'*étendue*, et c'est l'étendue dont le législateur s'occupera presque seule. L'arithmétique morale a donc besoin d'être complétée, augmentée sur ce point : celui qui fait la loi doit connaître exactement et les conséquences sociales de l'action qu'il punit ou récompense, et les conséquences sociales de la loi qu'il porte ; celui qui a la société entre ses mains doit voir comment toutes choses se prolongent dans ce milieu, retentissent dans cet écho sans fin, se communiquant de proche en proche et faisant naître tour à tour la discorde ou l'harmonie.

Par exemple, vous avez été volé : vous vous en affligez, premier mal ; vous avez des amis, une famille qui s'affligent avec vous, des créanciers, qui perdent ce que vous perdez : maux secondaires dérivés du vôtre. Ces deux lots de mal, le vôtre et celui de quiconque vous est attaché, forment le *mal du premier ordre*, c'est-à-dire « le mal qui tombe immédiatement sur tels ou tels individus assignables. »

Ce n'est pas tout. La nouvelle de ce vol se répand de bouche en bouche. L'idée du danger se réveille, et par conséquent l'*alarme*, nouveau mal. Non-seulement le danger produit l'alarme, il se reproduit lui-même, il crée le danger : deuxième mal. En effet, toute mauvaise action prépare les voies à une autre mauvaise action : 1° en suggérant l'idée de la commettre ; 2° en augmentant la force de la tentation. Partout où les vols sont fréquents et impunis, ils cessent même de causer de la honte : les premiers Grecs n'en concevaient aucun scrupule ; les

---

[1]. Dumont de Genève, I, 85. — *Intr. to the princ.*, ch. VI, *Observ.*, p. 35.

Arabes d'aujourd'hui s'en font gloire. — Augmentation de l'alarme, augmentation du danger, ces deux lots de mal rentrent dans ce que Bentham appelle le *mal du second ordre*, « le mal qui se répand sur la communauté entière, ou du moins sur un nombre indéfini d'individus non assignables. »

Enfin vient le *mal du troisième ordre*, qui ne suit pas toujours les deux autres, mais qu'ils tendent à produire. « Quand l'alarme arrive à un certain point, quand elle dure longtemps, son effet ne se borne pas aux facultés passives de l'homme ; il passe jusqu'à ses facultés actives, il les amortit. Quand les déprédations sont devenues habituelles, le laboureur découragé ne travaille plus que pour ne pas mourir de faim : l'industrie tombe avec l'espérance [1]... » En d'autres termes, l'intérêt étant le ressort de toutes les actions et la cause de tous les mouvements dans le monde moral, si on porte atteinte à cet intérêt, on entrave le mouvement et la vie ; toute action mauvaise, c'est-à-dire contraire aux intérêts, tend à faire retomber dans l'inertie et la mort ce monde qui, d'après Helvétius, n'en était sorti que par le désir.

Si, à la classification des circonstances influant sur la sensibilité et à celle des conséquences sociales de nos actions, nous ajoutons le tableau des plaisirs et des peines, nous aurons à peu près sous les yeux la série d'observations et de recherches sur lesquelles Bentham espérait fonder une nouvelle science. « Ces analyses, dit Dumont de Genève, ces catalogues, ces classifications, sont autant de moyens d'opérer avec certitude, de ne rien omettre d'essentiel, de ne point s'écarter de ses propres principes par inadvertance, et de réduire même des travaux difficiles à une espèce de mécanisme. C'est ainsi que, en parcourant le tableau des affinités chimiques, le physicien raffermit l'enchaînement de ses idées et gagne du temps par la promptitude de ses réminiscences [2]. » — Sans doute, Dumont de Genève exagère un peu la valeur pratique des catalogues de Bentham ; toutes ces divisions et ces subdivisions, s'il est intéressant d'en prendre connaissance, il est

---

1. Dumont de Genève, I, ch. x. — *Intr. to the princ.*, XII. — Cf. *ibid.*, XVI, et Dum. de Gen., t. II.
2. Dum. de Gen., *Disc. prélim.*, p. 19. — Bentham ne s'est pas contenté de poser les fondements de la nouvelle science ; il a laissé des théorèmes de pathologie dont nous aurons à parler plus loin.

fort difficile d'en tenir compte. Pourtant, en apercevant la nécessité de réformer les lois pénales et tout le système des sanctions, Bentham a évidemment compris une vérité. Pour le moraliste *à priori*, l'arithmétique morale de Bentham perd toute valeur : en effet, du moment qu'on ne reconnaît pas le plaisir comme le seul bien, il devient à peu près inutile de mesurer et de comparer les plaisirs. Au contraire, le législateur, même s'il n'accepte point comme principe de la loi l'utilité, mais le droit, n'en devra pas moins s'occuper des peines et des plaisirs comme moyens de faire respecter la loi ; le domaine de la loi touche toujours, par le choix des sanctions, à celui de l'utilité. Aussi Bentham est-il précieux au législateur, de quelque école qu'il soit. Celui même qui conteste que la loi soit fondée sur l'utilité reconnaît qu'il est bon et désirable, dans le choix des peines, de mesurer la souffrance infligée et de s'appliquer à n'en produire que le strict nécessaire pour la défense de la société. La loi doit représenter le droit ; la sanction, la défense du droit ; mais, quand il s'agit de prendre les moyens pratiques pour défendre ce droit, de fixer une forme à la sanction, de la réaliser matériellement, c'est là qu'on doit, ce semble, consulter les principes de pathologie posés par Bentham, considérer l'action et la peine en elles-mêmes et dans leur prolongement social, obéir à toutes les prescriptions utilitaires ; ici, l'utilitarisme ne se recommande plus seulement à ses propres partisans, il se recommande à ceux qui admettent un principe supérieur de justice.

Au point où nous l'avons amené, le législateur est comme le médecin qui ne connaîtrait dans l'homme que l'être passif, la machine animée avec toutes les variations qu'elle peut éprouver sous l'influence des causes externes. Il lui resterait à connaître les ressorts de la machine, « les principes actifs, les forces qui résident dans l'organisation, pour ne pas les contrarier, pour ralentir celles qui seraient nuisibles, pour exciter les autres. » C'est aussi ce qu'il nous reste à connaître. Outre la pathologie mentale, qui considère l'homme comme être *passif*, il nous faut étudier la *dynamique mentale*, c'est-à-dire la science des moyens d'agir sur les facultés *actives* de l'homme. « L'objet du législateur, dit Dumont de Genève après Helvétius, étant de *déterminer* la conduite des citoyens, il doit connaître tous les *ressorts* de la volonté ; il doit étudier la force simple et composée de tous les motifs ; il doit savoir les régler, les combiner, les combattre, les exciter ou les ralentir à son gré. Ce sont les *leviers*, les *puissances* dont il se sert pour l'exécution de ses desseins 1. »

Ces leviers ne peuvent être que les intérêts, et le législateur ne peut agir sur les intérêts que par les sanctions. Nous devrons donc étudier la sanction à un nouveau point de vue, non plus seulement dans son rapport avec la sensibilité, mais dans son rapport avec la volonté et l'intelligence.

II. — Des quatre sanctions dont nous avons parlé plus haut, — naturelle, populaire, légale, religieuse, — le législateur n'en a qu'une à sa disposition; encore est-elle fort insuffisante, et chacune des trois autres prise à part ne l'est pas moins. Il doit, pour ne pas épuiser leur force, n'en rejeter aucune, mais les diriger toutes vers le même but. « Ce sont des aimants dont on détruit la vertu en les présentant les uns aux autres par leurs pôles contraires, tandis qu'on la décuple en les unissant par les pôles amis 2. » Voilà donc une première limite à la puissance du législateur, et une limite inhérente à cette puissance même. Maintenant, à quels objets s'appliquera cette puissance? où s'arrêtera-t-elle dans son extension au dehors? Sachant le centre de la politique, qui est le principe de l'utilité, essayons avec Bentham d'en tracer la circonférence et de marquer les limites où doivent s'arrêter ses efforts. Jusqu'où la dynamique mentale doit-elle pousser ce levier par lequel elle espère, comme Archimède, soulever le monde?

La déontologie, nous le savons, admet deux grandes vertus : la prudence et la bienveillance, qui comprennent ce qu'on a coutume d'appeler les devoirs envers soi-même et les devoirs envers autrui. Ces deux vertus sont en quelque sorte les ouvrières du bonheur universel. Le législateur s'en servira-t-il et essayera-t-il de les faire travailler, produire, capitaliser sous sa direction?

Considérons d'abord la prudence. — Mais, dit Bentham, la prudence se suffira presque toujours à elle-même. « Si un homme manque à ses propres intérêts, ce n'est pas sa volonté qui est en défaut, c'est son intelligence... La crainte de se nuire est un motif réprimant assez fort. » On objec-

---

1. Dumont de Genève, *Disc. prélim.*, p. 22.
2. Dum. de Gen., I, 54.

tera les excès du jeu ou de l'intempérance. Mais Bentham, sa table des conséquences à la main, est prêt à vous prouver que le mal produit par l'intervention de la loi dans la conduite privée serait supérieur au mal de la faute [1]. La législation de l'utilité s'accorde donc avec celle de la justice pour défendre la liberté des actes privés. Utilitaires et partisans du droit peuvent applaudir à cette *règle générale :* « Laissez aux individus la plus grande latitude possible dans tous les cas où ils ne peuvent nuire qu'à eux-mêmes. Ne faites intervenir la puissance des lois que pour les empêcher de se nuire entre eux [2]. »

Passons donc de la prudence à la bienveillance. On se souvient qu'il y a deux sortes de bienveillance, l'une négative, qui correspond à la *justice;* l'autre positive, qui correspond à la *charité.* La justice sera évidemment protégée par la loi. — Mais ici une objection se présente : ne savons-nous pas qu'il y a « une liaison *naturelle* entre la prudence et la justice, c'est-à-dire que notre intérêt personnel *ne nous laisserait jamais* sans motif pour nous abstenir de nuire à nos semblables? » Or, si l'intérêt nous commande la justice, nous ne pouvons en aucune façon ne pas lui obéir ; la loi est donc inutile. Ce serait là, pour Bentham, une occasion de rejeter sa théorie telle que nous l'avons exposée et de donner raison à ceux qui lui prêtent une contradiction inconsciente ; mais, au contraire, c'est le moment qu'il choisit pour l'affirmer. Cette liaison naturelle des intérêts existe, dit-il ; « mais, pour qu'un individu sente cette liaison entre l'intérêt d'autrui et le sien, il faut un esprit éclairé et un cœur libre de passions. La plupart des hommes n'ayant ni assez de lumières, ni assez de sensibilité morale pour que leur probité se passe du secours des lois, le législateur doit suppléer à la faiblesse de cet intérêt *naturel,* en y ajoutant un intérêt *artificiel* plus sensible et plus constant. » Dans ce sens, on peut dire du gouvernement, non qu'il *crée,* mais « qu'il *augmente* et *étend* la connexion qui existe entre la prudence et la bienveillance [3]. »

L'un des points délicats de la politique utilitaire, c'est la bienveillance positive, ou charité. La loi doit-elle ordonner la charité, comme le voudront plus tard l'utilitaire Owen et tous les penseurs socialistes? La loi doit-elle intervenir

---

1. Dumont de Genève, I, 110. — *Intr. to the princ.*, ch. XIX, p. 142.
2. Dum. de Gen., I, p. 113. — *Introd. to the princ.,* ch. XIX.
3. *Déontol.*, I, p. 201.

non pas seulement pour empêcher le mal de l'injustice, mais pour distribuer les biens? Bentham admet avec raison que « la loi peut s'étendre assez loin pour des objets généraux, tels que le soin des pauvres, etc. ; » mais il ne fixe point les limites au delà desquelles elle ne devra pas s'étendre. L'utilité, dit-il, commande que, « dans le détail, » on s'en rapporte à la morale privée : c'est à la volonté *libre* de l'individu (dans le sens matériel du mot) que la bienfaisance doit son énergie. « Cependant, ajoute-t-il aussitôt, au lieu d'avoir trop fait à cet égard, les législateurs n'ont pas fait assez : ils auraient dû ériger en délit le refus ou l'omission d'un service d'humanité, lorsqu'il est facile à rendre, et qu'il résulte de ce refus quelque malheur [1]... » On le voit, en ce qui concerne la part que l'État doit prendre aux actes de bienfaisance, la pensée de Bentham est encore assez vague ; nous la verrons tout à l'heure se préciser et s'éclaircir.

En somme, d'après Bentham, la loi doit rechercher le plus grand bonheur de tous les légiférés ; et elle le recherchera par deux moyens, en sanctionnant l'accomplissement de tous les devoirs de bienveillance négative ou de justice, et de quelques devoirs de bienveillance positive ou de charité.

Maintenant, quels sont les éléments mêmes dont se compose le plus grand bonheur? quels sont les biens qui, étant donnés, donnent le bien suprême? Bentham découvre dans la fin principale du gouvernement, le bonheur, quatre fins secondaires : *subsistance, abondance, égalité, sûreté*. Quant à la *liberté*, ce n'est pas la peine d'en parler ; non que Bentham la rejette, mais à ses yeux elle est contenue dans la sûreté.

Si jamais il y a contradiction entre les quatre buts de la loi, il ne faut pas hésiter : subsistance, sûreté, voilà le nécessaire ; abondance, égalité, voilà le superflu. On a comparé souvent la vie à un banquet ; Bentham dirait volontiers que l'égalité, c'est le dessert ; il faut toujours préférer au dessert, en cas de conflit, le substantiel, c'est-à-dire la sûreté. La sûreté même se divise en plusieurs branches, dont l'une doit céder à l'autre : « Par exemple, la liberté, qui est une branche, devra céder à une raison

---

[1]. Dumont de Genève, I, 116. — *Introd. to the princ.*, XIX. — Bentham veut, conformément à ses principes, que le législateur protége les « intérêts des animaux inférieurs » : par là, il « cultivera le sentiment général de la bienveillance », sentiment si précieux, qui complète si bien l'égoïsme.

de *sûreté générale*, puisqu'on ne peut faire des lois qu'aux dépens de la liberté [1]. » Toujours la même conception matérielle de la liberté.

Passons en revue, avec Bentham, les différentes sortes de lois.

1° *Des lois relatives à la subsistance.* — Nous savons que l'Etat ne doit point intervenir dans le domaine de la prudence personnelle ; or qu'est-ce qui rentre mieux dans ce domaine que le soin de la subsistance ? Tout ce que la loi pourrait faire ici, ce serait de créer des *motifs*, c'est-à-dire des peines et des récompenses ; mais le meilleur motif, c'est la crainte de la faim. « La force de la sanction physique étant suffisante, l'emploi de la sanction politique serait superflu. » La loi ne peut donc pourvoir qu'indirectement à la subsistance, en protégeant les travailleurs, en leur donnant la *sûreté*, qui se confond ici avec la liberté [2].

Il est pourtant quelques cas sujets à contestation. Le plus important, c'est celui de l'*indigence*. L'indigence, dit Bentham, n'est pas seulement un accident de la société ; ne savons-nous pas qu'il y a deux grandes forces dans le monde moral, l'inertie et le désir ? L'inertie tend sans cesse à ramener l'homme en arrière, à le faire descendre, à le faire tomber, tandis que le désir le porte sans cesse en avant. Eh bien, l'indigence n'est autre chose que la représentation sensible de l'inertie : « Cet aspect de la société est le plus triste de tous. On se représente ce long catalogue de maux, qui tous vont aboutir à l'indigence et par conséquent à la mort sous ses formes les plus terribles. Voilà le centre vers lequel l'inertie seule, cette force qui agit sans relâche, fait graviter le sort de chaque mortel. Il faut remonter par un effort continuel pour n'être pas entraîné dans cet abîme, et l'on voit à ses côtés les plus diligents, les plus vertueux y glisser quelquefois par une pente fatale [3]. »

Pour faire face à ces maux il y a d'abord deux moyens indépendants des lois, l'*épargne* et les *contributions volontaires*. Mais la ressource de l'épargne est insuffisante : 1° pour ceux qui ne gagnent pas de quoi subsister ; 2° pour ceux qui ne gagnent que le strict nécessaire ; 3° pour ceux qui gagnent plus que le nécessaire, vu l'imperfection naturelle

---

1. Dumont de Genève, I, p. 172, 173.
2. Dum. de Gen., I, p. 175.
3. Dum. de Gen., I, 225. — Cf. Benth., *Esquisse d'un ouvrage en faveur des pauvres*, trad. Duquesnoy.

de la prudence humaine. Quant aux *contributions volontaires*, elles ont bien des imperfections : 1° leur incertitude; 2° l'inégalité du fardeau ; 3° les méprises de la distribution.

Les moyens spontanés et individuels ne pouvant remédier à l'indigence que d'une manière insuffisante, la loi doit intervenir. « On peut poser comme un principe général que le législateur doit établir une contribution régulière pour les besoins de l'indigence : bien entendu, on ne regarde comme indigents que ceux qui manquent du nécessaire ; mais il suit de cette définition que le titre de l'indigent comme indigent est plus fort que le titre de propriétaire d'un superflu comme propriétaire. Car la peine de la mort qui tomberait enfin sur l'indigent délaissé sera toujours un mal plus grave que la peine d'attente trompée qui tombe sur le riche, quand on lui enlève une portion bornée de son superflu. Quant à la mesure de la contribution légale, elle ne doit pas outrepasser le strict nécessaire [1]. » — On ne peut mieux montrer et la nécessité des secours aux indigents et la limite qui les sépare d'une contribution arbitraire et despotique. Bentham trace ici plus nettement qu'il ne l'avait fait naguère la « circonférence » de la politique ; il répond par avance, au nom même de l'utilité, à l'utilitaire Owen.

2° *Des lois relatives à l'abondance.* — Fera-t-on des lois pour prescrire aux individus de chercher, non la simple subsistance, mais l'abondance ? — Evidemment non, répond Bentham. Comme la crainte de la peine produit le soin de la subsistance, l'attrait du plaisir produira le soin de l'abondance. « Les désirs s'étendent avec les moyens : l'horizon s'agrandit à mesure qu'on avance. » Bentham défend avec Adam Smith et les économistes l'abondance ou *luxe*. Le luxe est un surplus présent qui empêchera le besoin dans l'avenir : sans ce qui est aujourd'hui le superflu, on n'aurait pas demain le nécessaire [2].

3° *Des lois relatives à la sûreté.* — Non-seulement la sûreté est l'objet principal des lois, mais on peut dire encore qu'elle est leur ouvrage : sans lois, point de sûreté. « La loi seule a fait tout ce que les sentiments naturels n'auraient pas eu la force de faire. » La sûreté des biens, en effet, n'est pas *naturelle*. Locke avait fondé avec raison la

---

1. Dumont de Genève, I, p. 232, 233.
2. Dum. de Gen., I, ch. x, p. 176.

propriété sur le *travail :* est à moi ce que j'ai travaillé, ce que j'ai fait, ce à quoi j'ai imprimé la marque de ma personnalité. Bentham repousse cette doctrine : « Avoir la chose entre les mains, dit-il, la garder, la fabriquer, la vendre, la dénaturer, l'employer, toutes ces circonstances *physiques* ne donnent pas l'idée de la propriété. Le rapport qui constitue la propriété n'est pas matériel, mais métaphysique. » C'est ici qu'il fait intervenir le grand principe de l'*attente*, dont nous avons déjà parlé et qui rappelle la πρόληψις d'Épicure, ainsi que l'attente dont Hume et Stuart Mill font le principe de l'induction. « L'homme n'est pas, comme les animaux, borné au présent, soit pour souffrir, soit pour jouir, mais il est susceptible de peine et de plaisir par anticipation... Le pressentiment, qui a une influence si marquée sur le sort de l'homme, peut s'appeler *attente*, attente de l'avenir... C'est par elle que les instants successifs qui composent la durée de la vie ne sont pas comme des points isolés et indépendants, mais deviennent des parties continues d'un tout. L'attente est une chaîne qui unit notre existence présente à notre existence future et qui passe même au delà de nous jusqu'à la génération qui nous suit. La sensibilité de l'homme est prolongée dans tous les anneaux de cette chaîne. » Nous pouvons maintenant, à l'aide du principe d'attente, définir la sûreté : la sûreté, c'est l'*attente entretenue*, c'est le *non-désappointement*. « Le principe de la sûreté prescrit que les événements, autant qu'ils dépendent des lois, soient conformes aux attentes qu'elles ont fait naître. Toute atteinte portée à ce sentiment produit un mal spécial : la peine d'attente trompée, le désappointement [1]. » La propriété, cette branche de la sûreté, « n'est qu'une *base d'attente*, l'attente de retirer certains avantages de la chose qu'on dit posséder en conséquence des rapports où l'on est déjà placé vis-à-vis d'elle. »

Cette attente, qui constitue la propriété, est l'ouvrage de la loi. Sans doute, à l'origine, les hommes avaient une attente *naturelle* de jouir de certaines choses, attente faible et momentanée, qui « résultait de temps en temps de circonstances *purement physiques.* » Dans l'état primitif, le propriétaire n'était attaché à la chose possédée que par un fil fragile ; à présent, c'est une indissoluble chaîne. « La propriété et la loi sont donc nées ensemble. Avant les lois,

---

[1]. Dumont de Genève, I, ch. VII, p. 192, 195.

point de propriété. Ôtez les lois, toute propriété cesse [1]. »
— Mais on pourrait demander à Bentham jusqu'à quel point le lien de la propriété est aussi solide qu'il le prétend, car il ne repose que sur un plaisir assez subtil et bizarre, et il suffit d'un simple décret du législateur pour le briser. « Si la perte de la propriété, dit Bentham, n'entraînait aucun désappointement, le sentiment d'aucune souffrance, il n'y aurait aucune nécessité de punir la violation de ce qu'on est convenu d'appeler le *droit de propriété.* »

Quoique la loi doive veiller à la sûreté, il est cependant des cas où elle doit la sacrifier, non pas à un intérêt supérieur, — car il n'y a rien qui lui soit supérieur, — mais à la sûreté même. Le sacrifice dont il s'agit n'est pas une *atteinte* proprement dite à la sûreté, c'est simplement une *défalcation.* « L'*atteinte* est un choc imprévu, un mal qu'on ne peut pas *calculer;* elle semble mettre tout le reste en péril, elle produit une alarme générale. Mais la défalcation est une déduction régulière, à laquelle on *s'attend*, qui ne produit qu'un mal du *premier ordre*, mais point de danger, point d'alarme, point de découragement pour l'industrie [2]. » Voici les cas où la défalcation d'une portion de la sûreté est nécessaire pour conserver la masse : 1° besoins de l'Etat pour sa défense contre les ennemis extérieurs ; 2° pour sa défense contre les ennemis intérieurs ou *délinquants;* 3° pour subvenir aux calamités physiques ; 4° amendes ; 5° expropriation. Le sixième cas est à noter : « limitation des droits de la propriété, ou de l'usage que chaque propriétaire fera de ses propres biens, pour l'empêcher de nuire soit aux autres, soit à lui-même [3]. » Hors ces six cas, la loi doit à la propriété, comme au principal agent du bonheur des hommes, le plus inviolable respect.

Mais, dira-t-on, « peut-être les lois de la propriété sont bonnes pour ceux qui possèdent et oppressives pour ceux qui n'ont rien. Le pauvre est peut-être plus malheureux qu'il ne le serait sans elles. » Bentham a réponse à tout. « Les lois, dit-il, en créant la propriété, ont créé la richesse ;

---

1. Dumont de Genève, I, ch. VIII, p. 196.
2. John Bowring. *Coup d'œil sur la max. du bonheur. Déontol*, t. I, p. 377.
3. Dum. de Gen., I. p. 218, 221. — Bentham donne comme exemple le bâton ou l'épée sur lesquels je n'ai droit qu'en tant que je ne m'en sers pas pour frapper autrui. — Mais les partisans du droit illimité pourraient répondre : que je frappe autrui ou non, j'ai toujours droit sur le bâton qui m'appartient; seulement, je n'ai pas le droit de frapper autrui, et si l'unique moyen de m'en empêcher est de m'enlever ce bâton, on aura le droit de me l'enlever.

mais, par rapport à la pauvreté, elle n'est pas l'*ouvrage des lois*, elle est l'*état primitif de l'espèce humaine ;* l'homme qui ne subsiste que du jour au jour est précisément l'homme de la nature, le sauvage... Les lois, en créant la richesse, sont encore les bienfaitrices de ceux qui restent dans la pauvreté naturelle. Ils participent plus ou moins aux plaisirs, aux avantages et aux secours d'une société civilisée. » Réponse assez peu décisive et qui n'eût nullement convaincu Owen. — La propriété individuelle, eût répliqué ce dernier, est sans doute un progrès, un *mieux ;* il ne s'ensuit pas qu'elle soit *le mieux.* — Le problème est évidemment fort difficile à trancher. Beccaria avait dit : « Le droit de propriété est un droit terrible et qui n'est peut-être pas nécessaire. » — « Jouir promptement, jouir sans peine, répond Bentham, voilà le désir universel des hommes. C'est ce désir qui est terrible, puisqu'il armerait tous ceux qui n'ont rien contre ceux qui ont quelque chose. Mais le *droit* qui restreint ce désir est le plus beau triomphe de l'humanité sur elle-même [1]. »

4° *Des lois relatives à l'égalité.* — Bentham prend ce mot comme celui de liberté, dans un sens tout matériel. Il entend par là une égalité de bien. Rien de plus curieux, d'ailleurs, que les propositions de *pathologie mentale* par lesquelles il montre dans l'égalité des biens un but désirable et que doit poursuivre la *dynamique*. Nous citerons les cinq propositions principales :

1° A chaque portion de *richesse* (dans le sens large du mot) correspond une certaine chance de bonheur. — En effet, s'il n'en était pas ainsi, on ne désirerait pas la richesse.

2° (Corollaire). De deux individus à fortunes inégales, celui qui a le plus de richesse a le plus de chances de bonheur. — En effet, le désir d'accumuler n'a pas de terme connu ; il y correspond donc toujours un plaisir.

3° L'excédant en bonheur du plus riche ne sera pas aussi grand que son excédant en richesse. — En effet, mettez d'une part mille paysans vivant dans l'aisance, de l'autre part un prince à lui seul aussi riche que tous ces paysans ; son bonheur ne sera évidemment pas mille fois plus grand que le bonheur moyen d'un seul d'entre eux. Il ne sera guère — et c'est encore beaucoup — que cinq ou six fois plus grand.

4° (Corollaire). Plus est grande la disproportion entre les

---

1. Dumont de Genève, I, p. 200.

deux masses de richesses, moins il est probable qu'il existe une disproportion également grande entre les masses correspondantes de bonheur [1].

5° (Corollaire). Plus la proportion actuelle approche de l'égalité, plus sera grande la masse totale de bonheur.

L'égalité est donc, mathématiquement parlant, un bien ; cela peut se démontrer par A+B. Mais d'autre part nous savons déjà qu'elle n'est et ne peut être qu'un bien secondaire ; si donc il arrive qu'elle s'oppose à la sûreté, il faut qu'elle lui soit sacrifiée. Or, que demande l'égalité, dans le sens économique où Bentham prend ce mot, c'est-à-dire l'égalité des biens, non des droits? Une nouvelle distribution des biens. Mais on ne peut distribuer les biens sans porter atteinte à la sûreté : « Il ne faut donc pas hésiter un moment. C'est l'égalité qui doit céder... Si l'on bouleversait

1. L'égalité civile n'est, comme on voit, nullement déduite par Bentham ou ses partisans d'une égalité de droit entre les hommes et d'une égale inviolabilité ; elle est tirée simplement, par voie mathématique, des conditions du plus grand bonheur pour le plus grand nombre. Bentham a dit, il est vrai, que, dans le partage du bonheur, chaque homme doit être compté pour un et nul pour plus d'un. Mais ce n'est point là pour Bentham un principe à priori ; ce n'est qu'une conséquence plus ou moins légitime des prémisses posées, à savoir qu'il faut produire la plus grande somme possible de bonheur. Bentham ne prend pas davantage pour principe un certain « droit égal au bonheur » qui existerait chez tous les hommes, et M. Spencer, en lui attribuant ce cercle vicieux, s'est fait une idée inexacte des doctrines de Bentham.

M. Spencer imagine un dialogue entre un utilitaire et un partisan du sens moral. « Vous pensez que l'objet de votre règle de vie devrait être « le plus grand bonheur du plus grand nombre? — Telle est notre opi- « nion. — Fort bien... Si vous êtes cent, et si nous sommes quatre- « vingt-dix-neuf, votre bonheur doit être préféré au nôtre, supposé le « conflit de nos désirs et supposé l'*égalité parfaite* des satisfactions indi- « viduelles qui, de chaque côté, se trouvent en jeu. — Exactement, c'est « bien ce qu'implique notre axiome. — Comme vous décidez entre les « deux parties par la majorité numérique, vous admettez, il semble, que « l'on doit accorder au bonheur d'un membre quelconque d'une partie « la même importance, la même valeur qu'au bonheur d'un membre « quelconque de l'autre partie. — Par conséquent votre doctrine, réduite « à la plus simple forme, finit par devenir cette assertion que *tous les* « *hommes* ont des droits *égaux au bonheur*; ou, pour en venir à une « application personnelle, que vous avez le même droit au bonheur que « j'ai moi-même. — Je n'en doute pas. — Et qui vous a dit, je vous « prie, monsieur, que vous ayez le même droit au bonheur que moi? « — Qui me l'a dit? Mais j'en suis sûr, je le sais, je le sens, je... — Ce « n'est pas répondre. Donnez-moi votre autorité. Dites-moi qui vous a « appris cette vérité; comment vous y êtes arrivé; d'où vous l'avez « tirée. — Sur quoi, après quelques paroles évasives, notre bentha- « miste est forcé de convenir qu'il n'a pas d'autre autorité que son « propre sentiment. » (*Social statics*, 33, 34). — Stuart Mill répond à M. Spencer, et avec raison, que la théorie de l'utilité ne présuppose aucun droit égal au bonheur, mais seulement ce principe, admis au fond par M. Spencer lui-même : — « Le bonheur est désirable partout où il se trouve, et des quantités égales de bonheur sont également désirables. » (*Utilit.*, ch. v.)

la propriété dans l'intention directe d'établir l'égalité des fortunes, le mal serait irréparable... Les perspectives de bienveillance et de concorde, qui ont séduit des âmes ardentes, ne sont que des chimères de l'imagination. » Pour le prouver, Bentham s'appuie sur ce principe fondamental de sa doctrine, que l'homme recherche toujours son intérêt et ne recherche l'intérêt d'autrui qu'en tant que lié naturellement avec le sien. Le communisme, en brisant ce lien naturel, anéantirait la bienveillance, loin de la développer. « Où serait, dans la division des travaux, le motif déterminant pour embrasser les plus pénibles ? Qui se chargerait des fonctions grossières et rebutantes ?... Combien de fraudes pour rejeter sur autrui le travail dont on voudrait s'exempter soi-même ?... La moitié de la société ne suffirait pas pour régler l'autre [1]. » On voit que Bentham est loin de mettre en oubli, comme on l'a dit, le principe de l'égoïsme : le Bentham exclusivement philanthrope qu'on a parfois imaginé fût tombé d'accord avec Owen et ses adeptes; le Bentham réel s'en sépare nettement. La politique, comme la morale, n'est autre chose que « la régularisation de l'égoïsme. »

« Faut-il donc qu'entre ces deux rivales, la sûreté et l'*égalité*, il y ait une opposition, une guerre éternelle ? » Sans doute la solution du problème, telle qu'elle a été donnée par les communistes, est inacceptable ; mais Bentham espère découvrir une solution nouvelle. « Jusqu'à un certain point, dit-il avec raison, la sûreté et l'égalité des biens sont incompatibles ; mais avec un peu de patience et d'adresse, on peut les rapprocher par degrés. Le seul médiateur entre ces intérêts contraires, c'est le temps... Attendez l'époque naturelle qui met fin aux espérances et aux craintes, l'époque de la mort. » C'est par des lois sur les successions qu'il pense produire une égalité progressive, sans atteinte à la sûreté, sans désappointement : « Lorsque des biens sont devenus vacants par le décès des propriétaires, la loi peut intervenir dans la distribution qui va s'opérer, soit en limitant à certains égards la faculté de tester afin de prévenir une trop grande accumulation de fortune dans les mains d'un seul ; soit en faisant servir les successions à des vues d'égalité, dans le cas où le défunt n'aurait laissé ni conjoints ni parents en ligne droite et n'aurait pas fait usage du pouvoir de tester. Il s'agit alors

---

[1]. Dumont de Genève, ch. XI, p. 210.

de nouveaux acquéreurs dont les attentes ne sont pas formées, et l'égalité peut faire le bien de tous, sans tromper les espérances de personne. » Et il ajoute avec un certain optimisme : « Chez une nation qui prospère par son agriculture, ses manufactures et son commerce, il y a un progrès continuel vers l'égalité. Si les lois ne faisaient rien pour la combattre, si elles ne maintenaient pas de certains monopoles, si elles ne gênaient pas l'industrie et les échanges, si elles ne permettaient pas les substitutions, on verrait sans effort, sans révolution, sans secousses, les grandes propriétés se subdiviser peu à peu, et un plus grand nombre d'hommes participer aux faveurs modérées de la fortune. Ce serait le résultat naturel des habitudes opposées qui se forment dans l'opulence et dans la pauvreté (d'une part la prodigalité, de l'autre l'épargne)... Ils ne sont pas bien loin ces siècles de la féodalité, où le monde était divisé en deux classes, quelques grands propriétaires qui étaient tout, et une multitude de serfs qui n'étaient rien. Ces hauteurs pyramidales se sont abaissées... On peut conclure que la *sûreté*, en conservant son rang comme principe suprême, conduit indirectement à procurer l'*égalité*, tandis que celle-ci, prise pour base de l'arrangement social, détruirait la sûreté, en se détruisant elle-même [1]. »

Plus loin, Bentham applique ces théories ingénieuses et très-pratiques à propos des successions, des indemnités, des satisfactions, de tous les cas enfin où le législateur, sans porter tort à la sûreté, peut porter atteinte à l'inégalité. Par exemple, en s'appuyant sur les axiomes de pathologie cités plus haut, « on pourra produire un art régulier et constant d'indemnités et de satisfactions. Les législateurs ont montré assez souvent une disposition à suivre les conseils de l'égalité, sous le nom d'*équité*, auquel on donne plus de latitude qu'à celui de justice; » mais cette idée d'équité, de justice pratique, était vague et mal développée; Bentham espère la fonder sur le calcul, la fortifier par les mathématiques, la rattacher comme branche à la science générale de la *dynamique morale*.

En ce moment, nous embrassons à peu près tout le système de Bentham. Morale, législation, — en d'autres termes, arithmétique, pathologie et dynamique, — toutes ces sciences nous apparaissent comme groupées autour d'un

---

1. Dumont de Genève, I, p. 215.

même centre, le plaisir à son maximum, qui se confond avec l'utile, qui se confond lui-même avec le bonheur. C'est là le point de départ, c'est là aussi le point d'arrivée. Pour la morale, tout se ramène au bonheur de l'individu; mais dans ce bonheur d'un être elle retrouve le bonheur de tous les autres êtres; dans le particulier elle retrouve l'universel; dans l'individu elle retrouve le monde. La législation, elle, ne s'occupe que du bonheur de la société; elle s'efforce d'augmenter, de quintupler, de « maximiser » ce bonheur; mais, par une merveilleuse identité, elle élève par là même au maximum le bonheur de l'individu; dans la somme elle retrouve les unités qui la composent; dans la société elle retrouve chacun de ses membres. La morale dit à l'homme : Cherche ton bonheur; et elle ne tarde pas à transformer ce précepte dans le suivant : Cherche ton bonheur dans le plus grand bonheur du plus grand nombre. La politique dit au législateur : Cherche le plus grand bonheur du plus grand nombre ; mais bientôt cette formule devient la suivante : Cherche le bonheur de chacun. C'est là l'idée qui commence, achève, domine le système entier de Bentham : union déjà très-réelle et sans cesse progressive de tous les intérêts dans l'intérêt de tous. Par cette idée, Bentham a pu introduire dans sa morale l'apparence et les dehors du désintéressement; par cette idée, il a pu introduire dans sa politique un équivalent du droit. Avec la sympathie, il a sauvé sa morale de l'égoïsme; avec l'égoïsme, il a sauvé sa politique de la bienveillance despotique et du communisme. Si l'on n'aperçoit pas l'identité établie par Bentham entre l'égoïsme et la sympathie, il est impossible de rien comprendre à son système, qui devient un tissu de contradictions.

En somme, depuis Épicure, la théorie utilitaire n'avait pas trouvé un représentant tel que Bentham. Chez Hobbes et Helvétius, elle était mêlée à d'autres doctrines; elle n'avait pas le premier, le seul rôle; chez Bentham, elle est tout, et elle s'efforce de se suffire. Par cela même, elle s'efforce de se constituer, d'échapper à l'empirisme et au hasard; elle veut se faire pratique, et pour cela elle est contrainte de s'appuyer sur des théories plus précises, de faire appel à la science; bien plus, de créer des sciences nouvelles. La morale utilitaire se pose nettement, s'oppose à l'autre morale, apprend ce qui lui manque à elle-même, y supplée; dans la lutte qu'elle engage, elle prend conscience et de sa force et de sa faiblesse.

Grâce à l'exactitude scientifique qui caractérise l'esprit de Bentham, on ne trouve guère dans sa vaste construction que des imperfections et des erreurs de détail. Il n'est pas exempt d'une certaine tendance à l'utopie; mais son utopie n'est autre chose que la confiance de traiter scientifiquement et par des quantités ce qui s'en écarte le plus. Dans ces principes politiques que nous venons d'exposer, il applique à des problèmes extrêmement complexes un bon sens qu'on trouve rarement en défaut. C'est bien là le type de l'utilitaire anglais, de l'économiste, classant tout, divisant tout, ne laissant rien dans le vague, ne raisonnant jamais sur une somme, sur un total, sans les vérifier, les chiffres sous les yeux. C'est par ces minutieuses recherches qu'il a pu, sans de trop dangereuses contradictions, assimiler la morale à l'économie morale, la politique à l'économie politique. Avec lui, le système utilitaire est arrivé à la période la plus décisive de son développement : Bentham est le vrai fondateur de la morale anglaise contemporaine.

CHAPITRE IV

OWEN, MACKINTOSH, JAMES MILL.

I. — Owen. — L'optimisme d'Owen comparé à l'optimisme de Bentham. — Principes psychologiques et métaphysiques des doctrines sociales d'Owen. — Les « cinq faits fondamentaux ». — Qu'il suffit de supprimer les circonstances extérieures qui dépravent l'homme pour le rendre à jamais bon. — La « seconde venue » de la vérité, d'après Owen. — Le socialisme absolu d'Owen, découlant d'un absolu déterminisme, est-il la conséquence inévitable de la doctrine utilitaire ? — Démenti pratique donné au système d'Owen. — Réfutation théorique des principes de ce système par Stuart Mill.
II. — Mackintosh et James Mill.

En allant de Bentham à Stuart Mill, le plus important de ses disciples, nous ne pouvons passer sous silence un des esprits et un des caractères les plus originaux de ce siècle, dont les théories et les essais pratiques firent grand bruit en Angleterre, Richard Owen.

Comme Bentham, Owen appartient à l'école utilitaire ; l'objet de ses recherches, c'est le bonheur général ; il ne diffère de Bentham qu'au sujet des moyens par lesquels il veut qu'on le recherche et pense qu'on l'atteindra.

Utilitaire, il est aussi optimiste ; seulement, son optimisme n'est pas le même que celui de Bentham. Bentham voyait la société sous ses meilleurs côtés : il y considérait comme perpétuellement unis l'intérêt personnel et l'intérêt public ; aussi, malgré sa ferme croyance à la nécessité des réformes, il repoussait tout bouleversement social comme un bouleversement du bonheur. Owen, lui, voit sous ses meilleurs côtés l'individu ; il croit à la bonté de la nature humaine, qu'on pourrait tourner vers le bien sans qu'elle s'en détournât jamais ; plus il y croit, mieux se montre à ses yeux l'état de dépravation où elle se trouve présentement. Cette dépravation, ne pouvant être attribuée à l'individu, doit l'être au *milieu social,* et ce milieu, il faut le changer. De là ses théories et ses essais communistes. A l'optimisme de Bentham en ce qui concerne les rapports des hommes entre eux correspondait un certain pessimisme au sujet de la nature humaine ; il croyait, en effet, que l'homme ne peut jamais être qu'égoïste et ne peut jamais obéir qu'à son intérêt. De même, à l'optimisme d'Owen en ce qui concerne la nature de l'homme correspond un pessimisme obstiné au sujet des rapports sociaux, tels qu'ils existent présentement.

Cette doctrine sociale d'Owen a son explication et son fondement dans une doctrine psychologique. Owen est l'un des représentants modernes les plus intéressants du déterminisme *absolu,* de la nécessité *irrésistible ;* ce déterminisme lui semble évident, indéniable ; il l'énonce et en tire les conséquences dans son grand ouvrage : *le Nouveau Monde moral, contenant le système rationnel de la société, fondé sur des faits démontrables qui font connaître la constitution et les lois de la nature humaine et de la société* [1].

Ces faits démontrables sont, dit-il, au nombre de cinq, et toute la science sociale est contenue dans cinq axiomes fondamentaux.

Premier fait fondamental : Le caractère humain est dû tout entier à une constitution originelle et à des circonstances externes mutuellement réagissantes.

Second fait : L'homme est *forcé par sa constitution originelle* à recevoir ses sentiments et ses convictions *indépendamment de sa volonté* (*indepently of his will*).

Troisième fait : Les sentiments et les convictions, ensemble ou séparément, créent le motif d'action appelé *volonté,* qui stimule à l'acte et décide les actions.

Quatrième fait : La constitution originelle est toujours variable d'homme à homme, et il n'y a pas d'art qui puisse rendre deux hommes identiques, de l'enfance à la maturité.

Cinquième fait : *La constitution de tout enfant,* hormis le cas d'une défectuosité organique, *est capable d'être façonnée*

---

1. Londres, 1836 et années suivantes.

en être très-supérieur ou en être très-inférieur (is capable of being formed into a very inferior or a very superior being), selon la nature des circonstances externes auxquelles on livre l'influence qu'on peut exercer sur cette constitution à partir de l'enfance [1].

Rien de mieux déduit. Principe psychologique : déterminisme absolu et dépendance complète de l'homme vis-à-vis des circonstances extérieures. Conséquence pratique : obligation de modifier ces circonstances, de changer le milieu social, de rendre les hommes bons en les plaçant dans un milieu bon. Le législateur doit « déterminer les hommes par l'action du milieu aux affections bienveillantes et aux actes utiles à la communauté. » Quelque proportion d'éléments défavorables que la nature ait fait entrer dans la constitution d'un homme, il est possible, si l'on peut disposer des circonstances, de communiquer à cet homme un caractère de bonté moyenne [2].

Et, remarquons-le bien, une fois que le milieu social sera devenu bon, nous n'aurons plus rien à craindre : la bonté, l'utilité, une fois créée, se conservera éternellement. D'où pourrait venir la moindre tendance dépravée, la moindre perversion? Si, par hypothèse, on a supprimé toutes les circonstances extérieures qui apportaient le trouble dans les âmes, ces circonstances extérieures étant tout, l'harmonie sera éternelle. A l'homme d'Owen s'applique mieux qu'à l'homme réel cet apologue connu : « D'où te vient, morceau de terre, le parfum que tu répands? es-tu de l'ambre? — Non; mais j'ai habité avec la rose. » Ainsi est l'homme, ce fils de la terre; il n'a nul parfum qui lui soit propre; au législateur de l'imprégner de bonté et d'amour; mais, une fois qu'il en sera pénétré, il les répandra tout autour de lui, il les communiquera aux autres hommes, qui les lui rendront à leur tour, et l'humanité sera à jamais remplie de bonheur. L'homme est ce qu'on le fait, il a ce qu'on lui donne : faites-le bon, supprimez ce qui le rendait mauvais, et il restera bon.

Ainsi le déterminisme psychologique d'Owen le conduit à une sorte de déterminisme social et de despotisme. Bentham rattachait fortement, d'une part la liberté et l'égalité à la sûreté, d'autre part la sûreté à l'utilité; de là il arrivait à la conception d'un état libre où les hommes,

---

[1]. Owen, *Nouveau Monde moral*, 1re partie.
[2]. Owen, *Nouv. Monde mor.*, 1re partie (prop. 19).

travaillant à leur bonheur personnel sans obstacles, produiraient le plus grand bonheur général sans exception. Owen, lui, ne lie pas aussi fortement que Bentham le bonheur individuel au bonheur universel; l'utilité générale, pour lui, n'est pas la liberté, c'est l'*utilisation*, l'*emploiement* (employment) des individus en vue du bien universel. Les hommes entre ses mains deviennent des moyens : au lieu de les respecter, il les *emploie ;* ce n'est pas une instruction pure et simple qu'il veut leur donner, c'est une *éducation ;* il veut les former, les façonner (form), les *entraîner* (train). Il faut, dit-il, à l'aide d'une nouvelle organisation sociale, « élever et employer rationnellement la race humaine
« depuis la naissance, durant tout le cours de la vie, jus-
« qu'à la mort, et effectuer immédiatement ce changement
« en remplaçant toutes les *circonstances humaines* inférieures
« qui existent par des circonstances supérieures, autant que
« l'humanité unie peut en créer maintenant... Faisons que
« le capital, le talent et l'industrie de la population du globe
« soient employés avec énergie et sagesse pour introduire
« des mesures efficaces et propres à changer les circonstances
« inférieures en circonstances supérieures, pour donner un
« *arrangement scientifique* à la société, pour assurer *la plus*
« *grande somme de bonheur à tous, à travers les générations*
« *successives.* » On voit qu'Owen ajoute à la formule de Bentham une nouvelle idée : ce n'est pas seulement l'humanité présente, c'est l'humanité future au bonheur de laquelle nous devons travailler. Bentham avait étendu la sympathie à travers l'espace partout où il existe des êtres sensibles; Owen la prolonge à travers le temps; Bentham l'avait faite infinie, Owen la fait éternelle.

« *Éducation, emploiement* et *circonstances supérieures*, le
« tout mis en œuvre pour produire la charité, l'égalité
« selon l'âge, et le bonheur universel depuis la naissance jus-
« qu'à la mort : tel sera le système rationnel de la société;
« et c'est le remède unique qui puisse éloigner les causes
« du mal et assurer l'obtention de tout ce qui est bon pour
« l'homme [1]. » Dès les premiers temps historiques, une grande vérité est venue à la connaissance des hommes : c'est que, « pour rendre la population du globe sage, « bonne et heureuse, il doit y avoir une universelle cha-
« rité et une universelle bonté. Les hommes doivent être
« *entraînés* (trained) à s'aimer les uns les autres comme ils

---

1. Owen, *Nouv. Monde mor.*, 7º part., p. 69, sqq.

« s'aiment eux-mêmes, et alors il y aura paix sur la terre « et bonne volonté entre les hommes, mais pas avant. » Toutefois cette vérité, si importante qu'elle soit, ne suffit pas encore ; la charité ne se conseille pas seulement ; elle s'organise et se nécessite. Le plan d'éducation, d'organisation et d'*emploiement* que donne Owen, c'est, s'écrie-t-il, « la seconde venue de la vérité » ; c'est la vérité pratique, la vérité qui ne cherche pas uniquement à être pensée, mais à être réalisée ; qui ne se borne pas à montrer le but, mais montre la voie. Owen, comme Bentham, comme Epicure, se croit un libérateur de l'humanité, un nouveau Messie.

Le système d'Owen est-il absolument conforme aux principes utilitaires et peut-il s'en déduire rigoureusement ? Owen est-il plus conséquent avec les principes de Bentham que Bentham lui-même ? — Jusqu'à présent, sans apprécier la valeur absolue des systèmes, nous nous sommes placé au point de vue même de la doctrine utilitaire pour examiner leur valeur logique, et pour montrer soit leur inconséquence, soit leur rigueur : agissons-en de même à l'égard de ce qu'on pourrait appeler le *déterminisme social* d'Owen.

Cette doctrine a subi en premier lieu une réfutation, un démenti *pratique*. On sait, en effet, qu'Owen ne se contenta pas de préconiser son système dans ses écrits ; il le mit en pratique, et d'abord avec succès. Dans la première période de sa vie, appelé à rétablir des manufactures tombées en décadence, il accomplit de véritables prodiges. Il remplaça les amendes qu'on infligeait aux ouvriers par des peines et des récompenses toutes morales, leur faisant porter une coiffure à quatre faces, dont chacune, peinte d'une certaine couleur, exprimait un certain degré du contentement du maître, suivant qu'elle était tournée du côté du front. Il les déshabitua, en leur faisant honte, de l'ivrognerie à laquelle ils s'adonnaient. On remarquera que, dans ces premiers essais, Owen ne tentait rien de contraire aux principes de l'individualisme. Remplacer les sanctions physiques ou économiques par des peines morales, arracher des ouvriers aux mauvaises mœurs, à l'ivrognerie, — dans tout cela, nulle atteinte à la liberté personnelle, rien que ne devrait tenter tout patron, tout manufacturier. Aussi longtemps qu'Owen restreignit ses efforts au domaine de l'individualisme, il obtint les plus grands succès et recueillit les plus grands profits.

Mais ensuite, encouragé par ces premiers essais, il

renonça même aux peines et aux récompenses morales ; il renonça à exciter l'émulation, la crainte du reproche, et voulut établir des *maisons de société* où le seul mobile des associés serait la bienveillance mutuelle : chacun devait y prendre pour fin non son intérêt propre, mais l'intérêt d'autrui. Ces sociétés, fondées tour à tour en Europe et en Amérique, réussissaient tant que le maître était là pour en soutenir et en inspirer tous les membres de son ardente charité. Mais à peine s'éloignait-il que l'établissement, en proie à des sentiments de paresse et de jalousie, ne tardait pas à tomber. Une série de tentatives de ce genre, qui furent une série d'insuccès, ruinèrent Owen, sans toutefois le convaincre : il resta jusqu'à la fin de sa longue vie attaché à ses cinq principes ; seulement, au sujet des rapports sociaux tels qu'ils existent actuellement, son pessimisme alla croissant toujours. Etant donné ce problème : — nécessiter les hommes à être bons et heureux, — il en croyait toujours la solution possible ; s'il n'avait pu le résoudre pratiquement, c'est qu'il n'avait pas eu entre les mains assez de *nécessités*, c'est qu'il n'avait pas pu supprimer toutes les *circonstances inférieures*, c'est qu'il n'avait pas assez isolé de la grande société corrompue ses petites sociétés idéales. Les milieux qu'il avait créés s'étaient laissé envahir et troubler par le milieu général : ce n'était point la faute des hommes, mais la faute des choses, la faute des circonstances ; si la maladie était inguérissable, il ne fallait s'en prendre ni au malade ni au médecin, mais au mal.

Quoi qu'il en soit, les théories d'Owen ne furent pas seulement jugées par leur insuccès pratique ; l'utilitarisme contemporain les rejette lui-même ouvertement par la bouche de Stuart Mill. Nous le savons en effet, le principe sur lequel repose tout le système d'Owen, c'est celui de la détermination *absolue* des actions ; le caractère de l'homme est formé *indépendamment de sa volonté* (*indepently of his will*), non *par lui*, mais *pour lui ;* notre caractère une fois formé, nous sommes impuissants à le changer. Dans les mains du législateur nous sommes donc, pour emprunter les paroles d'Helvétius, comme l'argile dans les mains du potier, et une fois façonnés par lui, nous nous trouvons aussi incapables de modifier la forme qu'il nous a imposée que l'argile de sortir du moule où on l'a fait entrer. Stuart Mill, déterministe et utilitaire lui-même, n'en repousse pas moins avec vigueur une doctrine aussi absolue ; il montre qu'Owen et ses disciples, qui ont propagé avec le plus de persévérance « la grande doctrine du déterminisme », sont aussi ceux qui l'ont « le plus défigurée ». « L'homme, dit-« il, a *jusqu'à un certain point* le pouvoir de modifier son « caractère. Que ce caractère ait été en dernière analyse « formé *pour* lui, n'empêche pas qu'il ne soit aussi en partie « formé *par* lui comme *agent intermédiaire*. Son caractère « est formé par les circonstances de son existence, y compris « son organisation particulière; mais son *désir de le façonner* « dans tel ou tel sens *est aussi une de ces circonstances, et non* « *la moins importante*. Si ceux qui sont supposés avoir formé « notre caractère ont pu nous placer sous l'influence de cer-« taines circonstances, nous pouvons pareillement nous « placer nous-mêmes sous l'influence d'autres circonstances. « Nous sommes exactement aussi capables de former notre « caractère, *si nous le voulons (if we will)*, que les autres de le « former pour nous[1]. » En d'autres termes, l'extérieur agit sur notre caractère de deux façons à la fois, soit directement, soit indirectement; il agit directement quand il nous impose certaines habitudes, certaines dispositions; il agit indirectement quand il nous donne la *volonté*, c'est-à-dire le *désir*, de résister à ces habitudes et à ces dispositions. Nous sommes alors comme quelqu'un à qui l'on mettrait un fruit dans la main, tandis qu'on lui donnerait en même temps sur le bras un coup pour faire tomber le fruit. Le partisan d'Owen « est dans une position inexpugnable » quand il soutient « que la volonté de modifier notre carac-« tère est un résultat non de nos propres efforts, mais de « circonstances que nous ne pouvons empêcher; » il se trompe quand il prétend que cette volonté, quelque déterminée qu'elle soit, est impuissante à changer notre caractère. En dernière analyse, « notre caractère est formé par « nous aussi bien que pour nous; mais le désir d'essayer « de le former est formé pour nous[2]. »

Ainsi Stuart Mill complète en le mitigeant le déterminisme d'Owen, qui n'était pas très-éloigné du fatalisme oriental. Dès lors, la stérilité de son système social est aussi démontrée; les hommes ne sont pas seulement ce qu'on les fait, mais ce qu'ils veulent être et ce qu'ils se font eux-mêmes. Il faut laisser une place dans l'âme pour une volonté plus ou moins déterminée; il faut laisser une place

---

1. **Stuart Mill**, *Logique*, t. II, p. 423 (trad. Peisse).
2. Stuart Mill, *Logique*, II, p. 424. — Cf. la *Philosophie de Hamilton*, p. 557 (trad. de Cazelles).

dans l'État pour une liberté renfermée dans des limites plus ou moins étendues. Jusqu'où peuvent, d'après la doctrine utilitaire, s'étendre au juste ces limites ? C'est ce que nous examinerons plus tard. En ce moment, il reste évident que le déterminisme psychologique et social d'Owen est incomplet, parce qu'il est entier et exclusif, et que son système représente un moment intéressant, mais non définitif, dans le progrès de la pensée anglaise.

II. — Tandis qu'Owen tentait d'appliquer pratiquement la doctrine utilitaire, les successeurs de Bentham en éclaircissaient les principes et cherchaient à les mettre à l'abri des objections.

Mackintosh, dans sa *Dissertation sur les progrès de la philosophie morale*, répond à deux des principales difficultés soulevées par la doctrine de Bentham. — Nous ne pouvons pas toujours, dit-on, calculer en agissant les conséquences de nos déterminations. — Non, réplique Mackintosh, mais il n'est pas nécessaire de faire ce calcul à chaque fois. — C'est un fait d'expérience, dit-on encore, que nous pouvons agir sous l'empire de sentiments désintéressés. — Oui ; mais ces sentiments se ramènent par l'analyse à des sentiments intéressés. En chimie, un corps composé ne se résout-il pas dans une série de corps simples qui ne lui ressemblent nullement [1] ? Ainsi, avec Mackintosh, se font déjà pressentir les progrès considérables qu'accomplira bientôt la morale anglaise dans ses rapports avec la psychologie.

James Mill, l'actif propagateur de la morale nouvelle, aboutit aux mêmes conclusions dans ses *Fragments sur Mackintosh* et son *Analyse de l'esprit humain*. Nous avons sans doute, dit-il, des sentiments qui tendent directement au bien des autres, mais ils n'en sont pas moins le développement de sentiments qui ont leur racine dans le moi (rooted in self). Que ces sentiments puissent être détachés de leur racine primitive, c'est un phénomène bien connu de l'esprit [2]. Mackintosh et James Mill se bornent d'ailleurs à appliquer ici en morale la méthode de Hartley.

---

1. *Dissert. on the progr. of ethic philos.*, p. 115.
2. *Analysis of the human Mind*, p. 231. — *Fragm. on Mackintosh*, p. 259 :
« A l'origine, nous accomplissons les actes moraux d'après une autorité.
« Nos parents nous disent que nous devons faire ceci, que nous ne de-
« vons pas faire cela... De cette manière, les idées de louange et de

Nous allons retrouver toutes les idées de Mackintosh et de James Mill développées, agrandies, modifiées et mises d'accord avec les progrès de la pensée dans l'ouvrage capital où est résumée toute la morale de l'école « associationniste », l'*Utilitarisme* de John-Stuart Mill.

« blâme s'associent à certaines classes d'actes,.... et généralement « ces associations exercent une influence prédominante pendant toute « la vie. Plus tard, nous trouvons que non-seulement nos parents agis- « sent de cette manière, mais tous les autres parents. C'est pourquoi « les associations sont inséparables, générales et s'étendent à tout « (general, and all-comprehending). »

CHAPITRE V

STUART MILL

PRINCIPES THÉORIQUES DE LA MORALE

I. — Que les principes d'une science sont ce qu'il y a de plus obscur dans toute science. — Comment Stuart Mill fixe l'objet et les limites du débat entre les moralistes. — Distinction de l'école inductive et de l'école intuitive. — Principe sur lequel semble reposer la morale de Stuart Mill. Négation du libre arbitre; réduction de la volonté au désir, du désir au plaisir; l'égoïsme, point de départ de Stuart Mill comme de tous les utilitaires. — Effort tenté par Stuart Mill pour faire sortir de l'égoïsme « l'altruisme », et de l'intérêt la conscience morale. — Textes importants dans lesquels Stuart Mill tente la genèse de la conscience morale. — Progrès qu'il fait accomplir sur ce point à la doctrine utilitaire. — Essai pour réaliser dans la pensée même de l'homme l'harmonie des intérêts que Bentham prétendait réalisée au dehors. — Comment Stuart Mill rapproche les écoles inductive et intuitive; comment il restitue à l'homme une « conscience morale ».

II. — Comment, en s'appuyant sur cette conscience morale dont il a fait la genèse, Stuart Mill peut sans contradiction ordonner à l'individu, qui ne cherche jamais que son plaisir, de rechercher le bonheur général. — Le bonheur général, fin et critérium des actions. — Stuart Mill rompant complètement avec Bentham et déclarant que le critérium de la morale utilitaire n'est pas le plus grand bonheur de l'agent moral. — Le spectateur impartial d'Adam Smith. — Essai pour justifier le principe du bonheur. — Que ce principe n'est pas susceptible de preuves *directes*. — Que la morale est un art, et comme telle exclut le raisonnement scientifique. — Preuves *indirectes* données par Stuart Mill du principe du bonheur. — Le bonheur est l'un des buts de la vie humaine et doit être un des critères de la conduite.

III. — Le bonheur est-il le seul but, et doit-il être le seul critérium ? — Outre le bonheur, les hommes ne désirent-ils pas la vertu ? — Nouveau progrès que Stuart Mill fait accomplir à la doctrine utilitaire. — La vertu désirable pour elle-même. — Genèse de l'idée de vertu. — L'avare et l'homme vertueux. — Comment Stuart Mill croit retrouver, derrière le désir de la vertu, le désir du bonheur. — Le bonheur universel, seule fin et seul critérium.

Chez tous les penseurs utilitaires qui ont précédé Stuart Mill, quelle que soit l'époque à laquelle ils sont apparus ou la nation à laquelle ils appartiennent, on trouve le plus entier, le plus parfait accord sur ce point : l'homme, et tout être sensible, ne peut et ne doit vouloir autre chose que son intérêt personnel. Epicure aussi bien qu'Helvétius, Helvétius aussi bien que Bentham, utilitaires grecs, anglais, français, tous répondent aux hommes qui leur demandent une règle de conduite : « Suivez *votre* intérêt. »

Bentham, il est vrai, a apporté un grave changement dans la formule utilitaire ; il a pris pour fin et pour critérium de la morale le bonheur universel ; mais il n'a pu le prendre ainsi qu'en identifiant, par l'optimisme le plus conscient et le plus obstiné, le bonheur particulier de chaque homme et le bonheur universel de tous les hommes.

La principale originalité de Stuart Mill est d'avoir conservé la formule de Bentham en rejetant son optimisme. Helvétius disait : Le bonheur personnel avant tout ; Bentham disait : Le bonheur général identifié avec le bonheur personnel ; Stuart Mill dit : Le bonheur général. Par là, ce n'est plus une simple transformation qu'il fait subir à la doctrine utilitaire ; la forme qu'il lui imprime est non-seulement originale, mais dans une certaine opposition avec les formes qu'elle avait revêtues jusqu'alors ; il constitue cette morale sur une autre base ; il la pousse presque aussi loin qu'on peut espérer la pousser sans la voir se confondre avec la doctrine adverse.

I. — Il n'y a, dit Stuart Mill, dans toute science en général, rien de si obscur que les principes mêmes de cette science ; l'algèbre, par exemple, ne tire point sa certitude de ses premiers éléments, qui, « tels que les exposent d'illustres
« professeurs, sont aussi pleins de fictions que la juris-
« prudence anglaise, et aussi pleins de mystères que la
« théologie. » Les principes d'une science, en effet, « sont
« les derniers résultats de l'analyse métaphysique appli-
« quée aux notions élémentaires qui se rattachent le plus
« intimement à cette science ; et ils sont pour elle non ce
« que les fondements sont pour l'édifice, mais plutôt ce
« que les racines sont pour l'arbre, car les racines peuvent

« accomplir leur fonction sans qu'il soit besoin de les
« découvrir et de les exposer à la lumière[1]. »

Ce qui se produit dans les sciences se produit aussi dans ce que Stuart Mill appelle l'*art* de la morale et de la législation. Non-seulement ici les principes sont incertains et obscurs, mais en outre cette incertitude a donné lieu, depuis deux mille ans, aux disputes les plus acharnées : « Depuis
« deux mille ans, les philosophes se rangent sous les
« mêmes bannières, et ni les penseurs ni l'humanité en
« général ne semblent être plus près de s'entendre sur ce
« sujet qu'au temps où le jeune Socrate écoutait le vieux
« Protagoras et opposait la théorie de l'utilitarisme à la
« morale vulgaire du prétendu sophiste. »

Après avoir constaté le débat et en avoir expliqué les causes, Stuart Mill en fixe l'objet et les limites. C'est à lui, comme on sait, qu'appartient la distinction entre l'école *inductive* ou *expérimentale* et l'école *intuitive* ou *rationnelle*, distinction déjà établie en fait par Helvétius et les utilitaires français[2], mais non encore fixée dans les termes. Stuart Mill, il faut le reconnaître, comprend mieux ou plutôt moins mal que Bentham la doctrine de la morale *a priori*. Il ne s'acharne plus contre l'ascétisme, qui n'avait peut-être guère existé que dans l'imagination de Bentham. Il avoue aussi que, pour les moralistes non utilitaires, les jugements moraux ne deviennent pas nécessairement une simple affaire de sympathie et d'antipathie; que tous n'admettent pas le bizarre *sens, tact* ou *goût* moral de Shaftesbury et de Hume.
« Notre faculté morale, dit-il, d'après ceux de ses inter-
« prètes qui méritent le nom de penseurs, ne nous fournit
« que les *principes* de nos jugements moraux; elle fait
« partie de notre *raison*, et non de notre *sensibilité;* il faut
« lui demander les doctrines abstraites de la morale, mais
« il ne faut pas compter qu'elle nous serve à reconnaître la
« morale sous sa forme concrète. L'école de morale intui-
« tive, non moins que celle qu'on pourrait nommer l'école
« inductive, insiste sur la nécessité de lois générales. Toutes
« deux s'accordent à admettre que l'appréciation d'une
« action isolée ne saurait résulter de la perception directe,
« mais bien de l'application d'une loi générale à un cas
« particulier. » Ainsi les deux écoles font de la morale une

---

1. Stuart Mill, *Utilitarisme* ou *Théorie du bonheur*, ch. I. — Nous nous servons, quand nous ne traduisons pas nous-même, de la traduction de M. de La Friche (*Revue nationale*, août, septembre et octobre, 1865).
2. Voir, dans notre *Morale d'Épicure*, le chapitre sur *Helvétius*

science ou un art, non une routine aveugle. Bien plus, les données de cette science, les lois morales, « sont aussi en « grande partie les mêmes » pour toutes deux. Le débat est donc exclusivement restreint aux principes et à la méthode : « Les deux écoles diffèrent d'opinion quant à « l'évidence des lois morales et à la source d'où elles tirent « leur autorité. D'après l'une de ces écoles, les principes « de la morale sont évidents *a priori* et doivent être « acceptés à la seule condition qu'on s'entende sur la valeur « des mots. D'après l'autre doctrine, le bien et le mal, le « vrai et le faux sont des questions d'observation et d'expé- « rience [1]. » Stuart Mill étend ainsi la portée du débat à la philosophie tout entière : ce n'est plus seulement le bien et le mal dont il s'agit, c'est le vrai et le faux, c'est aussi sans doute le beau et le laid. Il faut choisir entre les deux grandes méthodes qui se partagent en ce moment la philosophie, entre l'expérience et la raison, entre la science et la conscience, entre le déterminisme et la volonté déclarée libre.

Le principe premier sur lequel semble reposer le système moral que Stuart Mill, au nom de l'école inductive, oppose à l'école intuitive, c'est la négation de la liberté [2].

---

1. Stuart Mill, *Utilit.*, ch. I.
2. Hobbes, Helvétius, d'Holbach, Volney, Owen, tous les partisans modernes de la morale de l'intérêt, ont été fatalistes. Stuart Mill, comme nous avons déjà pu le voir, essaye de perfectionner ici leur doctrine. Il reconnaît trois sortes de systèmes déterministes : d'abord le fatalisme pur des Orientaux, d'après lequel toutes nos actions sont prédéterminées du dehors, indépendamment de notre *caractère* et de notre *volonté;* puis le fatalisme *modifié*, celui d'Owen par exemple, d'après lequel nos actions sont prédéterminées par notre *caractère*, et notre caractère par le dehors, indépendamment de notre *volonté*. La troisième doctrine déterministe, qui est celle de Stuart Mill, admet que nos actions sont déterminées par notre *caractère*, mais que notre caractère peut être modifié par notre *volonté*, déterminée elle-même en dernière analyse par le dehors (voir *Philosophie de Hamilton*, ch. XXVI; *Logique*, liv. VI, ch. I; *Utilit.*, ch. IV). On voit le progrès qui fait remonter sans cesse le déterminisme du dehors au dedans, qui le fait se rapprocher de plus en plus du for intérieur de l'homme. Dans le fatalisme pur, nous ne sommes rien ; d'après Owen, nous sommes du moins pourvus d'un caractère formé pour nous, sinon par nous ; d'après Stuart Mill, nous devenons les *agents intermédiaires* de ce caractère. Mais sommes-nous seulement agents *intermédiaires* ou agents primitifs et *libres?* Voilà le dernier point qui sépare en psychologie l'école inductive de l'école intuitive, et qui va aussi les séparer en morale. Stuart Mill tranche nettement la question. « La volonté, dit-il, est entièrement « produite par le désir, si l'on comprend par ce terme l'influence repous- « sante de la douleur aussi bien que l'attrait du plaisir. » Le désir fatal est « la plante-mère » ; la volonté peut parfois en être détachée, comme un rejeton; mais dans ce cas, ce qui l'en a détachée, c'est tout simplement l'habitude; lorsqu'un ancien désir, fortifié par l'habitude, s'op-

Le désir se confond avec le plaisir : « Désirer une chose
« et la trouver agréable, avoir de l'aversion pour une chose
« et la regarder comme pénible, dit Stuart Mill avec
« Hobbes, sont des phénomènes complètement insépara-
« bles, ou plutôt deux parties d'un même phénomène. »
En conséquence, « il y a une *impossibilité physique et méta-
« physique* à désirer quoi que ce soit autrement *qu'en
« proportion de l'idée agréable qu'on s'en fait* [1]. » Et comme
vouloir et désirer sont une même chose, je ne puis vouloir,
désirer, ni poursuivre que ce qui m'est agréable, ce qui me
cause, à moi et non à vous, une certaine somme de plaisir,
une certaine quantité de bonheur. Le point de départ du
système de Stuart Mill, comme de tout système utilitaire,
est donc l'égoïsme ; c'est là cette « racine » cachée qui
seule supporte et nourrit la morale inductive.

Heureusement, dans le plaisir personnel lui-même et
dans les désirs qui y correspondent Stuart Mill trouve,
comme Bentham, un élément qui dépasse l'égoïsme : « c'est
le *désir d'être en harmonie avec nos semblables*, qui est déjà
un principe puissant dans la nature humaine. »

Nous touchons ici au point central du système de Stuart
Mill; à partir de ce point nous allons le voir, par une
insensible évolution, passer de l'égoïsme à l'altruisme le
plus complet. Nous essayerons de marquer tous les degrés
de cette évolution. Pour que la pensée de Stuart Mill ne
nous échappe pas, nous serons forcés de la saisir sous la
forme même, à la fois subtile et vague, qu'il a coutume de
lui donner; nous plaçant comme toujours, dans cette exposition des systèmes, à un point de vue purement logique
et historique, nous suivrons le cours des idées de notre
auteur, montrant les progrès accomplis, marquant aussi les
défauts particuliers de raisonnement et signalant les côtés
faibles ou obscurs, sans entrer encore dans une discussion approfondie et vraiment morale.

« L'état de société est en même temps si naturel, si
« nécessaire et si habituel à l'homme que, à moins de cir-
« constances rares et d'un effort d'isolement volontaire, il ne
« se considère jamais que comme un membre d'un corps,

---

pose à de nouveaux désirs, plus violents en apparence, voilà ce que
nous appelons volonté. « La volonté est donc la fille du désir et
n'échappe à son empire que pour passer sous celui de l'habitude. »
(*Utilit.*, ch. IV, p. 60 : « Will is the child of desire, and passes out of
the dominion of its parent only to come under that of habit). »

1. *Utilit.*, ch. IV. — Cf. ch. II, p. 9.

« et cette association s'affermit de plus en plus à mesure que
« l'humanité s'éloigne de l'état d'indépendance sauvage.
« Par conséquent, toute condition essentielle à un état de
« société fait chaque jour *plus inséparablement partie* de la
« conception qu'a chaque individu de l'état de choses au mi-
« lieu duquel il est né et qui est la destinée de l'homme[1]. »
La psychologie anglaise, en se perfectionnant et en se
développant, développe aussi et entraîne avec elle la
morale. Stuart Mill introduit ici dans la question un principe nouveau : l'association des idées. L'homme, liant peu
à peu la conception de sa destinée à celle d'un état social,
finit par éprouver une sorte d'impossibilité intellectuelle de
les séparer. La fable antique représentait les membres du
corps humain voulant conquérir leur indépendance et sortir
de l'état de sujétion mutuelle où les place la nature;
Stuart Mill nous montre au contraire les hommes eux-
mêmes, ces êtres indépendants, ces individus autonomes,
devenant peu à peu des *membres* du corps social, des
parties d'un tout, des chiffres de la grande somme humaine,
et le devenant à un tel point qu'ils ne peuvent plus eux-
mêmes se concevoir autrement, qu'ils ne peuvent plus se
séparer de la somme qu'ils composent, du tout où ils s'absor-
bent. D'une part, d'après Stuart Mill, tout sentiment qui ne
se rattacherait pas en quelque façon à l'amour de soi est
moralement impossible, puisque nous ne pouvons désirer
et vouloir que ce qui nous est agréable; d'autre part,
l'amour d'un *soi* séparé et solitaire est intellectuellement impossible, parce que nous ne pouvons nous considérer nous-mêmes autrement que comme êtres sociaux.

L'idée de société, à son tour, implique l'idée d'égalité; or,
l'égalité comporte le respect mutuel des intérêts. « La société
« entre égaux ne peut exister que si les intérêts de chacun
« sont également respectés. Et puisque, dans tous les états
« de société, chacun, à moins d'être un souverain absolu,
« a des égaux, tout le monde est *obligé* de vivre dans ces
« termes avec *quelqu'un*, et à toutes les époques on *ne cesse*
« *de se rapprocher* d'un état où il sera impossible de vivre
« d'une façon permanente dans d'autres termes avec *qui*
« *que ce soit.* » Stuart Mill fait ici intervenir une idée sur
laquelle il aime à appuyer, celle du perfectionnement futur
de la société; nous l'avons déjà vu parler de la *destinée* de
l'homme; continuellement, dans son exposition et sa dé-

---

[1] Stuart Mill, *Utilit.*, ch. III.

fense de l'utilitarisme, il passe du présent au futur, traverse à son gré les siècles, et nous montre un avenir qui n'est peut-être pas irréalisable, mais aussi n'est nullement réalisé.

« Les *gens* (est-ce la totalité des hommes, ou la majorité, « ou simplement la minorité?), les *gens* en viennent ainsi à « ne pouvoir plus regarder comme *possible* pour eux un « état où l'on ne tient aucun compte des intérêts d'autrui. Ils « sont dans la *nécessité* de se représenter à eux-mêmes « comme s'abstenant du moins des torts les plus grossiers, « et, *quand ce ne serait que pour leur propre salut*, comme « ne cessant de protester contre ces torts. » Ici reparaît la pure doctrine de Bentham. « Ils sont *habitués*, ajoute Stuart « Mill, à coopérer avec autrui. *Tant qu'ils coopèrent*, leurs « buts sont identifiés à ceux des autres; il y a, *du moins*, un « sentiment *temporaire* que les intérêts des *autres* sont leurs « propres intérêts. » Quels sont ces *autres*, dont parle Stuart Mill? Ceux avec qui ils coopèrent, sans doute ; ce ne sont donc pas tous les autres membres de l'humanité. Il n'y a donc pas *nécessité* pour l'homme de respecter les intérêts de l'homme, comme Stuart Mill semblait le dire plus haut; il y a nécessité pour tel homme de respecter les intérêts de tel ou tel homme, de tel ou tel coopérant, aussi longtemps que dure la coopération. Cette union des intérêts est *très-restreinte;* elle est toute *temporaire;* restreint et temporaire est aussi le sentiment moral qui en naît. « Grâce à « tout ce qui raffermit les liens sociaux, à tout ce qui favorise « un développement sain et vigoureux de la société, chaque « individu trouve un *intérêt personnel plus grand* à con- « sulter pratiquement le bien-être de ses semblables, et se « sent, en outre, entraîné à identifier de plus en plus ses « sentiments avec leur bonheur, ou du moins avec un « degré *toujours croissant* de respect pratique pour leur « bien. » Voilà encore Bentham qui reparaît, avec l'identité réelle et objective des intérêts : mais Stuart Mill y ajoute aussitôt l'identité intellectuelle et subjective produite par l'association des idées : « *Comme par instinct*, l'individu en « vient à avoir conscience de lui-même comme d'un être « qui doit *évidemment* avoir des *égards* pour les *autres*. » On remarquera le vague extrême et des idées et des termes de Stuart Mill : rien de précis, rien de net dans cette pensée et dans ce style embarrassés et flottants. Quels sont ces *égards* dont il parle? jusqu'où peuvent-ils aller? à qui doivent-ils s'adresser? Quels sont ces *autres* qu'il nomme? Comment du temporaire, où nous étions renfermés tout à l'heure, sommes-nous passés au définitif? comment sommes-nous allés du particulier à l'universel, de tels ou tels hommes aux hommes en général? « *Le bien « d'autrui*, continue Stuart Mill, *devient pour l'individu une « chose dont il est naturel et nécessaire qu'il s'occupe, comme « de toute condition physique de notre existence.* Or quelle « que soit la force du respect d'autrui chez un individu, il « est *poussé par les plus puissants motifs* d'intérêt et de « sympathie à le déployer et à faire tout son possible pour « l'encourager chez les autres ; et, *quand il ne le connaîtrait « pas lui-même, il s'intéresse autant que qui que ce soit à ce « que d'autres l'éprouvent.* » Stuart Mill veut-il dire qu'un voleur par exemple est poussé par les plus puissants motifs d'intérêt et de sympathie à se faire gendarme et à arrêter les autres voleurs? ne serait-il pas plutôt porté à faire bande avec eux? Celui qui ne connaît point le respect des intérêts d'autrui inculquera-t-il bien ce respect à ceux qui l'entourent? A en croire Stuart Mill, « les moin- « dres germes de ce sentiment sont recueillis et cultivés « par la contagion de la sympathie et les influences de « l'éducation, et entourés, par l'action puissante des « sanctions extérieures, d'un *réseau complet d'associations « d'idées* qui le fortifient encore... Chaque pas dans le « sens du progrès politique contribue à rendre cette façon « de comprendre la vie humaine de plus en plus natu- « relle, en faisant disparaître les causes d'opposition d'in- « térêts et en nivelant ces inégalités de priviléges légaux « entre individus ou entre classes, grâce auxquelles il « est de grandes portions du genre humain dont il est « encore possible de négliger le bonheur. Lorsque l'esprit « humain est en progrès, on voit sans cesse se développer « les influences qui tendent à créer chez chaque individu « *un sentiment de son unité avec tous les autres*, sentiment « qui, *à l'état parfait*, éloignerait de l'homme toute pensée « ou tout désir d'un condition personnelle heureuse dont « ses semblables ne partageraient pas les avantages... Dans « l'état comparativement peu avancé de civilisation où « nous vivons, un individu ne peut pas, à dire vrai, res- « sentir cette complète sympathie avec ses semblables qui « rendrait impossible toute réelle discordance dans la direc- « tion générale de leurs conduites respectives; mais déjà « l'individu chez qui le sentiment social est développé *ne « peut pas se résoudre* à considérer le *reste de ses semblables*

(Stuart Mill raisonne toujours comme s'il s'agissait de la totalité des hommes, du milliard humain qui peuple la terre) « comme des rivaux avec lesquels il est en lutte « pour obtenir les moyens d'être heureux et qu'il doit « souhaiter de voir échouer dans leur entreprise afin qu'il « réussisse dans la sienne[1]. » Un marchand ne souhaite-t-il donc pas de voir échouer ses concurrents? Il ne désire sans doute aucun mal à la totalité des hommes ni même à la totalité des marchands, et il ne les considère point comme ses rivaux; mais c'est précisément parce qu'ils ne le sont point : du moment où ils le deviendraient, sa sympathie instinctive et physique pour eux ne s'évanouirait-elle pas aussitôt ?

« Il est, continue Stuart Mill, *indispensable* à chaque « individu de croire que sa fin réelle et celle de ses sem-« blables ne sont pas en conflit[2]. » Il faudrait être en effet assez misanthrope pour croire que la *fin réelle* et dernière, le *bien véritable* de chaque homme s'oppose à ceux des autres hommes; mais, dans la pratique, s'agit-il de fin dernière, de bien véritable, de destinée suprême? « Ce sentiment (de « l'harmonie des fins), ajoute du reste Stuart Mill, est chez « la plupart des gens bien inférieur comme force à leurs « sentiments égoïstes, *et souvent il fait complètement défaut.* « Mais, *pour ceux qui le possèdent*, il a tous les caractères « d'un sentiment naturel [3]. »

En résumé, d'après ces passages de Stuart Mill, trop négligés par la critique et qui jettent une grande clarté sur toute la suite de sa doctrine, l'homme se trouve dans une impossibilité *physique et métaphysique* de vouloir autre chose que son plaisir propre : c'est là le point de départ, le même absolument que celui de Bentham, le même que celui de tout utilitaire conséquent, le même, dis-je, parce qu'il est le seul possible. En second lieu, le plus grand plaisir de chaque individu étant lié, *la plupart du temps*, dans la réalité à celui de la collection, chaque individu, en voulant son plus grand plaisir ou son utilité propre, veut par cela même, la plupart du temps, l'utilité générale. Là encore, Stuart Mill est d'accord avec Bentham ; seulement Bentham ne disait pas : — L'accord des intérêts existe fréquemment, très-fréquemment, la plupart

---

1. *Utilit.*, ch. III.
2. *Ibid.*, II.
3. *Ibid.*

du temps, en général, etc. ; — il disait : — Cet accord existe partout et toujours. Stuart Mill s'écarte donc de son maître sur ce point ; il reconnaît que l'union des intérêts n'est pas parfaite dans la réalité, mais il supplée à cette imperfection réelle d'une manière originale. Il a recours à la théorie psychologique de l'association des idées. Il n'est pas nécessaire, dit-il, pour que je veuille l'intérêt des autres, que cet intérêt soit continuellement associé au mien dans la réalité ; c'est assez qu'il le soit le plus souvent. Alors il s'y associera tout naturellement dans ma pensée, et cela suffit ; même si nos intérêts se séparent au dehors, ils s'appelleront en moi : non-seulement je ne pourrai vouloir mon utilité privée sans l'utilité publique, mais je ne pourrai même pas la concevoir sans elle. Cet optimisme absolu que Bentham mettait dans les choses, Stuart Mill le transporte ainsi dans l'esprit [1]. Ne voyant point réalisé objectivement le monde idéal que rêvait Bentham, il s'efforce de le réaliser subjectivement, de le construire dans l'âme humaine ; union, harmonie subjective des utilités, voilà l'idée nouvelle qu'il introduit dans le problème, le moyen nouveau par lequel il espère, de l'égoïsme dont il part avec Bentham, aboutir à un désintéressement bien plus absolu que le « placement de fonds » conseillé par son maître [2].

Par cette conception, Stuart Mill apporte un remarquable changement dans l'utilitarisme ; si, par certains côtés, il enlève de la solidité au système de Bentham, système bien coordonné et tout d'une pièce, il lui en donne définitivement plus qu'il ne lui en ôte : l'optimisme qu'on pourrait appeler *subjectif*, si discutable qu'il soit, est toujours moins insoutenable que l'optimisme objectif de Bentham.

Ce n'est pas tout : Stuart Mill, en perfectionnant l'utilitarisme, le rapproche du système adverse ; il fait subir à la morale anglaise, sur la question du désintéressement, la même évolution qu'il avait fait subir à la psychologie anglaise sur la question de la liberté morale. Nous remontons avec lui du dehors au dedans, sans pénétrer toutefois jusqu'à l'essence intime de l'être. Chez Bentham, l'union des intérêts qui produisait l'apparence du désintéressement était tout extérieure et étrangère à l'être : je voulais mon plaisir, et il se trouvait, par un concours de circonstances

---

1. V. plus haut, p. 17.
2. V. plus haut, p. 35.

presque indépendant de ma volonté, que ce plaisir était en même temps le plaisir des autres. Aussi Bentham ne pouvait-il expliquer la sympathie proprement dite ; tantôt il la ramenait à une simple concordance des plaisirs, où les êtres qui les éprouvaient n'étaient presque pour rien : alors il paraissait pencher du côté de Hobbes et de l'égoïsme pur ; tantôt il la représentait comme un sentiment *sui generis,* aussi agréable qu'inexplicable et qu'il semblait admettre sans le comprendre. Stuart Mill, lui, en morale comme en psychologie, va du dehors au dedans : il associe les plaisirs au sein même de l'âme ; il n'admet pas seulement des actions ayant pour résultat le bonheur social, mais des *intentions* ayant pour fin ce bonheur et finissant même par le poursuivre indépendamment du bonheur personnel, « comme par instinct ». Nous devenons *agents intermédiaires* du désintéressement, en même temps qu'*agents intermédiaires* de notre caractère. L'harmonie est en nous, et non pas seulement en dehors de nous. S'il n'y a pas mérite proprement dit et responsabilité, il y a déjà intériorité. L'homme ne se borne pas à *chercher*, suivant la formule de Bentham, son bonheur dans le bonheur d'autrui ; il l'y *trouve* en fait et nécessairement, parce qu'il l'y a placé dans sa pensée et sa volonté.

Aussi, de même que Stuart Mill, en psychologie, finissait par admettre une quasi-liberté morale, un pouvoir de modifier son caractère si le désir nous en vient, de même il reconnaît une semi-conscience morale, résultant de l'association dans la pensée humaine du bonheur individuel et du bonheur général. C'est là ce qu'il appelle la *faculté morale (moral faculty).* Cette faculté, au lieu de produire le respect du bonheur d'autrui, est au contraire le produit de ce respect, comme ce respect est lui-même le produit de circonstances extérieures. Il y a là un progrès notable sur Bentham, qui rejetait obstinément toute faculté morale, tout sentiment moral, et déclarait la conscience une « chose fictive » ; pour Stuart Mill, c'est une chose subjectivement réelle, une faculté *naturelle*, tout *acquise* qu'elle est.

Stuart Mill distingue, en effet, ce qui est *naturel (natural)* de ce qui est *inné (innate).* Tout en rejetant pour son compte, comme nous venons de le voir, l'hypothèse de l'*innéité*, il ne la combat pas ouvertement ; il la regarde seulement comme secondaire. « Il n'est pas nécessaire, pour l'objet « que nous nous proposons, de décider si le sentiment du « devoir (feeling of duty) est inné ou acquis. » Stuart Mill va même bien loin sur ce point et, entraîné par un remarquable esprit de conciliation, il ajoute : « *S'il y a quelque* « *chose d'inné dans la question* (if there be any thing innate in « the matter), je ne vois pas pourquoi le sentiment qui est « inné ne serait pas la préoccupation (regard) des plaisirs « et des peines d'autrui. S'il est un principe de la morale « intuitivement obligatoire (intuitively obligatory), je dirais « que ce doit être celui-là. S'il en était ainsi, *la morale* « *intuitive coïnciderait avec la morale utilitaire* (if so, the « intuitive ethics would coincide with the utilitarian). » Nous examinerons plus tard si cette coïncidence des deux morales avec ce seul point commun serait bien complète. Cet essai de conciliation n'en est pas moins digne d'être noté. Stuart Mill ne s'y arrête pas du reste et persiste à croire que le sentiment moral est naturel, sans être inné. « Parler, « raisonner, bâtir des villes, cultiver la terre est naturel à « l'homme, bien que ce soit là des facultés acquises... De « même que ces facultés, la faculté morale, si elle n'est « pas une partie de notre nature, un *produit naturel* comme « ces facultés (a natural outgrowth from it), est capa- « ble, dans une mesure très-restreinte, de naître spontané- « ment ; et, par la culture, elle peut atteindre un haut « degré de développement [1]. »

II. — Nous sommes à présent munis d'une sorte de liberté et d'une sorte de conscience morale. Sur ce fondement ne pourrions-nous, avec Stuart Mill, appuyer en la fortifiant la morale inductive ? Bentham, supprimant la conscience, manquait trop d'un point d'appui dans l'homme même ; l'école inductive a désormais ce point d'appui ; elle a trouvé dans l'homme une tendance vers le bonheur d'autrui qu'elle a pour simple tâche de diriger ; elle peut poser comme fin suprême de la conduite le principe d'utilité. « Les actions « sont bonnes en proportion de leur tendance à produire le « bonheur. Par bonheur, on entend le plaisir et l'absence « de peine ; par malheur, la peine et l'absence de plaisir [1]. »

Le bonheur, — c'est-à-dire mon bonheur, le vôtre, tous les bonheurs de tous les êtres associés dans ma pensée, — étant la fin des actions, en fournit le critérium : « La cause finale « par rapport à laquelle toutes les autres choses sont dési- « rables (que nous considérions notre bien ou celui d'autrui), « est une existence aussi exempte que possible de peine,

---

1. *Utilit.*, ch. III, p. 44, 45.

« et, au double point de vue de la quantité et de la qualité, « aussi riche que possible en jouissances... Le critérium de « la moralité pourrait donc être défini les règles et pré- « ceptes dont l'observation assurerait autant que possible « à tout le genre humain une existence semblable à celle- « là, et qui l'assurerait non-seulement au genre humain, « mais aussi, autant que la nature des choses le permet, « à tous les êtres sentants [1]. »

Ces formules ne sont plus seulement, comme celle de Bentham, l'expression d'un rapprochement extérieur et plus ou moins fortuit des intérêts; elles sont, suivant un terme cher aux Anglais, comme le *résidu* des affections, des sentiments et des tendances de l'âme humaine. Elles nous montrent ce que nous sommes déjà, ce que nous pensons, ce vers quoi nous tendons, pour nous montrer ce que nous devons penser et faire. La morale inductive ne prétend point nous imprimer elle-même un mouvement, mais plutôt accélérer, en le rendant conscient de lui-même, le mouvement à la fois naturel et acquis qui nous portait à rechercher le bonheur des autres êtres.

Grâce à l'habile position prise au sein même de l'âme humaine, la morale inductive montre avec Stuart Mill beaucoup plus de hardiesse dans la question du désintéressement : on peut encore ici apprécier les progrès qu'elle a faits et la force nouvelle qu'elle a acquise. Jusqu'à présent, nous le savons, il lui avait été impossible de dire à l'homme : « Désintéresse-toi, agis simplement en vue du bonheur général. » Bentham avait échangé, prêté, placé, transformé de mille manières l'intérêt, mais c'était toujours l'intérêt et non son contraire; il n'avait pu produire qu'une image extérieure du désintéressement. Stuart Mill fait plus : il en produit en quelque sorte l'image intérieure, il en projette le reflet dans l'âme même par le mécanisme merveilleux de l'association : il n'a plus besoin d'expliquer, de *justifier* la recherche de l'intérêt général par l'intérêt réel de celui qui semble se sacrifier. *Désintéresse-toi*, dit-il, parce que c'est ta *nature*, et pour qu'il résulte de cette diminution de bonheur que tu t'imposes naturellement une augmentation générale du bonheur. La volonté, dans ce système, ne se donne pas elle-même sa loi comme dans celui de Kant, mais la règle qui lui est proposée n'est pas différente dans les termes mêmes de

---

[1]. *Utilit.*, ch. II, p. 17.

celle qu'elle se donnerait si elle était « libre et autonome ». Le désintéressement n'est plus une comédie; c'est une sérieuse association d'idées. Il y a progrès sur ce point dans la doctrine utilitaire.

Aussi Stuart Mill proteste-t-il énergiquement contre ceux qui interpréteraient la règle et le critérium utilitaires dans un sens égoïste : il rompt d'une manière nette et décidée avec Helvétius et Bentham. « Le *critérium* de la morale utili- « taire, dit-il en propres termes, n'est pas le plus grand « bonheur de l'agent, mais la plus grande somme du bon- « heur général [1]. » Et ailleurs : « Les adversaires de l'uti- « litarisme ont rarement eu la justice de reconnaître que « le bonheur qui forme le critérium de ce qui est bien dans « notre conduite n'est pas le bonheur propre de l'agent, « mais celui de tous les intéressés (of all concerned). *L'uti- « litarisme exige* (requires) *que, placé entre son bien et celui « des autres* (between his own happiness and that of « others), *l'agent se montre aussi strictement impartial que « le serait un spectateur bienveillant et désintéressé* (a disin- « terested and benevolent spectator) [2]. » On reconnaît le spectateur impartial d'Adam Smith, avec lequel Stuart Mill et la nouvelle école utilitaire ont plus d'un point de ressemblance. Enfin, dans sa *Logique*, Stuart Mill, revenant sur cette question, fait avec chaleur une sorte de profession de foi : « Sans entreprendre ici de justifier mon opinion, « ni même de préciser le genre de justification dont elle « est susceptible, je déclare simplement ma conviction, que « le principe général auquel toutes les règles de la pratique « devraient être conformes, que le critérium par lequel elles « devraient être éprouvées (the test by wich they should « be tried), est ce qui tend à procurer le bonheur du genre « humain, ou plutôt de tous les êtres sensibles; en d'au- « tres termes, que promouvoir le bonheur est le prin- « cipe général de la téléologie ou théorie des fins (pro- « motion of happiness is the ultimate principle of teleo- « logy) [3]. »

Étant posé le principe général de la morale, reste à le

---

[1] « The utilitarian standard is not the agent's own greatest happiness, but the greatest amount of happiness altogether. » (*Utilitar.*, p. 16, ch. II.)

[2] *Utilitar.*, ch. II, p. 24. — M. Spencer attaque Stuart Mill au sujet de cette proposition (*Bases de la morale évolutionniste*, p. 192); mais il lui est assez difficile d'entrer dans la pensée de son adversaire.

[3] *Logique*, liv. VI, ch. XII.

maintenir en face des autres principes qui lui disputent la prééminence ; reste, en d'autres termes, à le prouver. Bentham avait renoncé à démontrer ses principes, disant qu'il suffisait de les éclaircir, de les dégager et en quelque sorte de les montrer. Stuart Mill traite plus sérieusement la question ; pourtant il déclare lui aussi que, s'il s'efforcera de faire valoir des preuves en faveur de l'utilitarisme, « ce mot « *preuve* ne devra pas être pris dans son acception habituelle « et vulgaire. » On ne peut, dit-il, que « faire valoir « certaines considérations capables de décider l'intelli-« gence à donner ou à refuser son assentiment; et cela vaut « tout à fait une preuve [1]. »

La morale en effet, d'après Stuart Mill, n'est pas une *science*, mais un *art*. « Le mode impératif, dit-il, est la « caractéristique de l'art, considéré comme distinct de la « science. Tout ce qui s'exprime par des règles, des « préceptes, et non par des assertions sur des matières de « fait, est de l'art; et l'éthique ou la morale est proprement « une partie de l'art qui correspond aux sciences de la « nature humaine et de la société [2]. » L'art se propose une fin à atteindre et la définit; son rôle se borne à dire : Ceci est désirable; désirez ceci. La science au contraire, étant donnée la fin, la considère comme un effet à étudier; elle en détermine les causes, qui sont aussi des moyens; elle fait des théorèmes, auxquels l'art seul a le pouvoir de donner une valeur pratique en les convertissant en *règles* ou *préceptes*.

Ainsi, savoir si les fins elles-mêmes doivent ou non être poursuivies, ce n'est point objet de science; ce n'est donc point objet de preuve directe; les moyens seuls tombent dans le domaine de la science, les fins lui échappent. D'après Stuart Mill, « on ne saurait prouver qu'une chose « est excellente qu'en démontrant qu'elle sert de moyen « pour atteindre une autre chose qui est elle-même re-« connue excellente sans preuve. »

Pourtant, il y a nécessité absolue de justifier, directement ou indirectement, le principe qu'on veut assigner à la morale. Stuart Mill en essaye une justification inductive. Ce qui est visible, dit-il, c'est ce qu'on voit; de même, ce qui est désirable, c'est ce qu'on désire. Maintenant, chacun désire son propre bonheur ; donc le bonheur de chacun est

---

1. *Utilitar.*, ch. I, p. 9.
2. *Logique*, tr. Peisse, II, p. 549, sqq.

désirable pour chacun, et le bonheur de tous est désirable pour tous[1].

Le bonheur général est donc chose désirable; « c'est *un* « des buts de notre conduite, et par conséquent *un* des « critères de la morale; » mais il reste à examiner si le bonheur est le seul but, l'unique critérium.

III. — « *Il est palpable*, dit Stuart Mill, que les gens dési-« rent des choses qui, dans le langage ordinaire, sont tout « à fait distinctes du bonheur. » Voilà un point qu'eût nié Bentham de toutes ses forces. « Ils souhaitent, par exem-« ple, la vertu et l'absence de vice non moins réellement « que le plaisir et l'absence de douleur. Le désir de la « vertu est un fait moins universel, mais *aussi authentique* « que le désir du bonheur. »

Ici, Stuart Mill sort complètement de la voie suivie jusque-là par les vieux utilitaires. Il va faire accomplir à l'utilitarisme, sur la question de la vertu, un changement très-analogue à ceux qu'il lui a déjà fait subir au sujet de la liberté et de la conscience. La vertu, le devoir, — avaient répété cent fois Helvétius et Bentham, — ne peuvent être l'objet d'aucun désir; parlez aux hommes de vertu et de devoir, vous ne les attirerez pas mieux à vous que vous ne remueriez des pierres sans levier; ce qui détruit chez l'homme l'inertie de la pierre, c'est le désir seul, et ce qui seul meut le désir, c'est le plaisir. Helvétius et Bentham posaient ainsi hardiment leur système en face de l'opinion vulgaire, se souciant peu des paradoxes et ne s'occupant que des intérêts. Chez Stuart Mill, les paradoxes sont bien plus rares : il ramène à lui l'opinion; il se place dans la plupart des questions à un point de vue intermédiaire, s'accordant avec ses adversaires sur presque tout ce qui concerne le mécanisme mental, apercevant les mêmes phénomènes qu'eux, mais les expliquant dans le fond fort différemment. Déterministe, il admet une certaine liberté; moraliste inductif, une certaine conscience ; moraliste utilitaire, une certaine vertu. Il pousse successivement son système dans presque toutes les directions où tendent ceux de ses adversaires ; mais il l'arrête assez à temps pour qu'il ne coïncide pas entièrement avec ces derniers.

---

[1]. Cette argumentation contient deux points faibles que nous relèverons plus tard. Voir le Ier livre de la Critique.

« La doctrine utilitaire maintient non-seulement *qu'il*
« *faut désirer la vertu*, mais aussi *qu'il faut la désirer avec*
« *désintéressement, pour elle-même*... comme une chose
« désirable *en soi*, alors même que, dans le cas particu-
« lier en question, elle n'aurait pas ces autres conséquences
« désirables qu'elle tend à produire et en considération
« desquelles elle est tenue pour être la vertu. » Encore
un nouveau pas de Stuart Mill vers la doctrine adverse :
la vertu est désirable *en soi-même* (*in itself*) comme un bien
dernier et une fin. Ce ne sont plus seulement quelques conséquences, c'est le fondement même de l'utilitarisme
que remet ici en question le disciple des Épicure, des
Hobbes, des Helvétius et des Bentham; mais il revient aussitôt à ses maîtres, ramenant par une sorte de détour derrière la vertu même, fin en soi, le principe du bonheur.
« Cette opinion, dit-il en effet, ne s'éloigne pas le moins du
« monde du principe du bonheur. Les éléments qui com-
« posent le bonheur sont très-variés et sont désirables
« chacun en lui-même, non pas seulement lorsqu'on les
« considère comme faisant nombre... D'après la doctrine
« utilitaire, la vertu n'est pas *naturellement* et *originaire-*
« *ment* une partie du but; mais elle *peut le devenir;* pour ceux
« qui l'aiment avec désintéressement, elle l'est devenue,
« et ils la désirent et la chérissent non comme un moyen
« pour arriver au bonheur, mais comme une portion de leur
« bonheur. » Stuart Mill reproduit ainsi en les conciliant
les théories d'Aristippe et d'Epicure : tout plaisir est à la
fois fin en soi, comme le croyait Aristippe, et moyen du bonheur total, comme le croyait Epicure [1]. Quant aux moyens
qui, à l'origine, ne comportent aucun plaisir et ne sont
conséquemment voulus que comme moyens, ils ne tardent
pas à s'accompagner de plaisir : à ce titre, ils deviennent
partie de la fin, ils deviennent fins eux-mêmes. Le but, qui
était d'abord bien au delà d'eux, ils l'attirent à eux, le rapprochent ou le remplacent. Les vertus ont emprunté peu à
peu une partie de sa valeur au bonheur qu'elles produisent;
elles se la sont appropriée et ne semblent maintenant la
devoir qu'à elles-mêmes : ainsi la terre a pris et prend
chaque jour au soleil un peu de la chaleur vitale et la
garde même après qu'il a disparu.

« Pour éclaircir ceci, nous pourrons nous rappeler que
« la vertu n'est pas la seule chose qui,... en *s'associant* à ce

---

[1]. Voir notre *Morale d'Épicure*, ch. IV.

« dont elle est le moyen, peut devenir désirable en elle-
« même et le devenir avec la plus extrême intensité. Que
« dire de l'amour de l'argent par exemple ? Il n'y a rien de
« plus désirable originairement dans l'argent que dans le
« premier tas de cailloux reluisants. Sa valeur est unique-
« ment celle des objets qu'il peut payer ; elle ne consiste que
« dans les désirs autres que lui-même qu'il peut satisfaire.
« Pourtant l'amour de l'argent est non-seulement un des
« plus puissants mobiles d'action de la vie humaine, mais,
« dans bien des cas, l'argent est souhaité non en vue du
« but, mais comme partie du but. De moyen qu'il était pour
« arriver au bonheur, il en est venu à être lui-même un
« élément principal de l'idée que l'individu se fait du bon-
« heur. On peut en dire autant de la plupart des grands
« buts de la vie humaine. Ils sont quelques-uns des élé-
« ments dont le désir du bonheur se compose. Le bonheur
« n'est point une idée abstraite, mais un tout concret ; et
« ce sont là quelques-unes de ses parties. Le critérium
« utilitaire sanctionne cela et l'approuve. La vie serait une
« pauvre chose, bien mal pourvue de sources de bonheur,
« s'il n'existait pas cette loi de la nature grâce à laquelle
« des choses originairement indifférentes, mais qui tendent
« à la satisfaction de nos désirs primitifs ou qui y sont au-
« trement *associées*, deviennent en elles-mêmes des sources
« de plaisir, plus précieuses que les plaisirs primitifs par
« leur *stabilité*, par l'*espace* de l'existence humaine qu'elles
« sont capables d'envelopper, et même par leur *intensité*.
« La vertu est un bien de ce genre. Originairement, il n'y
« avait d'autre raison de la désirer ou de la pratiquer que
« sa tendance à produire le plaisir et surtout à mettre à
« l'abri de la douleur. Mais, grâce à cette association, la
« vertu peut être regardée comme un bien en elle-même
« (a good in itself) et peut être aussi vivement souhaitée
« que tout autre bien [1]. »

Bentham avait comparé l'homme vertueux à l'économe ; Stuart Mill, reprenant une idée de Paley, le compare à l'avare. L'école anglaise, continuant et perfectionnant La Rochefoucauld, fait entrer avec lui « les vices dans la
« composition des vertus, comme les poisons dans la com-
« position des remèdes. » Rousseau disait, à propos d'Helvétius, « que ce serait une trop abominable philosophie que
« celle où l'on serait embarrassé des actions vertueuses. »

---

[1]. *Utilitar.*, ch. IV, p. 56.

L'école anglaise n'en est plus embarrassée, elle s'en débarrasse : la passion qui a fait un Harpagon pourra bien faire un Régulus. D'ailleurs Stuart Mill est bien loin de nier qu'il y ait une grande différence entre l'avarice et la vertu, différence non de fond, mais de forme, différence d'utilité. En effet, « l'amour de l'argent, du pouvoir ou de
« la gloire peut rendre, et souvent réussit à rendre l'indi-
« vidu nuisible aux autres membres de la société à laquelle
« il appartient, tandis que rien au monde ne le rend aussi
« précieux pour ses semblables que la culture de l'amour
« désintéressé de la vertu. Par conséquent, le critérium
« utilitaire, tout en tolérant et en approuvant ces autres
« désirs acquis aussi longtemps qu'ils sont utiles, *ordonne*
« *et exige* que la culture de l'amour de la vertu soit poussé
« aussi loin que possible, comme étant, entre toutes choses,
« ce qui importe le plus au bonheur général. »

En résumé, « on ne désire rien que le bonheur, et *toute
« chose désirée autrement que comme un moyen pour arriver à
« une fin au delà d'elle-même est souhaitée comme étant elle-
« même une partie du bonheur, et n'est pas souhaitée en elle-
« même avant qu'elle le soit devenue* [1]. » Pratiquer la vertu est devenu un plaisir; en être dépourvu est devenu une peine : voilà uniquement pourquoi on désire la vertu ou toute autre chose de ce genre. Aussi, comment Stuart Mill s'y prendra-t-il pour rendre quelqu'un vertueux ? « Le seul
« moyen sera d'associer l'idée de *bien faire* au *plaisir*,
« l'idée de *mal faire* à la *douleur*, en faisant ressortir,
« pour l'imprimer à l'individu et le rappeler à son expé-
« rience, le plaisir qu'entraîne naturellement l'une de ce
« manières d'agir et la douleur qui accompagne l'autre.
« Ainsi seulement il est possible de faire surgir cette vo-
« lonté d'être vertueux qui, une fois confirmée, agit sans
« égard au plaisir ou à la douleur [2]. »

Toute cette théorie de la vertu, qui sert, d'après Stuart Mill, à démontrer indirectement la fin et le critérium de la morale utilitaire, n'est autre chose qu'une nouvelle forme de la grande théorie de l'association. Ce que je désire, nous le savons, c'est toujours mon plaisir ; à ce plaisir s'associe le plaisir des autres: cette *association des plaisirs* produit la faculté morale ou conscience; de plus, au désir de mon bon-

---

[1] « Whatever is desired otherwise than as a mean to some end beyond itself, is desired as itself a part of happiness, and is not desired for itself untils it has become so. »
[2] *Utilit.*, ch. IV, p. 60.

heur s'associe le désir des moyens de ce bonheur, parmi lesquels se trouvent certains actes appelés vertueux : cette *association des désirs* produit le devoir. C'est là toute la moralité, et ces deux associations rendent raison de tout ce qui se passe entre les hommes. Le centre de la morale, c'est toujours le *moi*, l'égoïsme : de ce foyer rayonne tout le faisceau des sentiments moraux, qui viennent eux-mêmes se réfléchir dans un foyer secondaire, le plaisir du bonheur général; ce foyer secondaire, il s'agirait de le rendre plus brillant que le foyer principal lui-même, et c'est là la tâche du moraliste.

CHAPITRE VI

STUART MILL (Suite)

CONCEPTION NOUVELLE DU BONHEUR ET DE L'IDÉAL HUMAIN

I. — Dans quels éléments se résout l'idée de bonheur, fin et critérium des actions. — Critique de Bentham par Stuart Mill. — Introduction de l'idée nouvelle de *qualité* dans les plaisirs. — Distinction entre le contentement et le bonheur. — L'idée de qualité dans les plaisirs ramenée au sentiment de dignité dans la personne. — Point de jonction que Stuart Mill s'efforce de découvrir entre l'idéal individuel et l'idéal social dans la notion d'une « noblesse idéale de volonté ».
II. — Comment apprécier la qualité des plaisirs. — Solution que tente Stuart Mill. — Difficultés pratiques. — Réfutation de Stuart Mill par un utilitaire.
III. — La morale utilitaire peut-elle *obliger* l'agent moral. — L'obligation et la sanction identifiées l'une avec l'autre. — Conséquence de cette identification. — Comment l'obligation morale tend à disparaître par le progrès de la civilisation. — La morale utilitaire peut-elle revendiquer les sanctions extérieures. — Peut-elle revendiquer la sanction intérieure du remords. — Nouveau progrès que Stuart Mill fait subir à l'utilitarisme. — Stuart Mill se rapprochant de la morale *a priori*. — Qu'entend-il par la pure idée du devoir ? — L'association des idées produisant la sanction morale comme elle a produit le sentiment moral. — Responsabilité morale. Comment elle dérive du châtiment. — Nouvel appel à la loi d'association.
IV. — La question de l'obligation morale et du mérite moral reparaissant sous une nouvelle forme. Comment, si l'on persuade à l'homme qu'il a pour fin le bonheur, l'obligera-t-on à se contenter du peu de bonheur que la société lui laisse? Réponses successives de Stuart Mill. — Comment produire le sacrifice et l'héroïsme. — Nouvelles réponses de Stuart Mill. — Comment Stuart Mill, en dernier

ressort, invoque l'idéal et la société à venir. — Retour aux conceptions d'Helvétius et de Bentham. — Que l'harmonie extérieure et matérielle des intérêts, produite par l'organisation sociale et l'éducation, est le suprême moyen de faire naître la moralité chez les hommes. — Forme caractéristique que prend chez Stuart Mill la doctrine utilitaire.

I. — La notion du plus grand bonheur étant donnée comme fin suprême et exclusive, il est nécessaire d'en déterminer le contenu. En quoi consiste au juste, d'après l'école inductive, le plus grand bonheur dont elle parle ? Comment distinguer sûrement les actions bonnes des mauvaises, les actions qui servent au bonheur de celles qui nuisent ? comment, en d'autres termes, changer le critérium encore vague et indéterminé dont nous nous sommes contentés dans la théorie en un critérium précis et pratique, nécessaire à l'application ?

La notion de bonheur se résout à première vue en deux éléments principaux : la *quantité* et la *qualité*. Pour connaître la valeur d'une action d'après le critérium utilitaire, il est évident qu'il faudrait connaître la quantité et la qualité des plaisirs qu'elle fournit.

De ces deux éléments, le premier avait surtout frappé Bentham, et il avait essayé de l'évaluer par le calcul. Une sorte de « thermomètre moral », voilà son idéal, dont son « arithmétique morale » tend imparfaitement à rapprocher l'homme. La qualité n'est pour lui que la *forme*, le dessin des plaisirs ; la quantité en est le *fond* véritable. Théorie paradoxale, mais qui a le mérite d'être nette et franche. Stuart Mill, ici encore, va se rapprocher de la doctrine ordinaire et donner plus de valeur morale au système utilitaire, dût-il lui faire perdre de sa logique.

« En général, dit-il, les écrivains utilitaires ont fait résider
« la supériorité des plaisirs de l'esprit sur ceux du corps
« surtout en ce qu'ils sont plus durables, plus sûrs, plus
« économiques, etc., etc. ; ils ont attribué « cette supério-
« rité à des avantages extérieurs plutôt qu'à leur nature
« intime. » Cette remarque est très-vraie pour Épicure, qui attribuait surtout la différence des plaisirs à la différence de leur durée ; mais, en ce qui concerne Bentham, elle ne porte plus aussi juste. Bentham, en effet, dans les sept éléments du calcul moral, faisait entrer *l'intensité*, et par là il s'efforçait de pénétrer dans la *nature intime* des plaisirs. Seulement il soutenait que l'intensité d'un plai-

sir, comme l'intensité de toute force, peut se mesurer, se chiffrer, que c'est une quantité. Toute considération de qualité semblait ainsi à Bentham une inconséquence. La durée, la sûreté, etc., voilà l'extérieur d'un plaisir; l'intensité, voilà l'essence intime; et c'est là tout. Bentham n'a vu que cela, mais avait-il bien le droit de voir autre chose?

Telle n'est pas l'opinion de Mill : « Les utilitaires, dit-il, « auraient pu *avec tout autant de conséquence* se placer sur « un autre terrain, qui est aussi le terrain le plus élevé. Il « est *parfaitement compatible* avec les principes de l'utilité « de reconnaître ce fait que certaines sortes de plaisir sont « plus désira les et plus précieuses que d'autres. Il serait « absurde, lorsqu'en toute autre occasion on tient compte de « la *qualité* aussi bien que de la *quantité*, que l'estimation « des plaisirs fût censée dépendre de la seule quantité [1]. »

Que faut-il entendre au juste par cette *qualité* ajoutée fort ingénieusement au critérium utilitaire ? — A cette question, Stuart Mill répond d'abord en invoquant un fait, ou ce qu'il croit être un fait : « Lorsque, de deux plaisirs, il en est un « auquel tous ceux ou presque tous ceux qui ont l'expé-« rience des deux donnent une préférence marquée, *sans* « *y être poussés par aucun sentiment d'obligation morale* « (*irrespective of any feeling of moral obligation prefer it*), « celui-là est le plaisir le plus désirable. Si des personnes « en état de juger avec compétence de ces deux plaisirs « placent l'un *tellement au-dessus de l'autre,* qu'elles le lui « préfèrent *tout en le sachant accompagné* d'une plus grande « somme de *mécontentement, et si elles ne veulent point l'échan-* « *ger contre n'importe quelle abondance* de cet autre plaisir « dont leur nature est susceptible, nous sommes en droit « d'attribuer à la jouissance préférée une supériorité de « qualité qui l'emporte sur la quantité, au point de rendre « celle-ci comparativement peu importante. » — *Sans y être poussé par aucun sentiment d'obligation morale :* voilà précisément le point en litige ; la question, traitée ici trop sommairement par Stuart Mill, est capitale et nous y reviendrons plus tard.

A la distinction de la *qualité* et de la *quantité*, de l'*espèce* et de l'*intensité*, répond une distinction non moins ingénieuse

---

[1]. « It would be absurd that, while in estimating all other things quality is considered as well as quantity, the estimation of pleasure schoud be supposed to depend on quantity alone. » (*Utilit.*, ch. II, p. 11).

entre le *contentement* (content), c'est-à-dire la satisfaction de certaines facultés, et le *bonheur* (happiness), qui consiste dans la satisfaction de toutes les facultés de l'être et, en cas de conflit, des facultés les plus hautes. Le contentement d'un animal inférieur est inférieur lui-même au bonheur d'un animal plus élevé dans l'échelle des êtres, ce bonheur fût-il accompagné d'une certaine dose de mécontentement. « Peu de créatures humaines consentiraient à
« être changées en aucun des animaux inférieurs, moyen-
« nant qu'on leur promît la plus grande somme des plaisirs
« de la brute : aucun être intelligent ne voudrait être un
« imbécile, aucun individu instruit un ignorant, aucune
« personne ayant du cœur et de la conscience ne se déci-
« derait à devenir égoïste et vile, quand bien même on leur
« persuaderait que l'imbécile, l'ignorant ou le coquin sont
« plus *satisfaits* de leur lot (is better satisfied with his lot)
« qu'eux-mêmes ne le sont du leur. Ils ne changeraient
« pas ce qu'ils ont de plus contre la complète satis-
« faction de tous les désirs qui leur sont communs. »
L'être inférieur a plus de chance de satisfaire entièrement ses facultés bornées ; l'être supérieur en a moins ; il ne doit donc s'attendre qu'à un bonheur imparfait, « mais il ap-
« prendra, *pour peu qu'elles soient supportables*, à supporter
« les imperfections de ce bonheur. Mieux vaut être un
« homme *mécontent* qu'un cochon *satisfait*; mieux vaut être
« un Socrate mécontent qu'un imbécile satisfait ; si l'im-
« bécile et le cochon pensent différemment, c'est qu'ils ne
« connaissent que le côté de la question qui les regarde. »

À vrai dire, Stuart Mill connaît-il lui-même parfaitement, comme il le prétend, les deux côtés de la question ? En quoi consiste, en dernière analyse, cette qualité des plaisirs que Stuart Mill a posée jusqu'à présent comme un fait évident, sans en déduire les raisons ? « Nous pouvons
« donner telle explication qu'il nous plaira de la répugnance
« qu'éprouve un être doué de facultés plus élevées à tomber
« dans ce qu'il sent être un degré d'existence moins élevé.
« Nous pouvons l'attribuer à l'*orgueil*...; nous pouvons y
« voir l'amour de la *liberté* et de l'*indépendance personnelle* »
(dans le sens physique du mot, sans doute), « auquel les
« stoïques faisaient appel comme étant le meilleur moyen
« de l'inculquer, ou bien encore le goût du *pouvoir* ou
« celui des *émotions*, goûts qui tous deux, en effet, y con-
« tribuent et en font réellement partie. » Ces explications sont-elles suffisantes ? le sentiment même de l'indépendance

avec le sens vague que Stuart Mill lui donne, rend-il la vivante précision du sentiment dont il s'agit ici? Stuart Mill semble comprendre lui-même la nécessité de remonter plus haut et de s'élever d'une indépendance encore extérieure à l'indépendance intérieure, consciente du prix qu'elle vaut et que rien en dehors d'elle ne peut valoir. « Ce qui exprime le mieux, dit-il, cette répugnance « (à déchoir), c'est un sentiment de *dignité* que possèdent « tous les êtres humains, sous une forme ou sous une « autre, et dont le développement est en quelque sorte « proportionné (mais sans exactitude aucune) à leurs facul-« tés les plus élevées. Pour ceux chez qui ce sentiment « de dignité est puissant, il forme une partie si essentielle « de leur bonheur, que rien de ce qui entre en lutte avec « lui ne saurait, si ce n'est momentanément, leur être objet « de désir[1]. »

Dignité, c'est-à-dire sentiment d'une valeur propre attachée à l'indépendance personnelle, — nous avions depuis bien longtemps, avec les utilitaires, désappris ce mot. Epicure, pourtant, l'avait déjà prononcé : il avait parlé de la volonté maîtresse d'elle-même et naturellement digne de blâme ou de louange. C'est qu'Épicure admettait, sinon la « liberté morale », du moins une liberté indifférente, qui valait à ses yeux mieux que le « destin »? Mais, depuis ce grand promoteur, l'utilitarisme, exclusivement renfermé dans le domaine de la nécessité brute, semblait s'être interdit de considérer jamais dans les machines humaines autre chose que leur valeur extrinsèque, leur valeur d'utilité. Stuart Mill, ici comme partout ailleurs, va plus loin que ses devanciers : il attribue aux hommes et une certaine valeur intrinsèque et la conscience de cette valeur. Nous avions déjà reçu de lui le pouvoir de former nous-mêmes, jusqu'à un certain point, notre caractère; la conscience de ce pouvoir devait naturellement produire un sentiment proportionnel de dignité. La dignité en effet est une sorte d'attribution à soi : autant je fais et veux, autant je suis indépendant et conscient de cette indépendance, autant je me sentirai digne. Le pouvoir sur son caractère,

---

[1]. Its most appropriate appellation is a sense of dignity, which all human beings possess in one form or other..... and which is so essential a part of the happiness of those in whom is strong, that wich conflicts with it could not be, otherwise than momentarily, an object of desire to them. (*Utilit.*, II, 14.)

2. V. notre *Morale d'Épicure*, 1re partie, ch II.

que Mill reconnaît chez l'homme, imprime aussitôt à ce caractère même la marque de la dignité; seulement, ce pouvoir n'étant que l'œuvre du désir, cette dignité elle-même semblerait à un kantien quelque peu incomplète.

En définitive, étant donnée l'idée du bonheur, nous avons cherché à en préciser le contenu; or ce qui constitue essentiellement, d'après Stuart Mill, le bonheur proprement dit, ce n'est pas la quantité, ce n'est pas même l'intensité, c'est la qualité et l'espèce des plaisirs. Nous sommes donc bien loin de Bentham, qui n'admettait pas de « plaisirs ignobles », mais des plaisirs plus ou moins intenses et plus ou moins durables. La *dignité*, qu'on peut appeler aussi la *noblesse de caractère* (nobleness of character), devient la véritable fin de chaque être, le critérium vraiment pratique de chaque action : « J'admets pleinement cette vérité, que la culture
« d'une noblesse idéale de volonté et de conduite est, pour
« les êtres humains individuels, une fin à laquelle doit
« céder en cas de conflit la recherche de leur propre bon-
« heur ou de celui des autres (en tant qu'il est compris
« dans le leur). Mais je soutiens que la question même de
« savoir ce qui constitue cette élévation de caractère doit
« être décidée en se référant au bonheur comme prin-
« cipe régulateur (standard). Le caractère lui-même devrait
« être pour l'individu une fin suprême simplement parce
« que cette noblesse de caractère parfaite, ou approchant
« de cet idéal chez un assez grand nombre de personnes,
« contribuerait plus que toute autre chose à rendre la vie
« humaine heureuse, — heureuse à la fois, dans le sens
« relativement humble du mot, par le plaisir et l'absence
« de douleur, et, dans le sens plus élevé, par une vie qui
« ne serait plus ce qu'elle est maintenant, presque univer-
« sellement puérile et insignifiante, mais telle que peuvent
« la désirer et la vouloir des êtres humains dont les facultés
« sont développées à un degré supérieur [1]. » Cette page de la *Logique*, inspirée elle-même par une grande noblesse de caractère, montre tout le chemin accompli par la doctrine utilitaire chez le plus illustre de ses représentants contemporains. La distance qui sépare les écoles inductive et intuitive n'est plus évidemment aussi infranchissable. Stuart Mill, après avoir passé, au moyen de l'association des idées, de l'égoïsme au désintéressement, après avoir absorbé l'individu dans la collection, le moi dans la so-

---

[1]. *Logique*, t. II, liv. VI, chap. 12 (trad. Peisse, p. 560).

ciété, fait un dernier pas : il revient de la collection à l'individu, mais à l'individu déjà transformé même par ce reflet de désintéressement qu'il a projeté sur lui ; il trouve alors en lui la fin suprême, à la fois extérieure et intérieure, le véritable point de jonction entre l'idéal du bonheur individuel et celui du bonheur universel. Le mouvement de l'utilitarisme moderne tel qu'il est marqué chez Stuart Mill semble ainsi offrir trois moments distincts : l'égoïsme ou la recherche du plaisir individuel au point de départ, puis le désintéressement ou la recherche du plus grand bonheur général, puis enfin, comme condition de ce bonheur même, la dignité ou la recherche d'une « noblesse idéale de volonté ».

II. — Cette dignité, cette noblesse qui sert à diriger et à distinguer les actions, comment la discernerons-nous elle-même ? à quoi reconnaîtrons-nous, d'une manière sûre et constante, la *qualité* des plaisirs et des peines ? Bentham avait, pour reconnaître leur quantité, le calcul moral ; Stuart Mill, supprimant ce calcul, se trouve en face d'une sérieuse difficulté, et la manière dont il s'y dérobe est vraiment bizarre. Il invoque une sorte de tribunal utilitaire. « Lorsque, dit-il, il s'agit de savoir lequel des « deux plaisirs est le meilleur à obtenir, ou lequel des deux « modes d'existence offre le plus de charme, — mis à « part ses *attributs moraux* et ses conséquences, — le « jugement de ceux qui ont la connaissance des deux, « *et, s'il y a dissidence, celui de la majorité d'entre eux,* « doit être regardé comme *définitif.* » Regarder comme définitif un jugement prononcé par des hommes et où il y a dissidence ! C'est là une sorte de subterfuge philosophique où Stuart Mill se trouve réduit après avoir « mis à part les attributs moraux du plaisir », et pour n'avoir voulu considérer dans le plaisir qu'une qualité abstraite et insaisissable.

Stuart Mill sent ce côté faible de son système, et, au lieu de le fortifier, il se borne à montrer qu'il existe chez tout système utilitaire et même dans celui de Bentham ; en effet, en admettant que les plaisirs diffèrent entre eux par la quantité seule, il faudra toujours dire qu'ils diffèrent des peines non-seulement par la quantité, mais aussi par le genre ; la valeur respective des peines et des plaisirs ne peut donc, en aucune façon, se calculer arithmétiquement, mais elle s'apprécie par le jugement individuel [1]. Ainsi Stuart Mill prête à l'école intuitive des arguments contre Bentham; mais il ne se demande pas si ces arguments ne se retournent point contre lui-même. En somme, l'utilitarisme exige de ses adeptes une certaine dose de « confiance » dans les décisions de la majorité : cette majorité elle-même a un certain droit au respect; la conscience morale que Stuart Mill nous attribue est si peu sûre d'elle-même, la dignité, la noblesse qu'il nous a conseillé de développer en nous est tellement conventionnelle, que nous sommes en dernière analyse forcés de nous en rapporter à l'arbitrage du plus grand nombre, et que, dans la direction de nos affaires intérieures, nous abandonnons tout à fait les principes du *self government* [2].

III. — Nous tenons désormais le critérium de la morale inductive et les moyens de l'appliquer; nous sommes en mesure de discerner les actions bonnes des mauvaises, les plaisirs supérieurs des plaisirs inférieurs; nous savons tout ce qu'il faut savoir pour être un agent moral; et maintenant, comment passer du domaine de la science dans celui de l'action? qu'est-ce qui nous *oblige* à accomplir ce que nous savons être bien, à éviter ce que nous savons être mal?

Pour Stuart Mill, ainsi que pour tout utilitaire, *obliger*, c'est *sanctionner*. « Je me sens obligé de faire une action » veut dire tout simplement : « Je me sens menacé si je ne

---

1. « Ni les peines ni les plaisirs ne sont homogènes, et la peine est
« toujours génériquement différente du plaisir. Comment décider si tel
« plaisir particulier mérite d'être acheté au prix de telle peine parti-
« culière, si ce n'est en se fiant aux sentiments et au jugement de
« ceux qui ont l'expérience des deux ? »
2. Les utilitaires eux-mêmes ont remarqué le défaut du système de Stuart Mill sur ce point capital. « Qui sera juge du plus ou moins de
« bonheur que présentent l'état inférieur et l'état supérieur ? Ce sont, dit
« M. Mill, ceux qui sont parvenus au plus haut degré de développement,
« parce que ceux-ci, connaissant les deux états, choisissent l'état supé-
« rieur; ce que ne peuvent faire les autres, qui n'en connaissent qu'un.
« Quelque ingénieuse que soit cette solution, il nous semble qu'elle
« laisse trop à l'arbitraire, car on pourra toujours contester à bon droit
« que ceux qui sont arrivés à l'état supérieur *connaissent* l'état inférieur,
« par lequel les hasards de leur éducation les ont peut-être, et le plus
« souvent, empêchés de passer. Quelle idée l'homme qui a été élevé et
« qui a vécu dans la sobriété peut-il avoir des jouissances de l'ivrogne?...
« Il est évident qu'on ne peut, quoi qu'on fasse, comparer le bonheur
« de l'un à celui de l'autre... » — Ainsi s'exprime l'un des écrivains qui se sont montrés en France les plus favorables à Stuart Mill moraliste et économiste, M. Courcelle Seneuil (*Journal des économistes*, septembre 1864.)

la fais pas, » menacé soit extérieurement, soit intérieurement, par la crainte ou par le remords. Ainsi la question de l'obligation morale revient, pour Stuart Mill, à la suivante : les trois grandes sortes de sanctions — humaine, divine, intérieure — accompagneront-elles, dans l'hypothèse utilitaire, la violation de la loi morale?

A vrai dire, comme nous l'avons déjà vu, l'idéal de Stuart Mill, — idéal vers lequel il croit que l'humanité va tendant sans cesse, — c'est la suppression de l'obligation morale. Ne concevant pas avec Kant le caractère obligatoire du bien comme son essence même, n'y voyant guère qu'un produit plus ou moins artificiel de la crainte, Stuart Mill aspire à ce que l'obligation s'efface et disparaisse : l'idéal, à ses yeux, c'est qu'on ne fasse plus le bien par crainte, mais par nature, c'est que l'homme non-seulement réalise toujours le bien, mais ne conçoive même plus la possibilité du mal, désormais écarté de ses regards comme il l'est déjà le plus souvent de ses actes. Alors la tendance qui nous pousse vers autrui, devenue assez forte pour ne plus être contrariée ni infléchie par aucune autre tendance, agira sur nous d'autant plus irrésistiblement qu'elle agira plus insensiblement. Le bien des autres nous sera plus intérieur, plus vraiment nôtre que le nôtre même : comme le soleil donne de la chaleur, ou la neige du froid, par une émanation naturelle, ainsi nous donnerons du bien. « Grâce aux progrès de l'éducation, le senti-
« ment de solidarité avec nos semblables (ainsi qu'on ne
« saurait nier que le Christ l'a entendu) sera aussi profon-
« dément enraciné dans notre caractère et, à notre propre
« connaissance, aussi complètement devenu partie de notre
« nature que l'est l'horreur du crime chez la plupart des
« jeunes gens bien élevés [1]. » On pourrait se demander, il est vrai, si ce sentiment d'une solidarité passive ressemble à la libre et active fraternité. Quoi qu'il en soit, nous ne sommes pas encore arrivés à cet état idéal où le sentiment d'une obligation quelconque, c'est-à-dire d'une sanction à redouter, devenu entièrement inutile, disparaîtrait entièrement. Mais il n'importe, selon Stuart Mill, car « le
« principe d'utilité a déjà, ou du moins rien ne s'oppose à
« ce qu'il ait toutes les sanctions qui appartiennent à n'im-
« porte quel autre système de morale. »

Stuart Mill mentionne d'abord les sanctions extérieures :

---

[1]. *Utilitar.*, ch. III.

crainte des hommes, crainte de Dieu, et, inversement, désir d'obtenir la faveur des hommes ou de Dieu [1]. Les sanctions extérieures étaient, comme on sait, les seules qu'admissent Bentham et Helvétius : le remords et la satisfaction intérieure n'étaient pour eux que des illusions, utiles à la vérité, mais c'étaient des illusions. La Mettrie, lui, était allé plus loin et avait soutenu que le remords, n'ayant point la force de contenir la passion présente et vivante, ni le pouvoir de remédier aux actions passées, n'était qu'une gêne inutile, une sorte de toile d'araignée opposée en vain aux élans de l'âme, et qu'il fallait chasser de nous-mêmes cette cause de douleurs superflues [2].

Stuart Mill se garde bien de tomber dans l'erreur où leur fatalisme exclusif avait entraîné Helvétius et Bentham, encore moins dans les paradoxes de La Mettrie. Ici, comme ailleurs, il va du dehors au dedans : outre les sanctions extérieures, il admet une sanction intérieure; il place, comme les moralistes *a priori*, la vraie source de l'obligation au fond même de l'âme, dans la conscience, ou du moins dans ce qu'il en présente comme l'équivalent. Pourquoi, en effet, ne pas faire rentrer le remords parmi les douleurs très-réelles, qu'il faut craindre et éviter? Non-seulement c'est une douleur, mais c'est une douleur fort vive, supérieure en quantité et surtout en qualité aux douleurs corporelles; et de même pour la joie contraire. Aussi, d'après Stuart Mill, « la sanction interne du devoir (the internal sanction of duty) », quel que soit notre critérium, est toujours unique et *la même :* « c'est un sentiment « de notre âme, une douleur plus ou moins intense accom-

---

[1]. « Il est certain que les hommes désirent le bonheur; et, quelque « imparfaite que puisse être leur conduite personnelle, ils désirent « et ils louent chez les autres toute manière d'agir qu'ils supposent « devoir servir leur propre félicité. En outre, si les hommes croient à « la bonté de Dieu, ainsi que la plupart prétendent le faire, ceux qui « pensent que favoriser le bonheur général est l'*essence*, ou même seu- « lement le *critérium* du bien et du mal, doivent nécessairement croire « que c'est également là ce que Dieu approuve. » Allusion probable à Paley, qui place l'essence du bien dans la volonté de Dieu et sa marque distinctive dans l'utilité générale. (*Mor. and polit. phil.*, book I, II.) — « En conséquence, toute la force des récompenses et des punitions « extérieures, physiques ou morales..., ainsi que tout ce que les facultés « humaines admettent de dévouement désintéressé au Créateur ou à « ses créatures, viennent appuyer la morale utilitaire en proportion de « ce que cette morale est reconnue, et cela d'autant plus puissamment « que l'action de l'éducation et de la culture générale tendra davantage « vers ce but. » (*Utilitar.*, *ibid.*)

[2]. Voir, dans notre *Morale d'Épicure*, les pages consacrées à Helvétius et à La Mettrie.

« pagnant la violation du devoir et, chez les natures
« morales bien dirigées, s'élevant, dans les cas les plus
« graves, au point de les faire reculer devant cette viola-
« tion comme *devant une impossibilité.* » Stuart Mill n'explique pas comment la sensation d'une douleur peut devenir le sentiment d'une impossibilité. « Lorsque ce sentiment
« est *désintéressé* (desinterested), qu'il se lie à la *pure idée*
« *du devoir* (*the pure idea of duty*), et non à une de ses
« formes particulières ou à de simples circonstances acces-
« soires, il est l'*essence de la conscience* (*the essence of cons-*
« *cience*). » Stuart Mill, ici, paraît se rapprocher tout à coup d'une manière surprenante de la doctrine adverse. Le sentiment d'obligation est, en effet, pour les moralistes kantiens, l'*essence de la conscience;* il doit être entièrement *désintéressé* et ne se lier à rien qu'à la *pure idée du devoir*. Qu'est-ce qui retarde donc ici l'entier accord des deux morales? Depuis Bentham, dont la devise était : *Qui non sub me, contra me,* combien de pas a faits cette doctrine utilitaire qui, chez ses premiers représentants, n'en voulait faire aucun! Le dernier point de séparation, ici, c'est encore la liberté morale. Pour Stuart Mill, le remords reste toujours une douleur, une peine (a pain), un état passif de l'âme; pour les moralistes qui admettent la liberté, ce serait un état essentiellement actif, une révolte et, jusqu'à un certain point, une victoire de la « volonté libre » sur ce qui l'avait un instant abattue. Stuart Mill a parlé plus haut de la conscience, il parle ici de l'*essence de la conscience;* mais cette conscience, c'est toujours pour lui de la *nature,* de l'*instinct*; si je ne fais pas le mal, c'est par répugnance de ma nature, ma nature est bonne à ma place. Stuart Mill épure l'instinct, il ne prétend nullement le supprimer.

Stuart Mill, d'ailleurs, revient bientôt à une conception plus vraiment utilitaire et applique son principe favori de l'association. « Dans ce phénomène complexe tel qu'il
« existe réellement, le *simple fait* est en général tout revêtu
« et incrusté d'associations collatérales provenant de la
« sympathie, de l'amour *et surtout de la crainte,* de toutes
« les formes du sentiment religieux, des souvenirs de notre
« enfance et de toute notre vie passée, de l'*estime de nous-*
« *mêmes* (self-esteem), du désir d'obtenir celle des autres, et
« parfois même de notre abaissement volontaire (self-aba-
« sement). » Stuart Mill se trouve ici en plein dans l'utilitarisme, tel du moins que la théorie de Hartley l'a transformé.
« Je me figure, ajoute-t-il, que cette extrême complica-

« tion est l'origine du caractère mystique qu'on est trop
« tenté d'attribuer à l'idée d'obligation morale... Ce senti-
« ment doit sa force obligatoire à l'existence d'une masse
« de sentiments avec lesquels il faut rompre pour faire ce
« qui est contraire à notre critérium du bien, et qui, si
« nonobstant nous faisons infraction à ce critérium, se
« représenteront probablement à nous sous forme de
« remords. Quelque autre théorie que nous ayons sur la
« nature ou l'origine de la conscience, ceci est ce qui la
« constitue essentiellement [1]. »

Stuart Mill semble vouloir ainsi distinguer la *nature* de la conscience et sa *manifestation*, et il croit que les systèmes adverses peuvent s'accorder sur le second point. En fait, la conscience se manifeste chez nous par une certaine douleur qui se rattache à certaines associations d'idées ; là-dessus moralistes de la liberté et moralistes utilitaires s'entendront aisément. Maintenant, quelle est la cause de cette douleur ? qu'y a-t-il au fond de ces associations ? est-ce la liberté ou la passivité, le vouloir ou l'instinct ? Cette question reste en litige, mais elle importe peu, d'après Stuart Mill ; ce qui importe, c'est la douleur du remords, d'où qu'elle vienne. « Sans doute la sanction du critérium utili-
« taire n'aura aucune autorité efficace auprès de ceux qui
« n'éprouvent pas les sentiments auxquels elle fait appel ;
« mais — ajoute-t-il sans s'apercevoir du cercle vicieux —
« ces personnes ne se montreraient pas plus soumises à
« tout autre principe moral qu'à celui de la doctrine utili-
« taire ; aucune morale n'a prise sur elles que par les sanc-
« tions extérieures. »

Bentham et Helvétius rejetaient nettement l'idée de mérite. Trouvant la liberté chose absurde, ils trouvaient plus absurde encore le sentiment de responsabilité, d'attribution à soi qui l'accompagnerait. « C'est le principe d'antipathie,
« disait Bentham, qui fait parler de délit comme *méritant*
« une peine, c'est le principe correspondant de sympathie
« qui fait parler de telle action comme *méritant* une récom-
« pense : ce mot *mérite* ne peut conduire qu'à des passions
« et à des erreurs. On ne doit considérer que les *effets* bons
« ou mauvais [2]. » Ainsi, la cause active et libre étant supprimée, il ne reste que des effets détachés : la seule cause, en réalité, c'est la loi, qui, par la peine ou le plaisir, pro-

---

[1]. *Utilitar.*, ch. III, p. 40, 41, 42
[2]. *Traité de législation civile*, t. I.

duit les effets qu'elle veut et comme elle le veut, qui se sert à son gré des individus, qui, selon les termes d'Owen, les *entraîne* et les *emploie*.

Mais Stuart Mill, comme toujours, va modifier la doctrine utilitaire : nous sommes cause *intermédiaire* de nos actes, nous aurons aussi une sorte de responsabilité intermédiaire, produit de certaines associations. Cette idée de responsabilité, ainsi que celle d'obligation, se rattache à l'idée capitale de sanction. Pour Stuart Mill, la responsabilité, le démérite, proviennent de la peine ; l'idée est comme une prolongation du fait, loin que le fait soit une application de l'idée. « Qu'entend-on par responsabilité morale?
« Responsabilité signifie châtiment. Quand on dit que nous
« avons le sentiment d'être moralement responsables de
« nos actions, l'idée qui domine notre esprit, c'est l'idée
« d'être punis à cause d'elles. Mais le sentiment de res-
« ponsabilité est de deux espèces. Ou il peut signifier que,
« si nous agissons d'une certaine manière, nous nous
« attendons à subir un châtiment réel soit de la part de
« nos semblables, soit de la part d'un pouvoir suprême,
« ou bien il peut signifier que nous savons que nous
« mériterons ce châtiment [1]. » Il est bien entendu, d'ailleurs, que cette idée de mérite n'a rien de *moral* et n'a point son fondement dans la liberté. En voici, d'après Stuart Mill, la genèse. Qu'on admette, dit-il, la nécessité ou la liberté, l'intuition ou l'expérience, il n'en reste pas moins vrai que « les hommes, à moins qu'ils n'atten-
« dent du mal un profit personnel, préfèrent naturellement
« et habituellement ce qu'ils croient être le bien... Celui
« qui cultive une disposition mauvaise met donc son
« esprit hors de la sympathie de ses semblables... De plus,
« il s'expose à tout ce que nous jugeons à propos de faire
« pour nous protéger contre lui.... Il vaut bien la peine
« d'examiner si l'*expectative réelle de cette imputabilité* n'est
« pas pour beaucoup dans le sentiment interne de la res-
« ponsabilité, sentiment qu'on trouve rarement bien vif
« là où manque la menace de l'imputabilité, par exemple
« chez les despotes de l'Orient [2]. » Ainsi, obligation morale, responsabilité morale, autant de dérivés du châtiment, autant de branches diverses de la crainte.

Cependant, ajoute Stuart Mill, « je ne veux pas dire que le

---

1. *Philos. de Hamilton* (trad. Cazelles, p. 557).
2. *Philos. de Hamilton* (trad. Cazelles, p. 559).

« sentiment de l'imputabilité, même quand il se mesure
« exactement aux chances d'être appelé à rendre compte
« de ses actes, » par exemple à recevoir des coups de
bâton ou à être emprisonné, « ne soit qu'un calcul inté-
« ressé, et qu'il ne soit rien de plus que l'attente ou la crainte
« d'une punition extérieure. » Voici revenir, en effet, la
théorie de l'association, qui s'associe elle-même, en quelque sorte, à toute théorie anglaise; puis l'éternel exemple
de l'avare. — « En acceptant ce principe d'association,
« conclut Stuart Mill, il y a toute certitude que, lors même
« que le *mal* signifierait seulement le *défendu*, » ce que
Stuart Mill, du reste, n'admet pas entièrement, « il se
« développerait naturellement une détestation *désintéressée*
« du mal, qui, à cause de sa *force*, de sa *promptitude* et de
« l'*instantanéité* de son action, ne pourrait se distinguer
« de nos instincts et de nos passions naturelles. »

IV. — La question de l'obligation morale semble abordée
de bien plus près dans le passage suivant de l'*Utilitarisme*.
Stuart Mill s'y pose cette question : Si l'on enseigne, si
l'on persuade aux êtres humains que le bonheur est l'unique fin de la vie, — même en leur montrant que cette fin
est rapprochée d'eux, rapprochée surtout des générations
futures, — comment pourront-ils, en attendant l'avenir,
« se satisfaire de n'avoir qu'une aussi faible part de ce
« bonheur? » L'utilitarisme, sous ce point de vue, suffit-il
à la pensée, suffit-il au désir de l'homme?

La première réponse de Stuart Mill est échappatoire.
« Presque toujours, dit-il, l'humanité s'est contentée de bien
« moins de bonheur qu'elle n'en a dans le système utili-
« taire. » Sans aucun doute; mais l'humanité, répondra-t-on,
ne connaissait pas le système utilitaire : elle poursuivait
ou croyait poursuivre autre chose que son seul bonheur.
Stuart Mill analyse ensuite les conditions qu'exige le bonheur : il en trouve d'abord deux principales : le calme et
l'agitation ; or il n'existe assurément aucune impossibilité
essentielle à ce que le genre humain les possède réunies.
Mais de quoi devront se composer ce calme et ces émotions
qui succéderont au calme? un condamné à mort, n'ayant
plus rien à espérer, sera peut-être d'un calme parfait; un
voleur traqué par la police jouira de toute l'agitation désirable : l'un et l'autre seront-ils heureux?

D'ailleurs, Stuart Mill reconnaît qu'en fait il est « des

« gens passablement heureux sous le rapport des condi-
« tions extérieures de l'existence, et qui ne trouvent pas
« dans la vie des jouissances capables de la leur rendre
« précieuse. » Mais Stuart Mill a une réponse toute prête :
« La cause en est généralement qu'ils ne tiennent qu'à eux-
« mêmes [1]. » Ainsi, l'égoïsme, c'est-à-dire la recherche
du bonheur personnel, voilà le plus grand obstacle à ce
bonheur même.

Cependant le désintéressement ne suffit pas encore à constituer le bonheur, il faut en outre que ce désintéressement soit intelligent et éclairé [2]. Il faut, en effet, non-seulement qu'on se désintéresse, mais qu'on *prenne intérêt* à ce désintéressement même, et, pour le faire, il est nécessaire qu'on ait reçu *en apanage une certaine somme de culture intellectuelle*. Par malheur, quoiqu'il n'y ait pas une *impossibilité absolue* à ce que tous les hommes reçoivent cette somme de culture, en fait un petit nombre seulement la reçoit, et de plus le bonheur de ce petit nombre est encore terriblement entravé par les maux de l'humanité et les maux de la société. D'où Stuart Mill conclut que chacun doit travailler, en proportion de ses forces, *à corriger et à améliorer* l'existence humaine. Mais pourquoi le doit-il? en quel nom, à quel titre le lui conseille-t-on? C'est toujours la même difficulté qui reparaît.

La théorie du bonheur dénote chez Stuart Mill cette tendance originale, dont nous avons déjà parlé, à associer

---

1. « Pour ceux qui n'ont ni affections intimes, ni passion pour la chose
« publique, les émotions de la vie sont fort amoindries et, en tout
« cas, perdent de leur valeur à mesure que le temps approche où la
« mort met fin à tous les intérêts personnels ; mais ceux qui laissent
« après eux les objets de leur affection », — encore faut-il, alors, qu'ils
meurent les premiers, — « et surtout ceux qui, en outre, ont nourri un
« sentiment de fraternelle sollicitude pour les intérêts collectifs du
« genre humain, jouissent aussi vivement de la vie à la veille de la
« mort que pendant la pleine vigueur de la jeunesse et de la santé. »
(*Ibid.*) — Bentham eût applaudi à cette tendance optimiste qui se réveille chez son disciple.

2. « Ce qui contribue le plus, après l'égoïsme, à rendre la vie peu
« satisfaisante, est le manque de culture intellectuelle. Un esprit cultivé
« trouve matière à un *intérêt* inépuisable dans tout ce qui l'environne. Dans
« la nature des choses, il n'est absolument rien qui s'oppose à ce que tout
« individu, né dans un pays civilisé, ait en apanage la somme de culture
« intellectuelle nécessaire pour lui faire prendre un intérêt intelligent à la
« contemplation de ces objets. Et il n'y a pas davantage une nécessité
« absolue à ce qu'aucun être humain soit un égoïste, n'ayant d'autres
« sentiments ou préoccupations que ceux qui ont rapport à sa *misérable
« individualité*. » Ici Bentham se fût indigné. Si l'individualité, eût-il
dit, est misérable, qu'y a-t-il donc d'estimable dans la collection?
« Mais un état de choses bien supérieur à celui-ci se rencontre assez
« fréquemment, même de nos jours, pour être un gage certain de ce que

les intérêts de l'individu et de l'humanité non pas au dehors de l'âme, comme le faisait Bentham, mais dans l'âme même. Seulement, Stuart Mill les avait associés jusqu'alors dans l'intelligence ; il avait essayé de montrer que peu à peu nous arrivons à ne plus *concevoir* comme possible la violation du bonheur d'autrui, que nous nous trouvons ainsi nécessités intellectuellement et naturellement à la vertu. Ce désintéressement intellectuel, auquel il semblait tout à l'heure s'être arrêté, il en sent ici l'insuffisance. La pensée seule n'est pas assez puissante pour opérer l'union des intérêts et des bonheurs : nous *concevrons* toujours comme *faible* notre part de bonheur et comme *possible* l'acquisition d'une part supérieure. Stuart Mill cherche alors une autre force, qu'il substitue enfin à la force de l'intelligence : c'est celle de la volonté, ou du moins de l'activité. Associez dans votre volonté, semble-t-il dire, le bonheur d'autrui et le vôtre. En effet, il recommande de « corriger et d'améliorer » le sort de l'humanité ; il prêche la lutte contre les maux du genre humain ; il montre les générations sur la brèche, s'efforçant, de toute leur volonté et de toutes leurs connaissances, de transformer le monde : *noble plaisir*, s'écrie-t-il ! Dans cette énergie intelligente, dans cette lutte généreuse, ne place-t-il point à son insu un je ne sais quoi d'autre que la simple jouissance ?

« pourra devenir l'espèce humaine. Dans un monde où il y a tant qui
« doive intéresser, tant dont on peut jouir, et tant aussi à *corriger* et à
« *améliorer*, tout individu doué de cette modeste et indispensable somme
« de bienfaits moraux et intellectuels est susceptible d'une existence
« qu'on peut qualifier d'enviable ; et, *à moins que*, par le fait de lois
« mauvaises ou de son asservissement à la volonté d'autrui, il ne soit
« privé de puiser aux sources de son bonheur qui sont à sa portée, il
« ne manquera pas de jouir de cette existence enviable, *pourvu qu'il*
« échappe aux maux positifs de la vie, aux grandes causes de souf-
« france physique et morale, telles que la pauvreté, la maladie et la
« dureté de cœur, l'indignité ou la perte prématurée des objets de
« son affection. Le point essentiel du problème consiste donc à lutter
« contre ces calamités... Pourtant il n'est personne (dont l'opinion mé-
« rite un moment d'attention) qui puisse douter que la plupart des
« grands maux positifs de ce monde ne soient de leur nature suscep-
« tibles d'être évités, et que, les affaires humaines continuant à s'amé-
« liorer, ces maux ne finissent par être renfermés dans d'étroites
« limites. Bien que ceci ne s'accomplisse qu'avec une *fâcheuse lenteur*,
« bien qu'une longue suite de générations doivent périr sur la brèche
« avant que la conquête s'achève et que ce monde devienne ce que,
« la volonté et les connaissances aidant, il pourrait facilement devenir,
« il n'en est pas moins vrai que tout esprit assez intelligent et assez
« généreux pour prendre à ce mouvement une part, si petite et si
« modeste qu'elle puisse être, trouvera dans la lutte même un noble
« plaisir qu'il n'échangerait contre aucune jouissance égoïste, quelque
« séduisante qu'elle puisse être. » (*Utilitarianism*, ch. II, p. 18, 19, 20.)

Il y a quelque chose de plus important encore à expliquer pour l'utilitarisme que le désintéressement, dans le sens vague où Stuart Mill vient de le prendre : c'est le renoncement véritable, le sacrifice proprement dit. Examinons la doctrine de Stuart Mill sur ce point. « Le héros ou le « martyr, dit-il, *doit* volontairement se passer de bonheur « pour *l'amour de quelque chose qu'il place au-dessus de son « bonheur individuel.* » — Reste toujours à savoir au nom de quoi le héros et le martyr doivent se sacrifier. Suivons pas à pas Stuart Mill, et voyons les réponses successives qu'il va tenter à l'éternelle question. « Ce quelque chose que le « héros place au-dessus de son bonheur individuel, qu'est-« ce, si ce n'est le bonheur ou quelques éléments indis-« pensables au bonheur ? » — Sans doute ; mais à quel bonheur ? au sien ? Toujours la même équivoque. — « Il est « *beau* de *savoir* renoncer *complétement* à sa part ou même « à ses chances de bonheur ; mais, après tout, ce sacrifice « doit être fait en vue d'une fin ; il n'est pas sa propre fin ; « et si l'on nous dit qu'il doit avoir pour but non le bon-« heur, mais la vertu, qui vaut mieux que le bonheur, je « demanderai si le héros ou le martyr se sacrifierait s'il « n'espérait pas par là épargner à d'autres de semblables « épreuves ? » A ce compte, il n'y aurait pas eu de héros parmi les stoïciens, qui considéraient la vertu comme le seul bien et qui se seraient défendus de mourir pour autre chose que pour elle. « Rendons honneur à ceux qui *peuvent* « dédaigner pour eux-mêmes les jouissances personnelles « de la vie, lorsque par cette abnégation ils contribuent « noblement à augmenter la somme de bonheur général ; « mais celui qui fait ce sacrifice ou qui prétend le faire « dans un autre but ne mérite pas plus d'être admiré que « l'ascète debout sur sa colonne... Ce n'est que dans un « monde très-imparfaitement organisé que l'homme, pour « contribuer le mieux au bonheur des autres, *doit* faire un « sacrifice *absolu* du sien ; pourtant, je *reconnais* volontiers « que, tant que le monde est dans cet état imparfait, il ne « saurait y avoir chez l'homme de plus grande vertu que « l'empressement à faire ce sacrifice. »

Mais enfin, ce n'est pas tout de *reconnaître* le sacrifice et d'en profiter ; comment le *commander?*

C'est peut-être pour répondre à cette question que Stuart Mill entre dans des considérations d'une subtilité paradoxale, comme il l'avoue lui-même, sur l'esprit de sacrifice. « Vu l'état présent du monde, dit-il, il n'est pas de meilleur

« moyen, pour obtenir tout le bonheur qu'il est possible
« d'attendre, que d'avoir la *conscience de pouvoir s'en passer*,
« car rien, si ce n'est cette conscience, ne peut élever un
« individu au-dessus des accidents de la vie, en lui faisant
« sentir que ni le sort ni la fortune adverse ne pourront
« l'abattre. Une fois pénétré de ce sentiment, il est affranchi
« de toute inquiétude excessive au sujet des maux de l'exis-
« tence, et il peut, comme bien des stoïques aux plus mau-
« vais temps de l'empire romain, puiser tranquillement aux
« sources de satisfaction qui sont à sa portée, sans plus se
« soucier de leur durée incertaine que de leur inévitable fin. »

Mais Stuart Mill a en vain « affranchi » son sage idéal des peines de la vie ; cet affranchissement tout physique n'a nullement expliqué ni rendu désirable le sacrifice. Pour se dévouer, diront les partisans de la moralité, il faut faire plus que poser son indifférence en face de la fortune ; il faudrait poser sa « liberté », il faudrait s'affranchir non pas seulement des peines, mais aussi des plaisirs, il faudrait s'affranchir « moralement ». Je ne crains pas les peines que peut m'infliger le sort, fort bien ; mais en quoi dois-je vouloir m'en infliger moi-même en faveur d'un bonheur qui n'est pas le mien ? Ainsi, en face de cette question suprême : Suis-je ou ne suis-je pas obligé au sacrifice ? Stuart Mill hésite ; en vain il s'efforce d'attacher encore l'idée de bonheur au sacrifice du bonheur. Il lui est impossible d'échapper au problème : tantôt il l'élude, tantôt il l'effleure, jamais il ne le tranche. Depuis longtemps déjà, nous avançons et reculons avec lui, essayant d'échapper à la question et la retrouvant toujours devant nous.

Aussi n'est-ce pas sans un mouvement de surprise qu'on voit Mill conclure en ces termes, avec une singulière rapidité : « Que les utilitaires ne cessent jamais de réclamer le
« *mérite moral* du dévouement comme leur appartenant à
« un *titre aussi légitime* qu'aux stoïques et aux transcen-
« dantalistes. » *Mérite moral*, voilà un mot nouveau. Rappelons-nous que *mériter*, d'après Mill lui-même [1], ne peut signifier autre chose que craindre une punition ou espérer une récompense. « La morale utilitaire reconnaît, en effet,
« dans les hommes la *faculté* de sacrifier leur plus grand
« bien personnel au bien des autres. » Mais ce n'est pas une *faculté* que demanderont les partisans de la moralité : c'est, à tort ou à raison, une *obligation* quelconque. Il serait étrange

---

1. *Philos. de Hamilton*, p. 557, *loc. cit.*

que la morale utilitaire refusât aux hommes la faculté de se sacrifier, puisqu'ils l'ont, quelle qu'en soit d'ailleurs l'explication finale. « Nous trouvons, conclut Stuart Mill, dans « l'inappréciable règle de Jésus de Nazareth l'esprit tout « entier (complete spirit) de la morale utilitaire. Faire aux « autres ainsi que vous voudriez qu'il vous fût fait, et aimer « votre prochain comme vous-même, constitue l'idéale per- « fection de la morale de l'utilité. » Soit; mais comment assurer à cette « perfection idéale » la prépondérance dans la conduite?

Stuart Mill, en dernier ressort, propose deux moyens : l'organisation sociale et l'éducation. « Afin de se rappro- « cher le plus possible de cet idéal, dit-il d'abord, l'*utilité* « exigerait (utility would enjoin)..., » — encore une équivoque : s'agit-il simplement de ce qui est *utile* en général, ou bien de ce qui est *nécessaire* pour donner une valeur pratique à la morale de l'*utilité?* — « l'utilité exigerait, en « premier lieu, que les lois et l'organisation sociale missent, « autant que possible, le bonheur ou, pour parler plus « pratiquement, l'intérêt de chaque individu en harmonie « avec l'intérêt de tous. » Enfin nous voici revenus, semble-t-il, après bien des détours, bien des ambiguïtés, à la théorie pure et simple d'Helvétius : la première chose à faire avant de répandre les doctrines utilitaires, c'est donc de mettre l'harmonie entre les intérêts, et — entendons-nous bien — une harmonie matérielle et objective. Il faut organiser la société, puis organiser le système pénal, lui donner une puissance et une exactitude extrêmes, tout cela afin d'organiser l'égoïsme, ce qui est le plus sûr moyen de produire le désintéressement.

D'ailleurs, cette association objective des intérêts, que Stuart Mill finit par déclarer avec Helvétius l'*utilité* suprême, ou plutôt la *nécessité* suprême pour donner un caractère obligatoire à la morale de l'utilité, — n'exclut pas l'association subjective de ces mêmes intérêts, produite par l'opinion et l'éducation. « L'utilité, dit-il, exigerait en second lieu « que l'éducation et l'opinion, qui exercent tant de pouvoir « sur le caractère des hommes, employassent leur puissance « à associer indissolublement dans l'esprit de chaque indi- « vidu son bonheur au bien de tous (to establish in the « mind of every individual an indissoluble association bet- « ween his own happiness and the good of the whole)... »
— Stuart Mill ne dit ici ni plus ni moins qu'Helvétius, et il le dit presque dans les mêmes termes; mais voici qui est

plus original : — « *et à l'associer surtout à ces manières d'agir,*
« *négatives et positives, que prescrit le respect du bonheur*
« *universel.* De cette façon, chaque individu aurait pour
« premier mouvement et pour mobile ordinaire d'action le
« désir de promouvoir le bien général [1]. »

En d'autres termes, il faut faire pour l'utilitarisme comme pour les religions : associer les idées d'intérêt à certaines pratiques, de telle sorte que, l'intérêt attaché à ces pratiques disparaissant, les pratiques restent. Ainsi, lorsque le Dieu de certaines religions, grâce au temps et à la civilisation, ne répond plus à l'idée progressive que les hommes se font de la Divinité, ces religions, ne pouvant se soutenir par leur Dieu, se soutiennent encore par leurs rites et, impuissantes à convaincre la raison, enchaînent encore l'habitude.

En résumé, l'utilitarisme semble, avec Stuart Mill, entrer dans une période de transition : Stuart Mill lui-même ne dit-il pas que, si le système d'Epicure était imparfait, c'est qu'il y manquait *un grand nombre d'éléments stoïques et chrétiens;* que, si le système de Bentham était imparfait, c'est qu'il y manquait des considérations de *qualité?* Chez Bentham, la quantité, l'intensité, ainsi que les idées de calcul et d'arithmétique qu'elles amenaient avec elles, avaient surtout dominé : le nombre, en quelque sorte, étouffait l'idée du bien. Et Bentham n'était pas infidèle sur ce point à la tradition utilitaire ; loin de là, aucun utilitaire digne de ce nom n'a jamais fait appel à un autre critérium que la quantité pour apprécier les plaisirs. Stuart Mill croit le premier, à tort ou à raison, avoir le droit de prononcer le mot de qualité. Il fait plus, il parle de *vertu*, de *conscience*, de *responsabilité*, de *mérite*, de *dignité*, de *noblesse*, de *volonté* et de *caractère*. Tous ces mots que l'utilitarisme entendait résonner dans la bouche de ses adversaires, il se prend d'envie de les prononcer à son tour, sauf à en modifier plus ou moins le sens. Stuart Mill espère sortir du cercle où, selon lui, les moralistes inductifs se sont enfermés de leur plein gré. Reste à savoir si, en sortant de ce cercle, il ne sort pas du système même qu'il veut perfectionner, et si pour l'élargir il ne le brise pas. Il associe d'abord et accorde les intérêts discordants dans l'intelligence, dans l'habitude, dans l'activité, dans la volonté même; puis il finit par déclarer, avec Helvétius, que les intérêts s'associeront un jour

---

[1]. *Utilit.*, p. 24, 25.

dans la réalité même, que « l'utilité l'exige », que tel est l'idéal. Est-ce assez de cet idéal abstrait pour mouvoir l'agent moral dans un système utilitaire ? Cet idéal même est-il le plus élevé qu'on puisse imaginer, et exercerait-il bien sur l'âme qui le concevrait la puissance que lui attribue Stuart Mill ? L'idéal d'un bonheur personnel associé au bonheur universel semble avoir à peine suffi à Stuart Mill lui-même. On trouve à ce sujet dans son *Autobiographie* un intéressant passage où il raconte la crise morale que traversa sa jeunesse. Ces pages émues et sincères méritent d'être reproduites, au moins en partie. « Depuis l'hiver
« de 1821, dit-il, époque à laquelle j'avais lu pour la pre-
« mière fois Bentham, j'avais un objectif, et ce qu'on peut
« appeler un but dans la vie : je voulais travailler à réfor-
« mer le monde. L'idée que je me faisais de mon propre
« bonheur se confondait entièrement avec cet objet. Les
« personnes dont je recherchais l'amitié étaient celles qui
« pouvaient concourir avec moi à l'accomplissement de
« cette entreprise. Je tâchais de cueillir sur la route le
« plus de fleurs que je pouvais, mais la seule satisfaction
« personnelle sérieuse et durable sur laquelle je comptais
« pour mon bonheur était la confiance en cet objectif ; je
« me flattais de la certitude de jouir d'une vie heureuse si
« je plaçais mon bonheur en quelque objet durable et
« éloigné, vers lequel le progrès fût toujours possible, et
« que je ne pusse épuiser en l'atteignant complètement.
« Cela alla bien quelques années, pendant lesquelles la
« vue du progrès qui s'opérait dans le monde, l'idée que
« je prenais part moi-même à la lutte et que je contribuais
« pour ma part à le faire avancer, me semblait suffire pour
« remplir une existence intéressante et animée. Mais vint
« le jour où cette confiance s'évanouit comme un rêve.
« C'était dans l'automne de 1826 ; je me trouvais dans cet
« état d'engourdissement nerveux que tout le monde est
« susceptible de traverser, insensible à toute jouissance
« comme à toute sensation agréable, dans un de ces ma-
« laises où tout ce qui plaît à d'autres moments devient
« insipide et indifférent. J'étais dans cet état d'esprit, quand
« il m'arriva de me poser directement cette question : —
« Supposé que tous les objets que tu poursuis dans la vie
« soient réalisés, que tous les changements dans les opi-
« nions et les institutions pour lesquels tu consumes ton
« existence puissent s'accomplir sur l'heure, en éprouveras-
« tu une grande joie ? seras-tu bien heureux ? — Non ! me

« répondit nettement une voix intérieure que je ne pouvais
« réprimer. Je me sentis défaillir ; tout ce qui me soutenait
« dans la vie s'écroula. Tout mon bonheur, je devais le
« tenir de la poursuite incessante de cette fin. Le charme
« qui me fascinait était rompu ; insensible à la fin, pouvais-
« je encore m'intéresser aux moyens ? Il ne me restait plus
« rien à quoi je pusse consacrer ma vie..... »

Ainsi se trouvait brusquement brisée cette association que Stuart Mill avait établie dans son esprit entre le bonheur universel et le sien propre. Il y avait là, comme il le dit lui-même, un frappant exemple de l'action qu'exerce l'analyse sur les associations les plus fortes. Stuart Mill fut dès lors en proie à un découragement qui lui rendait la vie insupportable. « Il n'est pas possible, pensait-il, que j'y puisse ré-
« sister plus d'un an. » Pourtant, avant que la moitié de ce temps fût écoulée, un premier « rayon de soleil » brilla dans ses ténèbres. L'enthousiasme pour les beautés de la musique, de cet art « qui fait monter encore le ton de nos sentiments les plus élevés », apporta un premier soulagement à sa mélancolie. Plus tard, une émotion non pas esthétique, mais toute morale, y mit fin. Il lisait les *Mémoires* de Marmontel et arriva à ce passage où l'auteur raconte comment, au lit de son père mourant, il se sentit le désir et le courage de devenir le soutien de toute la famille :
« Une image vivante de cette scène, dit Stuart Mill, passa
« devant mes yeux ; je fus ému jusqu'à pleurer ; dès lors fut
« allégé le poids qui m'accablait. »

Ainsi c'est l'image d'un dévouement tout spontané, tout désintéressé et sans arrière-pensée personnelle, qui arracha Stuart Mill à ses idées pessimistes et lui dévoila le véritable idéal auquel il devait consacrer sa vie. Cet idéal ne consiste plus seulement à chercher son bonheur dans le bonheur d'autrui, dans le « plaisir de la sympathie » et toutes les jouissances qui en dérivent ; il consiste à laisser précisément de côté la recherche du bonheur personnel, à se vouer à quelque autre fin, à marcher vers un autre but : on trouvera le bonheur *chemin faisant*. Mais laissons parler Stuart Mill lui-même.

« Mes impressions de cette période laissèrent, dit-il, une
« trace profonde sur mes opinions et sur mon caractère.
« En premier lieu, je conçus sur la vie des idées très-diffé-
« rentes de celles qui m'avaient guidé jusque-là..... Je
« n'avais jamais senti vaciller en moi la conviction que le
« bonheur est la pierre de touche de toutes les règles de

« conduite et le but de la vie. Mais je pensais maintenant
« que le seul moyen de l'atteindre était de n'en pas faire le
« but direct de l'existence. Ceux-là seulement sont heu-
« reux, pensais-je, qui ont l'esprit tendu vers quelque
« objet autre que leur propre bonheur, par exemple vers le
« bonheur d'autrui, vers l'amélioration de la condition de
« l'humanité, même vers quelque acte, quelque recherche
« qu'ils poursuivent non comme un moyen, mais comme
« une fin idéale. Aspirant ainsi à une autre chose, ils trou-
« vent le bonheur chemin faisant. Les plaisirs de la vie —
« telle était la théorie à laquelle je m'arrêtais — suffisent
« pour en faire une chose agréable, quand on les cueille en
« passant sans en faire l'objet principal de l'existence.
« Essayez d'en faire le but principal de la vie, et du coup
« vous ne les trouverez plus suffisants. Ils ne supportent
« pas un examen rigoureux. Demandez-vous si vous êtes
« heureux, et vous cessez de l'être. Pour être heureux, il
« n'est qu'un seul moyen, qui consiste à prendre pour but
« de la vie non pas le bonheur, mais quelque fin étrangère
« au bonheur. Que votre intelligence, votre analyse, votre
« examen de conscience s'absorbe dans cette recherche, et
« vous respirerez le bonheur avec l'air sans le remarquer,
« sans y penser, sans demander à l'imagination de le figurer
« par anticipation, et aussi sans le mettre en fuite par une
« fatale manie de le mettre en question [1]. »

Ce sont là des observations psychologiques fort justes ;
seulement, si le bonheur est le vrai but de l'existence, est-
il bien possible, est-il même rationnel de l'oublier ainsi, de
poursuivre une fin tout autre ? Pour atteindre un but, est-
il sage de se diriger à l'opposé ? Bentham en tout cas l'eût
nié énergiquement, et il eût blâmé sur ce point son disciple
infidèle.

1. Stuart Mill, *Mémoires*, ch. V, trad. Cazelles.

CHAPITRE VII

STUART MILL (Suite).

POLITIQUE ET LÉGISLATION UTILITAIRES

I. — Le bonheur, fin de la science sociale et de l'art social. — La justice d'après Stuart Mill. — La justice est-elle un simple produit de la légalité et de l'utilité ? — Critique d'Helvétius et de Bentham. — Recherches étymologiques. — La justice dérivée de la loi et de la sanction. — Essai pour introduire une distinction entre le *convenable*, le *moral* et le *juste*.
II. — Le sentiment de la justice se résolvant, en dernière analyse, dans le désir de punir. — Le désir de punir se ramenant lui-même à l'intérêt personnel élargi par la sympathie et l'intelligence. — Stuart Mill en opposition avec Bentham. — Procédé régulier qu'emploie Stuart Mill dans les genèses empiriques qu'il tente. — Analyse de l'idée de droit. — Définition utilitaire du droit. — Explication du caractère absolu que nous attribuons au droit. — Sanction sociale. — Du droit de punir d'après Stuart Mill. — Comment le simple sentiment de justice qui s'attache à une punition peut suffire à la législation sans considération immédiate d'utilité. — La justice, plus sacrée que la politique. — L'égalité déduite de la justice.
III. — Point précis sur lequel, après toute cette théorie de la justice, l'utilitarisme se sépare encore de la morale *a priori*. — Le sentiment empirique de justice peut-il guider le législateur. — Critique du sentiment de justice entreprise par Stuart Mill. — Qu'en somme l'utilité seule peut fixer ce qui est juste.
IV. — Que le législateur, dans la doctrine utilitaire, peut seul donner la force obligatoire aux règles morales. -- L'État utilitaire chargé de venir en aide au moraliste. — Deux moyens principaux employés par lui. Organisation sociale. — Éducation. Rôle de l'*éducation* dans la morale utilitaire. — La science de la formation du caractère, ou *éthologie*. — Idéal physique et économique, moral et religieux de la société, d'après Stuart Mill.

I. — La science et l'art sociaux, par cela même qu'ils se rapportent à une fin, se rapportent au bonheur, qui est la fin suprême : « promouvoir le bonheur, » nous le savons, est « le principe fondamental de la téléologie ».

La fin de l'art social ne pouvant être, pour Stuart Mill, que le bonheur universel, voyons les moyens d'y arriver [1]. Le principal sentiment dont se servira la science sociale pour maintenir et diriger la société, c'est celui de la justice.

La justice, selon Bentham comme selon Helvétius, Hobbes et Épicure, n'était autre chose que la loi conforme à l'intérêt : l'idée et le sentiment de la justice étaient un produit simple de la légalité et de l'utilité, sans l'introduction d'aucun autre élément. Cette conception de la justice a toujours donné prise aux adversaires de l'utilitarisme. « A toutes les époques de spéculation, dit Stuart « Mill, une des plus fortes objections à la doctrine de l'uti- « lité a été tirée de l'idée de justice. Le sentiment puissant « et la perception claire — en apparence — que ce mot « rappelle avec une rapidité et une certitude ressemblant « à l'instinct ont paru à la majorité des penseurs provenir « d'une qualité inhérente aux *choses*, et démontrer que le « juste doit exister *dans la nature* comme *quelque chose* « d'absolu, génériquement distinct de toutes les variétés « de l'expédient [2]. » Stuart Mill, remarquons-le, ne comprend guère mieux que Bentham la théorie opposée à la sienne : les moralistes anglais ne semblent pas, en général, tenir assez compte de Kant dans l'histoire de la morale ; d'après eux, tout moraliste qui n'est pas utilitaire en est nécessairement resté à l'antique conception de la φύσις, d'une justice *naturelle* et en quelque sorte *physique*, inhérente aux *choses*, aux objets, à la matière, au lieu d'être par hypothèse inhérente à la personne, au sujet. Si Stuart Mill ne comprend pas très bien la solution proposée par ses adversaires, il voit du moins la difficulté du problème mieux qu'aucun de ses prédécesseurs. L'idée de la justice, dit-il, s'est toujours présentée « comme la pierre d'achoppement de la morale utilitaire ». Sans doute, objectivement, la justice coïncide avec l'utilité ; mais « le « sentiment subjectif et mental de la justice est différent « de celui qui s'attache d'ordinaire au simple expédient, et, « hors les cas extrêmes d'expédient, ses exigences sont de

---

1. Nous serons obligés de mêler en passant à notre exposition quelques critiques de détail, pour n'avoir plus à y revenir lorsque le débat sera engagé sur le fond même.
2. *Utilitar.*, ch. v.

« beaucoup plus impérieuses ; on voit donc difficilement
« dans la justice une espèce particulière ou branche de
« l'utilité générale, et on pense que, possédant une force
« obligatoire supérieure, elle suppose aussi une origine
« entièrement différente. »

Les utilitaires ayant jusqu'alors mal résolu le problème, essayons avec Stuart Mill d'en poser de nouveau les termes.

Stuart Mill se livre d'abord à des recherches étymologiques qui n'apportent peut-être pas grande lumière dans la question [1]. De ce que *justum* vient de *jussum*, il en ressort simplement que l'idée de justice est contenue dans l'idée générale d'ordre, de commandement, d'obligation ; on n'en peut rien conclure de plus, et il reste toujours à savoir si ce commandement dans lequel nos pères enveloppaient la justice était conçu par eux comme intérieur ou extérieur, ou les deux à la fois ; comme venant de la conscience ou du législateur, ou plutôt de l'un et de l'autre. D'ailleurs, les étymologies mêmes qu'invoque Stuart Mill, ses adversaires les retourneront contre lui : par exemple, *justice*, d'après lui, signifiait à l'origine *judicature*, δίκαιον vient de δίκη ; mais, pour avoir l'idée de procès ou de judicature, il faut d'abord, ce semble, avoir l'idée de droit : *jugement* suppose *justice*. Ajoutons que *recht*, comme *droit* en français, est dérivé de *rectum* ; il a donc son origine plutôt dans la géométrie que dans la jurisprudence ; la loi est définie par ce mot la recherche et l'établissement du *droit*, de la *droite direction* parmi les hommes : cette définition est-elle bien utilitaire [2] ?

« Je ne pense pas, continue Stuart Mill, qu'*il puisse y*
« *avoir de doute* que, dans la formation de la notion de
« justice, l'idée mère, l'élément primitif, n'ait été la con-
« formité à la loi. » Même dans la conduite journalière où ne peut intervenir la loi, lorsque nous disons que quelqu'un se montre juste ou injuste, cela veut dire, d'après Stuart Mill, qu'il viole, sinon la loi, du moins *ce qui devrait être la loi*. « Nous regardons toujours comme un mal l'impunité

---

1. « *Justum*, dit Stuart Mill, est une forme de *jussum*, ce qui a été
« ordonné. Δίκαιον vient directement de Δίκη, un procès. *Recht*, d'où
« sont venus *right* et *righteous*, est synonyme de loi. Les cours de jus-
« tice, l'administration de la justice, sont les cours et l'administration
« de la loi. La *justice* est le terme reconnu en français pour la judi-
« cature. »
2. « L'étymologie, dit lui-même Stuart Mill, n'indique que fort incom-
« plètement la nature de l'idée que le mot exprime maintenant, mais elle
« démontre *aussi bien que possible* comment cette idée a pris naissance. »

« qu'obtient l'injustice, et nous tâchons d'y porter remède
« en exprimant fortement notre désapprobation et celle du
« public [1]. » Tout cela, pour le dire en passant, est bien
subtil ; qu'importerait d'ailleurs que la notion de *loi* dominât à un tel point celle de justice, dès que Stuart Mill
introduit en elle la notion *de ce qui devrait être*, dès qu'il
place, en un mot, dans la loi un élément supérieur à la
loi même, irréductible à elle et qui, au fond, est peut-être
l'idée propre de justice?

« Telle est, conclut Stuart Mill, l'histoire *véritable*, bien
« qu'incomplète, de l'origine et du développement pro-
« gressif de l'idée de la justice. » — L'essence de la justice,
c'est donc la loi ; mais l'essence de la loi est la sanction ;
or, l'idée de sanction pénale n'entre pas seulement dans la
conception de la justice ; elle entre, d'après Stuart Mill,
dans celle de la moralité en général. « Nous ne disons
« qu'une chose est mal que lorsque nous entendons que
« celui qui la fait devrait être puni d'une façon ou d'une
« autre... Ceci paraît être le point exact où se séparent la
« *moralité* et la simple *convenance* [2]. »

Ainsi, nous nous trouvons en présence d'une difficulté
soudaine : nous avons cherché les éléments primitifs de
l'idée de justice, mais ces éléments se trouvent être en
même temps ceux de la moralité en général : comment
donc rétablir la vieille distinction posée par tous les moralistes entre la justice et la charité ?

Cette distinction, d'après Stuart Mill, se ramène à la
suivante : il y a des devoirs qui ont pour objet des individus spéciaux et auxquels correspondent des droits, c'est-
à-dire, ne l'oublions pas, des titres légaux ; il y a d'autres
devoirs qui n'ont plus pour objet des individus déterminés
et auxquels ne correspondent pas de droits. En effet, « la
« justice est quelque chose que non-seulement il est bien
« de faire et mal de ne pas faire, mais que *tel ou tel individu*
« peut exiger de nous comme étant son droit *moral*. Per-
« sonne n'a un droit moral à notre générosité ou à notre
« bienfaisance, parce que *nous ne sommes pas moralement*
« *tenus* de pratiquer ces vertus à l'égard de *tel ou tel indi-*
« *vidu*. » Ainsi, ce qui imprime un caractère distinctif à

---

1. *Utilitar.*, ch. V.
2. On sait que Bentham n'admettait point cette différence établie par Stuart Mill entre la moralité et la convenance, le devoir et le convenable. Est moral, pour lui, tout ce qui est convenable, et la morale est essentiellement la science du convenable. Il ne prend pas en un autre sens le mot *déontologie*.

l'idée de justice, c'est l'idée de *droit moral* qu'elle contient, et cette idée se résout à son tour dans la « connais-« sance ou croyance qu'il existe un ou plusieurs individus « spéciaux à qui le mal a été fait [1]. » Tout mal est une chose *inconvenable*, suivant l'expression de Bentham, c'est-à-dire nuisible ; un mal devient *moral*, si nous désirons le voir puni par la loi, ou autrement ; un mal devient *injuste*, s'il a eu pour objet des individus déterminés : telle est, ce semble, d'après Stuart Mill, la genèse de l'idée de justice. L'autorité et la vivacité des sentiments de justice viendraient simplement de leur précision ; est juste ce qui s'applique à des individus donnés, est juste ce qui est déterminé. Cependant, pourrait-on dire, ne nous sentons-nous pas obligés aussi bien par la charité que par la justice vis-à-vis d'un individu donné ? En quoi cet homme, en tant qu'homme, n'a-t-il pas un certain droit *moral*, non exigible par la force, à ma bienveillance ? Enfin, abstraction faite des individus, l'humanité prise en bloc n'a-t-elle point un droit plus incontestable encore à ma bienveillance [2] ?

II. — Stuart Mill a jusqu'à présent invoqué, sans l'expliquer, un sentiment qu'il semble considérer comme capital : le *désir de punir*. Ce sentiment, qui d'après lui est la base de

---

1. *Utilitar.*, ch. V, p. 76. The knowledge or belief that there is some definite individual or individuals to whom harm has been done.
2. Stuart Mill essaye de répondre à cette dernière objection. « On « verra, dit-il, à propos de cette définition de la justice, comme à propos « de toutes les définitions correctes, que les cas qui semblent être en « opposition avec elle sont ceux qui la confirment le plus. Car si un « moraliste tente, comme quelques-uns l'ont fait, de prouver que les « hommes en général ont droit à tout le bien que nous pouvons leur « faire, quoiqu'un individu donné n'y puisse prétendre, il comprend par « le fait de cette thèse la générosité et la bienfaisance dans la catégorie « de la justice. Il est obligé de dire que nos plus grands efforts sont « *dus* à nos semblables, assimilant ainsi nos services à une dette... ; et « c'est là un cas de justice reconnu. Partout où il y a droit, c'est un cas « de justice, et non de la vertu qu'on nomme bienfaisance. » (*Utilitar.*, ch. V, p. 75.) Cette réponse de Stuart Mill est vraiment singulière : on lui demande comment il distingue la charité de la justice, et il nous dit que nous les confondons ! Mais cette confusion dont nous lui faisons une objection était volontaire et consciente : c'est à lui de la faire cesser ; il ne doit pas présupposer la distinction qu'il doit poser, ni recourir à l'idée même de justice dont il doit nous faire connaître la naissance et le développement. « On verra, conclut Stuart Mill, que qui-« conque ne place pas la distinction entre la justice et la morale en « général où nous venons de la placer, ne les distingue aucunement, « mais confond toute la morale avec la justice. » Précisément, il s'agit de savoir si la distinction de la justice et de la morale en général, là où il la place, n'est pas illusoire, n'aboutit pas à cette conclusion qu'il reproche à ses adversaires, et qu'il se reprocherait peut-être à lui-même avec plus de raison.

toute moralité comme de toute justice, il va s'efforcer de l'interpréter empiriquement.

Le désir de punir, dans lequel se résout le sentiment de la justice, se décompose lui-même en deux éléments simples : le mouvement de défense personnelle et le sentiment de la sympathie. Je désire repousser toute agression, punir tout agresseur, voilà le point de départ, qui est comme toujours le moi, l'intérêt égoïste. Mais la sympathie intervient : voyant un autre individu attaqué, je me mets à sa place, je désire pour lui et avec lui punir son agresseur; le sentiment de la justice, par opposition à celui de la simple convenance, est produit et subsistera désormais. Il a, comme tous les autres, son principe dans le moi; de là il s'étend peu à peu, s'écartant de plus en plus de ce centre unique et paraissant en être entièrement distinct, quoiqu'il y tienne toujours par sa racine cachée. Il est, en somme, « le produit spontané de deux sentiments « *naturels* au plus haut degré, et qui sont des instincts ou « qui y ressemblent [1]. »

En entrant dans le domaine de l'instinct, nous entrons aussi dans le domaine de l'animalité : rien ne sépare plus l'homme de la bête. C'est ce qu'a vu Stuart Mill : « Tous « les animaux cherchent à nuire à ceux qui leur ont nui, « ou qu'ils supposent sur le point de nuire à eux-mêmes « et à leurs petits. Sur ce point, les hommes ne diffèrent « des autres animaux que sous deux rapports : première- « ment, ils sont capables de sympathiser non-seulement « avec leur progéniture, ou, comme certains des animaux « plus nobles, avec quelque animal supérieur qui est bon « pour eux, mais avec tous les êtres humains et même « tous les êtres sensibles; deuxièmement, ils ont une intel- « ligence plus développée, qui laisse un champ plus vaste « à tous leurs sentiments, soit personnels, soit sympathi- « ques. » Par le fait de son intelligence supérieure, l'homme comprend la solidarité qui l'unit à ses semblables, et qui fait que tout ce qui les menace le menace; par le fait de sa faculté supérieure de sympathie, il s'attache à des collections (tribu, patrie, genre humain), non plus seulement à des individus, et tout acte nuisible à la collection, éveillant ses instincts sympathiques, le pousse à la résistance [2].

1. *Utilitar.*, ch. V, p. 77.
2. The superiority of intelligence, joined to the power of sympathising with human beings generally, enables him to attach himself to th)

En résumé, « le sentiment de la justice est le désir
« animal de repousser ou de venger un mal ou tort fait à
« nous ou à ceux avec lesquels nous sympathisons, » —
désir qui, chez l'homme, est agrandi « par cette capacité
« pour une sympathie plus générale, et par cette *conception*
« *tout humaine d'un égoïsme intelligent*. Le sentiment tire
« sa moralité de ces derniers éléments; il tire des premiers
« le caractère saisissant et l'énergie à s'affirmer qui lui
« sont particuliers... En lui-même, il n'a rien de moral;
« ce qui est moral, c'est sa *subordination exclusive aux sym-*
« *pathies sociales*... Car le sentiment naturel nous ferait
« ressentir sans discernement tout ce que l'on nous fait de
« désagréable. » Au contraire, une fois *corrigé* par le sentiment social, « il n'agit plus que dans des directions con-
« formes au bien général : ainsi les personnes justes res-
« sentent un mal fait à la société, *bien que ce ne soit pas un*
« *mal pour elles*, et elles ne ressentent pas un *mal qui leur*
« *est personnel*, quelque pénible qu'il puisse être, à moins
« qu'il ne soit de ceux que la société a, comme elles, in-
« térêt à réprimer [1]. » Cette *correction* parvient donc à faire
d'un sentiment donné le sentiment contraire : Stuart Mill
change le mouvement qui nous portait à nous défendre, à
nous sauver même au prix de la vie des autres, en un
mouvement qui nous porte à nous perdre, à nous sacrifier
pour la vie et le bonheur des autres.

Dans la question de la justice comme dans beaucoup
d'autres, Stuart Mill est en opposition avec Bentham. Il
ne faut pas parler de justice, d'après Bentham; le seul
mot qui convienne dans la bouche du législateur, c'est le
mot d'*utilité* ou de *convenance*. Il eût repoussé toute intervention, dans cette pure idée de convenance, du sentiment
que Stuart Mill appelle le *désir de punir*, et qu'il rangeait
parmi les sentiments d'antipathie. « Antipathie et sympathie ne sont pas raison »; le véritable utilitaire doit se
débarrasser de ces sentiments, qui troublent la vue de l'utilité. — Stuart Mill, selon son habitude, au lieu de contester
un fait reconnu, au lieu d'exclure et de combattre un sentiment que tous attestent, s'efforce de lui faire une place
dans son système. Il cherche alors, parmi les sentiments
considérés comme mauvais et égoïstes, celui qui se rappro-

---

collective idea of his tribe, his country, or mankind, in such a manner
that any act hurtful to them rouses his instinct of sympathy, and urges
him to resistance (p. 77, ch. v).

1. *Utilitar., ibid.*

che le plus du sentiment pur et « vertueux » de la justice; il trouve la *self-vengeance;* il fait aussitôt appel à la loi de l'association, au grand sentiment de la sympathie; il les ajoute comme éléments du problème, puis mêle le tout et produit un sentiment approchant de celui de la justice, que peut accepter la doctrine utilitaire sans se détruire elle-même.

C'est une remarque bien vieille que les vertus exagérées deviennent des vices; μηδὲν ἄγαν, disaient les Grecs. Ainsi l'économie est une vertu; poussée à ses dernières limites, elle devient l'avarice; le désir de voir infliger une punition aux coupables est aussi un excellent sentiment; poussé trop loin, il devient la *vendetta* italienne. Stuart Mill, dans son analyse, accepte en partie cette antique doctrine, mais il la prend à rebours : au lieu de chercher dans la vertu exagérée la racine du vice, il cherche dans le vice la racine de la vertu; on faisait du vice l'excès de la vertu, il fait de la vertu l'amoindrissement du vice.

De cette sorte, Stuart Mill arrive à compléter, sans aboutir à des contradictions grossières, la doctrine de l'utilité. D'ailleurs, le sentiment de la justice, quoique différent par sa *matière* du sentiment de l'utilité, comme dirait Kant, s'y rattache toujours par sa *forme*. Son contenu, sa matière, c'est le désir de vengeance; sa forme est l'utilité sociale. « Le mot de justice demeure l'appellation propre de certai-
« nes utilités sociales; elles sont infiniment plus importan-
« tes et, par conséquent, plus absolues et plus impératives
« que ne le sont les autres, comme classe, bien qu'elles ne
« le soient pas plus dans de certains cas isolés. Elles doi-
« vent donc être, ainsi qu'elles le sont naturellement,
« défendues par un sentiment non-seulement différent en
« *intensité*, mais aussi en *espèce*, et qui se distingue du sen-
« timent plus doux qui s'attache à la pure idée de favoriser
« le bonheur ou le bien-être des hommes, à la fois par la
« nature mieux définie de ses préceptes et par le caractère
« plus sévère de ses sanctions. »

L'idée de justice en général contient l'idée plus précise et plus énergique encore de *droit*. Stuart Mill a déjà prononcé plusieurs fois ce mot, en lui donnant le sens vague de *titre personnel*. Son analyse de l'idée du droit n'est pas moins curieuse que celle de l'idée de justice. « Avoir un
« droit, dit-il d'accord ici avec Bentham, c'est avoir quelque
« chose dont la société *doit* me garantir la possession
« (something which society ought to defend me in the

« possession of). Si après cela on me demande : Pour-
« quoi la société le *doit-elle*? je ne puis donner d'autre
« raison que l'utilité générale. » Voilà le premier élément
empirique de l'idée de droit, fourni par Bentham ; Stuart
Mill y ajoute aussitôt le sentiment de *self-defense*. « Si cette
« expression ne semble pas mettre suffisamment en relief
« la force (the strength) de cette obligation et n'explique
« pas l'énergie particulière de ce sentiment, c'est parce que,
« dans la composition de ce sentiment, il entre non-seule-
« ment un élément *raisonnable*, mais aussi un élément ani-
« mal, la soif de la représaille. » Si cette soif, d'après Stuart
Mill, est intense et impérieuse, c'est qu'il s'agit ici du premier des intérêts, celui de la sécurité. « Notre notion du
« *droit que nous avons de nous attendre à ce que nos semblables*
« *se réunissent pour rendre sûre la base même de notre exis-*
« *tence* s'appuie sur des sentiments qui l'emportent par
« l'intensité sur ceux qui se rattachent aux cas ordinaires
« d'utilité, à tel point que la différence dans le *degré*
« (cela arrive souvent dans la psychologie) devient une
« véritable différence d'*espèce*. Le droit revêt ce *caractère*
« *absolu*, cet *infini* apparent, et cette *incommensurabilité avec*
« *toute autre considération*, qui constituent la distinction
« entre le sentiment du bien ou du mal et celui d'une
« convenance ou d'une disconvenance ordinaire. » Pour
adapter ces caractères à son système, Stuart Mill fait
appel à l'idée de nécessité, si chère aux utilitaires : est
absolue une relation nécessaire, est infinie une limite qu'on
ne peut pas reculer, est incommensurable ce dont on a
plus besoin que de tout le reste. « Les sentiments en jeu
« sont si puissants, et nous comptons si positivement sur
« un sentiment correspondant chez les autres (tout le
« monde étant également intéressé), que la simple *possibi-*
« *lité* se change en *obligation inévitable*, et que ce qui est
« reconnu indispensable (physiquement) devient une né-
« cessité *morale tout à fait analogue à la nécessité physi-*
« *que*, et qui souvent ne lui cède pas en puissance obliga-
« toire[1]. »

Cette nécessité morale, si grande qu'en soit la puissance,
est pourtant forcée parfois de céder ; aussi, pour augmenter
cette puissance, il est besoin des sanctions. La sanction,
entre les mains du législateur, était considérée par Helvétius et Bentham comme une sorte d'arme forgée, de moyen

---

1. *Utilitar.*, ch. V, p. 81.

artificiel. Pour Stuart Mill, elle répond à un sentiment naturel, elle trouve un support dans l'âme même. « Dès notre
« première enfance, l'idée de la mauvaise action (c'est-à-dire
« de l'action défendue, ou dommageable pour les autres)
« et l'idée de punition se présentent ensemble à notre
« esprit ; et l'intensité des impressions fait que l'association
« qui les lie nous offre le plus haut degré d'intimité... Cela
« suffit pleinement pour que les sentiments spontanés de
« l'humanité considèrent le châtiment et le méchant comme
« faits l'un pour l'autre, comme liés naturellement, indé-
« pendamment de toute conséquence [1]. »

Si le désir animal de punir explique le châtiment, l'utilité le justifie : le châtiment a deux fins qui, dans la théorie des utilitaires et des nécessitaires, « suffisent pour le jus-
« tifier : le profit qu'en retire le coupable lui-même, et la
« protection des autres hommes. »

Un adversaire de Stuart Mill lui avait opposé à ce sujet une objection assez spécieuse [2]. Si le châtiment n'a qu'un but : faire détester le mal et aimer le bien, ce but pourrait être beaucoup mieux atteint par la récompense. Les récompenses ont en outre l'avantage d'augmenter immédiatement la somme de bonheur, tandis que les châtiments ne l'augmentent qu'à la longue. Ainsi, « plus je serai pervers,
« plus je mériterai de récompenses. » Stuart Mill n'a pas de peine à montrer que, si l'on récompensait les coupables, tout le monde voudrait l'être : l'objection tombe ainsi toute seule. Bentham eût sans doute répondu de même, mais Stuart Mill va plus loin. « Supposons, ajoute-t-il,
« qu'il n'en soit pas ainsi, et que la récompense soit un
« moyen aussi efficace que la punition pour améliorer un
« caractère et protéger la société, la récompense se re-
« commande-t-elle au même titre à notre *sentiment de*
« *mérite ?* Je réponds non. La récompense choquerait le
« désir naturel, je dirais même animal, de représailles,
« qui nous porte à faire du mal à qui nous en a fait. » Il faut donc punir pour cette seule raison de punir, et parce que la punition apparaît à l'esprit comme méritée. Le sentiment du mérite et de la responsabilité, comme celui de la justice et du droit, subsiste ainsi indépendamment de l'utilité qui l'a produit ; il conserve une valeur intrinsèque.

---

1. *Philos. de Hamilt.*, p. 568. — *Utilitar.*, ch. V.
2. *The battle of the two philosophies*, by an Inquirer, p. 49.

En somme, ce n'est pas seulement l'utilité proprement dite, immédiate et directe, qui, d'après Stuart Mill, sert de base à la société. Il existe aussi un certain sentiment de justice qu'il faut s'appliquer à conserver et à développer par les sanctions, qu'il faut éviter de contrarier ou de violer, qu'un utilitaire doit aussi bien respecter, en soi et dans les autres, que le ferait un moraliste *à priori*.

La politique, comme la morale, s'écarte beaucoup moins chez Stuart Mill du domaine intérieur que chez les autres utilitaires : les sentiments reprennent une place plus importante, les intérêts extérieurs une place moindre. La loi ne peut plus faire à son gré et attacher arbitrairement à soi les sentiments d'antipathie ou de sympathie ; ce sont ces sentiments qui la font, la soutiennent, suffisent parfois à la justifier indépendamment des considérations d'intérêt immédiat. « Est-ce erreur chez les hommes de penser « que la justice est plus sacrée que la politique?... En « aucune façon. L'exposé que je viens de faire de la nature « et de l'origine de ce sentiment admet une réelle distinc- « tion ; et aucun de ceux qui professent le plus profond « mépris pour les conséquences des actions regardées « comme un élément de leur moralité (allusion à Kant) « n'attache plus d'importance à cette distinction que moi. « Tandis que j'attaque toute théorie qui érige un critérium « de la justice non fondé sur l'utilité, je tiens l'utilité qui « repose sur la justice pour être la principale part, et in- « comparablement la part la plus sacrée et la plus obliga- « toire de toute morale. »

La justice est donc le sentiment capital auquel on ne doit pas s'opposer, parce qu'il est très-puissant, et qu'on doit éviter d'oblitérer, parce qu'il est très-utile. Aux principes de justice se rattachent des corollaires qui doivent être l'objet du même respect. Stuart Mill déduit, par exemple, l'impartialité ou l'égalité du sentiment de la justice : l'impartialité, dit-il, est un devoir, « lorsqu'aucun « devoir plus élevé ne s'y oppose. » Il la déduit encore, avec Bentham, du simple principe d'utilité. « Ce grand « devoir moral est compris dans le sens même du mot « utilité, ou principe du plus grand bonheur. Ce principe « n'est qu'une formule sans signification raisonnable, si le « bonheur d'une personne, en le supposant égal en quan- « tité, *et en tenant compte de la qualité*, n'est pas censé valoir « exactement autant que celui d'une autre. » On pourrait demander toutefois comment on peut *tenir compte de la qualité*, puisque la qualité, par hypothèse, est une chose non quantitative, conséquemment non mesurable. Bentham échappait à cette difficulté, puisqu'il supprimait toute considération de qualité. « La formule de Bentham, conclut « néanmoins Stuart Mill, que chacun compte pour un et « personne pour plus d'un, pourrait être inscrite sous le « principe de l'utilité en guise de commentaire explicatif. « Le droit égal que, dans l'idée du moraliste et du légis-« lateur, chacun a au bonheur, implique un droit égal à « tous les moyens d'arriver au bonheur [1]. »

III. — Dans le domaine de la politique, l'utilitarisme ne diffère plus guère de la doctrine adverse que sur un point. Il admet comme elle un sentiment de justice ; il admet comme elle qu'il faut respecter ce sentiment; que, de plus, la matière, le contenu de ce sentiment, à savoir le désir de punir, est immuable. Seulement, d'après les utilitaires, la forme de ce sentiment, qui est l'utilité, varie, et, pour déterminer cette forme, ce n'est plus au sentiment même qu'il faut s'adresser, c'est à l'utilité. Il est juste que chacun reçoive ce qui lui est dû : voilà le principe de la justice ; tout ce qui semblerait aller contre ce principe serait inévitablement de ma part l'objet de la plus vive répulsion. Mais comment connaître *ce qui est dû* à chacun ? Cela me sera impossible, d'après Stuart Mill, si je ne consulte pas l'utilité : ce qui est dû à chacun, c'est ce qu'il est le plus utile de lui devoir. — En d'autres termes, le principe de justice, qui n'est qu'un sentiment, existe indépendamment de ses applications; mais, pour déterminer ces applications, il faut s'en référer à autre chose que le principe même. Si je n'avais que le sentiment de la justice, sans la connaissance de l'utilité, je ne pourrais que répéter cette formule incomplète : Il est juste que chacun reçoive ce qu'il est le plus utile de lui devoir. Quant à savoir quelle action précise est juste ou injuste, je l'ignorerais absolument, aussi longtemps que j'ignorerais quelle action est utile ou nuisible.

Ainsi, d'après Stuart Mill, quoique le sentiment de la justice fournisse une clarté, une précision, une vigueur remarquables au sentiment d'utilité, cependant, par lui-même, il est absolument impuissant. Il n'a pas sa fin en soi, il n'a pas de critérium propre; c'est une force à

---

[1]. *Utilitar.*, ch. v.

laquelle l'utilité seule peut imprimer la bonne direction. Rien de plus faillible que le prétendu instinct infaillible qui nous fait dire : Ceci est juste, cela injuste. Stuart Mill s'appuie ici sur l'argument sceptique bien connu : il invoque les contradictions qui se produisent chez les individus, chez les nations au sujet de la justice. Bien plus, « dans l'esprit d'un même individu, la notion de justice ne « se compose pas d'une seule règle, d'un principe ou d'une « maxime unique, mais de plusieurs qui ne sont pas tou-« jours d'accord dans leurs injonctions; pour choisir entre « eux, l'homme est guidé ou par un critérium étranger, « ou par ses propres prédilections personnelles [1]. » Notre auteur met en avant plusieurs questions qui, dit-il, sont insolubles si l'on s'en tient à la justice *a priori* sans consulter l'utilité : par exemple, de quel droit et pour quelle fin punit-on? quelle proportion établir dans les châtiments? comment régler les salaires, les impôts [2]? — Ici se rencontrent dans les mêmes doutes les sceptiques et les utilitaires, les pyrrhoniens et les empiristes; ici, Montaigne et Pascal tombent d'accord avec Helvétius, Bentham et Stuart Mill.

En somme, Stuart Mill apporte dans la théorie utilitaire de la société d'importantes modifications; mais ces modifications concernent plutôt la base sur laquelle s'appuie la société que le but poursuivi par l'art social, et qui reste toujours l'utilité. Le sentiment de la justice est aveugle; il ne peut diriger la politique et la législation; c'est aux politiques et aux législateurs de l'attacher à eux, autant que possible, et de le diriger vers un but. Je n'ai pas de droit, à proprement parler, mais le sentiment du droit; c'est ce sentiment du droit, non mon droit, que le législateur doit respecter, et il ne doit le respecter qu'autant que ce sentiment se conforme plus ou moins immédiatement à l'utilité sociale.

IV. — Nous le savons, lorsque Stuart Mill, après avoir exposé toute la morale utilitaire, arrive à cette question : Où est le devoir, où est l'obligation? il fait appel à la politique pour compléter sa morale. Le devoir ne peut se remplacer que de deux manières, par l'intérêt ou par l'associa-

---

[1]. *Utilitar.*, ch. v.
[2]. *Utilitar.*, ibid.

tion des idées : il faut fondre dans la réalité l'intérêt privé et l'intérêt public, ou encore les associer dans l'âme si étroitement que nulle force ne puisse plus les séparer. Or, qui produira cette union objective ou cette association subjective des intérêts? Le moraliste à lui seul en est incapable; il faut qu'il demande main-forte au législateur. Ainsi à la morale est étroitement liée la politique; l'individu, dans le système de Stuart Mill comme dans ceux de Hobbes et d'Helvétius, tient sa vertu de l'Etat. De là vient sans doute que presque tous les utilitaires, et surtout ceux de l'école anglaise contemporaine, ont eu en même temps que leur doctrine morale un système politique ou social; ils n'ont guère pu s'en tenir à l'individu, sauf Epicure, qui précisément considérait cet individu comme doué d'un moi indépendant, d'une « liberté » un peu étrange, capable de se suffire et de s'imprimer à elle-même le mouvement [1]. La plupart ont eu besoin de compléter leur morale par autre chose, de porter leurs regards plus loin que l'individu, ce tout imparfait, ce membre qui ne peut jamais former un corps, et de reposer leurs yeux dans le spectacle d'un tout idéal.

Pour atteindre à cet idéal, il est, d'après Stuart Mill, deux grands moyens : modifier par la loi les rapports des hommes entre eux; modifier, par l'éducation, les hommes eux-mêmes. En d'autres termes, l'Etat doit venir en aide à la morale : 1° par l'organisation sociale, 2° par l'instruction individuelle.

L'organisation sociale la meilleure, d'après les moralistes ordinaires, c'est évidemment celle où la *justice* est le mieux respectée; d'après Stuart Mill, ce sera celle où le *sentiment de la justice* est le plus développé et s'applique aux utilités les plus grandes. Pour apprécier la valeur respective des diverses utilités et connaître la manière la plus utile d'*organiser* l'Etat, c'est surtout à l'économie sociale qu'il faut s'adresser.

L'organisation sociale ne suffit cependant pas à produire cette harmonie des intérêts, « le chef-d'œuvre de la législation » d'après Helvétius. Ce n'est pas tout de perfectionner et de réformer les rapports des hommes entre eux, et de construire comme le moule de la société, il faut pétrir et préparer les individus eux-mêmes. Ces individus ne sont-ils pas l'argile que le législateur, ce « potier » dont

---

1. Voir, dans notre *Morale d'Épicure*, les chapitres consacrés à la théorie de la liberté et du *clinamen*.

parlait Helvétius, placera dans le moule idéal ? C'est là le rôle de l'éducation. Nous le savons, pour Helvétius et Owen, l'éducation était tout; on pouvait faire les hommes, leur donner tel ou tel caractère, se substituer presque entièrement à leur individualité. Stuart Mill, sans tomber dans cet excès, ne s'accorde pas moins avec Owen pour admettre l'influence extrême de l'éducation.

Quelle est en effet la loi à laquelle nul être ne peut se dérober, qui explique tout en nous, nos idées, nos jugements, nos croyances, nos tendances, nos volitions, nos actes? Cette loi à laquelle revient sans cesse l'école anglaise contemporaine et qui domine tout le système utilitaire, c'est l'association des idées. L'association, *cause* de presque tout ce qui se passe en nous, devient un *moyen* à la portée de l'instituteur. Sentiment moral, sentiment du devoir, de la justice, amour de la vertu : autant de produits de l'association, autant de produits de l'expérience et de la routine naturelle, qui peuvent devenir aussi bien des œuvres de l'art. « La faculté morale, dit Stuart Mill, est susceptible, « si l'on fait suffisamment agir les sanctions extérieures et « la force des premières impressions, d'être développée « pour ainsi dire *dans toute direction* [1]. »

Stuart Mill s'efforce de faire reposer l'éducation sur des principes scientifiques. Il détermine l'objet et trace la méthode d'une science nouvelle, qu'il appelle la science de la *formation du caractère* ou *éthologie*. Cette science ne peut procéder par pure expérience, puisqu'il s'agit d'un caractère à venir; mais des lois générales fournies expérimentalement par la psychologie, l'éthologie devra tirer des conséquences de plus en plus complexes pour les appliquer aux individus. Une fois constituée, cette science « supposerait un ensemble donné de circonstances et se « demanderait ensuite quelle sera, d'après les lois de l'es- « prit, l'influence de ces circonstances sur la formation du « caractère; » ce serait « un système de corollaires de la « psychologie ». Par cette science, nous n'arriverions pas sans doute à *prédire* l'évènement dans un cas donné, faute de connaître toutes les circonstances du cas; nous saurions du moins que telles causes *tendent* à produire tel effet, et cette connaissance pourrait suffire à nous guider dans la pratique.

La formation du caractère, étant ainsi l'objet d'une science, pourra devenir plus sûrement celui d'un art, l'art

---

1. *Utilitar.*, ch. III.

de l'éducation : « Quand l'éthologie sera ainsi préparée,
« l'éducation pratique se réduira à une simple transforma-
« tion de ces *principes* en un système parallèle de *préceptes*,
« et à l'appropriation de ces préceptes à la totalité des
« circonstances individuelles existant dans chaque cas
« particulier [1]. »

Et maintenant, avec une éducation toute-puissante établie sur une base scientifique, avec une société organisée d'après l'idéal que nous montre l'économie sociale, notre progrès a-t-il des limites que nous ne puissions franchir? Non-seulement tous les intérêts seront un, non-seulement ils ne seront plus bornés les uns par les autres, non-seulement nous ne trouverons point chez les autres hommes d'obstacles à notre propre bonheur; mais nous n'en trouverons même plus dans le monde extérieur. Nulle « soustraction » ne viendra plus restreindre la somme du bonheur particulier et général, qui ira sans cesse grandissant. Pauvreté, maladie, vicissitudes de la fortune, l'homme verra successivement disparaître toutes ces causes de malheur en même temps que de vice. D'une part, « la pauvreté, lors-
« qu'en un sens quelconque elle implique la souffrance,
« peut entièrement disparaître, grâce à la sagesse de la
« société combinée avec le bon sens et la prévoyance des
« individus. D'autre part, avec l'aide d'une bonne éduca-
« tion morale et physique et d'une *surveillance* convenable
« des influences pernicieuses, notre plus opiniâtre adver-
« saire lui-même, la maladie, peut être indéfiniment réduite
« dans ses proportions, tandis que les progrès de la science
« nous promettent pour l'avenir des conquêtes encore plus
« directes sur cette détestable ennemie... Quant aux vicis-
« situdes de fortune et autres mécomptes qui tiennent à des
« ciconstances purement sociales, ils sont le plus souvent
« le résultat d'une grossière imprudence, de désirs mal
« réglés ou d'institutions d'une société mauvaise ou impar-
« faite. Bref, toutes les principales causes de la souffrance
« humaine peuvent céder en grande partie, beaucoup peu-
« vent céder presque complétement devant les soins et
« les efforts des hommes [2]. »

Ce n'est pas tout : outre le progrès physique et économique, nous avons à considérer le progrès moral et religieux :
« Si nous supposons que ce sentiment d'unité (d'un individu

---

1. *Logique*, II (trad. Peisse, p. 463).
2. *Utilitar.*, ch. II.

« avec tous les autres) soit enseigné comme une religion,
« et que toute la force de l'éducation, des institutions et de
« l'opinion soit dirigée, ainsi qu'elle l'a jadis été pour la
« religion, de façon que chaque personne grandisse dès
« l'enfance au milieu de la profession et de la pratique de
« ce sentiment, je pense qu'aucun de ceux qui peuvent
« réaliser cette conception ne doutera que la sanction
« dernière de la morale du bonheur ne soit suffisante... Je
« crois qu'il est possible de donner au service du genre
« humain — même sans le secours d'une croyance en une
« Providence — et le pouvoir psychologique et l'efficacité
« sociale d'une religion, et cela en le faisant s'emparer de
« la vie humaine et colorer toute pensée, tout sentiment et
« toute action, de telle manière que le plus grand ascendant
« exercé jamais par aucune religion n'en soit que le type et
« l'avant-goût[1]. »

Tel est l'idéal social que Stuart Mill présente aux adversaires de l'utilitarisme. A l'en croire, « aucun de ceux
« qui *peuvent réaliser* cette conception ne doutera que la
« sanction dernière, » c'est-à-dire, d'après la théorie de
Stuart Mill, l'obligation suprême « de la morale du bonheur
« ne soit suffisante »; mais comment peut-on réaliser cette
conception idéale? En attendant l'harmonie future des intérêts et leur association future, pourquoi me sentirais-je présentement obligé à les mettre en harmonie par ma conduite,
à les associer dans mon esprit? Et comment me convertirais-je à votre nouvelle religion avant même qu'existe son
objet, le bonheur suprême? — Autant de questions que
Stuart Mill a laissées sans réponse.

---

1. *Utilitar.*, ch. III. Cf. l'ouvrage posthume de Stuart Mill *sur la religion* publié par les soins d'Helen Taylor (p. 240). Il existe, y est-il dit, une *religion réelle*, quoique purement humaine, qu'on peut appeler « tantôt la religion de l'humanité, tantôt celle du devoir. » Cette religion peut admettre l'existence d'un être invisible et divin, pourvu que cet être ne soit pas conçu comme omnipotent (s'il l'était, l'existence du mal serait injustifiable) : la vertu devient alors une sorte de coopération avec cet être inconnu, qui lutte comme nous contre le mal; l'homme de bien acquiert le sentiment « qu'il aide Dieu ».

CHAPITRE VIII

GROTE, BAIN, BAILEY, LEWES, SIDGWICK

I. G. Grote. — Ses premières impressions sur l'école de Bentham. — Le traité de la *Religion naturelle*. — Les croyances religieuses jugées au point de vue non de leur vérité, mais de leur utilité.
II. M. Bain. — Éléments nouveaux introduits par M. Bain dans la question de l'obligation morale et de la responsabilité. — Conscience morale et imitation. — Comment M. Bain explique le sentiment du « devoir dans l'abstrait ». — Qu'est-ce que ce sentiment ? — Diversité et contradiction des jugements moraux, sur laquelle insiste M. Bain ; à quoi il réduit la conscience morale en dernière analyse. — La collection des codes moraux de l'humanité. — Comment M. Bain explique l'universalité des jugements moraux, là où elle existe.
III. M. Bailey. — Substitution du terme de bonheur à celui d'utilité. — Le sentiment de réciprocité et de sympathie constituant la conscience morale.
IV. M. Lewes. — La vie morale, produit du milieu social. — Développement simultané de l'intelligence et des tendances « altruistes ».
V. M. Sidgwick. — Les méthodes en morale. — Trois méthodes et trois systèmes : système égoïste, système intuitionniste, système utilitaire. — Conclusions de M. Sidgwick sur les sanctions de l'utilitarisme. — Nécessité de la sanction religieuse pour l'utilitarisme.

I. — Parmi ceux qui subirent, comme Stuart Mill lui-même, l'influence si puissante de Bentham et de James Mill, nous citerons en premier lieu George Grote, l'illustre historien et philosophe. Grote n'avait pas vingt ans qu'il appartenait déjà à l'école de Bentham. Il connut d'abord Ricardo, qui était membre du Parlement, puis James Mill ; voici comment il raconte lui-même son entrevue avec ce dernier : « J'ai vu James Mill chez Ricardo, et j'espère, si « je le fréquente, recueillir à la fois du plaisir et de l'instruc-« tion : c'est un penseur profond ; il me paraît en même « temps assez disposé à se répandre ; enfin il est intelligible « et clair. Son esprit a, j'en conviens, ce cynisme et cette « dureté qui distinguent l'école de Bentham [1]. Ce que sur-« tout je n'aime pas en lui, c'est la complaisance avec la-« quelle il insiste sur les imperfections des autres, même « des plus grands. Mais il est si rare de rencontrer sur son

---

[1]. On sait que Stuart Mill se plaint de cette dureté dans son *Autobiographie*.

« chemin un homme de cette profondeur que je m'empres-
« serai de le cultiver [1]. »

En 1876 ont paru les *Fragments de Grote sur les sujets de morale*. On y retrouve les idées essentielles de l'école benthamiste, avec un certain nombre de modifications importantes. Grote ne parle plus guère du « plus grand bonheur » et il parle moins encore de la « somme des plaisirs de l'individu « ; l'idéal moral commence à n'être plus pour lui, comme pour Darwin et Spencer, que le « bien-être social », l'état de santé du grand organisme humain. Notons aussi une soigneuse distinction entre la matière de la moralité et sa forme, enfin une genèse de la conscience morale plus complète que les esquisses tentées par les autres disciples de Bentham. Selon Grote, la conscience morale est un produit de l'état social, un résultat complexe de la sanction attachée par la société à l'observance ou à la non-observance des prescriptions qu'elle nous impose [2]. A beaucoup d'égards l'ouvrage de G. Grote, publié trop tard, était une œuvre de transition : il préparait la voie à l'utilitarisme scientifique tel que devaient le concevoir Darwin et Spencer.

Un autre livre curieux de G. Grote, comme moraliste, est l'*Analyse de l'influence de la religion naturelle sur le bonheur du genre humain*, d'après les papiers laissés par Bentham.

Le moraliste a besoin de savoir si la religion possède en réalité une influence bienfaisante ou malfaisante sur les esprits, si elle ne trouble pas notre bonheur au lieu de le favoriser, si elle n'entrave pas le progrès intellectuel et moral de l'individu, si enfin par son existence comme institution sociale elle ne compromet pas les intérêts de la civilisation. Telle est la question que Grote et Bentham examinent. Par *religion naturelle*, ils entendent le fonds commun de toutes les religions, et partant la religion même en général.

« Parmi les livres que je lus dans le courant de cette
« année (1822) et qui contribuèrent beaucoup à mon déve-
« loppement, dit Stuart Mill dans ses Mémoires, je dois men-
« tionner un ouvrage écrit d'après certains manuscrits de
« Bentham, publié sous le nom de Philip Beauchamp et le

---

[1]. Voir *The personal life of George Grote*, par Mrs. Grote. London, 1873.

[2]. Il ne faut pas confondre George Grote avec son f.ère John Grote, qui fut de son vivant professeur de philosophie morale à l'université de Cambridge et qui a laissé, entre autres écrits, un *Examen de la philosophie utilitaire* et un *Traité sur les idéaux moraux*. John Grote est hostile à l'utilitarisme ; il oppose les idéaux de perfection que l'homme peut concevoir et doit réaliser au pur calcul du bonheur.

« titre d'*Analyse de l'influence de la religion naturelle sur le*
« *bonheur temporel du genre humain*. C'était un examen non
« de la vérité, mais de l'utilité des croyances religieuses dans
« le sens le plus général, abstraction faite de toute révélation
« spéciale, — c'est-à-dire de la question qui joue de notre
« temps le plus grand rôle dans les discussions dont la reli-
« gion fait l'objet. » Jusqu'ici on avait ignoré le nom du
véritable auteur de l'*Analyse*: Stuart Mill n'avait pas cru devoir le révéler dans ses *Mémoires*. C'est seulement à la fin
de 1874 que M. Bain l'a dévoilé dans une préface aux opus-
cules inédits de George Grote [1].

Selon Grote et Bentham, la religion a l'influence la plus
pernicieuse sur le bonheur du genre humain. Elle condamne
une foule d'actions qui seraient utiles aux hommes; elle
commande une foule d'actions qui sont nuisibles. Le type
qu'elle propose à leur imitation est une divinité incompréhensible à la fois dans la fin qu'elle se propose et dans les
moyens qu'elle emploie; or, quel est le vrai nom d'une telle
incompréhensibilité? C'est folie. Le fou est l'homme incompréhensible dans son but et dans ses moyens tout à la fois,
tandis que le génie est incompréhensible seulement dans
les moyens qu'il emploie. En proposant ce Dieu terrible,
capricieux, tyrannique, à l'adoration de tous, la religion
pervertit l'humanité. En ouvrant la perspective d'une vie
sans fin au delà de la tombe, elle introduit dans la morale
un motif sans valeur et sans force probante, dont les résultats ne sont que des maux. « Ces motifs surhumains sont
« inefficaces pour produire le bien temporel et efficaces
« pour produire le mal. » Les dommages causés à l'individu
par la religion sont : 1º les souffrances sans profit, 2º les
privations inutiles, 3º les terreurs indéfinies, 4º la censure

---

1. « Il ne faut pas oublier, dit M. Bain, quand on rappelle les œuvres
« littéraires de George Grote pendant cette période de dix ans (1820-1830),
« qu'il consacra beaucoup de temps à des manuscrits de Jérémie Ben-
« tham que le vénérable penseur avait confiés à son jeune disciple,
« pour qu'il leur donnât une forme lisible. Après avoir digéré et arrangé
« cette masse de matériaux, Grote publia, en 1832, un petit volume
« in-8º, sous le titre d'*Analysis of the influence of the natural religion on
« the temporal happiness of mankind, by Philip Beauchamp*.

« Le manuscrit fut remis à M. Place, qui le fit imprimer par Richard
« Carlile. On choisit exprès Carlile, parce qu'il était alors en prison à
« Dorchester, et, par conséquent, à l'abri de nouvelles poursuites. A
« cette époque, les libraires de Londres redoutaient d'avoir affaire à des
« livres où la religion était en question. Les papiers originaux de la
« main de Bentham sont devenus la propriété de Mme G. Grote par la
« volonté de l'auteur. Ils existent encore, ainsi que la lettre de Ben-
« tham à Grote qui accompagnait l'envoi du manuscrit. »

des plaisirs par des scrupules préalables et des remords subséquents. Les dommages causés non-seulement aux croyants, mais encore aux autres hommes, sont : 1° la création d'une antipathie factice ; 2° la perversion de l'opinion populaire, la corruption du sentiment moral, la sanctification de l'antipathie, l'aversion du progrès ; 3° l'incapacité des facultés intellectuelles pour les choses utiles en cette vie ; 4° la croyance injustifiable ; 5° la dépravation du caractère ; 6° la création d'une classe irrémédiablement opposée aux intérêts de l'humanité. En effet, entre l'intérêt particulier d'une aristocratie au pouvoir et celui d'une classe sacerdotale, il semble qu'il y a une affinité et une concordance parfaite ; chacune de ces classes fournit à l'autre l'instrument qui lui manque. « L'aristocratie, par exemple,
« dispose d'une masse de force physique suffisante pour
« écraser toute résistance partielle, et ne demande qu'à
« être assurée contre une opposition générale et simul-
« tanée de la part de la communauté. Pour s'en garantir,
« elle est obligée de prendre fortement possession de l'opi-
« nion publique, de la réduire à porter le joug, d'y im-
« planter des sentiments qui neutralisent la haine de
« l'esclavage et facilitent l'œuvre de spoliation. C'est un
« but pour lequel la classe sacerdotale se trouve le mieux
« faite et le plus heureusement taillée. Grâce à son influence
« sur les sentiments moraux, elle place une soumission
« aveugle au premier rang des devoirs de l'homme. Ses
« membres prêchent le plus profond respect pour le pou-
« voir temporel ; ils représentent les autorités actuelles
« comme établies et consacrées par l'autocrate immatériel
« d'en haut, et comme participant de sa divine majesté. Le
« devoir des hommes envers le gouvernement temporel se
« confond alors avec le devoir envers Dieu ; c'est une per-
« pétuelle prosternation de l'intelligence, aussi bien que
« de la volonté. Outre cet abaissement positif des facultés
« morales, destiné à assurer la non-résistance, les épou-
« vantails surnaturels, la croyance *extra-expérimentale*, que
« le clergé est si habile à répandre, tout cela tend au même
« résultat. Toutes ces causes produisent la méfiance,
« l'alarme, l'insécurité qui dispose un homme à s'estimer
« heureux d'un peu de jouissance, et en même temps elles
« étouffent toutes les aspirations vers une amélioration à
« venir et même toute idée que cette amélioration soit pos-
« sible [1]. »

1. Traduction Cazelles, p. 157.

En somme, le traité de la *Religion naturelle* est inspiré par une idée vraiment originale : il n'a pas pour but, comme tant d'autres livres de ce genre, d'attaquer ou de défendre la religion en se plaçant sur son terrain propre; dans la sphère mystique où elle se retranche, la religion peut sembler toujours inattaquable ; il transporte la question sur un autre terrain et fait la critique de la religion au point de vue moral, politique et économique : c'était là une entreprise hardie, bien digne de Bentham et de son disciple, bien conforme à cet esprit pratique que montra l'école anglaise dans toute la première moitié de ce siècle. Dans ce petit livre, qui ne fut peut-être pas remarqué comme il le méritait, l'attaque est souvent vigoureuse, et les coups portent juste.

II. — Nous avons vu avec Stuart Mill l'école inductive s'arrêter hésitante devant le sentiment de l'obligation morale; elle ne peut s'en passer, elle ne peut le remplacer, et elle n'a pu encore bien l'expliquer.

M. Bain, un des représentants les plus distingués de cette école, introduit dans la question quelques éléments nouveaux. Ce qui ressortait le mieux des explications embarrassées de Stuart-Mill, c'est que le sentiment de l'obligation morale, du moins dans ce qu'il a de vif et d'impératif, était une transformation plus ou moins lointaine de la *crainte.* M. Bain y voit quelque chose de plus : ce n'est pas seulement la crainte de l'autorité extérieure, c'est encore l'*imitation* de cette autorité. Nous tendons à nous mettre en harmonie avec le milieu, et en une sorte d'harmonie qui n'est pas extérieure et comme formelle, mais intime ; nous ne nous conformons pas seulement à ce milieu, nous le reproduisons en nous; au commandement du dehors ne répond pas seulement une obéissance passive, mais une obéissance pour ainsi dire active, un commandement du dedans : telle est la genèse de la conscience. La conscience n'est donc nullement un attribut distinct ou une faculté distincte. « Cette partie de notre constitution est moulée
« sur l'autorité extérieure comme sur son type (is moulded
« upon external authority as its type)... Je maintiens que la
« conscience est une *imitation en nous du gouvernement hors*
« *de nous* (an imitation within ourselves of the government
« without us); même quand elle diffère dans ses *prescrip-*
« *tions* de la moralité courante, le *mode de son action* est en-
« core parallèle à l'archétype. J'admets volontiers » — c'est

aussi la théorie de Stuart Mill — « qu'il y a des impulsions
« primitives de l'esprit qui nous disposent à l'accomplis-
« sement du devoir social, parmi lesquelles les principales
« sont : 1° la prudence ou intérêt propre, 2° la sympathie
« qui nous pousse à une conduite désintéressée. Mais la
« qualité particulière ou attribut que nous appelons con-
« science est distincte de toutes ces inclinations et reproduit,
« dans la maturité de l'esprit, un fac-simile du système de
« gouvernement pratiqué autour de nous (a fac-simile of the
« system of government as practised around us). La preuve
« de cette observation est dans le développement de la con-
« science depuis l'enfance [1]. »

Mais une « grande difficulté » se présente : l'individu ne se commande pas toujours ce que lui commande l'autorité extérieure ; il est des cas où lui-même, et en son propre nom, il se donne des ordres ; où il ne semble plus seulement répéter et imiter, mais commencer et créer ; où il ne conforme plus ses actes à un type objectif, mais produit et tire de lui-même l'idéal moral. Comment « expli-
« quer les cas où l'individu est une loi pour lui-même (is a
« law to himself)? » Il y a là, avoue M. Bain, une apparente contradiction, mais qui, d'après lui, « n'a rien de
« bien formidable. Le sentiment formé d'abord, et cultivé
« par les relations du commandement actuel et de l'obéis-
« sance actuelle, peut à la fin s'établir sur un fondement
« indépendant (stand upon an independent foundation),
« tout comme l'étudiant, instruit par la réception implicite
« des notions scientifiques de ses professeurs, arrive peu
« à peu à les croire ou à ne pas les croire sur l'évidence de
« sa propre découverte [2]. » Ainsi, obéir à sa seule conscience après avoir obéi jusqu'alors et à sa conscience et à l'autorité du dehors, c'est, d'après M. Bain, faire comme l'artiste qui tend à l'originalité, qui commence par imiter, par copier même, mais finit par se suffire à lui seul et par ne compter que sur ses propres forces. L'homme moral est un disciple qui se sépare du maître, un écolier qui, après avoir répété des leçons, veut en faire à son tour. L'obligation morale n'est plus seulement, comme dans Stuart Mill, une crainte détachée de son objet, le châtiment, et devenue en quelque sorte neutre ; c'est une autorité qui est devenue indépendante de son principe extérieur et qui semble libre.

---

1. *Emotions and will*, p. 283.
2. *Emot. and will*, p. 288.

Enfin, outre cette obligation que l'agent moral s'impose à lui-même, M. Bain aperçoit et croit pouvoir distinguer un sentiment qu'il appelle le *sentiment du devoir dans l'abstrait* (the sense of duty in the abstract). « Un homme, dit-il, alors
« qu'il accomplit toutes ses obligations reconnues, peut ne
« pas avoir présents à l'esprit la crainte du châtiment, le res-
« pect de l'autorité, l'affection ou la sympathie,... son propre
« avantage indirectement poursuivi, ses sentiments reli-
« gieux, ses inclinations individuelles, d'accord avec l'esprit
« du précepte, la contagion de l'exemple ou tout autre
« élément actif qui excite à l'action ou aiguillonne à l'abs-
« tention. » Pour expliquer ce phénomène merveilleux, M. Bain emploie l'éternel exemple de l'avare, qui semble destiné à devenir le complément inséparable de tout traité de morale « associationniste. » Il n'existe point un sentiment *primitif* du devoir dans l'abstrait, pas plus qu'il n'existe un amour inné de l'or dans l'abstrait. C'est, en effet, « la puissance de l'association que de produire de
« nouveaux centres de force détachés des particularités
« qui, originairement, leur donnèrent une signification.
« Ces nouvelles créations rassemblent parfois autour d'elles
« un corps de sentiments plus puissant qu'il ne pourrait
« être inspiré par aucune des réalités constituantes. Rien
« de ce que l'avare pourrait acheter avec la monnaie
« n'affecte son esprit aussi fortement que le système ari-
« thmétique de ses gains. Il en est ainsi avec le sentiment
« habituel du devoir dans une certaine classe d'esprits,
« et avec les grandes abstractions de la vérité, de la jus-
« tice, de la pureté, et autres semblables (the great abstrac-
« tions of truth, justice, purity, and the like) [1]. On ne peut
« prouver qu'elles soient des sentiments primordiaux. »
Et M. Bain, à l'appui de cette thèse, invoque la rareté de ces sentiments [2].

La conscience morale, tirant son principe de l'autorité extérieure, doit renfermer les éléments de diversité que celle-ci renferme; elle doit varier comme elle d'après les temps, les lieux, les circonstances. M. Bain insiste beaucoup, et plus que Stuart Mill, sur la diversité et la contra-

---

1. *Emot. and will*, p. 290.
2. « La rareté comparative de sentiments si élevés à l'égard de la
« moralité abstraite, si l'on y réfléchit bien, prouvera, pour tout cher-
« cheur sincère, qu'ils ne sont point fournis déjà dans le schème ori-
« ginal de l'esprit, tandis que la possibilité d'expliquer leur développe-
« ment partout où il se présente rend *anti-philosophique* de recourir à
« une telle hypothèse. » (*Emot. and will*, p. 291.)

diction des jugements moraux, d'où il conclut la diversité des consciences morales. Il distingue le sentiment moral, qui est universel, de la matière à laquelle il s'applique, qui varie suivant les individus. « Toute l'espèce humaine, « dit-il, est d'accord pour avoir le *sentiment* de la croyance, « quoiqu'elle ne soit pas d'accord sur les *matières* de la « croyance ou sur les causes qui la produisent. De même « pour la conscience ; chaque homme peut avoir le senti- « ment de la conscience, c'est-à-dire *d'approbation* et de « *désapprobation* morale. Tous les hommes sont d'accord en « tant qu'ayant ces sentiments, bien qu'ils ne soient pas « d'accord sur les matières auxquelles ces sentiments s'ap- « pliquent ou sur les causes qui les produisent : *l'accord* « *entre eux est émotionnel* (the agreement among them is « emotional)[1]. » Si une discussion s'élève entre deux individus, on ne peut décider en faisant appel à ce sentiment qui leur est commun : « Le sentiment de chacun est infail- « lible pour lui. Lorsqu'un abolitionniste du Massachusetts « dénonce l'institution de l'esclavage et qu'un prêtre de « la Caroline la défend, tous les deux ont en commun le « même sentiment de justice ou d'injustice ; mais le senti- « ment est excité par des objets totalement différents [2]. » Le fait fondamental, qui se reproduit partout et chez tous, c'est le fait de l'approbation et de la désapprobation : faculté d'approuver ou de désapprouver, voilà à quoi semble se réduire, sous l'effort de l'analyse anglaise, la conscience morale.

Mais comment connaître et déterminer les objets que la conscience des divers peuples approuve ou désapprouve ? Il n'y a qu'un moyen, d'après M. Bain : observer et classer. Montaigne engageait ses contemporains « à ramasser en un « registre, selon leurs divisions et leurs classes, sincèrement « et curieusement, les opinions de l'ancienne philosophie sur « notre être et nos mœurs, leurs controverses, le crédit et suite « des divers parties. » — « Le bel ouvrage et utile que ce « serait [3] ! » s'écriait-il. Ce que Montaigne conseillait de faire pour les controverses et les contradictions antiques, M. Bain le conseille pour les contradictions de tous les temps et de tous les pays qui peuvent exister entre les hommes et les systèmes. « Il faudrait, dit-il, composer et « soumettre à notre examen une complète collection de « tous les codes moraux qui ont jamais existé. »

1. *Emot. and will*, p. 266.
2. *Ibid.*, p. 268.
3. Mont., *Ess.*, t. III.

En l'absence de cette collection, on peut dire, d'après lui, que le blâme ou la louange de tous les êtres humains s'attachent à deux grandes classes d'actions : 1° à celles qui sont nécessaires au maintien de la *sécurité publique ;* 2° à celles qui satisfont simplement un goût, un pur sentiment.

Les actions de la première classe sont généralement uniformes, parce qu'elles tendent à un but extérieur et invariable : « Il y a jusqu'à un certain point d'*éternels et* « *immuables jugements moraux* sur ces chefs : répudiation « du meurtre, de l'asservissement et de la rébellion ; mais « leur origine n'implique aucune faculté interne particu- « lière : elle implique seulement une situation commune « à l'égard du dehors. Nous pourrions aussi bien soutenir « l'existence d'une universelle intuition inspirant l'unifor- « mité de structure dans les habitations humaines. »

L'universalité n'a donc ici d'autre raison, d'après M. Bain, que la nécessité. L'état social est nécessaire à l'homme ; certaines conditions élémentaires sont nécessaires au maintien de l'état social ; donc ces conditions seront universellement observées. Ceux qui les ont enfreintes n'ont pas tardé à disparaître, laissant la place à des êtres plus *moraux*, ce qui veut dire plus intelligents et sachant mieux se conformer au milieu : c'est la *lutte pour la vie* dont parle Darwin. « Sans doute, si la triste histoire de notre race avait été « conservée dans tous ses détails, nous aurions maint « exemple de tribus qui ont péri pour avoir été incapables « de concevoir un système social ou les restrictions qu'il « impose [1]. »

Les actes de la seconde classe, qui sont une affaire de *pur sentiment*, de caprice, sont essentiellement variables : par exemple, boire du vin en l'honneur de Bacchus, se couvrir le visage en public comme les musulmanes, etc. L'uni- « formité consiste seulement dans ce fait d'imposer quelque « chose qui n'est pas essentiel au maintien de la société. » Ces sortes d'actions ont d'ailleurs chez chaque peuple, ajoute M. Bain avec une exagération que démentiraient les utilitaires eux-mêmes, « la même autorité que n'importe « quelle obligation morale. »

L'idée importante que M. Bain semble avoir introduite dans le débat entre les écoles inductive et intuitive, c'est

---

[1]. *Emot. and will*, p. 269. — Même idée exprimée par Lucrèce (voir notre *Morale d'Épicure*, p. 163).

l'idée d'*autorité* comme fondement de l'obligation morale. Il y revient sans cesse, et insiste beaucoup « sur ce « moyen essentiel pour nous fournir le sentiment d'obli- « gation ». Faire de la conscience non pas seulement une crainte, mais une imitation, une reproduction de l'autorité extérieure, une répétition du dehors par le dedans, c'est là sans doute une idée ingénieuse, qui explique mieux le phénomène psychologique de l'*enforcement* des règles morales, et que nous aurons à examiner plus tard.

III. — Outre M. Bain, il faut mentionner, parmi les défenseurs contemporains de la morale inductive en Angleterre, M. Samuel Bailey. Dans ses *Lettres sur la philosophie de l'esprit humain*, il reproduit la théorie utilitaire sans y rien ajouter de vraiment original. Trouvant ambigu le terme d'utilité, il y substitue, comme l'avait fait Bentham sur la fin de sa vie, le terme de *bonheur*. L'unique critérium est donc, selon lui, la production du bonheur (the production of happiness). Nous approuvons, il est vrai, des actions justes par cela seul qu'elles sont justes; mais M. Bailey répond à cette objection, comme toute l'école utilitaire, que l'action juste et recommandable produit une espèce particulière de plaisir, et que ce *plaisir* rentre dans le genre du *bonheur;* le critérium de la justice coïncide ainsi avec celui du bonheur(the test of justice coïncides with the happiness-test).

Quant à la faculté morale, M. Samuel Bailey nous répète qu'elle est un composé de sentiments, dont les principaux sont le sentiment de *réciprocité* et celui de *sympathie*. Il néglige le *sentiment* de l'*autorité*, ce que lui reproche M. Bain.

IV. — M. Lewes, ce penseur fort original par d'autres côtés, ne nous semble pas non plus avoir apporté de changement essentiel aux principes de la morale anglaise. Dans ses *Problèmes de la vie et de l'esprit*, où il n'aborde d'ailleurs qu'en passant les questions morales, il montre toute l'influence exercée sur l'individu par le milieu social. C'est le milieu social qui nous donne la pensée en nous donnant la parole ; il crée en même temps les tendances altruistes, qui constituent une si grande partie de notre être, et la meilleure : de là une vie nouvelle, la vie morale proprement dite, fondée tout entière sur la sympathie, et dans laquelle on sent et on agit pour autrui sans autre intérêt que la satisfaction de l'instinct social. « Nous connaissons « que notre faiblesse nous est commune avec tous les « hommes, et ainsi nous partageons les souffrances de « chacun. Nous sentons la nécessité de nous entr'aider, et « par là nous sommes disposés à travailler pour les autres. « Les impulsions égoïstes nous portent vers les objets « seulement en tant qu'ils sont des moyens de satisfaire au « désir. Les impulsions altruistes, au contraire, ont plus « besoin de l'intelligence pour comprendre l'objet lui-« même dans toutes ses relations. D'où il suit qu'une im-« moralité profonde est une pure stupidité. »

Ainsi, selon M. Lewes, le développement de la science correspond au développement des sentiments sympathiques ; peut-être qu'au fond intelligence et moralité ne font qu'un ; peut-être que savoir, c'est jusqu'à un certain point aimer. Il y a, croyons-nous, du vrai dans cette pensée ; toutefois ne faudrait-il point distinguer avec le vieux Socrate la science parfaite, la science absolue, des sciences imparfaites, qui sont « ambiguës » et peuvent servir à une double fin, au bien comme au mal [1] ? Une « immoralité profonde » ne peut-elle pas s'accorder, comme on le voit assez souvent, avec un notable développement des facultés intellectuelles, au moins sur certains points ?

V. — L'ouvrage de M. Henri Sidgwick, *les Méthodes en morale*, est un dernier effort pour critiquer et compléter en même temps l'utilitarisme. Cet ouvrage a soulevé d'intéressantes discussions dans les *Revues* anglaises, principalement dans *Mind*, où MM. Bain, Barrat, Bradley, Calderwood ont critiqué M. Sidgwick, tantôt au nom des benthamistes, tantôt au nom des *intuitionnistes*.

Selon M. Sidgwick, les sciences pratiques, dont la morale fait partie, ont pour objet non ce qui est, mais ce qui doit être. Le postulat essentiel de l'éthique, c'est que, dans telles ou telles circonstances, quelque chose *doit* être fait. Seulement, que faut-il entendre par ce mot *devoir*? Rien de mystique ; c'est simplement le but le plus rationnel que les hommes puissent se proposer. Or les fins rationnelles que

---

[1]. Voir sur ce point la *Philosophie de Socrate*, par A. Fouillée, conclusion.

l'homme peut poursuivre se ramènent à trois : 1° le bonheur propre, principe de la morale égoïste; 2° le bonheur général, principe de la morale utilitaire; 3° la perfection, en elle-même et pour elle-même, principe de la morale intuitive. D'où cette conclusion : il y a trois méthodes et trois systèmes en morale : l'*égoïsme*, l'*intuitionnisme*, l'*utilitarisme*.

La morale, suivant M. Sidgwick, n'implique pas nécessairement le libre arbitre. Il suffit en effet, pour la constituer, que certaines fins soient conçues comme rationnelles et que certains actes puissent être désintéressés ; or, un être sans libre arbitre peut être raisonnable et concevoir des fins raisonnables ; de plus, il peut, tout en restant soumis au déterminisme, accomplir certains actes désintéressés [1]. La morale est donc possible dans l'hypothèse du déterminisme. Une seule partie de la morale, selon M. Sidgwick, impliquerait le libre arbitre : la théorie de la justice, qui exige que chacun soit récompensé ou puni selon qu'il a mérité ou démérité, car le mérite et le démérite supposent le libre arbitre.

M. Sidgwick examine d'abord la méthode égoïste. Il rejette le critérium de la qualité proposé par Stuart Mill, comme inconséquent et illusoire : dans le système égoïste, la qualité ne peut être une condition de choix qu'autant qu'elle se ramène à la quantité la plus grande possible de plaisir. Un principe domine la morale égoïste : c'est que tous les plaisirs sont mesurables entre eux et peuvent former une échelle, comme dans le thermomètre moral de Bentham. Or, selon M. Sidgwick, il est en fait impossible de construire cette échelle. M. Sidgwick le fait voir par une longue discussion du benthamisme où il résume avec force tous les arguments accumulés par ses devanciers et y ajoute encore lui-même des arguments nouveaux. Sa conclusion est que la méthode empirique de Bentham ne saurait aboutir à un calcul rigoureux et scientifique des plaisirs ou des peines [2].

---

1. Nous examinerons plus tard si, au contraire, l'hypothèse d'un désintéressement vrai ne présupposerait pas elle-même comme postulat l'hypothèse d'une certaine liberté. — Quoi qu'il en soit, M. Sidgwick se sépare nettement des utilitaires antérieurs, en admettant que la possibilité de la morale repose au moins en partie sur la possibilité du désintéressement.
2. Les arguments de M. Sidgwick ne sont pas toujours très philosophiques : que penser du suivant, dirigé contre la morale égoïste? —
« Pourquoi sacrifier un plaisir présent pour un plus grand dans l'avenir?
« Pourquoi me considérer moi-même comme intéressé dans mes senti-
« ments à venir plutôt que dans les sentiments des autres personnes?

Après une critique souvent superficielle de la *morale intuitive*, dont les auteurs anglais ont généralement beaucoup de peine à comprendre les principes, M. Sidgwick passe à l'exposition de la morale utilitaire telle qu'il l'entend. L'*utilitarisme* n'est autre chose, selon lui, que la *doctrine du bonheur universel (universalistic hedonism* [1]). Il importe de ne pas le confondre avec la doctrine *égoïste* de Bentham, ni avec la doctrine psychologique sur « l'*origine* « des sentiments moraux ». Ici se place une des opinions de M. Sidgwick qui nous semblent le moins soutenables : à l'en croire, peu importent les théories relatives à l'origine et à la nature des sentiments moraux ; la morale proprement dite n'a pas à s'en préoccuper. « L'utilitarisme,
« comme doctrine de devoir et de vertu, n'est pas néces-
« sairement lié avec la théorie que les sentiments moraux
« sont dérivés, par association d'idées ou autrement, des
« expériences de plaisirs non moraux ou de peines non
« morales, résultant pour l'agent ou pour les autres des
« différentes espèces de conduite. » M. Sidgwick fait ici allusion aux genèses de sentiments tracées par les Stuart Mill et les Bain, comme par les Darwin et les Spencer. « La question de l'autorité d'un principe moral n'a rien
« à voir avec une investigation de son origine. Ces sen-
« timents moraux, de quelque façon qu'ils soient dérivés,
« se trouvent dans notre conscience présente comme des
« impulsions indépendantes, et réclament autorité sur
« les désirs et aversions les plus primitifs, dont on pense
« qu'ils sont dérivés... En un mot, ce qu'on appelle com-
« munément la théorie utilitaire de l'origine des sentiments
« moraux, soit dans la forme que lui a donnée la der-
« nière école des psychologistes de l'association, soit dans
« la forme plus récente de la doctrine de l'évolution, est,
« à parler strictement, compatible avec l'une quelconque
« des trois méthodes de conduite. »

Selon nous, la question qui paraît ici secondaire à M. Henri Sidgwick est au contraire la principale. Si l'école

---

« Et cette question s'adresse spécialement aux psychologues de l'école
« empirique... Si le *moi* est purement un système de phénomènes cohé-
« rents, si le moi permanent et identique n'est pas un fait, mais une
« fiction, pourquoi une partie de la série des sentiments dans lesquels
« le moi se résout serait-elle intéressée par une autre partie de la même
« série plus que par une autre série quelconque? » (P. 387.) C'est là un mode d'argumentation bien naïf dans sa subtilité.

1. P. 379. Nous nous servons de la seconde édition (London, Macmillan, 1877).

de l'association ou celle de l'évolution me montre dans mes sentiments moraux de simples transformations de l'instinct, si elle dissèque ma prétendue conscience morale et la résout en des éléments purement physiques, si elle réduit en même temps l'*autorité* des lois morales à la force de l'habitude, de l'hérédité, de l'instinct, comment soutenir que cette autorité subsiste néanmoins pleine et entière, et que l'opinion qui ramène l'origine des sentiments moraux à une transformation de l'égoïsme est compatible avec la doctrine intuitive comme avec la doctrine utilitaire, comme avec la doctrine égoïste? Aussi, parmi les critiques dont le livre de M. Sidgwick a été l'objet dans le *Mind*, nous ne nous étonnons pas de trouver la suivante. La méthode de M. Sidgwick est purement et simplement la vieille *méthode introspective*, subjective, celle des psychologues et des moralistes qui ne prétendent qu'à observer leur conscience sans remonter aux causes. C'est une méthode d'apparences semblable à celle des premiers astronomes, qui se contentaient de regarder les astres tourner autour de la terre en spéculant sur des illusions d'optique comme sur des réalités. « En fait, dit M. Alfred Barratt, l'auteur de *Physical « Ethics*, M. Sidgwick part de l'hypothèse d'une faculté « morale dont il refuse de chercher l'origine sous pré« texte que cette recherche historique ne rentre pas dans « le cadre de la morale... La seule méthode scientifique « pour traiter de la morale est précisément celle que M. Sidg« wick a négligée : la méthode physique, qui repose sur ce « principe que la fin de toute action est le plaisir de l'agent, « que, si l'agent est un organisme ou une société, ses actes « soutiennent deux espèces de rapports, interne, externe. « La moralité a donc deux aspects, qui peuvent être appelés: « loi de la santé, loi de la conduite [1]. »

Comment déterminer le « bonheur universel », principe de la morale? — Sur ce point, selon M. Sidgwick, on ne peut avoir recours, quant à présent, qu'à un *hédonisme empirique*. On ne voit pas dès lors la supériorité de l'utilitarisme ainsi compris sur les autres morales. Mais ce qui trahit le plus l'embarras de l'auteur, c'est le chapitre final sur les sanctions de l'utilitarisme. Selon lui, ce système peut à la rigueur se concilier avec l'intuitionisme, à la condition qu'on considère la perfection suprême, objet

---

[1]. *Mind*, avril 1877.

de l'intuition morale, comme identique au fond avec le bonheur universel, identité qui n'est pas improbable, qui est même probable. « Mais pouvons-nous réconcilier de même « l'hédonisme égoïste avec l'hédonisme universel ?... Quoi- « que, dans un état tolérable de société, l'accomplissement « des devoirs envers les autres et l'exercice de la vertu « sociale semblent *généralement* coïncider avec le plus « grand bonheur possible de l'agent vertueux, cependant « l'*universalité* et la *complète exactitude* de cette coïncidence « sont tout au moins incapables de recevoir une preuve « expérimentale. Plus nous analysons avec soin les di- « verses sanctions, légale, sociale et intérieure, considé- « rées comme opérant dans les conditions actuelles de la « vie humaine, plus il semble certain qu'elles ne peuvent « toujours être adéquates, de manière à produire cette « coïncidence. » On voit que M. Sidgwick ne tombe pas dans les erreurs où étaient si souvent tombés Bentham et même Stuart Mill. Il ajoute : « L'effet naturel de cet argu- « ment sur un utilitaire déjà convaincu est de le rendre « désireux de changer les conditions actuelles de la vie « humaine... Toutefois nous n'avons pas à considérer main- « tenant ce qu'un utilitaire conséquent s'efforcera de faire « *pour l'avenir*, mais ce qu'un égoïste conséquent a à faire « *dans le présent*. » La distinction est fort juste, et nous avons été forcé de la faire nous-même en commentant Stuart Mill. « Il y a, continue M. Sidgwick, des écrivains « de l'école utilitaire qui semblent affirmer ou supposer « que, en considérant l'importance supérieure de la sym- « pathie comme élément du bonheur humain, nous ver- « rons la coïncidence du bien de chacun avec le bien de « tous. Je fais spécialement allusion au traité de Mill sur « l'utilitarisme... Mais personne ne peut affirmer que la « sympathie soit actuellement assez développée chez le « plus grand nombre d'hommes pour produire ce résultat... « Aussi une autre section de l'école utilitaire a préféré ap- « puyer le devoir sur la sanction religieuse. De ce point de « vue, le code utilitaire est considéré comme la loi de « Dieu. » Selon M. Sidgwick, la sanction religieuse serait effectivement le seul moyen de réconcilier l'utilitarisme universel avec l'égoïsme. Pauvre ressource pour le système, il faut l'avouer. M. Sidgwick reconnaît d'ailleurs que « l'existence de la sanction religieuse ne peut être dé- « montrée par de simples arguments moraux. Nous pou- « vons seulement montrer que, sans quelque supposition

« de ce genre, *la science morale ne peut être construite.* » — Après avoir exposé les arguments en faveur d'une sanction divine, M. Sidgwick conclut son livre en disant : « A « tout cela on a répondu très-logiquement que l'existence « de ces désirs, quoique élevés, ne prouve pas l'existence « de leurs objets... Mais on peut répliquer que nous n'au- « rions pas une conception complète de l'argument en « faveur d'une telle hypothèse, si nous nous la repré- « sentions simplement comme satisfaisant certains désirs. « Nous devons plutôt la regarder comme une hypothèse « logiquement nécessaire pour supprimer une contradic- « tion fondamentale dans une des principales sphères de la « pensée. Si nous trouvons que, dans les autres sphères « de notre savoir supposé, on accepte généralement pour « vraies des propositions qui ne semblent avoir d'autres fon- « dements que notre forte disposition à les accepter et leur « nécessité pour lier systématiquement nos croyances, il « sera difficile de rejeter en morale une supposition ayant un « fondement semblable, pour ouvrir la porte au scepticisme « universel [1]. »

Tel est le *deus ex machinâ* qu'invoque en dernière ressource l'utilitarisme de M. Sidgwick pour réconcilier l'*hédonisme universel* avec l'*égoïsme personnel* : selon ce philosophe, la sanction, au lieu d'être comme pour Kant une *conséquence* du « devoir », en est plutôt une *condition sine quâ non*. Je ne puis sacrifier mon intérêt personnel dans la vie présente si je ne conçois pas ce sacrifice comme devant être amplement compensé plus tard. Bentham avait donc grand tort, d'après M. Sidgwick, d'attaquer si vigoureusement les religions. La morale vient en somme se suspendre tout entière à une conception religieuse; cette conception elle-même, si on essaie de la formuler plus nettement que M. Sidgwick, ne pourra aboutir qu'à la notion d'un dieu utilitaire, voulant pour toutes ses créatures la plus grande somme de plaisirs, mais ne pouvant la distribuer dès cette vie, et uniquement occupé dans l'éternité à corriger les misères de ce monde (misères qu'il a dû lui-même contribuer à produire). Cette conception d'un dieu impuissant ou repentant est-elle plus soutenable que la doctrine religieuse vulgaire? Au moins celle-ci, qui considère la vie actuelle comme une épreuve imposée à la liberté

---

[1]. P. 466-469. En quoi serait-ce ouvrir la porte au scepticisme universel que de rejeter l'idée d'une providence distributrice, à laquelle une foule de penseurs et des peuples entiers n'ont pas ajouté foi?

humaine, peut encore proposer une explication apparente des maux d'ici-bas en faisant de ces maux la condition du « mérite moral » : la peine et la souffrance ne sont plus alors qu'une sorte de monnaie avec laquelle on achète la moralité suprême, seul bien véritable. La douleur prend un caractère prétendu providentiel, et le croyant ne s'étonne plus de ce qu'elle est répandue si généreusement à la surface du globe. Mais un dieu utilitaire, ne voulant que le plaisir de ses créatures et leur prodiguant les souffrances, ne serait-il pas une absurdité vivante? Il semble qu'une religion vraiment conséquente ne va pas sans un certain mépris de la douleur : comme le pressentait Bentham avec son bon sens habituel, l'utilitarisme, loin de pouvoir s'appuyer sur le mysticisme, trouve plutôt en lui son antagoniste naturel.

M. Sidgwick n'aboutit donc ni au point de vue moral, ni au point de vue religieux, à aucune conclusion satisfaisante. Sa seule conclusion logique serait une pure négation; s'il évite cette négation, c'est qu'il n'a pas eu le courage de faire porter sa critique de la morale sur le point essentiel, sur l'origine même du sentiment moral et de ces « désirs élevés » qu'il invoque en terminant. Un souhait ou un désir n'est pas une raison; il peut y avoir opposition entre un *désir instinctif* et une *négation rationnelle*, sans qu'il y ait au cœur même de la pensée humaine cette « contradiction fondamentale » qui épouvante M. Sidgwick et qui le fait se réfugier dans un acte de foi. La contradiction, si elle existe, ne se trouve que dans son propre système. La critique souvent pénétrante et toujours si parfaitement sincère de M. Sidgwick « ouvre la porte au scepticisme », pour s'empresser ensuite de la pousser à moitié; mais il est trop tard : il faut qu'une porte soit ouverte ou fermée. Critiquer est une marque de force d'esprit; mais on ne peut s'arrêter dans la critique sans indécision et faiblesse.

En somme, le livre de M. Sidgwick, avec ses subtilités, ses timidités et ses inconséquences partielles, marque assez bien le moment où la doctrine purement utilitaire nous semble arrivée et la crise qu'elle traverse aujourd'hui. Elle a pris conscience des difficultés; elle ne cherche plus à les cacher et ne sait guère comment en sortir. Elle abandonne de plus en plus le vieux principe de l'égoïsme sur lequel Bentham l'avait fondée, et elle ne se demande pas si elle ne perd point par là toute raison d'être. En face d'elle, au contraire, se dresse une nouvelle école, qui a l'ardeur de la jeunesse et la foi saine que donne la science : c'est l'école de l'évolution, fondée tout récemment par MM. Spencer et Darwin. Il nous reste à étudier ces deux grands penseurs et à voir comment ils rajeunissent, par des faits nouveaux et de nouvelles hypothèses, la morale utilitaire, qui a toujours voulu s'appuyer uniquement sur des faits [1].

1. Citons encore auparavant un autre philosophe et psychologue, d'un esprit un peu trop éclectique, M. Murphy, qui a essayé de concilier la morale *dérivée* et la morale *intuitive*. M. Murphy reconnaît trois choses dans lesquelles consiste la moralité ou l'excellence morale : 1° préférer le futur au présent : c'est la prudence, ou d'une manière plus précise la vertu utilitaire ; 2° préférer l'intérêt d'un autre au sien propre : c'est le désintéressement ou la vertu sympathique ; 3° préférer une fin plus élevée à une plus basse, par exemple l'accomplissement d'un devoir qui ne sera pas récompensé à un plaisir. « Je ne puis trouver, dit-il, aucun
« mot qui distingue proprement cette espèce de vertu des deux autres,
« excepté le mot de sainteté. » (*Habit and Intelligence*, ch. xxxii, p. 63).
« La prudence, ajoute M. Murphy, se développe quand la pensée et la
« volonté ont obtenu l'ascendant sur la pure sensation et sur l'action
« qui l'accompagne. Les vertus désintéressées ont leur racine dans ces
« instincts qui excitent tous les organismes sensibles ou même insen-
« sibles à accomplir les actions nécessaires pour la conservation de la
« race. Mais comment avons-nous acquis l'idée de la sainteté, com-
« ment avons-nous appris que certains plaisirs, indépendamment de leur
« intensité, sont plus élevés que d'autres et plus dignes de recherche?...
« Comment avons-nous appris à concevoir des fins de devoir si hautes,
« que même les plus hauts plaisirs présents ou futurs devraient être
« tenus pour infimes en comparaison? Je crois que ce sens moral ou sen-
« timent du saint ne peut être rapporté à un principe appartenant à la
« matière, à la vie ou à la sensation, et peut seulement être expliqué
« comme un cas non de l'intelligence vitale, mais de l'intelligence spi-
« rituelle. » M. Murphy fait ensuite la critique de la théorie de Stuart Mill :
« M. Mill, dans son ouvrage sur l'utilitarianisme... maintient que le sens
« moral est produit par association au moyen des sensations de plaisir ou
« de peine. Il est pourtant obligé d'admettre, ou plutôt, devrais-je dire,
« il place au frontispice de sa théorie que, outre leur différence en quan-
« tité (ce qui, je suppose, signifie l'intensité multipliée par la durée),
« les plaisirs diffèrent encore l'un de l'autre comme plus élevés et plus
« bas. Un peu d'un plaisir plus élevé vaut une grande quantité d'un
« plaisir plus bas. Sans doute je suis d'accord avec lui sur ce dernier
« point ; mais je pense que ce point détruit en entier la théorie, je pense
« qu'il introduit un élément moral dans le sujet, sans dire d'où il est dé-
« rivé, et qu'en conséquence il confesse virtuellement qu'il est non dérivé
« (un-derived). » (P. 64.)
Ainsi, M. Murphy, après avoir admis que la vie et l'intelligence dépassent la matière considérée comme simple mécanisme, élève au-dessus de la puissance vitale et de l'intelligence quelque chose de supérieur, la moralité ; il se croit obligé de rétablir ainsi ce troisième « degré » que la philosophie allemande avait déjà admis, la moralité supérieure à la logique de l'intelligence et au mécanisme de la nature.
« Quoique le sens moral, dit-il dans sa conclusion, se développe en
« sortant de l'amour du plaisir et de la crainte de la peine, il contient
« cependant un élément qui dépasse tout à la fois la vie organique et
« la sensation (*transcends organic life and sensation*). »
Sans le savoir peut-être, M. Murphy revient à Kant. Que serait cette *sainteté*, sinon le respect d'un principe qui serait sacré par lui-même et qui aurait en lui-même une valeur absolue, indépendamment de notre intérêt propre et de tous les autres intérêts? C'est la sainteté dont parlait Kant et qu'il voulait élever au-dessus de la vertu même, comme étant l'achèvement de la vertu.

CHAPITRE IX

DARWIN

Efforts successifs tentés par les partisans de la morale *dérivée* pour établir une genèse complète de la conscience. Que les ingrédients de la « chimie mentale » doivent être empruntés non-seulement au règne humain, mais encore au règne animal. Le naturalisme venant compléter l'utilitarisme et lui donner plus de force en lui donnant plus de largeur.

I. — Par quelles évolutions l'instinct social des animaux tend à se transformer en sentiment moral. — Traits de dévouement chez les animaux. — L'apparence du désintéressement chez les animaux, comme l'apparence du désintéressement chez les hommes, ramenée à la recherche du plaisir.

II. — L'instinct social, en se combinant avec la mémoire et la réflexion, produit le remords, ce qui caractérise l'être moral et sépare l'homme de l'animal. — Le principe du plus grand bonheur, critérium des actions. — Tous les phénomènes de la conscience humaine se produiraient-ils nécessairement chez tout être doué : 1° d'un instinct moral; 2° de mémoire et de réflexion ? — Le devoir d'un chien d'arrêt. — Ce que serait notre moralité si nous nous trouvions dans les conditions de vie des abeilles.

III. — Eléments nouveaux ajoutés par Ch. Darwin à l'utilitarisme.

Analyser les sentiments moraux, en faire la « genèse », comme on dit en Angleterre, en tracer pour ainsi dire la ligne de descendance, c'est là sans contredit l'une des tâches les plus importantes que l'école anglaise se soit proposées.

Les philosophes anglais avaient d'abord cherché l'origine du sentiment moral dans l'éducation : le sentiment moral, selon Stuart Mill, est le produit complexe d'habitudes inculquées à l'enfant par ses parents, qui les ont reçues eux-mêmes de leurs propres parents, et ainsi de suite. Explication encore bien insuffisante et dont Stuart Mill lui-même ne se contente pas. Outre cette partie du sentiment moral, qui est inculquée par l'éducation, Mill en distingua bientôt une autre qui est *naturelle*, quoique dans le fond elle soit acquise. La conscience n'est pas seulement une habitude, elle est devenue une sorte d'instinct; ce n'est pas seulement un produit de l'éducation, c'est une partie de la nature; pour en saisir tous les éléments, il faut aller plus haut que l'individu : c'est un courant dont la source se perd dans la nuit des siècles, et qu'il faut remonter le plus loin possible pour en sentir le mieux la force et en mieux voir la direction. — M. Bain fait plus : la conscience, étant une série d'instincts ou d'habitudes héréditaires, rentre dans les lois qui président à la formation des instincts ; cette lutte qui s'engage entre les êtres au sujet des conditions physiques de la vie a dû aussi s'engager entre les hommes au sujet des conditions morales de la vie; il s'est fait, ici comme partout, une sorte de triage; les plus forts, c'est-à-dire les plus moraux, ont seuls vaincu et ont seuls survécu. Là est le secret du perfectionnement moral de l'humanité. Ainsi l'histoire de la conscience humaine tend à se confondre avec l'histoire de l'homme lui-même. Mais, arrivée aux dernières limites du domaine humain, l'école inductive s'arrêtera-t-elle? Puisque l'individu ne tient pas de lui-même sa moralité, puisque nous nous l'empruntons les uns aux autres à travers les siècles, pourquoi cette suite non interrompue d'emprunts, de dettes mutuelles, s'interromprait-elle brusquement? Pourquoi, grâce à cette loi même de Darwin que M. Bain a déjà invoquée, ne pourrions-nous chercher la dernière origine du sentiment moral, les derniers ingrédients de toute cette « chimie mentale », au delà du règne humain, jusque chez les animaux? La lutte pour la vie morale ne saurait être restreinte à l'homme, alors que la lutte pour la vie physique embrasse l'univers entier. Si l'homme est déjà en germe dans l'animal, ce qui semble constituer l'homme même, ce sentiment moral si délicat, si achevé, si fini en quelque sorte, et qui semble en même temps si infini et si absolu, doit y être aussi en germe. La psychologie et la morale inductives, qui reposent tout entières sur les faits, ne peuvent négliger cette multitude de faits nouveaux que leur présente le règne animal et au milieu desquels elles vont peut-être découvrir les sentiments humains à leur naissance. Retrouver ainsi l'homme dans l'animal, au moral comme au physique, tel est le but d'un ouvrage capital de Ch. Darwin, *la Descendance de l'homme.*

I. — En premier lieu, d'après Ch. Darwin, les animaux possèdent évidemment un *instinct social*, acquis ou du moins développé par la sélection naturelle, qui sans cesse agit sur tous les êtres et les modifie de manière à augmenter leur résistance vitale. Les éléments les plus importants de cet instinct sont l'*amour* et la *sympathie*. A l'origine, et chez les animaux inférieurs, cet instinct se manifeste par une tendance à certains actes définis et invariables; il a une précision mécanique. C'est là le point de départ; mais, à mesure qu'on s'élève dans l'échelle des êtres, il devient plus vague, il embrasse dans une sphère plus étendue des actes plus nombreux et plus indéterminés : les animaux sociables se plaisent dans la compagnie de leurs pareils, s'avertissent mutuellement des dangers, se défendent et s'entr'aident de leur mieux.

Et maintenant, supposez que cet instinct social, d'abord automatique et précis chez les espèces inférieures, puis plus conscient, mais plus indéterminé, en vienne de nouveau, tout en restant conscient et intelligent, à s'exprimer dans des actions distinctes et déterminées comme celles que nous accomplissons sous l'influence du devoir : vous aurez proprement l'instinct ou le sens moral, vous aurez le germe des actions vertueuses. Cette sympathie d'abord toute fatale, puis plus raisonnée et en quelque sorte plus libre, Ch. Darwin se charge d'en trouver des exemples probants chez les animaux supérieurs.

Observons les rapports des animaux *de même espèce* entre eux, par exemple des singes. « Brehm rencontra en Abyssinie
« un grand troupeau de babouins qui traversaient une
« vallée : une partie avait déjà remonté la montagne; les
« autres étaient encore en bas. Ces derniers furent attaqués
« par les chiens; mais les vieux mâles dégringolèrent
« aussitôt des rochers, les gueules ouvertes et avec un
« grognement si féroce, que les chiens battirent précipi-
« tamment en retraite [1]. » Ch. Darwin aurait pu distinguer avec précision dans cet exemple le moment où l'instinct social donne naissance à un instinct vraiment moral et presque humain. Si le troupeau, au lieu d'être coupé en

---

1. Darwin, *The descent of man*, t. I, c. III.

deux parties, avait été réuni, il y aurait eu une sorte de défense générale et réciproque contre les ennemis communs : on eût vu une manifestation de l'instinct social pur et simple, mêlé et confondu avec l'instinct individuel de conservation. Le troupeau étant séparé, l'intérêt des membres du troupeau se sépare aussi et entre en conflit : le plus grand intérêt, pour ceux qui étaient déjà arrivés au sommet, c'eût été de fuir à toutes jambes. Il se posait donc devant eux une alternative qu'il fallait trancher par une action précise, consciente et, le mot ne serait pas exagéré d'après Ch. Darwin, coupable ou vertueuse. L'instinct social, mis en relief par son opposition avec l'instinct de conservation individuelle, devient proprement instinct moral. Nos babouins ont d'abord montré une sorte de patriotisme ; ce n'est pas tout : « On excite de nouveau les chiens à « l'attaque ; pendant ce temps, tous les babouins avaient « gagné les hauteurs, à l'exception d'un jeune de six mois « environ, qui poussait des cris de détresse sur un bloc de « rocher où il était entouré par la meute. C'est alors qu'on « vit un des mâles les plus forts redescendre de la montagne, « aller droit au jeune, le cajoler et l'emmener en triomphe, « les chiens étant trop surpris pour s'y opposer [1]. » L'esprit de corps, qui dominait encore dans le premier exemple, s'efface ici tout à fait pour faire place, dans le dernier acte de ce petit drame animal, à un véritable esprit de dévouement. Ch. Darwin cite d'autres exemples non moins curieux et dont nous pourrions faire une analyse semblable : un jeune singe cercopithèque est saisi par un aigle ; mais il se retient à une branche, crie au secours : toute la bande s'élance avec un tapage infernal et se met à plumer le ravisseur, qui prend la fuite au plus vite. Lorsqu'un babouin en captivité est recherché pour un méfait qui mérite punition, ses camarades s'efforcent de le protéger. On a trouvé un pélican vieux, complètement aveugle, gros et gras pourtant, qui avait dû être nourri longtemps par ses compagnons ; de même pour des corbeaux ; de même pour un coq domestique.

Les traits cités jusqu'alors se sont passés entre animaux de même espèce, ou pour mieux dire de même communauté : chez les animaux, c'est le « patriotisme de clocher » qui fait loi. Pourtant, les instincts sympathiques et moraux ne tardent pas à s'étendre au delà des bornes tracées par

---

[1]. Darwin, *The descent of man*, t. I, c. III.

les affinités d'origine. Ch. Darwin cite ces amitiés bizarres nées dans les ménageries, l'affection des animaux domestiques pour leurs maîtres, mais surtout un trait bien remarquable d'un petit singe américain : « Il y a quelques années,
« un gardien du jardin Zoologique me montra une blessure
« profonde et à peine cicatrisée que lui avait faite un
« babouin féroce pendant qu'il était à genoux sur le plancher
« de la cage. Le petit singe, qui aimait beaucoup le gardien,
« vivait dans le même compartiment et avait une peur hor-
« rible du babouin ; néanmoins, lorsqu'il vit son ami en
« péril, il s'élança sur l'agresseur et le tourmenta si bien par
« ses cris et par ses morsures, que l'homme put s'échapper,
« non sans avoir couru de grands risques pour sa vie. »

II. — Des faits de courage et de dévouement étant constatés chez les animaux comme chez les hommes, Ch. Darwin explique les premiers comme Bentham et Stuart Mill expliquent les seconds : par la recherche du plaisir ou la crainte de la peine [1]. En effet, la satisfaction d'un instinct est un plaisir d'autant plus intense que l'instinct est plus fort ; or, en général, l'instinct social est énergique, car il est éminemment utile à la conservation de l'espèce, et comme tel, grâce à la loi de sélection, il tend nécessairement à se développer. Quel degré de volupté intérieure ne faut-il pas pour retenir sur ses œufs, et de longs jours, l'oiseau remuant ! L'animal, entraîné par l'instinct, est donc en même temps entraîné par le plaisir.

Ce n'est pas tout. Il existe un élément que nous n'avons point encore introduit dans la question : c'est la mémoire et la réflexion. Supposez que les instincts sociaux ou moraux entrent en lutte avec quelque désir subit, violent, comme la faim, avec une passion, comme la haine : ils sont vaincus. Mais, une fois la faim assouvie ou la rancune satisfaite, le plaisir né de cette satisfaction s'efface ; les instincts sociaux restent, persistants et vivaces ; ils ont pour eux tout le passé, toutes les tendances, toutes les habitudes accumulées lentement par l'hérédité ; ils n'ont contre eux qu'un moment de plaisir déjà disparu et lointain. Lorsqu'alors l'intelligence, ressaisissant par la réflexion l'acte

---

[1]. « Il est toutefois probable, dit-il, que dans beaucoup de cas les
« instincts se perpétuent par la seule force de l'hérédité, sans le stimu-
« lant du plaisir ou de la peine. Un jeune chien d'arrêt, flairant le gibier
« pour la première fois, semble ne pas pouvoir s'empêcher de tomber
« en arrêt. » De même pour l'écureuil qui, dans sa cage, cherche à enterrer les noisettes qu'il ne peut manger.

accompli, le compare aux exigences de l'instinct social toujours vivace et pressant, elle ne peut pas ne pas prendre en horreur cet acte ; dans ces conditions, le souvenir de la défaite subie par l'instinct social prend nécessairement la forme du *remords*[1]. De même, la prévision d'une victoire remportée par cet instinct prend nécessairement la forme d'un *devoir*. « Le verbe impérieux *devoir*, dit Ch. Darwin, « semble impliquer tout simplement la conscience d'un « instinct persistant, inné ou en partie acquis, lequel nous « sert de guide, bien que nous puissions lui désobéir. »

Et maintenant, n'avons-nous pas, à la suite de Ch. Darwin, franchi la distance qui sépare l'animal de l'homme? Pour produire, avec les éléments que nous fournissait le règne animal, la *conscience morale* proprement dite, il nous a suffi d'ajouter la réflexion, le retour sur soi, facultés que personne ne déniera à l'homme. Ch. Darwin a découvert chez les animaux une sorte de vertu spontanée, des instincts moraux encore enveloppés dans la classe plus étendue des instincts sociaux : à ces instincts ajoutez l'intelligence, vous aurez, d'après lui, le sentiment de l'*obligation morale*, du *devoir*, qui précède, suit, assiége en quelque sorte l'action. On pourrait, conformément à la pensée de Ch. Darwin, définir l'obligation morale la conscience d'une direction imprimée à notre volonté par toute la série d'activités antécédentes. Ce serait là peut-être, entre les

---

1. « Un des exemples les plus curieux que je connaisse d'un instinct en dominant un autre est celui de l'instinct d'émigration l'emportant sur l'instinct maternel. Le premier est étonnamment fort ; un oiseau captif, lors de la saison du départ se jette contre les barreaux de sa cage, jusqu'à se dépouiller la poitrine de ses plumes et à se mettre en sang. Il fait bondir les jeunes saumons hors de l'eau douce, où ils pourraient cependant continuer à vivre, et leur fait ainsi commettre un suicide sans intention. Chacun connaît la force de l'instinct maternel, qui pousse des oiseaux fort timides à braver de grands dangers, bien qu'ils le fassent avec hésitation et contrairement aux inspirations de l'instinct de conservation. Néanmoins l'instinct migrateur est si puissant, qu'on voit en automne des hirondelles et des martinets abandonner fréquemment leurs jeunes et les laisser périr misérablement dans leurs nids... C'est là un exemple d'un instinct temporaire, mais très-énergiquement persistant dans le moment, qui l'emporte sur un autre instinct habituellement prépondérant sur tous les autres. Pendant que l'oiseau femelle nourrit ou couve ses petits, l'instinct maternel est probablement plus fort que celui de la migration ; mais c'est le plus tenace qui l'emporte, et enfin, dans un moment où ses petits ne sont pas sous ses yeux, elle prend son vol et les abandonne. Arrivé à la fin de son long voyage, l'instinct migrateur cessant d'agir, quel remords ne ressentirait pas l'oiseau si, doué d'une grande activité mentale, il ne pouvait s'empêcher de voir repasser constamment dans son esprit l'image de ses petits qu'il a laissés dans le nord périr de faim et de froid? » (*The descent of man*, trad. Barbier, p. 29.)

définitions essayées par l'école inductive, l'une des plus conformes à notre sentiment intime.

Dans la nouvelle théorie, « ce qui caractérise un être « *moral*, c'est la *faculté de comparer ses actions passées et fu-* « *tures*, ainsi que les motifs de ces actions, d'approuver les « unes et de réprouver les autres. » — Jusqu'à présent, on avait considéré le rappel et la comparaison des actions comme une des opérations de la conscience ; d'après Ch. Darwin, cette opération est la conscience même.

« Au moment de l'action, l'homme est sans doute ca- « pable de suivre l'impulsion la plus puissante ; or, bien « que cette impulsion puisse le pousser aux actes les plus « nobles, elle le portera le plus ordinairement à satisfaire « ses propres désirs aux dépens de ses semblables. Mais « après cette satisfaction donnée à ses désirs, lorsqu'il com- « parera ses impressions passées et affaiblies avec ses ins- « tincts sociaux plus durables, le châtiment viendra. « L'homme se sent alors mécontent de lui-même et prend « la résolution, avec plus ou moins de vigueur, d'en agir « autrement à l'avenir. C'est là la conscience, qui regarde « en arrière et juge les actions passées. »

« Un animal quelconque, dit encore Ch. Darwin, doué « d'instincts sociaux prononcés, acquerrait inévitablement « un sens moral ou une conscience, aussitôt que ses fa- « cultés intellectuelles se seraient développées aussi com- « plètement ou presque aussi complètement que chez « l'homme [1]. »

Ce principe établi que la faculté de comparer ses actions passées et futures constitue l'être moral, Ch. Darwin fixe d'une manière très-précise les points qui rapprochent et les points qui séparent l'homme de l'animal. — Le sens moral, dit-il, résulte en premier lieu de la persistance et de la vivacité des instincts sociaux, — ce qui rapproche l'homme des animaux inférieurs, — et en second lieu de l'activité de ses facultés mentales et de la profonde impression que lui laissent les évènements passés, — ce qui constitue un caractère spécial à l'homme. Son esprit est ainsi fait qu'il ne peut pas s'empêcher de regarder en arrière, de se représenter les impressions d'évènements et d'actions qui appartiennent au passé ; il regarde aussi sans cesse en avant. Il s'ensuit que, si un désir passager, une émotion fugitive ont eu raison de ses instincts sociaux, il viendra

---

1. Darwin, *The descent of man*, c. III, trad. Barbier, p. 77 et 99.

un moment où il réfléchira et comparera l'impression affaiblie de ces impulsions passées avec l'instinct social qui n'a rien perdu de sa force ; il éprouvera dès lors ce mécontentement qu'excite un instinct non satisfait, et il prendra la résolution d'en agir autrement à l'avenir : — c'est la conscience. Ajoutons, comme autre principe de différence entre l'homme et l'animal, que les instincts sociaux poussent vaguement le premier à secourir ses semblables, mais ne déterminent plus d'avance les actions par lesquelles il les secourra. Ils lui montrent la fin, en laissant à sa volonté le soin de déterminer les moyens. L'homme, en effet, pouvant par le langage [1] donner une forme précise à ses besoins ou à ses désirs, tout instinct spécial a cessé chez lui d'avoir sa raison d'être, et, grâce à la loi d'économie qu'emploie sans cesse la nature, a cessé d'exister. Enfin, la tendance innée qui porte l'animal à accomplir des actes utiles n'agit plus aussi directement sur l'homme ; elle s'est transformée et remplacée elle-même : la sympathie, en nous rendant sensibles à l'éloge ou au blâme, en nous engageant à exprimer l'un ou l'autre, a créé en nous de nouveaux mobiles et comme des centres secondaires d'attraction.

En somme, d'après Ch. Darwin, prenez un animal quelconque, douez-le d'instincts sociaux énergiques, développez ses facultés intellectuelles jusqu'au point où elles deviendraient comparables aux facultés humaines : vous n'aurez besoin d'ajouter rien autre chose, cet être deviendra un être moral, il acquerra un sens moral, une conscience. La réflexion, en effet, jointe au langage, se chargera toute seule de changer peu à peu en sentiment moral ce qui n'était à l'origine qu'une impulsion instinctive. Bien

---

1. Ch. Darwin s'attache à montrer que le langage, qui constitue l'une des différences les plus grandes entre l'homme et l'animal, n'établit pas pour cela entre eux une limite infranchissable. Les animaux, jusqu'à un certain point, se parlent ; le singe, lorsque l'homme lui parle, écoute et comprend en partie. Supposez qu'un singe, plus avisé que les autres, un singe de génie, ait imité un jour le cri d'une bête sauvage pour en signaler l'approche : voilà une des origines possibles du langage. Peu à peu la voix se serait exercée, les organes vocaux se seraient développés ; ajoutez la transmission héréditaire, la sélection, et vous aurez le langage humain. La parole, nécessairement, réagit sur le cerveau, réagit sur la pensée, qui n'est qu'une sorte de langage intérieur. Si les singes ne parlent pas, c'est que leur espèce a été frappée d'un arrêt de développement ; ils ressemblent à ces oiseaux qui ne chantent pas ; ils sont comme les corbeaux, qui, pourvus d'un appareil vocal semblable à celui du rossignol, ne savent que croasser. Cf. L'Expression des émotions chez l'homme et les animaux.

plus, la tradition, devenue opinion publique de la communauté, approuvera et consacrera sous le nom de *morale* certains actes et une certaine conduite tendant à « promouvoir » le bonheur général.

Seulement, il est un fait qu'il ne faut pas oublier et qui semble singulièrement fortifier la doctrine inductive. Le sens moral est modelé sur la nature particulière des instincts primitifs; aussi, variez ces instincts, vous modifierez la forme du sentiment moral. Il s'en faudrait de beaucoup que le sens moral acquis par un être différent de nous fût nécessairement identique au nôtre. En loi générale, d'après Ch. Darwin, « tout instinct qui est continuellement plus « fort qu'un autre ou plus persistant, donne naissance à un « sentiment que nous exprimons en disant qu'il faut lui « obéir. » Ce n'est donc pas prendre le mot *devoir* au figuré que de dire : Un chien d'arrêt *doit* arrêter le gibier. « Un chien d'arrêt, s'il pouvait réfléchir sur sa conduite « passée, se dirait à lui-même : J'aurais dû arrêter ce lièvre « au lieu de me laisser aller à la tentation passagère de le « chasser. » — « Supposons, dit ailleurs Ch. Darwin, pour « prendre un cas extrême, que les hommes se fussent pro-« duits dans les conditions de vie des abeilles : il n'est pas « douteux que nos femelles non mariées, à l'instar des « abeilles ouvrières, considéreraient comme un devoir « sacré de tuer leurs frères, et que les mères cherche-« raient à détruire leurs filles fécondes, sans que personne « y trouvât à redire. »

Ainsi, d'après Ch. Darwin comme d'après M. Bain et l'école inductive, le sentiment moral est nécessaire, il est né de la force des choses ; au contraire, les objets, la matière de ce sentiment sont, par cette même force des choses, essentiellement variables. Il n'existe nulle part une sorte de *punctum saliens* où viendraient indivisiblement s'unir le sentiment et sa matière, la volonté et son objet : l'un et l'autre restent distincts, leur soudure n'est jamais indestructible, leur union est toujours passagère.

La volonté, produit complexe de l'instinct, de l'intelligence et de la passion, n'a point de centre fixe auquel elle puisse s'attacher. Il existe un sentiment moral immuable, il n'existe point une morale immuable.

Comme confirmation de toute la doctrine, Darwin invoque l'évolution des sentiments moraux. L'importance accordée à telle ou telle vertu est toujours proportionnelle à l'importance de cette vertu même comme condition d'existence pour le groupe social au sein duquel elle s'exerce. Les « vertus strictement sociales », indispensables au maintien de toute société, même la plus élémentaire, ont été seules estimées dans le principe. Les vertus individuelles et privées, comme la tempérance, la chasteté, etc., ont au contraire été inconnues d'abord ou dédaignées. De plus, c'est dans le sein d'une même tribu, et non d'une tribu à une autre, que les hommes ont d'abord pratiqué les vertus sociales elles-mêmes. Aucune tribu ne pourrait subsister si l'assassinat, la trahison, le vol, etc., y étaient habituels; par conséquent, à l'origine, ces crimes sont « flétris d'une infamie éternelle dans les limites de « la tribu »; mais, au delà de ces limites, « ils n'excitent « plus les mêmes sentiments. »

III. — Après cette analyse originale de la conscience et des sentiments moraux, Ch. Darwin en vient à se demander quel est le principe qu'on doit assigner scientifiquement à la morale : est-ce la recherche du bonheur personnel ou l'égoïsme? est-ce la recherche du plus grand bonheur total, comme le veulent Bentham et Stuart Mill? — mais nous venons de voir que notre moralité humaine a pour origine et pour racine l'instinct social des animaux; peut-on donc dire qu'en obéissant à leurs instincts les animaux aient recherché avec réflexion, soit leur bonheur propre, soit celui de la communauté ? Non, assurément. Ces instincts sont le produit nécessaire des *conditions de vie* où ils se sont trouvés placés : c'est la lutte aveugle pour la vie plutôt que la recherche consciente du bonheur qui domine la nature entière, c'est elle aussi qui domine l'humanité. Si donc on veut nommer le vrai principe sur lequel repose la morale, il ne faut pas dire le *bonheur personnel* ou *général;* il faut chercher un mot plus vague, exprimant une chose moins subjective et moins humaine que le bonheur. Ch. Darwin propose le terme de *bien général*, et il entend par là la prospérité, la santé physique et morale de la communauté. « Le terme *bien général*, « dit-il, peut se définir ainsi : le moyen qui permet d'élever, « dans les conditions existantes, le plus grand nombre d'in- « dividus en pleine santé, en pleine vigueur, doués de fa- « cultés aussi parfaites que possible. » — « Lorsqu'un « homme, ajoute Darwin, risque sa vie pour sauver celle « d'un de ses semblables, il semble plus juste de dire qu'il « agit pour le bien-être général que pour le bonheur de l'es- « pèce humaine. » Disons même que *l'espèce humaine*, en sa totalité, ne peut guère être jamais le vrai but, le vrai centre de nos actions; la morale naturelle, suivant la définition qui en a été donnée tout à l'heure, s'arrête aux limites de la communauté ; « toutefois, dit Ch. Darwin, cette défi-« nition mériterait peut-être quelques réserves, à cause de la « morale politique. » On voit que, dans sa pensée, il existe une certaine opposition entre la morale naturelle et la morale politique, entre l'instinct social et la pensée humanitaire.

Le *bien général* objectif étant posé comme le vrai principe de la morale, le bonheur subjectif devient un centre secondaire d'action; cependant il garde encore une notable importance. « Le bien-être réel et le bonheur de « l'individu coïncident habituellement, dit Ch. Darwin, et « une tribu heureuse et contente prospérera mieux qu'une « autre qui ne le sera pas. Nous avons vu que, dans les « premières périodes de l'histoire de l'homme, les désirs « exprimés par la communauté ont dû naturellement in-« fluencer à un haut degré la conduite de chacun de ses « membres; tous recherchant le bonheur, le principe du « *plus grand bonheur* sera devenu un but et un guide secon-« daire fort important, les instincts sociaux, y compris la « sympathie, servant toujours d'impulsion première et de « principal guide. » Ici Ch. Darwin revient, par une sorte de détour, à l'utilitarisme. On pourrait dire, en développant sa pensée, que la lutte pour la vie, chez l'homme, se complique et devient aussi la lutte pour le bonheur. Dans cette lutte, il se produit encore une sorte de sélection naturelle : la raison, se développant, voit mieux les moyens du bonheur ; l'expérience, s'étendant, apprend à mieux se servir de ces moyens; on aperçoit de plus loin les relations de cause à effet, de moyen à fin, et on exige des vertus de plus en plus raffinées. De cette manière naît dans la société une sorte de concurrence pour la vertu, comme dans la nature une concurrence pour la vie; seulement, les forces mises en jeu sont ici des forces morales. L'organisme moral de chaque homme se perfectionne de génération en génération, comme se perfectionnait l'organisme physique de chaque animal, et l'humanité se rapproche sans cesse de cette fin, « le plus grand bonheur ».

On le voit, le désaccord entre Ch. Darwin et l'école utilitaire n'est pas aussi grand qu'on pourrait le croire. La *fin dernière* des actions est la même dans les deux doctrines, car le bonheur général a pour condition nécessaire le bien-être général, la prospérité, la santé de tous les membres. Seulement, quand il s'agit de mouvoir l'homme vers ce but dernier de la morale, les utilitaires invoquent l'égoïsme bien entendu ; Ch. Darwin l'instinct social, dont l'homme est « comme *imprégné* ». « Ainsi, dit-« il, se trouve écarté le reproche de placer dans le vil prin-« cipe de l'égoïsme les fondements de ce que notre nature « a de plus noble, à moins cependant qu'on n'appelle « égoïsme la satisfaction que tout animal éprouve lorsqu'il « obéit à ses propres instincts et le mécontentement qu'il « ressent lorsqu'il en est empêché [1]. » Précisément, pourrait-on répondre, l'*égoïsme* n'a jamais consisté en autre chose que dans la recherche de toute satisfaction personnelle, d'où qu'elle vienne. Lorsque Bentham appelait la morale la « régularisation de l'égoïsme », il est bien certain qu'il comprenait dans ce mot la satisfaction des penchants sympathiques comme de tous les autres penchants. De même Helvétius, lorsqu'il disait que l'homme compatissant est « forcé » par sa nature même à secourir autrui, et qu'en souffrant à la place des autres il ne fait que préférer la douleur la moins forte. De même encore Épicure, lorsqu'il conseillait au sage de mourir pour son ami, afin de s'épargner la souffrance de le perdre. Les utilitaires ont toujours pris le mot *égoïsme* dans ce sens large, et désigné par là le *moi* tout entier avec tous ses instincts et ses penchants. Peut-être était-ce un abus, peut-être y a-t-il lieu de faire ici une distinction ; mais, en tout cas, Ch. Darwin ne se sépare guère d'eux que sur cette question de mots. Sa doctrine complète admirablement la morale utilitaire, mais elle ne la contredit vraiment pas.

Si Ch. Darwin ne nous paraît point avoir apporté de grand changement dans le principe de la morale anglaise, son œuvre n'en a pas moins été considérable. La genèse empirique de la conscience morale n'avait jamais été faite d'une manière aussi remarquable. La théorie de la sélection naturelle semble apporter ici une sérieuse confirmation à la morale inductive. Cette production de la conscience au moyen de l'instinct apparaît, dans la « chimie mentale », comme le signe d'un progrès semblable à celui qu'a récemment réalisé la chimie physique en construisant avec des corps inorganiques des corps organiques, en faisant des substances végétales avec des minéraux, en créant presque la plante avec la pierre.

---

1. *Descent of man*, trad. franç., p. 106.

CHAPITRE X

M. HERBERT SPENCER [1]

I. — L'humanité enveloppée dans le système du monde. — Réduction du bonheur au désirable et du désirable au nécessaire. — Le plaisir, forme nécessaire de l'intuition morale. — Méthode morale d'après M. Spencer. — L'utilitarisme vulgaire et l'ancienne astronomie.
II. — But de la morale. — Ce que M. Spencer entend par moralité *relative* et moralité *absolue*. — Que la moralité absolue est le terme de l'évolution humaine. — Principe fondamental de la doctrine de l'évolution : permanence de la force; que ce principe dépasse l'expérience. — Point métaphysique sur lequel porte le dissentiment de Stuart Mill et de M. Spencer. — La corrélation des forces et le rhythme dans le monde physique et dans le monde moral. — Grand rhythme de l'évolution et de la dissolution.
III. — La loi d'évolution et la tendance à l'individuation ou à l' « intégration. » — La loi morale déduite de cette tendance. — Ce que c'est que le « plus grand bonheur. » — La « moralité organique ». — Idéal de M. Spencer et idéal de Kant. — L'évolution morale dans l'humanité; est-elle nécessaire ou libre. — Oscillations et rhythmes de cette évolution. — Etat de guerre et état de paix. — Equilibre final.
IV. — Evolution dans les sentiments moraux de l'humanité. — Transformation des sentiments égoïstes en sentiments altruistes. — Que les sentiments altruistes sont essentiellement stables et universels. — Genèse de la générosité, de la pitié; genèse originale du sentiment de la justice ; terme auquel tend ce sentiment.
V. — L'évolution dans les idées et les principes moraux de l'humanité. — Ambiguïté du mot *utile*. — Critique de l'utilitarisme vul-

---

1. M. Spencer a précédé sur plus d'un point Ch. Darwin. L'illustre naturaliste renvoie lui-même, dans son chapitre sur la morale, à celui qu'il appelle « notre grand philosophe ». Si nous plaçons ici M. Spencer après Ch. Darwin, c'est que, quand les dates ne sont pas trop éloignées, nous donnons la préférence à l'ordre logique sur l'ordre chronologique. Le système de M. Spencer nous semble achever et couronner tous les autres systèmes conçus par la pensée anglaise.

gaire, procédant par le calcul et l'expérimentation directe. — Théorie du sens moral. — Organisme moral produit par l'expérience et transmis par l'hérédité. — Comment M. Spencer explique l'obligation et la sanction morale. — Disparition graduelle du sentiment de l'obligation.

VI. — Politique et législation. — Progrès sur Bentham et Stuart Mill. — Quelle est la vraie fonction du gouvernement? — Quelle est la meilleure forme de gouvernement? — Les deux forces du progrès social. — Idéal du gouvernement.

Nous avons vu, avec Ch. Darwin, l'école inductive placer dans le règne animal l'origine des sentiments moraux de l'homme. C'est hors de nous et derrière nous qu'elle cherche ce qui nous porte en avant; c'est au passé le plus lointain et le plus effacé qu'elle emprunte ce sentiment de l'obligation si présent et si pressant. Pour nous donner notre conscience morale, elle invoque et fait intervenir toutes les générations d'êtres qui nous ont précédés sur la terre.

Ce n'est pas encore assez : il semble que la force acquise par les générations terrestres ne suffise pas encore pour pousser l'homme dans la vraie direction : à ce monde terrestre, que Ch. Darwin place derrière l'homme pour susciter en lui le sentiment moral, M. Herbert Spencer ajoute l'univers entier. Délaissant l'analyse étroite et terre à terre de James Mill, de Stuart Mill lui-même et de M. Bain, il essaye d'envelopper dans une large synthèse les astres et les hommes, l'organisation du ciel et celle de la société, la nature et l'esprit, la science et l'art : système immense qui s'efforce d'être adéquat au monde visible; pourra-t-il aussi devenir adéquat au monde de la pensée ?

I. — Depuis qu'Epicure s'était vu forcé, pour construire l'idéal de la sagesse et du bonheur, de construire l'univers entier et de placer en chaque atome une spontanéité inexplicable, mère de notre inexplicable liberté, nul penseur utilitaire n'avait tenté d'esquisser un système cosmogonique. Il semble que la morale inductive, à son point d'arrivée et d'apogée comme à son point de départ, voit la nécessité, pour embrasser l'homme tout entier, d'embrasser l'univers et de se relier ainsi à la physique.

L'humanité, nous dit M. Spencer [1], n'est qu'une partie d'un système plus vaste : elle obéit pour sa part aux lois

---

1. Voir les *Essais sur le progrès*, si remarquablement traduits par M. Burdeau, et les premiers chapitres de la *Morale évolutionniste*.

qui régissent le monde. Le progrès de l'humanité est une partie d'un développement qui embrasse tous les êtres. La fin marquée à ce progrès, le bonheur, n'est qu'un cas particulier de la fin plus générale assignée au développement de l'ensemble ; et cet ensemble lui-même n'est qu'une partie d'un Tout plus vaste, dont il manifeste les lois et partage le sort.

De là une modification importante introduite par M. Spencer dans la méthode de l'école utilitaire. La morale ne doit pas se séparer de la cosmologie. L'*utile* n'est autre chose, en définitive, que le *désirable;* mais le désirable, à son tour, n'est autre chose que le *nécessaire*. Et par cette nécessité, n'entendez pas seulement ce qui nous est nécessaire, mais encore ce qui est nécessaire au point de vue de l'univers, ce qui dérive de la nature des choses et des lois de la vie. Stuart Mill aboutissait à tout déduire d'un fait : le désir du bonheur; M. Spencer ramène ce fait à une nécessité. Il justifie la loi morale non seulement par le fait de notre désir personnel, mais aussi par la loi de la nécessité universelle. Il admet toutes les prémisses posées par les utilitaires, et trouve même pour les exprimer cette formule énergique : « le plaisir est une forme aussi nécessaire de l'intuition morale que l'espace est une forme nécessaire de l'intuition intellectuelle [1] ; » mais, précisément parce que le plus grand plaisir ou le plus grand bonheur est l'effet désiré à produire, il faut y travailler en se conformant aux lois mêmes de la vie. Notre conduite est dominée par des relations fixes de cause à effet dont les utilitaires et les moralistes en général n'ont pas assez tenu compte : les diverses écoles morales n'ont eu qu'imparfaitement la notion de la causalité. « L'utilitarisme em-« pirique est une forme de transition pour arriver à l'*uti-« litarisme rationnel* [2]. »

« Le point sur lequel je me sépare de la doctrine de « l'utilité telle qu'elle est ordinairement comprise, écrivait « à Mill M. Spencer, n'est pas le *but* à atteindre, mais la *mé-« thode* à suivre pour atteindre ce but. J'admets qu'il faut « envisager le bonheur comme la fin *dernière;* je n'admets « pas qu'il soit posé comme la fin *prochaine*. Après avoir « conclu que le bonheur est ce qu'il s'agit de réaliser, la « philosophie de l'utilité suppose que la morale n'a pas

---

1. *Morale évolutionniste*, p. 38.
2. *Morale évolut.*, p. 37.

« d'autre affaire que de généraliser empiriquement les
« résultats de la conduite, et de fournir pour la direction
« de la vie ses généralisations empiriques et rien de plus.
« La thèse que je soutiens est que la morale proprement
« dite, la science de la droite conduite, a pour objet de dé-
« terminer comment et pourquoi certains modes de con-
« duite sont funestes, certains autres modes avantageux.
« Ces bons et mauvais résultats ne peuvent être accidentels,
« mais doivent être les *conséquences nécessaires de la nature
« des choses*, et je conçois qu'il appartient à la science mo-
« rale de déduire des *lois de la vie* et des *conditions de
« l'existence* quels sont les actes qui tendent à produire le
« bonheur et quels sont ceux qui tendent à produire le
« malheur. Cela fait, ces déductions doivent être reconnues
« comme lois de la conduite, et l'on doit s'y conformer
« sans avoir égard à une évaluation directe du bonheur et
« du malheur. » Par là, il semble que M. Spencer ne se
contente pas de satisfaire le désir en proposant pour fin le
plus grand bonheur, mais qu'il veuille satisfaire aussi
l'intelligence, en lui montrant *comment* et *pourquoi* tels et
tels actes tendent au bonheur de l'humanité, comment et
pourquoi ce bonheur même de l'humanité fait partie des
nécessités de l'évolution universelle. L'ancienne astronomie, dit M. Spencer, à force d'observations, avait fini par
prédire certains phénomènes célestes ; l'astronomie moderne « consiste en déductions de la loi de gravitation,
« déductions qui montrent que les corps célestes occupent
« *nécessairement* (*necessarily*) certaines places à certains
« temps... L'objection que j'ai à faire à l'utilitarisme cou-
« rant, c'est qu'il ne reconnaît pas une forme de moralité
« plus développée et qu'il ne voit pas qu'il est seulement
« au stage initial de la science morale [1]. » La vraie morale
devrait donc être déduite nécessairement d'une loi unique,
et cette loi, pour M. Spencer, est la loi même de la vie,
c'est-à-dire l'évolution. Telle est la vraie méthode, où la
déduction l'emporte sur l'induction.

II. — Le but que la morale poursuit est le bien ou, plus
exactement, la moralité. Mais il faut distinguer, selon
M. Spencer, la *moralité absolue* et la *moralité relative*.
« Étant accordé que nous sommes intéressés au plus haut

---

[1]. Lettre à Stuart Mill, reproduite d'abord par M. Bain, *Mental and moral science*, puis par M. Spencer lui-même, *Bases de la Morale évolutionniste*, (p. 48 de la trad. française).

« chef à obtenir ce qui est *relativement bon* (*relatively right*),
« il s'ensuit encore que nous devons considérer ce qui est
« *absolument bon* (*absolutely right*), puisque la première con-
« ception suppose la seconde [1]. »

Par le mot absolu ainsi employé M. Spencer n'entend pas un bien et un mal qui existeraient indépendamment de l'humanité et de ses relations. Par la moralité absolue, distinguée de la relative, il désigne le mode idéal de conduite qui doit être poursuivi par l'individu en société pour assurer le plus grand bonheur de chacun et de tous. Selon lui, les *lois de la vie* physiologiquement considérée étant fixes, « quand un nombre d'individus ont
« à vivre en une union sociale qui enveloppe nécessaire-
« ment une fixité de conditions, il en résulte certains
« principes fixes par lesquels la liberté de chacun doit
« être restreinte pour que la plus grande somme de bon-
« heur puisse être obtenue. » Ces principes fixes, essentiels à la société, constituent ce que M. Spencer appelle moralité absolue, et l'homme absolument moral est, dit-il, celui qui se conforme à ces principes non par une contrainte extérieure, ni même par une contrainte sur soi, mais par une action entièrement spontanée.

L'absolu que poursuit la morale est donc ici simplement la limite à laquelle tend l'évolution de la vie.

En conséquence, pour déterminer en quoi consiste la moralité absolue, fin de la science morale, il faut déterminer en quoi consiste cette évolution, dont la loi naturelle doit être finalement identique à ce que nous appelons la loi morale. C'est l'univers qui a produit l'humanité ; c'est l'univers qui la façonne à son image ; c'est l'impression répétée des choses extérieures qui produit les états intérieurs : c'est aussi la loi des choses qui doit être la loi de la conduite. Nous devons donc aller du tout à la partie et de l'univers à l'homme, non seulement en psychologie, mais encore en morale. Par là, M. Spencer revient à la pensée antique où se réconciliaient l'épicurisme et le stoïcisme : vivre conformément à la nature. Et ce n'est pas là seulement, comme les épicuriens le disaient, une *utilité* ; c'est encore, comme les stoïciens le soutenaient, une *nécessité*. La science moderne démontre que tout être qui veut vivre doit s'adapter au milieu, et qu'il s'y adaptera nécessairement : l'univers est le milieu auquel l'humanité s'adapte,

---

1. *Prison Ethics*, 12. — *Morale évolutionniste*, ch. xv.

et la morale n'est que la science des degrés successifs de cette adaptation.

Le principe fondamental, dans la doctrine de l'évolution, est la permanence de la force. En ce point coïncident la physique et la psychologie. La physique est tout entière suspendue, selon M. Spencer, à ce principe essentiel, sans lequel la mécanique ne pourrait se constituer. D'autre part, la permanence de la force est aussi le principe premier de la psychologie, car elle se réduit en dernière analyse à la permanence de la conscience. « La persistance « de la conscience constitue l'expérience immédiate que « nous avons de la persistance de la force, et en même « temps nous impose la nécessité où nous sommes de l'af- « firmer [1]. » La conscience morale, pour M. Spencer, ne se distinguant pas de l'autre, on peut dire sans doute que la persistance de la force est le principe essentiel de la morale, comme il est celui de la psychologie et de la physique. Spinoza déduisait également sa morale du principe que l'être tend à persévérer dans l'être.

« Ce principe de la persistance de la force est le fonde- « ment de tout système de science positive, » par conséquent aussi de toute morale positive. « Son autorité s'élève « au-dessus de toute autre autorité, car non seulement il est « donné dans la constitution de notre propre conscience, « mais il est impossible d'imaginer une conscience con- « stituée de façon à ne pas le donner... Le seul principe « qui dépasse l'expérience, parce qu'il lui sert de base, « c'est donc la persistance de la force [2]. » Ainsi rentre dans la philosophie en général, et conséquemment dans la morale, un élément *a priori*. C'est que M. Spencer, voulant fonder toute science, y compris celle des mœurs, sur des lois nécessaires, se croit obligé de faire reposer cette nécessité sur un élément constitutif de notre nature; cet élément nous est connu par une sorte d'intuition ; mais c'est une intuition de la conscience, ou, pour mieux dire, une réflexion de la conscience sur elle-même. A l'exemple de Kant, M. Spencer semble considérer l'*a priori* comme ce qui dérive de la constitution même du sujet pensant, et c'est ce qui produit le caractère de la nécessité. « Nous « sommes obligés, dit-il, de reconnaître le fait qu'il y a une « vérité donnée dans notre constitution mentale [3]. » Cette

---
1. *Premiers Principes*, p. 204, (trad. Cazelles).
2. *Premiers Principes*, 204, 205.
3. *Ibid.*, 204.

vérité est l'expression de la pensée même telle qu'elle s'aperçoit dans la conscience : la pensée est donc *a priori*, et ce qui est une condition de la pensée est *nécessaire a priori*.

Stuart Mill, admettant la contingence universelle des lois de la nature, rejetait toute notion semblable de nécessité et ramenait tout à des liaisons de fait. Aussi ne veut-il point suivre M. Spencer dans cette voie. A la lettre que M. Spencer lui avait écrit sur « l'utilitarisme », il répond qu'il admet volontiers que les lois de la morale doivent se déduire des lois de la vie et des conditions de l'existence, mais il rejette l'adverbe *nécessairement*. Les « généralisations empiriques », que M. Spencer reproche aux utilitaires, sont en effet insuffisantes, avoue Stuart Mill; mais, si la méthode déductive doit être employée en morale, les principes dont elle part demeurent purement empiriques : ils expriment des faits et non des nécessités. Ce dissentiment de Stuart Mill et de M. Spencer a sa première origine, comme on le voit, dans la manière différente dont les deux philosophes comprennent la persistance de la force : simple induction empirique selon Stuart Mill, déduction nécessaire de la conscience selon M. Spencer.

Au reste, ce principe est selon M. Spencer le seul élément *a priori* dont ait besoin la philosophie, soit dans sa partie cosmologique, soit dans sa partie morale. Les autres grandes lois de la nature et de l'humanité dériveront de cette loi fondamentale.

Si la force ne peut commencer ni cesser d'être, toute manifestation nouvelle d'une force doit être « interprétée « comme l'effet d'une force antécédente ». De là dérive la transformation et la corrélation des forces, qui est vraie des forces sociales comme de toutes les autres. « Ce qui « démontre le mieux, dit M. Spencer, la corrélation des « forces sociales avec les forces physiques par l'intermé- « diaire des forces vitales, c'est la différence des quantités « d'activité que déploie la même société, selon que ses « membres disposent de quantités différentes de force « tirées du monde extérieur. Nous en voyons tous les ans « un exemple dans les bonnes et les mauvaises récoltes[1]. » Les forces sociales, étant une transformation des forces vitales, qui sont elles-mêmes une transformation des forces

---

1. *Premiers principes*, 274.

physiques, dérivent comme celles-ci du rayonnement solaire. « La vie de la société repose sur les produits ani-« maux et végétaux, et ces produits sur la chaleur et la « lumière du soleil [1]. » Les phénomènes sociaux, et par conséquent les phénomènes moraux qui en dérivent, sont de la chaleur transformée.

La nécessité pour une force de se transformer vient de l'existence des forces adverses. En présence de ces forces, la direction du mouvement suit toujours la voie de la plus faible résistance ; et c'est encore une loi de la société, comme c'est une loi de la nature. Les hommes ont peuplé les parties du globe qui leur offraient le moins d'obstacles. Les travaux de l'industrie et la distribution de ses produits par le commerce sont aussi une vérification de cette loi.

Tout mouvement qui rencontre une résistance devient rhythmique, et cette loi du rhythme est encore applicable à la société. L'offre et la demande, la hausse et la baisse des prix, les naissances, les mariages, les morts, les maladies, les crimes, le paupérisme « présentent la mêlée des « mouvements rhythmiques qui s'opèrent au sein de la so-« ciété. » Si l'on notait toutes ces ondulations, nous aurions un dessin compliqué semblable à la houle de l'Océan [2]. Le monde entier n'est qu'un rhythme, comme l'avait compris déjà dans l'antiquité Héraclite. « Le monde, disait « ce dernier, est un feu divin qui s'allume et s'éteint en « mesure. » Sans doute c'est cette mesure suprême, c'est la loi suprême de ce rhythme que la moralité devra reproduire.

Le rhythme fondamental qui se retrouve dans toutes les lois du monde physique et dans toutes les lois du monde moral, c'est ce que M. Spencer appelle l'évolution et la dissolution. Là est le dernier secret de la morale comme de la cosmologie. C'est l'évolution qui va nous expliquer les lois extérieures ou objectives de la moralité et la moralité intérieure ou subjective.

III. — La loi d'évolution est le passage de l'uniformité à une variété harmonieuse. Cette grande loi, M. Herbert Spencer l'avait appelée d'abord la loi du *progrès* ; plus tard, ne trouvant pas ce mot assez général, le trouvant aussi, il

---

1. *Premiers Principes*, 235.
2. *Premiers Principes*, p. 288.

faut bien le dire, trop moral, trop « téléologique », il lui substitua celui d'*évolution*.

Les combinaisons produites par la loi d'évolution offrent des caractères de plus en plus distincts et originaux ; chacune ressemble de moins en moins aux autres et tend à devenir une chose spéciale ou, selon la définition que Coleridge donne de la vie, à s'*individuer*. « Le changement « qu'on peut observer dans les affaires humaines, dit « M. Spencer, s'opère dans le sens d'un plus grand déve- « loppement de l'individualité; on peut dire que c'est une « tendance à l'individuation [1]. »

Par ce terme d'individus, M. Spencer n'entend pas les substances indivisibles de l'ancienne métaphysique, ni l'individualité libre des moralistes, mais des combinaisons originales, offrant dans leur unité une multiplicité qui les spécifie en les opposant à tout le reste. « Plus l'organisme « est inférieur, plus il est à la merci des circonstances ; « il est toujours exposé à périr par l'action des éléments, « faute de nourriture, ou détruit par ses ennemis, et presque « toujours il périt. C'est qu'il manque du pouvoir de con- « server son individualité. Il la perd soit en repassant à la « forme inorganique, soit en disparaissant absorbé dans « une autre individualité. Au contraire, chez les animaux « supérieurs qui possèdent la force, la sagacité, l'agilité, « il existe en outre un pouvoir de conserver la vie, d'em- « pêcher que l'individualité ne se dissolve aussi aisément. « Chez ces derniers, l'individuation est plus complète. »

Aristote avait considéré la complexité d'une organisation comme une raison de courte durée pour elle ; tout au contraire, M. Spencer pose en principe « l'instabilité de l'ho- « mogène » et « la stabilité de l'hétérogène », qui, par sa variété intime, fait mieux face à la variété des actions extérieures. « Dans l'homme, nous voyons la plus haute ma- « nifestation de cette tendance à l'individuation. Grâce à la « complexité de sa structure, il est l'être le plus éloigné du « monde inorganique, où l'individualité est au *minimum*. « Son intelligence et son aptitude à se modifier d'après les « circonstances lui permettent de conserver la vie jusqu'à « la vieillesse, de compléter le cycle de son existence, « c'est-à-dire de combler la mesure de l'individualité qui « lui est départie. Il a conscience de lui-même, il reconnaît « sa propre individualité. »

---

1. *Social Statics*, 497.

Puisque l'évolution cosmique, et en particulier l'évolution sociale, aboutit à la production d'êtres originaux, c'est-à-dire à l'individuation ou, pour employer les termes moins métaphysiques que M. Spencer a fini par préférer, à l'*intégration* ou à la *spécification*, nous n'avons qu'à suivre le mouvement même de la nature pour déterminer le mouvement normal de la moralité, ou ce qu'on appelle la loi morale. « Ce que nous appelons la *loi morale*, la loi de la
« liberté dans l'égalité, est la loi *sous laquelle l'individua-*
« *tion devient parfaite*. La faculté qui se *développe* encore
« aujourd'hui, et qui deviendra le caractère *définitif* de l'hu-
« manité, sera l'aptitude à reconnaître cette loi et à y obéir.
« L'affirmation toujours plus intense des *droits de l'individu*
« signifie une prétention toujours plus forte à faire res-
« pecter les *conditions externes indispensables au développe-*
« *ment de l'individualité*. Non seulement on conçoit aujour-
« d'hui l'individualité, et l'on comprend par quels moyens
« on peut la défendre, mais on sent qu'on peut prétendre à
« la sphère d'action nécessaire au plein développement de
« l'individualité, et on veut l'obtenir. Quand le change-
« ment qui s'opère sous nos yeux sera achevé, quand
« chaque homme unira dans son cœur à un amour actif
« pour la *liberté* des sentiments actifs de *sympathie* pour
« ses semblables, alors les limites à l'individualité qui sub-
« sistent encore, entraves légales ou violences privées,
« s'effaceront ; personne ne sera plus empêché de se déve-
« lopper ; car, tout en soutenant ses propres droits, chacun
« respectera les droits des autres. La loi n'imposera plus
« de restrictions ni de charges ; elles seraient à la fois inu-
« tiles et impossibles. Alors, pour la première fois dans
« l'histoire du monde, il y aura des êtres dont l'individua-
« lité pourra s'étendre dans toutes les directions. La *mora-*
« *lité*, l'*individuation parfaite* et la *vie parfaite* seront en
« même temps réalisées dans l'*homme définitif*[1]. »

Ainsi, ce maximum de bonheur dont parlent les disciples de Bentham, M. Spencer en donne une nouvelle formule. Le plus grand bonheur de l'homme est l'aptitude à satisfaire ses besoins de toute nature, c'est-à-dire qu'il est la liberté, la liberté réglée et limitée par l'égalité, son corrélatif nécessaire dans l'état social ; c'est donc, d'une façon plus générale, l'adaptation complète de l'homme à la vie sociale. Il faut être parfait, avaient dit les moralistes pla-

---

1. *Social Statics*, 497.

toniciens; M. Spencer accepte en un certain sens cette morale de la perfection idéale, et voici comment il l'entend : « Bon, parfait, complet, sont des mots qui signifient « une chose tout à fait adaptée à sa destination ; le mot « moral signifie la même propriété chez l'homme ; avoir « *par soi-même* la faculté de faire *ce qui doit être fait*, c'est « être *organiquement* moral, » c'est-à-dire avoir dans son organisme même les propriétés qui constituent la moralité. « La perfection consiste dans la possession de facultés « exactement propres à remplir ces conditions : et la loi « morale est la formule de la ligne de conduite qui peut les « remplir [1]. »

On pourrait croire d'abord que la doctrine de M. Spencer se confond ici plus ou moins avec celle de Kant. L'idéal de la société *définitive*, où chacun sera pleinement libre dans son individualité, rappelle ce *règne des fins* où chaque individu est considéré comme un être qui agit par lui-même et qui doit être respecté pour lui-même, conséquemment comme une *cause* libre et comme une *fin*. La notion d'individu, et celle d'individuation qui en dérive, éveillent la notion d'un être qui agit *par soi* et *pour soi*. Mais en réalité M. Spencer s'arrête à des interprétations plus exclusivement physiques de la loi morale. La société définitive n'est pas pour lui cette sorte de république idéale imaginée par Kant, où chaque individu devait être autonome ; c'est un *organisme* d'un fonctionnement parfait, où chaque individu n'est qu'une cellule vivante : quand nous parlons du *corps social*, nous ne faisons pas une métaphore ; nous exprimons une profonde vérité [2]. M. Spencer a jugé que les idées d'activité individuelle et de finalité étaient encore trop sensibles dans sa *Statique sociale;* ses ouvrages postérieurs remplacent « l'adaptation d'un être à sa destination » par la simple adaptation d'un être à son milieu. C'est la loi des causes purement mécaniques substituée à la loi des causes finales. Si l'idéal humain est la complète adaptation de l'individu à la société, c'est simplement parce que la société est le milieu où l'individu peut vivre. Réciproquement, l'idéal social est la complète adaptation de la société à l'individu, c'est-à-dire de tous les individus à chacun, comme de chacun à tous. C'est la même loi qui régit l'évolution de toutes les espèces : l'homme doit vivre dans la société

---

1. *Ibid.*, 277. — *Morale évolutionniste*, p. 27.
2. Voir les *Principes de sociologie*.

comme l'oiseau vit dans l'air et le poisson dans l'eau. Il n'y a donc pas là, au fond, de finalité véritable ; aussi n'y a-t-il point dans le mouvement de l'homme vers ce but une véritable liberté. Voyons en effet comment M. Spencer, après avoir montré quel est le but idéal de la moralité, comprend les moyens de l'atteindre.

L'évolution morale de l'humanité, selon lui, n'est qu'un progrès nécessaire. L'idéal moral et social tracé plus haut sera réalisé tôt ou tard ; mais il le sera nécessairement par la même loi qui rend nécessaire l'adaptation d'une espèce au milieu où elle peut vivre. « Le progrès, dit M. Spencer, « n'est point un accident mais une nécessité. Loin d'être « le produit de l'art, la civilisation est une phase de la « nature, comme le développement de l'embryon ou l'éclo- « sion d'une fleur. » De même, pourrait-on ajouter, la morale n'est qu'une phase nécessaire de la physique. « Les modifications que l'humanité a subies, dit encore « M. Spencer, et celles qu'elle subit de nos jours, résultent « de la loi fondamentale de la nature organique, et, pourvu « que la race humaine ne périsse point et que la constitu- « tion des choses reste la même, ces modifications doivent « aboutir à la perfection ». « Il est sûr, ajoute-t-il avec « enthousiasme, que ce que nous appelons le mal et l'im- « moralité doit disparaître ; il est sûr que l'homme doit « devenir parfait [1]. » Ailleurs, restreignant cette affirmation dans des limites plus précises, il écrit : « ce qui est maintenant la marque d'un caractère exceptionnellement élevé pourra devenir un jour la marque de tous les caractères. Ce dont est capable dès aujourd'hui la nature humaine la meilleure *est à la portée de la nature humaine en général* [2]. »

Il y a en effet une loi qui n'est pas seulement vraie de l'espèce humaine, mais de toute la nature, et la réalisation sur la terre de la moralité, qui doit assurer le bonheur, n'est qu'un cas particulier de cette loi. Quelle est donc cette loi bienfaisante ? C'est la tendance de tout rhythme à un *équilibre* final. Entre l'individu et le milieu social, il y a aujourd'hui une oscillation, résultant de l'absence d'équilibre. Tantôt l'individu emporte la balance ; tantôt c'est la société. Mais, de même que les plateaux agités finissent par se faire équilibre l'un à l'autre, de même l'individu et la société doivent aboutir à une mutuelle harmonie. Il y

---

1. *Social Statics*, 80.
2. *Morale évolutionniste*, p. 220.

aura alors un équilibre complet, quoique toujours *mouvant*, entre les conditions de la vie individuelle et les conditions de la vie sociale ; l'individu sera tout ce qu'il faut qu'il soit pour le bonheur de la société, et d'autre part la société sera tout ce qu'il faut qu'elle soit pour le bonheur de l'individu. Cet équilibre final est le maximum de la perfection et le bonheur. Il est l'objet propre de la morale. La morale, en effet, est la science des moyens de réaliser cet équilibre idéal [1].

En attendant, nous sommes soumis nécessairement aux oscillations du rhythme : nous n'avançons que pour reculer bientôt après. Mais la rétrogradation elle-même fait partie du progrès : elle en est un moment nécessaire, quoique transitoire. Devant nous se trouve l'état idéal de paix et de moralité ; derrière nous l'*état de guerre* où nous sommes encore plongés ; à chacun de ces états correspond un code moral différent, car la guerre et la paix ne peuvent avoir les mêmes lois. Notre morale actuelle n'est donc nécessairement qu'un « *compromis* » entre ces deux codes extrêmes : c'est de ce compromis que nous vivons [2]. Nous marchons à notre état final à travers des fluctuations terribles, par des alternatives de révolutions et de réactions, de guerres et de paix, qui se succèdent d'après un rhythme de plus en plus lent. Les explosions révolutionnaires deviennent moins violentes, les répressions réactionnaires moins cruelles ; « nous marchons donc vers une époque de liberté
« et d'égalité où, les sentiments des hommes étant adaptés
« aux conditions d'existence de notre espèce, leurs désirs
« obéiront spontanément à la grande loi économique de
« l'offre et de la demande, qui prendra alors le nom de
« justice. »

Qu'est-ce en définitive que cette justice finale, sinon l'expression dernière du principe premier que nous avions posé : la permanence de la force? C'est cette permanence qui s'exprime et s'annonce en quelque sorte par le mouvement et ses rhythmes alternatifs ; c'est elle qui doit un jour se révéler clairement par l'équilibre et l'harmonie [3].

IV. — A l'évolution nécessaire de l'humanité, conséquence de l'évolution du monde, correspond dans l'indi-

---

1. *Morale évolutionniste*, p. 62 et *passim*.
2. *Ibid.*, p. 188.
3. Sur *l'idée de justice et de droit* dans M. Spencer, voir l'*Idée moderne du droit en Allemagne, en Angleterre et en France* et la *Science sociale contemporaine* par M. Alfred Fouillée, livre deuxième.

vidu l'évolution non moins fatale des sentiments et des idées. La moralité qui est dans les objets, et qui se confond avec la nature même des choses, se reproduit et s'exprime dans le sujet pensant, dans la conscience individuelle, petit monde que le grand façonne à son image. Passons avec M. Spencer de la loi morale, c'est-à-dire de l'objet que la moralité réalise, au sujet moral et à la moralité même.

La moralité ne peut être pour M. Spencer une faculté propre, pas plus que pour Stuart Mill ; c'est un ensemble de sentiments et d'idées produits par des impressions accumulées, fixées et à la longue devenues héréditaires.

Il y a trois sortes de sentiments, qui correspondent aux trois phases de l'évolution. Ceux qui ont pour objet l'individu sont les sentiments *égoïstes* ou plutôt égoïstiques (*egoistic sentiments*); ceux qui ont pour objet les autres êtres et la société sont les sentiments *altruistes* (*altruistic sentiments*); enfin, entre ces deux extrêmes, il y a des sentiments mixtes qui expriment les degrés divers d'adaptation par lesquels l'individu et le milieu se mettent en harmonie ; M. Spencer les appelle sentiments égo-altruistes (*ego-altruistic sentiments*) : tels sont l'amour de la louange, l'honneur, la crainte du blâme, etc., où l'élément égoïste se mêle à l'élément altruiste. Ces sentiments intermédiaires ont un caractère de variabilité beaucoup plus grand que les sentiments extrêmes, parce qu'ils expriment la variété même des progrès dans l'adaptation de l'individu à la société.

La plupart des critiques dirigées contre la théorie de l'évolution en morale et contre la manière dont elle explique les sentiments moraux proviennent, selon M. Spencer, de ce qu'on a confondu les sentiments altruistes, qui sont proprement *moraux,* avec les sentiments *égo-altruistes.* Ces derniers, « en différents temps et en différents lieux, sont « souvent tout à fait opposés. De là on a argué que la genèse « des émotions, d'après la manière que nous avons décrite, « ne peut jamais aboutir à des sentiments *stables* et *uni-* « *versels*, répondant au bien et au mal intrinsèques. » Or, ajoute M. Spencer, cette critique suppose que, « dans la « nature des choses, il n'y a rien qui rende une espèce de « conduite mieux adaptée qu'une autre à la vie sociale ; « chaque chose serait ainsi *indéterminée.* Induire qu'aucun « sentiment stable n'a pu être engendré par le *procès* que « nous avons décrit, c'est prendre pour accordé qu'il n'y a « aucune condition stable pour le bien-être social. » Les formes temporaires de conduite dont les sociétés ont eu besoin ont produit des idées et des sentiments temporaires de bien et de mal [1]; mais toutes les idées de moralité et tous les sentiments moraux « doivent devenir uniformes et « permanents, par la raison que les conditions d'une vie « sociale complète sont uniformes et permanentes. »

Les sentiments de plus en plus stables qui trouvent leur satisfaction dans le bien-être de tous et qui, par conséquent, sont adaptés aux conditions fondamentales et immuables du bien-être social, sont les sentiments qu'on nomme altruistes. « Les sentiments altruistes sont toutes les exci-« tations sympathiques de sentiments égoïstes en eux-« mêmes; et ils varient dans leurs caractères selon les « caractères des sentiments égoïstes sympathiquement ex-« cités. » Le premier est la *générosité* pure; le second est la *pitié*. « Tout sentiment altruiste a besoin du sentiment « égoïste correspondant comme facteur indispensable... « Les gens d'une bonne santé, après avoir été sérieuse-« ment malades, deviennent bien plus tendres pour ceux

---

1. « Evidemment, si les formes temporaires de conduite qui ont été « nécessaires provoquent des idées temporaires de bien et de mal avec « les sentiments correspondants, il faut inférer que les formes perma-« nentes de conduite nécessaire provoqueront des idées permanentes « de bien et de mal avec les sentiments correspondants; et alors, mettre « en question la genèse de ces sentiments, c'est mettre en doute l'exis-« tence de ces formes. Or, qu'il y ait de telles formes permanentes de « conduite, personne ne pourra le nier en comparant les législations de « toutes les races qui ont dépassé la vie purement *déprédatoire* (purely-« predatory life)...

« Cette variabilité de sentiment n'est que la conséquence de la transi-« tion du type originel de société (adapté aux activités destructives) au « type civilisé de société (adapté aux activités pacifiques). Tout le long « de ce progrès, il y a eu un compromis entre les nécessités en conflit « et un compromis correspondant entre les sentiments en conflit. Perpé-« tuellement, les conditions sont en partie changées, les habitudes cor-« respondantes modifiées, et les sentiments réajustés. De là toute cette « inconstance. Mais autant les activités pacifiques deviennent fermement « dominantes, et autant les conditions pour lesquelles les activités paci-« fiques doivent être déployées harmonieusement deviennent impéra-« tives, autant les idées correspondantes deviennent claires et les sen-« timents correspondants deviennent forts. » (*Principles of psychology* « p. 607.)

« Le *régime industriel* (qui est celui de notre époque) se distingue « du régime *déprédatoire* (qui fut celui des premiers hommes) en ce que « la mutuelle dépendance devient grande et directe entre les membres « de la société, tandis que le mutuel antagonisme devient moindre et indi-« rect.... A mesure qu'une société avance en organisation, que la soli-« darité de ses parties s'accroît, et que le bien-être de chacun est « mieux fondu avec le bien-être de tous, il en résulte que le progrès « des sentiments qui trouvent satisfaction dans le bien-être de tous se « confond avec le progrès même des sentiments ajustés à une condition « fondamentale et immuable du bien-être social. » (*Principles of psychology*, p. 607, 608.)

« qui sont malades qu'ils ne l'étaient auparavant. C'est
« qu'ils ont maintenant les sentiments égoïstes qui, étant
« sympathiquement excités, produisent les sentiments al-
« truistes appropriés. »

Des formes plus simples de sentiment altruiste, passons maintenant à la forme la plus complexe : le sentiment de justice. Selon M. Spencer, ce sentiment n'est autre que l'amour de la liberté personnelle, sympathiquement excité par la vue de ce qui restreint la liberté d'autrui [1]. La liberté personnelle est « ce sentiment qui se complaît à ne ren-
« contrer dans les conditions environnantes aucune res-
« triction aux diverses sortes d'activité ; c'est le sentiment
« qui est blessé, même dans les natures inférieures, par
« tout ce qui enchaîne les membres ou arrête la locomo-
« tion, et qui, dans les natures supérieures, est blessé
« par tout ce qui indirectement empêche les modes d'ac-
« tivité (impedes the activities) et même par tout ce qui
« menace de les empêcher. Ce sentiment, qui sert pri-
« mitivement à maintenir intacte la sphère réclamée par
« l'individu pour le légitime exercice de ses pouvoirs et
« l'accomplissement de ses désirs, sert secondairement,
« lorsqu'il est excité par sympathie, à causer le respect
« pour les mêmes sphères chez les autres individus ; il
« sert aussi, par son excitation sympathique, à provoquer
« la défense des autres lorsque leurs sphères d'action
« sont envahies [2]. » A mesure que le sentiment, sous sa forme égoïste, devient plus *représentatif*, au point d'être excité par les atteintes à la liberté les plus indirectes et les plus éloignées, il devient simultanément, sous sa forme altruiste, « meilleur juge de la liberté d'autrui,
« plus respectueux des égales réclamations d'autrui, et
« désireux de ne pas empiéter sur les droits égaux des
« autres. » — « Les sociétés passées et présentes fournis-
« sent la preuve évidente de ces relations. A un des ex-
« trêmes, nous avons cette vérité familière, que le type de
« nature qui se soumet le plus facilement à l'esclavage est

---

1. *Principles of psychology*, p. 614.
2. « Ce sentiment ne consiste évidemment pas en représentation des
« simples plaisirs ou peines expérimentés par d'autres ; mais il consiste
« en représentations de ces émotions que les autres sentent, lorsque
« *actuellement* ou *en perspective* ils se voient accordé ou refusé l'exercice
« de l'activité par laquelle les plaisirs doivent être atteints et les peines
« évitées... Le sentiment ainsi représenté, ou sympathiquement excité,
« est celui qui, sous le chef des sentiments égoïstes, a été décrit comme
« *l'amour de la liberté personnelle* (love of personal freedom). »

« le type de nature également prêt à jouer le rôle de tyran
« quand l'occasion le sert ; à l'autre extrême, nous avons
« le fait, bien mis en lumière dans notre propre société,
« qu'avec la tendance croissante à résister à l'agression se
« produit une tendance décroissante à l'agression de la part
« de ceux qui sont au pouvoir [1]. »

La limite vers laquelle avance le plus haut sentiment altruiste, celui de la justice, est suffisamment claire. Son facteur égoïste trouve de plus en plus satisfaction dans des conditions environnantes qui apportent aux activités les restrictions les moins grandes ; son autre facteur, la sympathie, qui le rend altruiste, devient de plus en plus sensible et compréhensif. « Il en résulte, dit M. Spencer, « que le progrès se fait vers un état dans lequel chaque « citoyen, sans tolérer aucune autre restriction à la liberté, « tolérera celle qu'impliquent les égales revendications de « ses concitoyens, ou plutôt il ne tolérera pas simplement « cette restriction, mais *spontanément il la reconnaîtra et* « *l'affirmera ;* il sera sympathiquement anxieux pour la « sphère d'action légitime de chaque citoyen comme pour « la sienne propre, et il la défendra contre l'invasion d'au- « trui, tout en empêchant aussi d'envahir la sienne. C'est « là manifestement la condition de l'équilibre que les sen- « timents égoïstes et les sentiments altruistes coopèrent à « produire. »

Remarquez maintenant, ajoute M. Spencer, « quelle « erreur il y a à croire que l'évolution de l'esprit, par les « effets des expériences accumulées et devenues hérédi- « taires, ne peut avoir pour résultat des sentiments moraux « permanents et universels avec leurs principes moraux « corrélatifs. Tandis que les sentiments égo-altruistes s'ajus- « tent aux modes variés de conduite requis par les circon- « stances sociales en chaque lieu et en chaque temps, les « sentiments altruistes s'ajustent aux modes de conduite « qui sont bienfaisants d'une manière permanente, par la « conformité qu'ils offrent avec les conditions nécessaires « pour le plus haut bonheur des individus dans l'état d'as- « sociation. »

Pourquoi, se demande M. Spencer, voyons-nous encore un conflit entre les sentiments égoïstes et les sentiments altruistes? C'est que « la vie déprédatoire », qui répond aux premiers, n'a pas encore entièrement fait place à « la vie

---

[1]. *Principles of psychology,* p. 616.

« industrielle », qui répond aux seconds. A moitié sauvages et à moitié civilisés, nous sommes encore à moitié égoïstes et à moitié altruistes [1].

V. — Avec l'évolution des sentiments altruistes se produit une évolution des idées et principes qui y répondent. « Ici, « dit M. Spencer, nous pouvons observer la relation de ce « point de vue avec les théories éthiques courantes, spéciale- « ment la doctrine de l'utilité [2]... Lorsque le mot utilité a été

---

[1]. *Ibid.*, 620, 621. — M. Spencer, comme Bentham, fait du reste le procès de l'altruisme pur et exclusif, du pur désintéressement, et en montre les inconvénients pratiques lorsqu'on le pousse à l'excès. Il y a, selon lui, deux morales ou, si l'on veut, deux religions, celle de l'égoïsme et celle de l'altruisme ; l'humanité primitive n'en avait qu'une, la première ; l'humanité du lointain avenir n'en aura qu'une, la seconde. « Entre « le commencement et la fin, pendant toute l'évolution sociale, il faut « qu'il s'établisse entre elles une sorte de transaction. » (*Introduction à la science sociale*, trad. fr., p. 192. *Morale évolutionniste*, ch. XIII et XV). « L'altruisme a du bon et l'égoïsme aussi, et une transaction entre les « deux principes est continuellement nécessaire. » (*Ibid.*, p. 199.) Si l'on veut pousser à l'extrême l'un ou l'autre de ces deux principes, il se détruit. « La doctrine du sacrifice, par exemple, est insoutenable dans sa « forme absolue. Le travail, les entreprises, les inventions, les perfec- « tionnements reposent sur ce principe que, dans une société où il y a « beaucoup de besoins non satisfaits, chacun songe à satisfaire ses pro- « pres besoins plutôt que ceux des autres. La vie industrielle est basée « là-dessus. » Si Pierre ne s'occupait pas de lui-même et n'avait souci que du bien-être de Paul, de Jacques et de Jean, tandis que chacun de ceux-ci, sans faire attention à ses propres besoins, travaillerait à pourvoir aux besoins des autres, ce circuit, outre qu'il serait fort pénible, ne donnerait qu'une médiocre satisfaction aux besoins de chacun, à moins que chacun n'eût la conscience de son voisin. « Le pur altruisme conduirait à une impasse aussi bien que le pur égoïsme. » Au delà de certaines limites, le sacrifice de soi-même est un mal pour tout le monde, pour ceux en faveur desquels il s'accomplit aussi bien que pour ceux qui l'accomplissent. Pour que le renoncement soit pratiqué par un homme, il faut que l'égoïsme soit pratiqué par un autre. S'il est noble de procurer une jouissance à autrui, l'empressement à accepter cette jouissance est tout le contraire. « L'absurdité de l'altruisme absolu devient manifeste quand on réfléchit qu'il « n'est praticable sur une grande échelle que s'il se trouve dans la même « société une moitié égoïste à côté d'une moitié altruiste. Si chacun s'in- « téressait dûment aux autres, il n'y aurait personne pour accepter les « sacrifices que tous seraient prêts à faire. » Peut-être faut-il là un correctif que M. Spencer aurait dû apercevoir : il est bon que l'altruisme soit dans les *intentions*, mais qu'en même temps chacun s'efforce de rendre inutile pour soi-même tout sacrifice d'autrui. C'est ce qui se produit dans les familles bien unies, où chaque membre sent qu'il peut compter au besoin sur le dévouement absolu des autres membres, et cependant prend à tâche de leur épargner tout dévouement de ce genre. M. Spencer conclut en disant : « L'altruisme pur dans une société im- « plique une nature humaine qui rend l'altruisme pur impossible, faute « de gens envers qui le pratiquer. » (*Ibid.*, p. 200 et suiv.) La morale, ajoute-t-il, doit reconnaître cette vérité, ordinairement proclamée par l'immoralité, que « l'égoïsme est antérieur et supérieur à l'altruisme. » *Morale évolutionniste*, p. 169.

[2]. « Ce mot d'utilité, convenablement compréhensif, a des inconvénients « et reçoit des explications qui égarent. Il suggère vivement la pensée

« éclairci, débarrassé des associations trompeuses, et que
« sa signification a été étendue d'une manière adéquate,
« nous voyons que la *doctrine de l'utilité* peut être mise
« en harmonie avec la *théorie de l'évolution des sentiments*
« *moraux et idées morales*, pourvu qu'elle reconnaisse les
« effets accumulés des expériences héréditaires ; et nous
« voyons qu'alors la sympathie même, et les sentiments
« résultant de la sympathie, peuvent être interprétés
« comme produits par des expériences d'utilité. » Mais ces
expériences ne sont pas nécessairement des calculs conscients ; elles sont devenues des instincts en apparence spontanés. De là la croyance « au caractère sacré, spécial
« de ces hauts principes, et le sens de la suprême autorité
« des sentiments altruistes qui y répondent [1]. »

Cette suprême *autorité* n'est autre chose que la suprême *nécessité* de cet état d'équilibre final vers lequel tendent tous les individus.

Est-ce une autorité vraiment *impérative*, comme le dit M. Spencer, c'est-à-dire vraiment *obligatoire ?* Non, si l'on attache un sens moral et mystique au mot d'obligation. L'autorité des grandes règles de justice n'est pas une contrainte « morale », mais une contrainte physique provenant de l'habitude ; c'est une sorte de nécessité subjective résul-

« des usages, des moyens, des fins prochaines ; il ne suggère que fai-
« blement l'idée des plaisirs, positifs ou négatifs, qui sont les fins ultimes,
« et qui, dans les discussions éthiques, sont seuls considérés. De plus, il
« implique la reconnaissance consciente de moyens et de fins ; il implique
« le choix délibéré d'une voie pour gagner un avantage ; il n'indique pas
« les cas nombreux dans lesquels les actions sont déterminées et rendues
« habituelles par les expériences de résultats agréables ou pénibles, sans
« aucune généralisation consciente de ces expériences. »

1. « Pour faire comprendre pleinement le point de vue auquel je me
« place, écrivait M. Spencer à Stuart Mill, il semble nécessaire d'ajouter
« qu'aux *propositions fondamentales* d'une science morale développée cor-
« respondent certaines *intuitions morales fondamentales*, qui se sont déve-
« loppées successivement et se développent encore dans la race et qui,
« bien qu'elles soient les résultats d'*expériences d'utilité accumulées*, gra-
« duellement passées à l'état organique et transmises héréditairement,
« sont arrivées à être entièrement indépendantes de l'expérience consciente.

« De même que, selon moi, l'intuition de l'espace possédée par un
« individu vivant a été le fruit des expériences organisées et consolidées
« des individus qui l'ont précédé et qui lui ont légué leurs organisations
« nerveuses lentement développées ; de même que cette intuition, qui
« n'a besoin des expériences personnelles que pour se déterminer, est
« devenue en apparence indépendante de l'expérience ; de même je crois
« que les expériences d'utilité organisées et consolidées à travers toutes
« les générations passées de la race humaine ont produit des modifications
« nerveuses correspondantes, qui, par transmission et accumulation con-
« tinue, sont devenues chez nous certaines *facultés d'intuition morale*,
« certaines émotions répondant à une conduite juste ou injuste, sans
« aucune base apparente dans les expériences d'utilité individuelle. »

tant de notre constitution, qui elle-même résulte des impressions accumulées à travers les âges. Grâce à l'hérédité, cette tendance plus ou moins nécessitante vers les actions conformes au bonheur a pris la forme d'une intuition [1].

M. Spencer applique ainsi son explication générale des *idées innées* à l'idée du bien moral ; et il ajoute que ces idées se trouvent exactement conformes aux choses précisément parce qu'elles sont le résultat des choses. « De « même que l'intuition de l'espace répond aux démonstra- « tions exactes de la géométrie, et que nous voyons ses « conclusions grossières interprétées et vérifiées par la géo- « métrie, je tiens que *l'intuition morale répondra aux dé- « monstrations de la science morale* et y trouvera l'interpré- « tation et la vérification de ses conclusions grossières [2]. »

En d'autres termes, les nécessités de notre pensée, façonnée par les choses, correspondent aux nécessités des choses elles-mêmes. Cette sorte de nécessité objective est un second équivalent de l'obligation morale que nous propose M. Spencer. En vertu même de la vie sociale est né et s'est développé en nous un sentiment de « coercivité », qui nous porte à faire passer le présent après l'avenir et nos désirs personnels après les droits des autres.

Toutefois ce sentiment, quelque fort qu'il puisse être aujourd'hui, n'est que transitoire et correspond à un état social encore inférieur. Un jour viendra où, la conduite *morale* étant devenue la conduite *naturelle*, le « devoir » finira par être toujours un « plaisir ». Les *sentiments moraux* guideront les hommes d'une manière tout aussi spontanée et exacte que le font maintenant les *sensations* [3]. Au sacrifice même, à tous les actes que nous regardons encore comme pénibles s'attacheront de telles joies, qu'il y aura entre les hommes une sorte de concurrence pour le dévouement [4] : partout et toujours le plaisir de chacun sera identique au bien de tous.

La morale ainsi entendue a-t-elle une sanction ? Cette sanction n'est encore, selon M. Spencer, que la nécessité même des lois naturelles qui amèneront tôt ou tard l'équilibre final de la société. Tout ce qui n'est pas dans le sens de ce progrès n'est qu'un moment transitoire ; tout ce qui est dans le sens de ce progrès prend un caractère de plus

1. Lettre à Stuart Mill, dans Bain, *loc. cit.*
2. *Morale évolutionniste*, p. 110.
3. *Mor. évol.*, p. 111.
4. *Mor. évol.*, p. 213.

en plus définitif. Une nation est-elle incapable de se conformer aux conditions nécessaires de l'existence sociale, elle disparaît dans la lutte pour l'existence ; voilà ce qu'on pourrait appeler une sanction. Quant aux individus, la sanction est sans doute, pour M. Spencer comme pour Ch. Darwin, dans la peine causée par la contradiction entre l'acte nuisible ou personnel et les intuitions générales ou tendances durables que l'hérédité a accumulées en nous.

C'est par ces nécessités intérieures et extérieures, qui prennent en nous la forme de l'intuition morale et du sens moral, que M. Spencer espère pouvoir remplacer tout à la fois le principe mystique de l'obligation morale et le principe trop ambigu de l'utilité, dont, selon lui, Bentham n'a nullement fourni la justification.

VI. — Dans la politique, la théorie de l'évolution aboutit chez M. Spencer à un libéralisme plus grand encore que chez Stuart Mill et chez Bentham.

Comme Bentham, M. Spencer croit que le gouvernement est un mal nécessaire. Le gouvernement est l'ensemble des moyens de contrainte qui font échec aux penchants anti-sociaux. Ces moyens maintiennent l'équilibre entre les conditions de la vie sociale à un moment donné et les penchants traditionnels, vestiges d'un état social antérieur : le gouvernement est donc une fonction corrélative de l'immoralité de la société. Le développement du sens moral, entendu à la manière que nous savons, amène graduellement la chute des institutions coercitives. Le respect de l'*autorité* décline à mesure que croît le respect des *droits de l'individu*. Si ce respect était parfait, le gouvernement serait nul.

La seule utilité du gouvernement et sa vraie fonction, c'est la protection des gouvernés par la justice. Si le gouvernement montre de l'incapacité dans cette fonction, cela tient surtout à ce qu'il y ajoute d'autres fonctions qui ne sont pas vraiment les siennes. La loi de la *spécialisation des fonctions*, qui est une des lois de l'évolution universelle, veut que chaque tâche soit spécialisée pour être bien remplie. « En divers pays et en divers temps, l'Etat a rempli « cent fonctions diverses. Il n'y a peut-être pas deux gou- « vernements qui se soient ressemblé par le nombre et la « nature des fonctions qu'ils se croyaient obligés de rem- « plir ; mais une seule n'a jamais été négligée par aucun : « la fonction de protection ; ce qui prouve que c'est la fonc-

« tion essentielle. » On reconnaît ici une application de la *méthode des résidus*, chère aux Anglais. En conséquence, « le devoir de l'Etat est de protéger, de maintenir les droits « des hommes, c'est-à-dire d'administrer la justice. »

Le gouvernement parlementaire est la forme transitoire de gouvernement qui se trouve actuellement la plus propre à remplir cette fonction. « Le gouvernement parlementaire « est bon plus que tous les autres pour l'œuvre qu'un « gouvernement doit faire ; il est mauvais plus que tous les « autres pour l'œuvre qu'un gouvernement ne doit pas « faire. » Cette forme de gouvernement offre d'ailleurs un caractère tout transitoire, car elle convient à une société où les mœurs violentes et déprédatoires qui caractérisaient les âges passés n'ont pas encore fait place aux mœurs fondées sur la justice ; c'est la forme où les deux forces du progrès social, l'esprit conservateur et l'esprit réformateur, peuvent le mieux s'affirmer. La force des sentiments conservateurs et celle des sentiments réformateurs expriment, par leur lutte et par la résultante de leurs tendances, le degré de moralité d'une société. Le triomphe des premiers indique une prédominance des habitudes violentes ; la victoire des seconds prouve que les habitudes morales et le respect des droits ont acquis la prépondérance. Une société peut être jugée d'après la proportion entre la contrainte exercée sur les citoyens au nom de la loi humaine et l'obéissance volontaire à la loi morale : égalité dans la liberté. Quand la loi morale devient assez forte, la contrainte doit disparaître ; alors tout gouvernement devient inutile et est même un mal ; « les hommes ressentent « alors une telle aversion pour les entraves de l'autorité, « ils se montrent si jaloux de leurs droits, que tout gouver- « nement devient impossible. Admirable exemple de la « simplicité de la nature : le même sentiment qui nous « rend propres à la liberté nous rend libres [1]. »

Le gouvernement final, répondant à l'équilibre final, qui achèvera l'*évolution* et consommera l'*utilité* ou le *plus grand bonheur de tous*, c'est, selon M. Spencer, une démocratie où la nation sera le vrai corps délibérant, faisant exécuter ses volontés par des délégués chargés de mandats impératifs, de telle sorte que chaque individu se gouverne réellement lui-même. « Nous marchons vers une « forme où l'autorité sera réduite au minimum et la liberté

---

1. *Id.*, p. 46

« portée au maximum. La nature humaine sera si bien
« façonnée par la discipline sociale, si propre à la vie en
« société, qu'elle n'aura plus besoin de contrainte exté-
« rieure et qu'elle se contraindra elle-même... La vie de
« l'individu sera portée au plus haut degré de compatibilité
« avec la vie sociale, et celle-ci n'aura pas d'autre but que
« d'assurer contre toute atteinte la sphère de la vie indivi-
« duelle. Au lieu d'une uniformité artificielle d'après un
« moule officiel, l'humanité nous présentera, comme la
« nature, une ressemblance générale variée par des diffé-
« rences infinitésimales. » Tout ce qui est une entrave pour
l'individu disparaîtra par le progrès de cet équilibre. « De
« siècle en siècle, on a aboli des lois tyranniques, et l'ad-
« ministration de la justice n'en a pas été atteinte pour cela ;
« au contraire, elle s'est épurée. Les croyances mortes et
« enterrées n'ont pas emporté avec elles le fonds de mora-
« lité qu'elles renfermaient ; ce fonds existe encore, mais
« purifié des souillures de la superstition. » Ce fonds de
moralité, pourrait-on ajouter, c'est l'avenir même que le
présent porte déjà en soi.

Telle est, en une rapide esquisse, la grande doctrine de
M. Herbert Spencer. Cette doctrine, complétée par les analyses de Darwin, nous paraît marquer en quelque sorte
le point culminant de la morale anglaise contemporaine.
Les systèmes de Bentham et de Stuart Mill tendent évidemment à s'absorber dans le système plus vaste de
M. Spencer, qui leur laisse une place en son sein et les
complète sans les détruire. C'est donc à tort, selon nous,
que les partisans de l'utilité et les partisans de l'évolution
continuent à former en Angleterre deux camps distincts.
Les points de désaccord entre eux sont plus apparents que
réels et ne portent pas sur le fond des choses. Les vérités
que contient la vieille doctrine utilitaire se fondront tout
naturellement avec celles qu'apportent les systèmes nouveaux. Si la morale de l'évolution rencontre, comme nous
le verrons plus tard, des difficultés sérieuses, il n'est pas
une de ces difficultés qu'on ne puisse opposer avec plus
de force encore à la morale de l'utilité proprement dite.
D'ailleurs les hypothèses de l'évolution et de la sélection
ont acquis depuis quelques années un tel degré de probabilité qu'on peut prévoir le moment où elles seront universellement admises, comme l'est par exemple aujour-
d'hui l'hypothèse newtonienne de la gravitation ; il faut

compter avec de telles hypothèses comme avec des faits démontrés ou prochainement démontrables. Il devient alors aussi absurde de vouloir construire sans elles un système de morale, qu'il le serait de construire un système d'astronomie en supposant les astres immobiles ou la terre tournant autour du soleil. Aujourd'hui, les vrais représentants d'une morale rationnellement utilitaire ne sont plus les penseurs timides qui se font l'écho affaibli des Bentham ou des Stuart Mill; ce sont les Darwin, les Spencer et ceux qui n'hésitent pas à suivre ces maîtres dans la voie nouvelle qu'ils ont frayée.

CHAPITRE XI

LES DERNIERS DISCIPLES DE DARWIN ET DE
M. SPENCER : CLIFFORD, BARRATT, LESLIE STEPHEN.

I. CLIFFORD. — Son idéalisme. Théorie du *mind stuff*. — Caractère hypothétique des préceptes moraux. — Le plaisir et ses divers *symboles*. — L'idée du *moi* et de l'intérêt total de la vie, premier symbole du plaisir. — Agrandissement de l'idée du *moi* chez les races supérieures : le *moi de tribu, tribal-self*, nouveau symbole. — La piété sociale. Le remords. — Le vrai Jéhovah.
II. BARRATT. — Nouvel essai pour construire une *physique des mœurs*. — Distinction entre la *politique* et la *morale*. — Que toute morale scientifique doit se fonder sur l'égoïsme. — La « matière brute » de la moralité. — Les deux lois de conservation individuelle et de conservation sociale.
III. LESLIE STEPHEN. — Sincérité avec laquelle M. Leslie Stephen reconnaît que la vertu n'est pas toujours identique à la prudence. — Que le sacrifice de soi est nécessaire en toute morale et ne peut entièrement disparaître par l'effet de l'évolution. — Les théories morales influent-elles sur la moralité pratique?

Tous les disciples de Darwin et de Spencer, en un mot les évolutionnistes, se préoccupent surtout de fonder la morale comme *science*, et tous admettent la distinction que nous avons faite nous-même, dès la première édition de ce livre, entre l'art et la science, entre la partie purement théorique de la morale et sa partie pratique [1]. Par malheur ils se servent de cette distinction pour éluder la plupart des difficultés, oubliant que, dans les sciences vraiment positives, l'art n'est lui-même qu'un prolongement et une application de la science.

1. Voir plus loin l'*Introduction à la critique*.

Trois philosophes méritent principalement d'être signalés à la suite de Darwin et de Spencer : Clifford, Barratt et M. Leslie Stephen.

I. Clifford [1] est idéaliste, en ce sens qu'il forme le monde avec de l'esprit comme *étoffe* (*mind-stuff*), avec des états de conscience. Quand je regarde un chandelier, ce qui se passe dans ma conscience est plus ou moins analogue à ce qui se cache sous les apparences du chandelier même. Ce que nous appelons l'*objet*, l'*objectif*, c'est ce qui existe pour les autres aussi bien que pour nous, c'est ce qui est *social;* la vérité est elle-même sociale en quelque sorte, toute science est sociale de cette manière, en tant qu'elle atteint ce qui donnerait à d'autres consciences les mêmes sensations qu'à notre conscience propre. Pour cela, il faut admettre qu'il y a d'autres consciences que la nôtre, et c'est là, à en croire Clifford, le grand postulat philosophique, indémontrable, sans lequel le monde se réduirait à nos propres *états de conscience,* au lieu de constituer un objet pour *d'autres* consciences, pour toutes les consciences. Une fois ce postulat admis, la science se fonde sur un ensemble de maximes qui sont : 1° dérivées de l'expérience; 2° fondées sur le principe de l'uniformité des lois naturelles; 3° hypothétiques. « *Si* je veux produire de l'eau, il faut que je combine deux volumes d'hydrogène avec un d'oxygène. »

Pour être une science, la morale doit reposer sur des maximes du même caractère. Elle exclut donc l'*a priori ;* elle exclut aussi le libre arbitre; enfin elle n'admet que des préceptes *hypothétiques :* si vous désirez telle chose, vous devez agir de telle manière.

Le grand mobile de la volonté, conséquemment de la morale, c'est le plaisir, c'est la satisfaction de notre désir.

---

1. Né à Exeter, le 4 mai 1845, mort en 1879. Egalement remarquable comme mathématicien et comme philosophe, Clifford fut aussi un poète et un érudit. M. Pollock, qui a recueilli et publié ses divers écrits avec l'aide de M. Leslie Stephen, a dit de lui : « C'était un homme qui écartait entièrement de ses pensées, comme inutiles ou pires qu'inutiles, toutes spéculations sur un monde futur ou invisible; un homme pour qui la vie était une chose sacrée et précieuse, qu'il fallait non pas mépriser, mais employer avec un sentiment de joie; une âme pleine de vie et de lumière, toujours désireuse d'agir, comptant toujours ce qui venait d'être achevé comme sans valeur en comparaison de ce qui restait à faire. Et sa fin l'a montré : comme nul homme n'a aimé la vie davantage, aucun n'a moins craint la mort. Il a en vérité réalisé cette grande parole de Spinoza, qui était souvent dans son esprit et sur ses lèvres : *Homo liber de nulla re minus quam de morte cogitat* (*Lectures and Essays, Biographical*, p. 25). »

Il faut seulement transformer le mobile du plaisir de manière à l'étendre du moment présent à l'intérêt individuel tout entier, et de l'individu à l'intérêt universel. Cette extension est le résultat de l'évolution même qui lie les intérêts objectivement, et, en nous, elle résulte d'une sorte d'évolution intellectuelle qui fait que nous agissons pour des *symboles* du plaisir de plus en plus larges et élevés. Clifford applique ici la théorie de Spencer sur les « notions symboliques ». Le premier symbole qui finit par prévaloir sur le plaisir du moment, c'est l'idée du *moi* et de son intérêt total. Qu'est-ce que le moi? Un groupe de sentiments agrégés entre eux par une association longue et répétée. « L'abstraction du moi sert de suppport pour lier ensemble
« ces motifs complexes et éloignés qui dirigent la plus grande
« partie de la vie chez les races intelligentes. Quand une
« chose n'est désirée pour aucun plaisir immédiat qu'elle
« puisse apporter, elle est généralement désirée en raison
« d'un certain *substitut symbolique du plaisir (symbolic substi-*
« *tute for pleasure*) : le sentiment que cette chose est profi-
« table pour le *moi*. Et dans beaucoup de cas, ce sentiment,
« qui d'abord tirait sa nature agréable de la représentation
« affaiblie des plaisirs simples dont il était le symbole, cesse
« après un temps de les rappeler et devient lui-même un
« plaisir simple. De cette façon, le moi devient une sorte de
« centre autour duquel roulent les motifs reculés, et auquel
« ils ont toujours quelque rapport [1]. »

Les races inférieures agissent d'après l'impulsion du moment; puis le moi s'étend, s'agrandit, il embrasse la famille, la tribu. Le sauvage ne souffre pas seulement quand on lui écrase le pied; il souffre quand on écrase sa tribu, car il perd sa femme, sa hutte, ses moyens d'alimentation. « La tribu finit donc par entrer naturellement dans cette conception du moi qui rend possibles les désirs éloignés en leur donnant un objet immédiat. » Les peines et les jouissances actuelles qui provenaient des succès et des malheurs de la tribu, se fondent ensemble; un symbole les remplace comme centre de désir, le *moi de tribu* (*tribal self*).

Alors intervient la *sélection* naturelle : à ces races appartient le triomphe, chez qui la notion du moi social est la plus puissante et triomphe habituellement des désirs immédiats.

Clifford désigne par le mot antique de piété la disposition

---

1. *Lectures and Essays*, II, 110.

à préférer la famille, la tribu, la nation, à son moi individuel. La piété, dit-il, n'est pas l'*altruisme*. Ce dernier sentiment a pour objet un individu ; la piété a pour objet un groupe, une *communauté* dont nous ne nous sentons plus *différent*.

Ces principes darwiniens une fois posés, Clifford explique comme Darwin l'approbation morale et le remords. Qu'un individu, obéissant à des motifs égoïstes, agisse contre la communauté, le *moi* social ne tardera pas à se réveiller en lui ; il détestera alors son crime. Il prononcera lui-même, au nom du moi social, un jugement qui est la *conscience*. Il dira : « Au nom de la tribu, je n'aime point ma personne individuelle. » De là le sentiment du remords.

Ces maximes morales, quoique hypothétiques, apparaissent à la conscience comme catégoriques, parce qu'elles ont été acquises par la sélection et non par l'expérience individuelle : leur source étant cachée dans les siècles, elles paraissent surgir immédiatement dans la conscience.

La vraie divinité morale, c'est l'humanité, « c'est notre père l'homme, qui nous regarde avec l'éclat de l'éternelle jeunesse dans ses yeux et qui nous dit : Je suis celui qui était avant que Jehovah fût ».

II. M. Alfred Barratt a essayé de refaire une physique des mœurs sous ce titre : *Physical Ethics*. Son but est de fonder la morale sur la nature, comme l'avaient essayé les anciens. Il se rattache à Épicure d'une part et de l'autre à Darwin. Son principe est individualiste et, au sens anglais, purement « égoïste ». L'utilité générale fonde ce que les anciens appelaient la *politique;* l'intérêt individuel fonde la *morale*.

Étant donné un tissu doué de sensibilité, c'est-à-dire ayant la propriété de réagir sous un stimulus, nous avons la « matière brute de la moralité », « car le seul tissu qui puisse « continuer d'exister est celui dont les réactions sont propres « à assurer la conservation ou, en d'autres termes, le bien de « l'agent. » Cette loi de conservation (*self-preservation*) a un « côté intérieur et subjectif », c'est le plaisir, « car le plaisir « est simplement l'état constant qui accompagne l'accom- « plissement de la fonction vitale. » La vraie moralité commence, à proprement parler, non seulement quand le plaisir est atteint, mais quand il est atteint « par une action intentionnelle [1]. »

---

1. *Physical metempiric*, 279.

Maintenant l'homme est à la fois un organisme et un membre d'un organisme supérieur, la société. C'est la loi de conservation sociale qui constitue l'*utilitarisme*, lequel est proprement une loi politique. Pour mettre d'accord les deux lois de conservation individuelle et de conservation sociale, il n'y a qu'une *méthode* possible, la « méthode égoïste », qui consiste à faire en sorte que l'intérêt de la société fasse « partie intégrante » du plaisir individuel. M. Barratt n'explique pas bien comment il résout ce problème.

Le sentiment de cette difficulté est ce qui caractérise, au contraire, la philosophie morale de M. Leslie Stephen, qui, lui aussi, poursuit une « *science de l'éthique* » aussi positive que la physique.

III. M. Leslie se rattache également à Darwin et à Spencer. Selon lui, la morale est tout à fait indépendante de la métaphysique. Son but est de déterminer scientifiquement, par l'observation et l'induction, les lois auxquelles est soumise la conduite humaine. Elle étudie non ce qui doit être, mais ce qui est. Elle constate, par exemple, « que les mères aiment leurs enfants [1]. » Les relations morales et sociales sont plus complexes que les relations physiques; mais la science n'a pas d'autre objet au physique et au moral. De même, en géométrie, peu importent les théories métaphysiques sur l'espace et les diverses sortes d'espace : les théorèmes de la géométrie sont toujours les mêmes.

Les motifs déterminants de la conduite humaine sont, en fait, les *émotions* et la *raison*; mais la raison même n'est que de l'émotion latente et en puissance. L'homme vivant en société, c'est-à-dire étant membre d'un *organisme*, étant une cellule du « tissu social », ses mobiles et motifs deviennent nécessairement sociaux. La loi morale n'est que le résumé des lois essentielles à la conservation de la société et de l'individu social. Ces règles et conditions de la société sont celles du milieu; nous sentons qu'elles nous sont imposées par quelque chose d'*extérieur* à nous et de plus large : de là le sentiment de l'*obligation* morale. Comme Clifford, M. Leslie dit : « La conscience est la voix « par laquelle s'exprime l'esprit public de la race, nous com- « mandant de satisfaire aux conditions essentielles de son « bien-être. » La sanction de cette loi est le bonheur. En

---

[1]. *Science of Ethics*, p. 8.

général, le bonheur et la vertu coïncident, même pour l'individu. Cependant, cette harmonie n'est pas parfaite.

Là est le point où M. Leslie Stephen diffère de ses devanciers : avec une franchise et une netteté bien plus grandes que Spencer, il convient de l'antinomie qui existe souvent aujourd'hui et ne cessera jamais d'exister tout à fait entre le bonheur de l'individu et le bonheur de la société. Il adresse à ses prédécesseurs bon nombre des critiques que nous leur avions nous-même adressées dans la première édition de cet ouvrage [1]. « Si nous voulons découvrir le vrai, « dit-il, nous nous garderons d'imiter les écrivains qui son-« gent plus à édifier qu'à convaincre et se contentent de « probabilités. Sans doute nous serions très heureux de « trouver de bonnes raisons pour soutenir l'identité de la « vertu et de la prudence ; mais ce serait à la fois une faute « et une sottise de faire semblant d'avoir ces bonnes rai-« sons, quand en réalité nous n'en avons pas une. »

Après avoir constaté le dilemme qui se posera éternellement entre l'égoïsme et l'altruisme, M. Leslie déclare opter personnellement pour l'altruisme ; mais, dit-il, si j'accepte la théorie altruiste, « je l'accepte avec sa légitime et inévitable conclusion, à savoir que le sentier du devoir ne coïncide pas avec le sentier du bonheur... En faisant le bien, l'homme vertueux fera quelquefois un sacrifice, — un sacrifice réel ; — mais l'homme vertueux *ne s'arrêtera pas à cette considération.* » Le sacrifice de soi est nécessaire dans toute morale. Impossible de montrer que Régulus a agi conformément à son intérêt, qu'il a bien calculé. Un homme d'un autre caractère aurait pu vivre « très heureux à Capoue, comme un général en retraite ». Et le sacrifice n'a pas toujours la forme de l'héroïsme ; il se rencontre dans la vie ordinaire, sous des formes plus modestes. « Quand nous disons à quelqu'un : cela est « bien, nous ne pouvons pas dire invariablement et sans « hésitation : cela sera votre bonheur. » Mais l'homme dont les facultés sont « normales » n'a pas pour seul but son propre bonheur. « Quand on lui aura prouvé le plus « clairement du monde que telle action ne contribuera « pas à lui assurer le bonheur, ce ne sera pas assez pour « le détourner de cette action. » — Sans doute ; seulement M. Leslie aurait dû se demander si, en ce cas, les idées qui guideront l'homme dans son sacrifice ne seront

---

[1]. V. plus loin notre *Critique.*

pas des conceptions métaphysiques étrangères à la morale toute positive. — « Y a-t-il un seul homme, continue « M. Leslie, pour peu qu'il soit capable de *sympathie* et de « *raison* », — M. Leslie aurait dû examiner si ces deux facultés ne se contredisent point parfois dans sa doctrine, — « y a-t-il un seul homme qui ne serait prêt à sacrifier « *sans hésitation* son propre bonheur, si les autres devaient « trouver dans ce sacrifice un avantage suffisant? » L'homme dont parle M. Leslie aurait tort de ne pas hésiter et réfléchir, car le sacrifice entier de tout bonheur, même du nôtre, demande réflexion : resterait à savoir jusqu'où la réflexion bien conduite doit rationnellement amener le personnage placé par M. Leslie dans une telle alternative. « *Il n'y a* « *peut-être pas une mère*, dit M. Leslie, qui ne soit prête à « mourir pour le bien de son enfant. » Mais il avoue d'ailleurs que l'amour maternel est le « type le plus parfait du dévouement » : cet amour est plus puissant pour y porter que « les autres affections, même les plus fortes. » C'est que l'amour maternel est de toutes les affections la plus profondément instinctive, celle que le raisonnement peut le moins dissoudre : et pourtant le raisonnement lui a déjà porté atteinte, nous le verrons, dans une de ses manifestations importantes, l'instinct de l'allaitement [1].

En somme, croire avec M. Spencer que le sacrifice est une chose provisoire, qu'il tient seulement à la période trop peu avancée de l'évolution, et qu'il deviendra inutile par une adaptation meilleure de l'individu à la société, c'est, selon M. Leslie Stephen, une utopie : le progrès amène des besoins nouveaux, des délicatesses nouvelles du sentiment moral, des exigences nouvelles qui sont matière à de nouveaux sacrifices. Que faut-il conclure de là? — Une seule chose, selon M. Leslie, c'est que le monde n'est pas le meilleur des mondes et que le mal existe. Le théologien en rêve un autre, libre à lui; mais, de deux choses l'une, ou il est dans le fond égoïste, ou il est altruiste. Il est égoïste, si le prétendu sacrifice de la vie présente n'est pour lui qu'un sacrifice apparent, un intérêt déguisé, une sûreté prise pour l'autre monde; mais alors pourquoi cherche-t-il à réfuter les égoïstes? Est-il au contraire altruiste? Alors, il doit se sacrifier sans rien demander et sans rien espérer; on est altruiste ou on ne l'est pas. M. Leslie, lui, se déclare altruiste, c'est son carac-

---

1. V. plus loin notre *Critique*. l. III.

tère. D'autres peuvent avoir un caractère différent. Tout ce que peut faire le moraliste, c'est de constater les faits, les motifs qui guident l'homme et les intérêts de la société; mais, « autre chose est la science des mœurs, autre chose est l'art des mœurs. » Toutes les théories du monde sur les *motifs* ne produisent pas par elles-mêmes les motifs; il y faut le sentiment, le caractère, l'éducation : toutes choses qui sont à la fois des produits de la nature et de l'art, non de la science.

Heureusement, dit en terminant M. Leslie, l'humanité n'a pas besoin d'attendre, pour pratiquer la moralité, que la science morale soit parfaite et sans *desiderata*.

En somme, les derniers moralistes anglais, — dont le plus remarquable semble avoir été Clifford, enlevé par une mort prématurée, — n'ajoutent pas d'idée vraiment neuve aux systèmes de Darwin et de Spencer, mais plutôt des formules originales et des éclaircissements de détail. Clifford par exemple, en morale comme en métaphysique, excelle à rajeunir par une expression pittoresque et toute moderne les antiques idées de Berkeley ou de Stuart Mill. Malgré tout il nous laisse, ainsi que Barratt et M. Leslie, en face de la même difficulté qu'avaient déjà rencontrée les Helvétius et les Bentham, à savoir l'antinomie entre l'intérêt social et l'intérêt individuel, entre « notre père l'Homme » et nous-mêmes, la lutte entre le nouveau Jéhovah-humanité et le vieux Satan encore présent en chacun de nous. Jusqu'alors les moralistes s'étaient cru le droit de juger moralement le Satan symbolique, de le condamner, de le présenter comme un objet d'exécration pour tous; aujourd'hui ils sont réduits à constater simplement son existence, et dans beaucoup de cas restent les témoins passifs de sa lutte avec le « principe du bien ». Ils pensent que cette nouvelle position prise par la morale théorique n'aura aucune conséquence dans la pratique : le point de vue plus indulgent d'où on regarde aujourd'hui la bataille éternelle de la vie, ne saurait rien changer à la bataille même, ni à son issue. Cette affirmation nous paraît le point qui reste le plus contestable dans la morale commune aux divers penseurs anglais.

DEUXIÈME PARTIE

CRITIQUE

INTRODUCTION

Toute doctrine, œuvre sincère de la pensée humaine, doit renfermer une part de vérité. Critiquer, c'est simplement montrer que cette partie de la vérité n'est pas le tout ; la critique n'est que la limite imposée par la raison aux systèmes, qui sont eux-mêmes limités par les choses. En fixant ainsi le point où s'est arrêté l'effort de l'intelligence, la critique fixe précisément le point que l'intelligence doit dépasser ; elle lui ouvre un nouvel espace par delà celui qu'elle avait déjà parcouru ; en un mot, elle agrandit l'horizon intellectuel, qu'un système avait voulu ramener à ses proportions toujours trop étroites.

En abordant ici la critique sincère et patiente de la morale anglaise, nous ne voulons nullement entreprendre une *réfutation* ni démontrer la fausseté de la doctrine que nous soumettons à l'examen. Disons mieux : cette doctrine nous paraît sur beaucoup de points irréfutable : elle repose sur les trois grandes lois physiques et psychologiques d'association, d'évolution et de sélection naturelle, que tout penseur sérieux est aujourd'hui forcé d'admettre. Nous voulons si peu contester de tels principes, qu'au besoin nous les défendrions de toutes nos forces. Seulement, une fois admis tous les faits qu'invoque en sa faveur l'école anglaise, nous devons nous demander si elle peut fonder sur ces faits seuls une morale vraiment complète et obligatoire ; ne fait-elle point même fausse route quand elle le tente avec ses principaux représentants? La morale obligatoire n'a-t-elle pas, comme la métaphysique, son principe dans « un inconnaissable » ? La science est-elle actuellement adéquate à la vie humaine, et une morale qui prétendrait régler toute la sphère de notre conduite d'après une série de déductions rigoureusement scientifiques, sans mélange aucun d'hypothèses métaphysiques, est-elle possible dans l'état présent de nos connaissances? Bentham, Mill, Spencer, tous les penseurs utilitaires ou évolutionnistes croient pouvoir traiter la morale simplement comme la biologie ou la physiologie, sans y mêler aucune conception métaphysique, aucune opinion sur l'origine ou la fin des choses. Les moralistes français du xviiie siècle avaient déjà parlé d'une « physique des mœurs » reposant sur des données aussi précises que l'autre physique, et de tous points suffisante pour l'individu comme pour l'État [1]. Il s'agit de savoir si cette physique des mœurs peut logiquement admettre une obligation et une sanction, si elle ne devrait pas renoncer plus franchement qu'elle n'a osé le faire à ces notions de la morale métaphysique.

Il y a deux parties dans la morale telle qu'on l'entend d'ordinaire, l'une psychologique et physiologique, l'autre proprement morale ; la première étudie les ressorts habituels de la conduite des hommes en général, l'autre s'adresse à chaque homme et prétend lui « ordonner » telle ou telle action ; la première se contente d'analyser et d'expliquer, la seconde conseille ou « commande » ; l'une a pour domaine les faits, l'autre a son objectif au delà de tout fait présent ou passé, dans un avenir encore indéterminé. Or autre chose est d'analyser le passé, autre chose de produire l'avenir. La première partie de la morale peut se traiter scientifiquement; la seconde en certains points semble encore échapper plus ou moins aux sciences positives [2]. Nous le répétons, l'analyse des idées et des sentiments moraux a été faite admirablement par l'école anglaise : si ses « genèses » offrent encore de nombreuses lacunes et des inexactitudes, il est permis d'espérer que tôt ou tard ces lacunes seront comblées, ces inexactitudes effacées ; mais les utilitaires et les évolutionnistes se heurtent toujours à des difficultés spéciales quand, passant de la théorie scientifique à la pratique morale, ils essaient d'établir une *règle* d'action *générale* et de faire prédominer

---

1. V. dans notre *Morale d'Épicure* les chapitres consacrés au xviiie siècle.
2. V. notre livre intitulé : *Esquisse d'une morale sans obligation ni sanction*.

dans la conduite tel sentiment ou tel instinct, par exemple l'instinct social, sur tel autre qui a scientifiquement la même valeur, par exemple l'instinct de conservation.

M. Spencer, dans un de ses ouvrages, a comparé la morale à l'astronomie; mais ici, c'est l'astronome lui-même qui doit régler le mouvement des astres et leur marquer leur route; de plus, ces astres sont des êtres conscients et intelligents qui n'obéissent pas à l'aveugle : il faut leur démontrer que la voie indiquée est la meilleure non-seulement pour la société, mais pour eux-mêmes. A ce point de vue, une *science* de la morale, absolument complète et sans *desideratum*, embrassant tout l'avenir de l'humanité et de chaque individu, apparaît comme infiniment plus compliquée que toute autre science et comme dépassant la portée de l'esprit humain : elle rencontrerait même assurément, nous le verrons plus tard, un certain nombre de contradictions insolubles entre l'intérêt de l'individu et l'intérêt social; elle se heurterait à des impossibilités. Il est des cas où l'expérience ne peut plus nous guider, ou bien nous mènerait parfois tout droit à des actes immoraux : les faits n'ont pas toujours en eux-mêmes une vertu directrice suffisante.

Il y aurait une seconde *Critique de la raison pratique* à faire en se plaçant à un point de vue nouveau. Sans aboutir à aucune des conclusions dogmatiques de Kant et en adoptant toutes les données des sciences contemporaines, toutes les « genèses » des sentiments moraux, on pourrait montrer qu'il reste pour notre esprit un « inconnaissable » quelconque; on chercherait alors si cet inconnaissable ne peut point avoir une part dans nos décisions, par les hypothèses sous lesquelles nous essayons de nous le représenter et qui sont comme des *risques* de la pensée métaphysique. Peut-on bannir de nos actions l'hypothétique, si l'hypothèse reste au fond de notre pensée? N'est-ce point même l'hypothèse qui permet à l'agent moral, en face des antinomies pratiques que lui présente la société actuelle, de passer outre et d'agir comme si elles n'existaient pas? Nous aurons plus tard l'occasion de le constater, dans le monde visible et tangible que la science étudie, dans le monde des faits positifs, le désintéressement, le dévouement ne sont point entièrement justifiables; mais la science a-t-elle dit le dernier mot des choses? — Telle est l'interrogation pleine d'anxiété à laquelle aboutit la morale et qui a pour objet l'au-delà de la science. Sur cet au-delà, deux hypothèses sont possibles. Peut-être, si nous pouvions pénétrer le fond des choses, reconnaîtrions-nous que l'être le plus moral, le plus désintéressé, est aussi celui qui a le mieux compris l'univers et la vraie existence ; que ce qui s'appelle l'idéal est l'essentielle réalité, la force destinée au triomphe final, et que celui qui s'y attache s'attache à la seule chose solide, immuable, éternelle. Peut-être au contraire, si nous connaissions le fond des choses, la conduite qui nous paraît aujourd'hui la plus *morale* nous paraîtrait-elle absurde ; peut-être même, si la science arrive quelque jour à son achèvement et à sa perfection, son triomphe coïncidera-t-il avec la suppression de la morale telle qu'on l'entend aujourd'hui et des instincts trop aveugles qui lui servent encore de base : à cette époque on n'en aurait plus besoin et elle disparaîtrait après être devenue inutile. Selon cette seconde conception, la morale en ses plus admirables préceptes n'existerait aujourd'hui que pour suppléer la science, là où elle fait encore défaut. La morale serait un peu comme la poésie, qui tend à s'effacer devant la science : c'est un vrai poème à réaliser qu'une belle vie ; les grandes actions, qui inspiraient jadis les épopées, sont des épopées elles-mêmes, et nul poème ne les vaut. Le moraliste, dans cette hypothèse, entraînerait les hommes en faisant se dresser devant eux l'austère figure du devoir, comme Tyrtée poussait en avant les combattants en invoquant les fantômes des dieux, de la gloire et de la patrie. Pour se dévouer quand le salut des autres l'exige, il faut se bercer soi-même de quelque grande idée, se chanter tout bas quelque chose : l'oreille pleine de musique et le cœur d'harmonie, on s'oublie alors, on oublie le monde réel, et ainsi peut s'accomplir en paix le sacrifice du devoir. — Telles sont les deux hypothèses sur l'inconnu, l'une affirmative, l'autre négative, en face desquelles nous laissera après examen cette morale anglaise qui a eu le tort de se donner, avec Bentham et ses successeurs, comme une science complète et positive, capable de se suffire à elle-même de tous points. Le problème essentiel, métaphysique, intimement lié au problème *moral*, subsistera toujours.

Pour mener jusqu'au bout l'examen critique de l'école anglaise que nous entreprenons en ce moment, nous aurons besoin d'une certaine persévérance. Cette école, qui s'appuie perpétuellement sur les découvertes psychologiques ou physiologiques de notre siècle, a des ressources inépuisables. De plus les penseurs anglais, par exemple Stuart Mill, ne reculent devant aucune subtilité, et il faut pouvoir les suivre dans tous les détours de leur argumentation. Si nous n'avions en face de nous que des Hobbes ou des Spinoza, si l'école anglaise et surtout l'école utilitaire était représentée de notre temps par des génies aussi logiques, aussi rigoureux dans les paradoxes mêmes; si elle était seulement représentée par des hommes comme Helvétius ou La Mettrie, capables de ne reculer, avec la logique française, devant aucune conséquence de leurs doctrines, notre tâche serait à vrai dire bien allégée ; nous n'aurions qu'à suivre leur pensée en allant droit devant nous. Il n'en est pas ainsi pour certains représentants modernes de la « morale inductive » : l'esprit anglais, très-perçant, manque parfois de rigueur et de vigueur ; la pensée anglaise, un peu tortueuse, oublie volontiers la voie droite pour se jeter dans les chemins de traverse ; se plaisant aux analyses de détail, elle perd de vue le tout, et si la finesse lui fait rarement défaut, la logique lui manque parfois.

On voit que nous ne nous dissimulons point les difficultés de notre tâche. Du reste, il n'y a pas en philosophie de question facile. Lorsqu'on veut approfondir un problème, on le voit toujours, donnant naissance à d'autres problèmes, se prolonger ainsi à l'infini, et l'intelligence, à mesure qu'elle s'enfonce plus avant dans la réalité, sent la lumière se faire plus rare et lui échapper peu à peu : ainsi, sous la profondeur des flots de la mer, pâlit et se perd la lueur des astres en une longue et vague traînée lumineuse.
— Une chose doit nous encourager : si le problème moral compte parmi les plus obscurs, c'est aussi celui qui intéresse le plus l'esprit humain ; c'est celui qui se pose devant nous avec le plus de force : il est doux d'agiter de telles questions, même quand la solution semble se dérober à nos prises.

LIVRE PREMIER

DE LA MÉTHODE MORALE

CHAPITRE PREMIER

MÉTHODE INDUCTIVE ET MÉTHODE INTUITIVE

Opposition de la méthode inductive et de la méthode intuitive, correspondant à l'opposition de la morale naturaliste et de la morale rationaliste. — Importance du problème.
I. — Deux parties dans la méthode morale : partie supérieure, qui détermine le *principe* de la moralité; partie inférieure, qui détermine les *applications* de ce principe. — Accord progressif de l'école inductive et de l'école intuitive pour la partie inférieure. — Rôle croissant qu'elles attribuent l'une et l'autre à la *déduction*.
II. — Désaccord final des deux méthodes dans la détermination du principe de la moralité. — Comment la méthode inductive prend pour principe un *fait* découvert par *induction*, par exemple le désir du bonheur ou du bien-être. — Comment la méthode *a priori* prend pour principe une *idée*, objet de l'*intuition* : le bien et le devoir.
III. — Difficultés que rencontre Stuart Mill quand il veut établir par induction son principe de la moralité. — Passage non justifié de ce qui est *désiré* à ce qui est *désirable*. — Méthode supérieure de M. Spencer. — Vaste système d'induction embrassant le monde entier et dont il déduit ensuite la morale humaine. — Comment, au lieu d'invoquer de simples faits observables, l'école inductive a le tort de s'appuyer, comme l'école adverse, sur des hypothèses métaphysiques. — Une dernière remarque sur les deux méthodes.

L'opposition de la « morale inductive » et de la morale intuitive », sur laquelle insiste si souvent l'école anglaise contemporaine, ne recouvre pas seulement une question de méthode qui intéresserait le logicien et le savant; elle enveloppe deux conceptions contraires de l'ensemble des choses et de cette méthode générale que suit, pour ainsi dire, le progrès même de l'univers. L'antithèse de l'induction et de l'intuition ne se ramène-t-elle pas à l'opposition du naturalisme et de l'idéalisme ? Selon le premier de ces systèmes, c'est la nature qui produit et règle l'esprit, s'élevant peu à peu, par une sorte de marche inductive, du fait sensible à la loi intelligible, de la matière à la pensée, et tirant ce qui doit être de ce qui est. Selon la seconde doctrine, au contraire, la nature visible n'est pas tout; au delà ou plutôt au fond de la nature même, il est quelque mystérieux principe qui explique et règle l'évolution universelle et où doit être cherché le dernier mot du monde. Le monde — cette doctrine l'affirme — a un sens, un but; on n'a pas tout dit quand on a dit : Cela est; car ce qui est se déduit sans doute de ce qui doit être; la réalité aspire vers un idéal où elle trouve sa vraie explication.

Aussi, tandis que la morale inductive est essentiellement la morale naturaliste, tandis qu'elle s'efforce d'invoquer seulement des faits et des lois physiques, la morale intuitive, au contraire, est la morale idéaliste, qui admet en elle des éléments supérieurs à toute loi purement physique et à tout fait sensible. Là, c'était le fait érigé en loi; ici, c'est la loi conçue comme précédant le fait et s'imposant à lui; là, c'était le mécanisme des désirs poursuivant la plus grande somme de plaisirs; ici, c'est l'idée et la volonté soumettant les désirs et les plaisirs à un but supérieur.

La lutte des deux méthodes et des deux doctrines auxquelles toutes les autres viennent se réduire semble toucher de nos jours au moment décisif et critique. Jamais la question n'a été mieux posée; jamais les solutions n'ont été mieux déduites de part et d'autre. Dans ce problème de la méthode morale, c'est le positivisme et la métaphysique, c'est en quelque sorte la nature et l'idée qui sont aux prises.

Si les deux méthodes s'opposent ainsi par les principes dont elles partent et la fin à laquelle elles tendent, néanmoins, à un point de vue purement logique, leur dissemblance est moins grande qu'on ne le croit généralement. Nous rechercherons d'abord les points sur lesquels elles s'accordent, afin de restreindre ainsi graduellement le débat.

I. Il y a dans la méthode morale deux parties distinctes : l'une inférieure, où, les principes étant donnés, il s'agit d'en développer les conséquences ; l'autre supérieure, où il s'agit d'établir les principes eux-mêmes.

Les expressions de méthode inductive et de méthode intuitive, si chères aux philosophes contemporains de l'Angleterre, sont loin d'offrir toute la clarté désirable. Veulent-ils dire que la morale doit procéder par induction seulement dans l'établissement de ses principes, ou qu'elle doit procéder aussi par induction dans le développement de toutes ses conséquences, de manière à ne présenter qu'une longue série d'inductions et de généralisations empiriques? Le système utilitaire a d'abord essayé de se constituer sous cette seconde forme, comme une morale inductive tout ensemble dans son principe et dans ses conséquences ; mais nous allons voir les utilitaires réduire peu à peu cet amas d'inductions à une seule, fondamentale, qui fournit leur principe. — De son côté, la morale intuitive a commencé, elle aussi, par se prétendre intuitive tout à la fois dans son principe et dans ses conséquences, de manière à offrir ainsi une longue série d'intuitions ; mais elle a fini elle-même par ramasser toutes ces intuitions en une seule, qui lui sert de principe. L'antithèse des deux doctrines, qui existait d'abord à la fois dans la partie supérieure et dans la partie secondaire de la morale, s'est donc concentrée sur la question des principes, et l'accord tend à s'établir pour le reste entre l'école inductive et l'école intuitive.

Voyons d'abord comment les deux méthodes adverses se sont réconciliées peu à peu dans la partie secondaire de la morale; nous pourrons mieux marquer ensuite le vrai point de divergence, conséquemment le vrai centre du problème, où devra se trouver un jour la solution.

A l'époque de Bentham, la morale intuitive en Angleterre était encore à la première période de son développement : Shaftesbury, Hutcheson et Hume admettaient une sorte de « sens moral », de « goût moral », et procédaient moins par intuitions intellectuelles que par appels au simple sentiment. La méthode morale, telle que Price et l'école écossaise semblent l'avoir conçue, mériterait mieux ce nom d'*intuitive*. D'après cette école, notre raison aperçoit, par des intuitions immédiates, la qualité bonne ou mauvaise des actions particulières. Je juge que ceci est mal, que ceci est bien, et chacun de ces jugements particuliers, absolu en son genre, ne peut se rattacher à aucun jugement unique et supérieur. C'est là, si l'on veut, une morale *rationaliste*, mais qui admet une série d'axiomes, de vérités et comme de moralités également premières ou irréductibles. Reid prend la peine de supputer ces axiomes et rapetisse encore singulièrement la pensée de Price. « Il n'en est pas, dit-il, d'un système de « morale comme d'un système de géométrie, où chaque « proposition tire son évidence des propositions anté- « rieures... Un système de morale ressemble plutôt à un « système de botanique, collection de vérités qui ne s'en- « chaînent pas les unes aux autres et dans lesquelles « l'arrangement n'a pas pour but de produire l'évidence, « mais simplement de faciliter la conception et de secourir « la mémoire [1]. »

Ne trouvons-nous pas, dans cette méthode de l'école sentimentale et de l'école écossaise, une insuffisance qui devait provoquer une inévitable réaction?

Toute science véritable, intuitive ou inductive, tend à relier les choses entre elles et à établir entre les vérités des rapports de principe à conséquence. La botanique même, dont parle Reid, est loin d'être une simple et aride énumération : dans ce cas, ce serait un catalogue, non une véritable science. La botanique n'énumère pas seulement, elle classe, c'est-à-dire qu'elle ramène le particulier au général, l'individu à l'espèce. La botanique a fait plus encore avec Lamarck : elle s'est efforcée de réduire à l'unité toutes les espèces et tous les genres ; elle a tenté une synthèse embrassant tout le règne végétal et s'étendant jusqu'au règne animal. La morale dont parle Reid n'est donc pas même une botanique. Il manque à cette collection de jugements moraux et d'intuitions le principe d'unité qu'exige toute méthode scientifique; nous n'avons ici que des principes de différence, des axiomes séparés, irréductibles, absolus; l'analyse n'est point complétée par la synthèse : rien d'un et de général, à quoi on

---

[1]. Reid, *Ess.*, V, ch. I. — C'est cette conception d'une morale pour ainsi dire *axiomatique* qui plus tard devait prévaloir en France chez Victor Cousin. « La morale, dit-il, a ses axiomes, comme les autres « sciences. — Soit donnée l'idée de dépôt, je me demande si celle de « le garder fidèlement ne s'y attache pas tout aussi nécessairement « qu'à l'idée de triangle s'attache l'égalité de ses trois angles à deux « droits. » (Cousin, *Cours de l'hist. de phil. mod.*, II, p. 296.) Plus récemment encore, on définira avec M. Jules Simon la méthode morale « l'art d'interroger la conscience morale et d'exprimer clairement les réponses de l'oracle »

puisse ramener ou dont on puisse tirer la série des prétendus axiomes. La morale devient une sorte de casuistique et de mnémotechnique, comme l'avoue Reid lui-même ; elle n'est plus la morale. On pourra bien dire qu'elle a pour objet d'interpréter les *oracles* intérieurs ; mais l'interprétation des oracles, comme disait Socrate, regarde les devins plutôt que les philosophes.

Qu'on ne s'étonne donc pas de la réaction extrême qui se produisit, chez Bentham, contre la doctrine du sens moral ou celle des intuitions morales ainsi entendues.

A un système absolu et exclusif Bentham répondit par un système également absolu et exclusif. Sa méthode est purement expérimentale. Elle ne consiste qu'à observer les plaisirs ou les peines et à les comparer entre eux. Les instruments de cette méthode sont le calcul arithmétique, les tables et catalogues des plaisirs, dont Bentham faisait le pendant du tableau des affinités chimiques ; un instrument idéal serait cette sorte de « thermomètre moral » à l'aide duquel la science des passions ou « pathologie mentale » mesurerait la somme des plaisirs causée chez chacun par chaque objet. — On ne fera pas à Bentham le reproche de poursuivre un idéal trop élevé, mais plutôt d'être trop terre à terre et de traiter le bonheur humain comme un sac d'écus. Pourtant il a le mérite d'avoir commencé à constituer la morale sur une base scientifique. Le principal défaut de la *méthode benthamiste* est d'être trop étroite : elle manque de portée, elle ignore les grandes généralisations. Elle n'observe les faits que pour les comparer entre eux et les évaluer ; mais elle ne remonte point de ces faits aux lois qui les engendrent et les gouvernent.

Avec Stuart Mill, la méthode expérimentale cesse de s'en tenir à la simple comparaison des faits, à la simple évaluation des plaisirs et des peines. Elle n'observe pas seulement les phénomènes : elle essaye d'induire véritablement les lois et de s'élever du particulier au général ; elle ramène les phénomènes moraux comme les phénomènes psychologiques à la loi de l'association.

Dès lors, au lieu de se borner à une série d'inductions purement empiriques, Stuart Mill reconnaît que la morale tend par son progrès, comme toutes les autres sciences, à devenir de plus en plus déductive. Le premier principe sera seul obtenu par induction, à savoir le désir universel du bonheur ; mais, ce principe une fois établi, on en tirera par déduction toutes les conséquences qu'il renferme, et la morale finira par former une chaîne de démonstrations supendue à un seul anneau. Elle sera une science inductive dans son principe et déductive dans ses applications.

M. Spencer va plus loin encore : il veut que le premier principe d'où se déduit tout le reste ait un caractère de *nécessité*, qui se communiquera ensuite à toutes ses conséquences, de telle sorte que l'arbitraire soit exclu du système entier de la morale. Pour cela, il rattache la science des mœurs à la science de l'univers, et le désir du bonheur chez l'homme à la loi suprême du monde : conservation de l'être. M. Herbert Spencer est une sorte de Spinoza positiviste, avec cette différence que, approfondissant davantage le principe de la persistance dans l'être, il en tire celui du progrès dans l'être : toute conservation est une évolution. C'est là l'idée capitale qu'il ajoute aux idées de Spinoza, de d'Holbach et de Volney [1].

De son côté, la méthode intuitive tend aussi à réduire la morale en un vaste système de déductions, et le principe suprême de ces déductions est analogue à celui de M. Spencer : l'ordre universel, qui renferme aussi le plus grand bonheur possible de l'humanité.

Il semble donc que les deux méthodes vont au-devant l'une de l'autre, que le désaccord tend à se concentrer sur un seul point; mais ce point essentiel, c'est le genre de nécessité qui appartient au premier principe d'où se déduit la morale. Les uns y voient une simple nécessité de fait, par conséquent une nécessité physique; les autres y voient une nécessité de droit et de devoir, une nécessité proprement morale.

En un mot, la méthode inductive tend à se changer en une méthode déductive qui tire d'un premier principe, seul obtenu par *induction*, toutes les conséquences qu'il renferme; et cette méthode même se confond partiellement avec la méthode dite rationnelle, qui déduit d'un premier principe, seul obtenu par *intuition*, toutes les conséquences qu'il renferme [2]. C'est donc à ce premier principe, où vient se concentrer le débat, que nous devons remonter; c'est là vraiment que s'opposent l'école empirique et l'école intuitive.

---

1. Sur d'Holbach et Volney, voir notre *Morale d'Épicure*.
2. La morale *a posteriori* est une morale *inductive-déductive;* la morale *a priori* est une morale *intuitive-déductive*.

II. — Pour que le premier principe des déductions morales ne nous fuie pas sans cesse, il faut un point fixe auquel nous puissions l'attacher et qui exclue tout arbitraire. Mais ce point fixe à son tour, qu'il importe de déterminer avec une précision scientifique, peut être représenté de deux manières : il peut être un fait d'expérience ou une idée conçue par l'esprit comme supérieure à l'expérience.

Dans la première hypothèse, qui est celle de l'école anglaise, la méthode morale suspend toutes ses déductions à un fait donné empiriquement. Par exemple, le désir du bonheur est un fait. Ce fait étant posé, on en déduira les conditions, et on obtiendra ainsi une science du bonheur. On ne commencera pas par dire que le bonheur *doit* être désiré, ou qu'il est *désirable*, mais qu'en fait il est *désiré*. Ce premier désir une fois posé en principe, les moyens de le satisfaire deviendront désirables, et l'idée de nécessité s'introduira alors dans la science des mœurs, sans exprimer autre chose que ce qu'elle exprime dans toutes les autres sciences, à savoir la nécessité des moyens pour les fins et des causes pour les effets. Telle serait une morale vraiment positive, analogue aux autres sciences expérimentales, étudiant comme elles des relations constantes et nécessaires, avec un fait d'expérience pour point de départ. La proposition fondamentale de la morale ne serait que la traduction de ce fait ; elle n'exprimerait pas encore un *devoir ;* elle n'exprimerait pas non plus un simple *pouvoir ;* elle ne dirait pas : Tu *dois* vouloir ceci, par exemple la tempérance, ou : Tu peux vouloir ceci ; mais elle dirait : En fait, tu veux ceci, à savoir ton plus grand bonheur ; or il faut des moyens pour l'obtenir, et la tempérance fait partie de ces moyens ; donc, logiquement, tu dois vouloir la tempérance. — Le mot *doit* ne signifierait que l'accord logique de la conséquence avec le principe.

L'autre morale, au contraire, ne relèverait pas simplement d'un fait réel, mais d'une idée qui n'est pas encore réelle et qui cependant doit être réalisée pour elle-même et non plus comme un moyen pour autre chose. En un mot, au lieu d'un devoir dérivé et simplement logique, comme lorsqu'on dit que pour se guérir de la fièvre on doit prendre de la quinine, on aurait un devoir primitif et absolu, un devoir moral, s'imposant à la volonté par lui-même et non en vertu d'un fait antérieur dont il serait la conséquence.

La première méthode aboutit à une morale de fait, la seconde à une morale de devoir proprement dit.

Telle est en effet la forme dernière et exacte que le problème tend à prendre pour les deux écoles. Stuart Mill dit qu'il faut rattacher toute la morale à un principe qui ne soit pas arbitraire, mais qui soit réellement « justifié ». Dans les arts purement physiques, comme l'art du maçon ou du médecin, cette nécessité se fait rarement sentir, parce qu'en général personne ne nie que la fin poursuivie ne soit désirable. Dans l'art moral, au contraire, on propose plusieurs fins à la fois ; il faut donc décider entre elles et ne pas « abandonner les fins que doit pour« suivre l'art de la vie ou de la société aux vagues sug« gestions de l'entendement livré à lui-même, *intellectus* « *sibi permissus* [1]. » — « Il doit exister, ajoute Stuart Mill, « quelque étalon, quelque modèle ou type universel ser« vant à déterminer le caractère bon ou mauvais, d'une « manière absolue ou relative, des fins ou objets de « désir. » Et il ne peut exister qu'un seul type de ce genre, car, « s'il y avait plusieurs principes supérieurs de con« duite, la même conduite pourrait être justifiée par un de « ces principes et condamnée par un autre, et il faudrait « quelque principe plus général qui pût servir d'arbitre « entre les autres [2]. »

La question de la méthode morale étant ainsi élevée à la hauteur d'un problème où toute la philosophie est engagée, voyons la solution qu'en donne l'école de Stuart Mill.

III. — C'est par une induction que Stuart Mill essaie de justifier le principe suprême de la morale. « La seule preuve « qu'on puisse fournir qu'un objet est visible, c'est que « les gens le voient réellement. La seule preuve qu'un « son peut être entendu, c'est que les gens l'entendent ; « et ainsi de suite pour les autres sources de notre expé« rience. De même, j'imagine que la seule preuve que quel« que chose est désirable, c'est que les gens en réalité la « désirent... »

Ici se montre une première difficulté. Le mot *visible* et le mot *désirable* ont-ils un sens analogue ? Dire que le soleil est *visible*, c'est simplement dire qu'il *peut* être vu ; dire que

---

[1]. *Utilitar.*, ch. I.
[2]. *Logique*, II, 558, 559, trad. Peisse.

le bonheur est *désirable*, ce n'est pas dire seulement qu'il *peut* être désiré, mais qu'il *doit* être désiré. Stuart Mill semble confondre le sens des mots *pouvoir* et *devoir*. Ce n'est pas tout : la preuve qu'une chose est visible, selon lui, c'est qu'on la voit. Et en effet la preuve est ici valable ; mais pourquoi ? Parce que la conséquence ne dépasse pas le principe. On conclut du réel au possible, du fait au pouvoir, selon l'adage scolastique : *Ab esse ad posse valet consequentia*. De même, de ce que le bonheur est désiré, j'ai le droit de conclure qu'il peut être désiré ; mais ce n'est point là le principe dont la morale a besoin. Ai-je le droit, du seul fait que le bonheur est désiré, de conclure qu'il *doit* être désiré ? La conséquence dépasserait ici le principe. Selon l'idéalisme, quand je vais du fait au pouvoir, je fais une simple analyse ou, comme dit Kant, un jugement analytique ; quand je vais du fait au devoir, je relie le fait à une idée qui le dépasse, je fais une synthèse ou un jugement synthétique. Dans le premier cas, je puis me contenter d'une induction expérimentale ; dans le second cas, j'ai besoin de trouver d'abord dans ma conscience l'idée du haut de laquelle je domine et juge le fait. Autre chose est une simple possibilité, autre chose est une nécessité. Stuart Mill aurait dû examiner ce point. Ne l'ayant pas fait, il n'a vraiment pas le droit de placer au début de sa morale autre chose qu'un simple fait : il peut dire que le bonheur est désiré et que les moyens du bonheur sont relativement désirables, mais il n'a pas acquis le droit de dire que le bonheur est lui-même désirable ou doit être désiré. Aussi est-ce vainement qu'il ajoute :

« On ne peut fournir aucune raison pour démontrer que
« le bonheur *général* est désirable, si ce n'est que chacun,
« en tant qu'il le croit à sa portée, désire son *propre* bon-
« heur. D'ailleurs, ceci étant un fait, il nous est *démontré*,
« *par toutes les preuves* que nous puissions exiger, que le
« bonheur est un bien, que le bonheur de chaque individu
« est un bien pour cet individu, et qu'en conséquence le
« bonheur général est un bien pour la réunion de tous les
« individus. Le bonheur *a prouvé son droit* à être un des
« buts de notre conduite et, par conséquent, à être un des
« critériums de la morale. » Non, le bonheur n'a pas encore prouvé par là son *droit* à être un des buts de notre conduite ; il a simplement prouvé qu'en fait il peut être pris pour but, comme en fait la richesse, le pouvoir, la santé, le devoir même peuvent être pris pour buts.

Ajoutons que le bonheur, en supposant qu'il ait prouvé, par une induction tirée des faits, son droit à être *un* critérium moral, n'a pas par cela seul prouvé qu'il soit le critérium unique. « Pour le faire, dit lui-même Stuart « Mill, il semblerait, d'après la même règle, nécessaire de « montrer non-seulement que les gens souhaitent le « bonheur, mais aussi qu'ils ne souhaitent jamais autre « chose. Or, *il est palpable* qu'ils désirent des choses qui, « dans le langage ordinaire, sont tout à fait distinctes du « bonheur. Ils souhaitent, par exemple, la vertu et l'ab- « sence de vice non moins réellement que le plaisir et l'ab- « sence de douleur. Le désir de la vertu est un fait moins « universel, mais *aussi authentique* que le désir du bon- « heur. Et de là les adversaires du critérium utilitaire se « croient le droit de conclure que les actions des hommes « ont d'autres fins que le bonheur, et que le bonheur n'est « point le critérium de l'approbation et de la désapproba- « tion. » Pour ramener toutes les fins poursuivies au bonheur, la doctrine utilitaire invoque alors une nouvelle induction par laquelle elle pose le second principe qui lui est nécessaire. *Chacun désire le bonheur :* voilà la première induction. *Chacun ne désire que le bonheur :* voilà la seconde.

Toute la psychologie anglaise a pour but de montrer, sous le désir apparent de fins autres que le bonheur, le désir réel du bonheur même. Mais ici encore, pourra-t-on dire, que prouve la méthode inductive? Simplement la *possibilité* de désirer le bonheur en croyant désirer autre chose, la *possibilité* d'être égoïste en croyant être désintéressé ou en paraissant l'être. De là à dire qu'en fait l'égoïsme est universel et que le désir de son propre bonheur est l'unique mobile des actions humaines, il y a une distance que la simple induction n'a pas franchie.

M. Spencer a senti l'insuffisance de la méthode inductive, telle que la pratiquaient les Stuart Mill et les Bain. Il a employé une méthode vraiment nouvelle et d'une hardiesse extraordinaire. Nous venons de le voir, une ou plusieurs inductions détachées ne peuvent fournir que des possibilités et des probabilités ; elles ne peuvent pas atteindre le fond des choses ; elles ne peuvent pas dire formellement : Cela est, ou : Cela n'est pas. En donnant pour base à la morale des inductions trop étroites, les prédécesseurs de Spencer ne semblaient donc la fonder que sur de simples possibilités, non sur des réalités. C'est qu'ils avaient la vue trop courte. Pour celui qui embrasse un horizon assez vaste, il y a un point où le possible tend à se confondre avec le réel et où l'induction fournit des probabilités si grandes qu'elles équivalent presque à des certitudes. En effet, supposez une série d'inductions capable de rendre compte de toute la chaîne des phénomènes ; supposez que ces inductions se complètent l'une par l'autre tout en se tenant l'une l'autre, et qu'elles forment ainsi un système ; supposez que rien ne les contredise, que tout s'y ramène au contraire, qu'elles puissent enfin expliquer le monde entier et nous expliquer nous-mêmes. L'induction, quand vous l'étendez ainsi à tout l'univers, ne donne-t-elle donc encore qu'une simple possibilité ou plutôt ne tend-elle pas à égaler la réalité même ? Ne pourrait-on pas dire que ce qui sépare logiquement l'hypothèse de la réalité, c'est une simple affaire d'extension, et qu'une hypothèse qui envelopperait l'univers entier comme en un immense réseau, sans laisser inexpliqué un seul phénomène, serait la plus sûre des vérités ? Ainsi l'induction, à force d'universalité, finirait par devenir certitude ; une synthèse assez vaste finirait par atteindre le fond des choses. Cette synthèse universelle, tel est l'idéal auquel aspire M. Spencer. Sa méthode consiste à construire tout l'univers avant d'en déduire ce qu'est la moralité humaine. Il n'y a pas de *lois* pour l'homme seul, et sa conscience n'est en quelque sorte qu'un résidu de la conscience universelle. Désir invincible du bonheur ou du bien-être, obéissance spontanée aux instincts héréditaires, autant de choses qui ne sont plus de simples possibilités, mais des nécessités absolues ; autant de choses qui se déduisent des lois mêmes de l'univers et finissent par se ramener à la tendance primitive de l'être à persévérer dans l'être.

On voit la grandeur de cette méthode nouvelle, qui ne traite plus l'homme que comme la partie d'un tout et cherche à embrasser le monde avant de revenir, par un long circuit, à l'humanité. Nous n'objecterons pas à M. Spencer que ses vastes hypothèses sont contestables. Pour notre compte, nous ne les contestons pas, au moins dans leur ensemble ; seulement est-il bien sûr qu'elles enveloppent en effet tout l'univers, qu'elles nous rendent compte de tout, qu'il n'y ait rien de plus ? tenons-nous bien le monde dans le creux de notre main ? M. Spencer admet un « inconnaissable », et il s'empresse de reléguer ce je ne sais quoi hors de notre univers, bien loin et bien haut ;

mais l'inconnaissable est-il si loin de nous, ne le rencontrons-nous pas au fond même de notre pensée? Peut-être donc ce grand inconnu agit-il sur nous, comme ces astres invisibles au télescope qui cependant manifestent leur présence en troublant le cours des astres visibles? Telle perturbation qui se produit dans les actions humaines, telle déviation qui les entraîne hors de la ligne des instincts et des intérêts, ne doit-elle point être attribuée à cette cause mystérieuse, idéal ou réalité, vérité ou chimère? En ce cas, on pourrait dire que la méthode de M. Spencer en morale ressemble parfois à celle d'un astronome qui ne s'occuperait que des astres visibles et négligerait entièrement l'étude indirecte de ceux que l'œil ne peut saisir à travers l'immense espace.

Dans le simple parallèle que nous établissons ici entre les méthodes *a priori* et *a posteriori*, nous n'avons point encore à décider entre elles; seulement nous conclurons qu'en somme elles aboutissent toutes deux à une conception métaphysique non susceptible de preuve rigoureuse : l'une affirme, l'autre nie ; mais la négation n'est-elle pas toujours une affirmation déguisée? Des deux adversaires, l'un croit voir quelque chose là où l'autre refuse de rien voir; le premier est peut-être halluciné, le second est peut-être aveugle. Qu'y a-t-il au fond de la réalité? est-ce un mécanisme où chaque rouage n'existe que pour soi? est-ce une vivante activité qui travaille pour quelque œuvre universelle? le désintéressement n'est-il qu'à la surface, ou au contraire est-ce l'intérêt et l'égoïsme qui sont transitoires et accidentels? La « physique des mœurs », dans la mesure même où elle exclut toute hypothèse sur le fond des choses différente de la sienne propre, enveloppe encore un postulat métaphysique.

Quoique les deux méthodes, en définitive, fassent ainsi l'une et l'autre appel à l'hypothèse métaphysique, nous devons pourtant marquer entre elles une distinction. La méthode intuitive fait tout dépendre d'un seul postulat primitif; que ce principe vienne à manquer, et tout s'écroule. C'est là l'inconvénient des systèmes complètement *a priori*; ils sont tout vrais ou tout faux : point de milieu. Plus ils sont logiques, moins ils sont solides, pour peu que l'hypothèse à laquelle ils se rattachent soit contestable. La méthode inductive n'a pas le même inconvénient : un système qui repose sur des faits n'est toujours qu'à moitié ébranlé si plusieurs de ces faits viennent à lui manquer; il peut être incomplet, mais non absurde ; il contient un trésor d'observations et d'expériences qui subsistent indépendamment de la doctrine où on les a fait entrer : que de choses vraies les alchimistes du moyen âge ont découvertes en partant de principes faux? Le système qu'on construit en accumulant les faits ressemble à ces vieux monuments des anciens âges, élevés pierre à pierre, et dont la base reste inébranlable, quoi qu'il advienne aux dernières pierres du sommet; au contraire, le système qui s'appuie sur quelque intuition primitive est comme ces ponts suspendus que construit l'art moderne, où tout vient se rattacher à un seul point, et qu'un seul défaut de construction peut jeter à bas. Sans doute si ce point central était inébranlable, s'il était éternel, alors tout ce qui s'y rattache participerait à son éternité; la série des postulats deviendrait une série de réalités. La logique d'un système dont les principes sont vrais, au lieu de lui nuire, fait que tout y respire une même vérité, que tout s'y lie depuis le principe jusqu'aux dernières conséquences, que tout y est harmonieux. *Respondent omnibus omnia*, disait Cicéron du système stoïcien. Le difficile est de trouver ce point inébranlable, et c'est probablement chose impossible.

LIVRE II

LA FIN MORALE

CHAPITRE PREMIER

LA QUANTITÉ DES PLAISIRS, CRITÉRIUM MORAL

MORALE ARITHMÉTIQUE DE BENTHAM

I. — Les plaisirs, objets et fins du désir. — Nécessité et importance, dans la doctrine utilitaire, d'un instrument de comparaison et de choix entre les plaisirs, ou d'un *critérium*.

II. — ARITHMÉTIQUE MORALE ET CRITÉRIUM DE LA QUANTITÉ. — 1° Les *principes* du calcul moral de Bentham sont-ils autre chose que des postulats. — 2° Les *applications* de ce calcul sont-elles possibles. — Difficulté d'évaluer mathématiquement la valeur intrinsèque d'un plaisir et la valeur comparative de deux plaisirs *de même espèce*. — Recherche d'une commune mesure entre les différents caractères du plaisir : intensité, durée, étendue, certitude, proximité, pureté, fécondité. — *Lois psychologiques et psychophysiques* qui règlent les relations de ces divers caractères avec la vivacité du désir.

III. — Difficulté d'évaluer la valeur comparative de deux plaisirs *d'espèce différente*. — Peut-on mesurer et comparer mathématiquement les plaisirs *intellectuels*, les plaisirs *esthétiques*, les plaisirs *moraux*. — Le nombre, en morale, est-il autre chose qu'une métaphore, au moins dans l'état actuel de la science.

I. — La première formule de la fin morale selon l'école de Bentham : « Chercher le plaisir », n'offre qu'une apparente unité et doit se traduire par la suivante : « Chercher les plaisirs ». Sous l'apparence d'un nombre singulier, nous trouvons un pluriel. Cette seconde formule, à son tour, nous réduit à l'embarras : les plaisirs ne pouvant être tous poursuivis à la fois, il faut choisir, et pour choisir il faut comparer. Nous devons donc faire appel à un principe autre que les plaisirs eux-mêmes pour pouvoir préférer celui-ci ou celui-là. En d'autres termes, il nous faut, outre les *fins* proposées au désir et qui consistent dans les plaisirs, un principe de comparaison et de choix, un critérium.

De là cette recherche constante d'un critérium moral que nous avons remarquée chez les utilitaires anglais. Il semble à Bentham et à Stuart Mill que le sort de tout leur système est attaché à cette question. C'est qu'il y a là une difficulté des plus sérieuses, et propre à l'utilitarisme. Dans cette morale, en effet, nous venons de voir que l'idée seule des fins, c'est-à-dire l'idée des plaisirs, ne peut se suffire à elle-même, puisqu'elle est multiple et diverse ; voilà pourquoi les utilitaires sont forcés de chercher un *critérium* extérieur, une sorte d'instrument destiné à mesurer la valeur comparative de chaque plaisir. C'est ce que Bentham appelait, d'un terme expressif, le thermomètre moral.

Essayons, avec les utilitaires anglais, les diverses solutions possibles de cette difficulté inhérente à une doctrine pour laquelle il y a autant de fins possibles que de plaisirs.

II. — La première solution qui se présente, c'est d'emprunter notre critérium au principe de la *quantité*.

Tout plaisir, dit Bentham, s'offre à l'esprit sous sept aspects : il est plus ou moins intense, durable, certain, rapproché, fécond, pur, étendu. Pour apprécier la valeur finale de tous les plaisirs, il suffira de les comparer sous ces sept rapports, qui sont tous des rapports de quantité. Le plaisir le plus grand sera la fin préférable. L'unité finale proposée comme but à la conduite par le moraliste sera le *maximum* de plaisir. Vers cette fin unique se concentrera la multiplicité des désirs : le nombre aura établi dans le monde moral cet ordre et cette harmonie que Pythagore découvrait dans le monde physique.

La morale arithmétique de Bentham a une importance capitale, grâce à la popularité qu'elle a eue et qu'elle a encore en Angleterre. Sa simplicité apparente, sa rigueur logique et mathématique, son caractère pratique et positif lui attirent l'adhésion des esprits qui n'aiment pas les spéculations métaphysiques. L'utilitarisme, chez Bentham, s'est façonné à la vie moderne, comme il s'était, chez Épicure, façonné à la vie antique : on ne peut guère se figurer de notre temps un utilitaire sans reporter les yeux sur le type tracé par Bentham, type qui offre, entre autres mérites, celui de l'*actualité*. Chez les Grecs, la vie de ceux qui se piquaient de philosophie était le plus souvent contemplative : débarrassé des menus tracas de l'existence, qui retombaient sur les esclaves, le citoyen était souvent contraint par la force même des choses à choisir entre ces deux alternatives : ne rien faire, ou penser. L'utilitarisme, introduit par Epicure dans ce milieu, s'y accommoda : l'idéal du sage tracé par Epicure n'était rien moins que pratique : du pain et de l'eau pour être heureux, c'est vraiment trop peu ; si, par certains côtés, l'épicurisme se rapproche davantage de la réalité, par d'autres il touche trop au stoïcisme. Comme l'idéal de Bentham est bien plus approprié à notre vie moderne ! De notre temps, l'homme est forcé d'être pratique ; or, être pratique, c'est d'abord savoir compter. Savoir compter, voilà donc quelle sera la science suprême. Mais, pour pouvoir compter, il faut réduire le plus possible toutes les choses de la vie en quantités : pourquoi ne pas y réduire le bonheur ? L'utilitarisme en quelque sorte mercantile de Bentham est ainsi très-conforme à la direction moderne de la vie commune, qui est si souvent une vie mercantile, surtout en Angleterre. Il n'est pas de science plus répandue que l'arithmétique ; faire reposer un système sur cette science, c'était évidemment lui donner une base solide, c'était lui imprimer un caractère à la fois très-positif et très-attrayant.

De même que la morale de Bentham, en tant que populaire et pratique, mérite la plus grande attention, elle la mérite encore au point de vue théorique. Le critérium de la quantité est peut-être, en dernière analyse, le seul dont puissent user les partisans du système égoïste : pour faire du bonheur personnel une fin, il faut en faire un compte, une somme. L'utilitarisme arithmétique apparaît ainsi, dans l'histoire de la morale égoïste, comme le seul qui se montre logique et conséquent d'un bout à l'autre. Nous devons donc soumettre à une étude presque minutieuse cette forme primitive de l'utilitarisme anglais, la développer jusqu'au bout, la perfectionner même, s'il est besoin, avant de la rejeter.

Le plaisir, une fois soumis par Bentham au critérium de la quantité, peut-il nous suffire et possède-t-il les vrais caractères de la fin suprême ?

En premier lieu, le critérium de la quantité n'est autre chose qu'un *postulat*. Il suppose en effet deux propositions qui ne sont ni évidentes ni démontrées, l'une relative à la nature du plaisir, l'autre à sa valeur finale : 1° La quantité régit tous les éléments du plaisir. 2° La quantité fait toute la valeur du plaisir.

D'abord, Bentham ne s'est point donné la peine de démontrer que tous les éléments du plaisir tombent sous la loi du nombre. En second lieu, quand même tous les éléments du plaisir rentreraient sous les règles de la quantité, il n'en résulterait pas pour cela que la quantité seule fît la valeur du plaisir considéré comme fin. Est-il donc évident que la somme la plus ronde doive être ici la fin la plus haute et que le désir, en fait, soit nécessairement proportionnel au chiffre du plaisir, sans considération d'aucun autre élément ? Le caractère de finalité pourrait fort bien s'attacher à un plaisir sans s'attacher pour cela exclusivement à telle ou telle quantité de ce plaisir; et dans ce cas, alors même qu'on aurait calculé la quantité de plaisir, il n'en résulterait pas qu'on eût calculé la valeur de la fin.

On voit sur quelles présuppositions s'appuie le calcul moral de Bentham. Admettons cependant, par hypothèse, que le plaisir et le désir sont tout entiers réductibles à des rapports de quantité, et examinons la possibilité théorique ou pratique de calculer ces quantités. Faisons plus, et tentons nous-mêmes ce calcul, cette mesure des plaisirs, μετρητική, dont Platon parlait déjà dans le *Protagoras*.

Bentham nous a présenté son calcul comme une application très-facile et très-élémentaire de l'arithmétique à la morale, comme une sorte de comptabilité balançant les recettes et les dépenses. Or, de deux choses l'une : ou ce calcul est un procédé empirique et grossier dont les résultats, souvent inexacts, sont toujours variables et discutables, — et alors il n'offre presque rien ni de nouveau ni d'utile; ou au contraire, comme l'ont affirmé à plusieurs reprises Bentham et Dumont de Genève, ce calcul a une véritable portée scientifique : il doit clore les interminables dissensions en morale et en politique; il doit fixer la valeur finale de toutes choses, et l'idéal du « déontologue », une fois en possession de ce calcul, c'est d'arriver à connaître le bien et le mal moral comme on constate, à l'aide du thermomètre, le froid et le chaud physiques. — « Une fois,
« dit Bentham, qu'on quitte le cercle du vague et du dog-
« matisme, tout est harmonieux dans le code moral, qui

« ne comprend qu'un très-petit nombre d'articles, lesquels
« sont applicables à tous les cas possibles et résolvent
« toutes les questions discutables. » — « Avant peu, l'obser-
« vation arrivera à condenser toute la substance de la mo-
« rale en un petit nombre de règles, qui deviendront le
« *vade mecum* de chaque homme et pourront être appli-
« quées à tous les cas nécessaires. Un jour viendra que
« ces règles se liront sur la couverture des almanachs [1]. »

Pourtant Bentham nous accordera d'abord qu'il n'est pas beaucoup plus facile d'évaluer mathématiquement les plus simples plaisirs que de prédire le temps, et il est bien plus difficile encore de les comparer entre eux, fussent-ils très-voisins, comme le plaisir de manger telle pomme et le plaisir d'en manger une autre. Que sera-ce lorsque ces plaisirs, d'abord si rapprochés l'un de l'autre, s'écarteront et s'éloigneront indéfiniment ? Plus seront divers les termes de la comparaison, plus la comparaison, ce semble, sera difficile. Ainsi il deviendra plus difficile d'évaluer le plaisir de manger une pomme par rapport au plaisir de manger une pêche. La difficulté augmentera s'il s'agit de comparer une corbeille pleine de pêches et un plat d'huîtres. Des plaisirs du goût, passez à des genres supérieurs de plaisir ; la difficulté augmente encore : en effet, plus les plaisirs sont élevés, plus ils sont amples, féconds, plus ils se manifestent sous des formes diverses. Pour comparer entre eux mathématiquement les plaisirs de l'ouïe, il faudrait faire appel à l'acoustique, à la physiologie, à la *psychophysique*, à l'esthétique, — autant de sciences à peine constituées. Comparer entre eux les plaisirs de la vie est une entreprise qui eût découragé la persévérance de Bentham lui-même, car il faudrait alors recourir à presque toutes les sciences. Et quant à évaluer mathématiquement l s plaisirs de l'intelligence ou du cœur, ce serait là une tâche vraiment infinie et hors de la portée de l'homme.

En outre, une évaluation complète des plaisirs devrait les considérer sous les sept aspects dont parle Bentham : intensité, durée, etc. Mais il est évident que, parmi les plaisirs mis en balance, l'infériorité ne se trouvera pas toute d'un côté ; par exemple, l'un des plaisirs ne sera pas à la fois moins intense, moins durable, moins rapproché, moins pur, etc. ; dans ce cas, l'hésitation entre ce plaisir et les autres ne se fût même pas produite, et toute opération

---

1. Bentham, *Déontologie*, II, 48.

arithmétique eût été superflue. Il est probable que l'un des plaisirs se présentera comme plus rapproché, plus intense, mais aussi moins durable, moins pur, etc. Dès lors, deux hypothèses sont possibles : ou il n'y a pas de commune mesure entre la proximité d'une part et la pureté de l'autre, entre l'intensité et la durée, ou cette commune mesure existe. Examinons d'abord la première hypothèse.

S'il n'y a pas de commune mesure entre les caractères des plaisirs, on pourra choisir, il est vrai, le plaisir rapproché ou le plaisir durable, le plaisir intense ou le plaisir pur ; mais ce sera seulement une affaire de préférence individuelle, et non le calcul scientifique que promettait Bentham. On se rappelle comment ce dernier s'efforçait de prouver à l'ivrogne qu'en poursuivant son plaisir il poursuit un but fort louable sans doute, mais se trompe sur les moyens ; que le plaisir recherché par lui manque de durée, de pureté et d'étendue. Mettons-nous pour un instant à la place de l'ivrogne interpellé, et voyons si le raisonnement de Bentham est sans réplique. Essayons pour cela de comparer, chiffres en main, le plaisir d'absorber une quantité de boisson donnée, deux litres par exemple, en un seul repas ou en quatre repas différents. L'ivrogne a évidemment pour lui l'intensité du plaisir ; représentons cette intensité par 10. Voilà déjà l'arbitraire qui se montre sous l'apparence de la rigueur arithmétique, car il n'y a pas de raison précise pour choisir un chiffre plutôt qu'un autre. En revanche, la tempérance a en sa faveur la durée, qui est, si vous voulez, quatre fois plus grande ; elle a aussi la pureté et l'étendue, que nous pouvons, s'il nous plaît, représenter chacune par 10. Nous laissons de côté la certitude et la proximité, qui, par hypothèse, sont les mêmes pour les deux plaisirs. Disposons les chiffres en tableau, et marquons les plaisirs du signe +, les peines du signe —.

	Intensité.	Durée.	Pureté [1].	Conséquences sociales ou étendue.	Fécondité.
Tempérance.	+ 1	+ 4	+ 1	+ 5	+ 10
Ivrognerie....	+ 10	+ 1	— 10	— 10	0

Ce calcul a-t-il beaucoup simplifié la question ? Intensité, durée, pureté, étendue, fécondité, autant d'aspects distincts

---

1. Est *pur* un plaisir qui ne tend pas à produire de peines, *fécond* un plaisir qui tend à produire des plaisirs.

du plaisir : nous avons représenté chacun de ces aspects par des chiffres arbitraires; mais maintenant une autre difficulté se présente : nous n'avons pas de commune mesure, nous ne pourrons mêler ensemble ces chiffres par aucune opération arithmétique, addition ou soustraction. Prise à part, la durée, la pureté, la fécondité, l'étendue des plaisirs de la tempérance, est équivalente ou inférieure à l'intensité du plaisir de l'ivrognerie. Prises en bloc, elles lui seraient supérieures ; mais, arithmétiquement parlant, nous ne pouvons les prendre en bloc avant de les avoir réduites à une même unité. Nous commettrions une méprise semblable à celle du banquier qui, ayant à faire le total de sommes exprimées en monnaie de différents pays, pour savoir laquelle est la plus forte, oublierait de les réduire à l'unité du franc.

Se rejettera-t-on donc sur la seconde hypothèse, et soutiendra-t-on qu'il est possible de ramener l'une à l'autre, par des opérations plus ou moins complexes, les diverses propriétés des plaisirs? On peut concevoir, à la rigueur, que la durée se ramène à l'intensité; mais quelle sera la formule de cette réduction? Y a-t-il même une parfaite équivalence entre un plaisir intense et un plaisir plus durable, semblable à un peu de couleur grise répandue sur un grand espace? L'intensité, à elle seule, comme le soutenait Aristippe, tient pour ainsi dire en échec tous les autres termes : durée, étendue, etc. ; elle est le vrai plaisir, le plaisir réellement senti, et, à ce point de vue, il y a de son côté une accumulation énorme de quantité, par conséquent de force attractive ; de l'autre côté, au contraire, il y a une quantité qui peut être mathématiquement égale ou même supérieure, mais qui est disséminée sur plusieurs points et partagée entre ces divers termes : durée, étendue, fécondité, pureté, etc. Soit, par exemple (puisque Bentham veut toujours des chiffres), une intensité équivalente à 30; soit une pureté, une durée, une étendue, une fécondité, dont la somme soit aussi équivalente à 30. Vous aurez d'un côté un objet de désir unique, immédiat, intense, vers lequel vous pourrez en quelque sorte vous élancer d'un trait. Vous aurez d'autre part quatre ou cinq autres objets de désir, dont chacun, au lieu d'être un, se subdivise en outre à l'infini (par exemple la fécondité, qui représente une succession de plaisirs le plus souvent indéterminés). Vous ne pourrez désirer ces objets divers que sous deux conditions : ou bien vous ne les concevrez et ne serez attiré par eux que successivement, mais alors, chacun d'eux pris à part étant peu considérable, chacun de vos désirs successifs sera peu intense; ou bien vous les envelopperez sous une même idée et dans un même désir, mais alors, l'idée étant vague et indéterminée, le désir sera hésitant et faible. Le désir perd donc de son énergie en se divisant au lieu de s'accumuler sur un point indivisible. Il en est sans doute de même du plaisir. Un nombre obtenu par addition ou par une opération quelconque ne vaut peut-être pas pour la jouissance un nombre obtenu immédiatement; chaque chiffre, en entrant dans la somme, perd ici un peu de sa valeur propre, il serait plus désirable et en quelque sorte plus estimable s'il était seul, et à lui seul il formerait un chiffre élevé. La médiocrité, dans les plaisirs comme dans les hommes, irrite. Deux petits plaisirs n'en valent pas un seul mathématiquement égal à leur somme, comme deux poèmes médiocres ne valent pas un poème de génie. Il vient même un moment, si la subdivision est poussée à l'excès, où le plaisir est presque réduit à zéro, et avec lui le désir.

Les lois psychologiques qui semblent dominer ces rapports singuliers du plaisir intense au plaisir durable, — lois que se verrait forcée d'observer et d'appliquer une science arithmétique des plaisirs, — pourraient s'exprimer de la manière suivante. 1° Le chiffre du désir est généralement proportionné au chiffre du plaisir. Encore y aurait-il lieu d'examiner ici s'il n'intervient pas une loi analogue à la *loi psycho-physique* de Fechner : il doit y avoir certains cas où, le plaisir étant déjà grand, l'addition d'un petit surplus de plaisir n'éveille nul désir. Une certaine intensité, une fois atteinte, est pour nous en quelque sorte la mesure de notre appétit intérieur, et nous ne désirons plus un surcroît qui deviendrait inappréciable pour la conscience. C'est donc toujours une certaine *intensité* déterminée qui est l'élément important et comme constitutif du plaisir. 2° La somme de deux plaisirs étant égale arithmétiquement, celle où l'intensité du plaisir sera représentée par un chiffre sensiblement plus élevé sera l'objet du plus fort désir. 3° En général, la somme de deux plaisirs étant égale arithmétiquement, celle où entrera le moins de chiffres obtenus par addition et le plus de chiffres élevés sera l'objet du plus fort désir. Le principe d'où découlent ces lois serait le suivant : Plus un plaisir est un et indivisible, plus il est intense, plus il produit un vif désir.

On voit combien il nous est déjà difficile, malgré nos efforts, de trouver une commune mesure entre l'intensité et la durée, qui paraissent changer non-seulement la quantité du plaisir, mais même son espèce. Que serait-ce si nous voulions ramener à l'intensité la certitude, la proximité, la pureté, la fécondité, l'étendue? Passe encore pour la pureté, qui n'est qu'un degré dans l'intensité même, et pour la fécondité, qui n'est qu'une multiplication du nombre des plaisirs. Pourtant, cette multiplication est déjà bien difficile à évaluer. L'*étendue*, c'est-à-dire la série des conséquences sociales, est plus fuyante encore pour le calcul. Quant à la certitude et à la proximité, nous ne voyons aucune commune mesure arithmétique entre ces avantages et l'avantage de l'intensité. Il faudrait là le génie d'un Pascal, et encore Pascal n'arriverait pas plus à persuader le voluptueux par un tel calcul que par son fameux pari pour l'existence de Dieu. Il est donc probable que l'ivrogne dont parle Bentham se déclarerait peu convaincu par « le calcul moral », et opposerait toujours obstinément l'intensité de son plaisir à la durée, à la pureté, à l'étendue d'un plaisir plus tempéré. Dans le fond, aurait-il tout à fait tort? — Celui qui aurait le plus tort, ce semble, c'est Bentham, qui s'est contenté de poser dans l'abstrait les principes de son arithmétique morale, sans jamais opérer sous nos yeux la moindre addition ou soustraction réelle. Il n'a pas vu combien une analyse approfondie des plaisirs pourrait faire pencher dans un sens ou dans l'autre la balance trop variable du « déontologue ».

C'est que, dans l'âme humaine, le calculateur se trouve contraint d'opérer sur quelque chose qui dérange singulièrement ses calculs et qu'il ne rencontrerait nulle part ailleurs : la conscience qu'a l'être de lui-même. Dans le monde inconscient, une fois qu'on a calculé une quantité, on peut la laisser là jusqu'à nouvel ordre, prendre une autre quantité, la calculer à part, puis multiplier ou diviser ces quantités les unes par les autres. Tous ces nombres resteront immobiles, tant que la main du calculateur ne les changera pas de place; les quantités morales, s'il en existe, ne se traitent point de cette manière : elles sont vivantes, conscientes, et la conscience qu'elles ont d'elles-mêmes suffit sans cesse à les modifier. Aussi le calculateur ne peut pas en perdre une seule de vue un seul instant. D'autre part, ces quantités, dès qu'on les mélange, en produisent de nouvelles, sur lesquelles on n'avait pas compté : au moment où vous venez d'achever votre opération, vous vous apercevez que vous n'avez pas posé tous les chiffres ; vous avez oublié un plaisir, d'où est né un désir qui a doublé le plaisir, etc. ; ou, au contraire, vous avez oublié un désir qui a créé un plaisir, etc. Par exemple, nous venons de comparer des plaisirs simples, celui du tempérant et celui de l'ivrogne ; mais il faudrait encore mettre en ligne de compte la peine souvent intense qu'éprouve l'intempérant à cesser de boire. Tout plaisir préféré sciemment à un autre s'accompagne d'une idée pénible, celle du plaisir sacrifié. Modérer un plaisir, c'est attiser le désir et exciter la peine. Le désir, à son tour, une fois multiplié, multiplie l'intensité du plaisir ; le plaisir désiré, une fois multiplié, multiplie le désir. Ce sont des actions et réactions sans nombre. Comment épuiser l'infini d'une sensation qui en enveloppe d'autres et, sous celles-là, d'autres encore ? Le grand tort des utilitaires est d'avoir considéré chaque plaisir comme détaché, chaque peine comme circonscrite ; un plaisir ou une peine, à un moment donné, c'est la conscience entière.

Toutes les difficultés que nous avons déjà rencontrées ne sont pour ainsi dire rien encore, en comparaison de celles que nous trouverons devant nous dès qu'il s'agira de calculer, et de comparer non plus deux plaisirs de même espèce, mais des plaisirs d'espèce entièrement différente. Comment comparer entre elles les espèces de plaisirs les plus diverses sans tenir compte d'une chose qu'il semble difficile d'exprimer en chiffres et pourtant impossible de négliger, à savoir l'*espèce* même ?

En premier lieu, les plaisirs supérieurs de l'intelligence ont-ils un rapport avec la quantité ? — Oui, il y a des *degrés* dans le vrai, dans le beau et même dans le bien ; d'où il suit qu'il y a des degrés dans les plaisirs intellectuels, dans les plaisirs esthétiques, dans les plaisirs sociaux et moraux. — Soit ; mais toute *gradation*, en l'état actuel de la science, peut-elle s'exprimer dans le langage des nombres ?

Procédons, comme nous l'avons fait jusqu'à présent, d'après la méthode d'observation que nous avons provisoirement empruntée aux benthamistes. Soit un plaisir intellectuel, par exemple celui de lire une belle pensée philosophique ; soit un autre plaisir intellectuel, par exemple celui de lire la rigoureuse démonstration d'un théorème : peut-on établir entre ces deux plaisirs des rapports exacts de simple quantité? C'est au moins difficile. Si je connaissais parfaitement l'état d'esprit d'un individu donné à un moment donné, je pourrais sans doute prévoir l'impression que produiront sur lui une pensée philosophique et une démonstration mathématique. Mais pourrais-je *calculer* cet effet, le fixer dans des chiffres, le *signifier* par l'arithmétique? C'est une autre affaire. On peut admirer plus ou moins la pensée, plus ou moins le théorème ; il y a place ici pour les comparatifs et les superlatifs ; y a-t-il place pour les nombres précis? Le « déontologue » est-il capable de chiffrer l'admiration et de traduire l'enthousiasme en quantités? Pour montrer qu'il en est capable, il n'a guère qu'un moyen : c'est de le faire, et nul ne l'a fait encore.

Les plaisirs esthétiques ne sont pas moins rebelles aux nombres. Il est vrai qu'on dit parfois : Je trouve telle statue cent fois plus belle que telle autre ; j'aime cent fois mieux tel tableau que tel autre ; — simple manière de parler ; les nombres ne sont employés ici que pour rendre saisissante une supériorité ou une infériorité qui n'est pas uniquement numérique. Combien faut-il entendre d'opéras-comiques d'Adam pour avoir un plaisir équivalent à celui d'entendre une symphonie de Beethoven? En s'élevant des choses moins belles aux choses plus belles jusqu'au degré suprême du beau, on finit même par arriver à un point où tout rapport de supériorité et d'infériorité semble finir et où la quantité n'a plus même de raison d'être : le sublime. On ne dit guère : — Ceci est plus ou moins sublime que cela. — Bien plus : il y a des cas où la beauté paraît exclure non-seulement la comparaison mathématique, mais même toute espèce de comparaison. Le duo de Valentine et de Raoul dans les *Huguenots* est d'une beauté achevée ; le duo de Fidès et du Prophète est aussi d'une beauté achevée ; lequel est le *plus* beau? Cette question n'a guère de sens, quoiqu'il s'agisse d'un même auteur, chaque œuvre étant parfaite en son genre. Enfin, lorsqu'on arrive aux plaisirs sociaux et moraux, la quantité et les chiffres paraissent décidément déplacés : il semble que nous ayons dépassé leur domaine. A coup sûr, si l'affection et la bonté sont encore affaire de nombres, nous ne nous en apercevons point et ne le soupçonnons même pas. Pourtant les plaisirs sociaux et moraux sont assurément loin d'être tous semblables, tous égaux. Au contraire, plus on monte vers les plaisirs supérieurs, plus il semble que ces plaisirs se différencient, plus on sent en eux d'élévation, et plus on aperçoit entre eux de degrés. Seulement ces différences sont de moins en moins appréciables en quantités; ce sont parfois de ces infiniment petits qui n'échappent pas à la délicatesse de la conscience, mais que nul nombre ne peut saisir ni fixer; d'autres fois, ce sont de ces infiniment grands devant lesquels semble s'effacer et s'anéantir toute quantité donnée. Comment faire, par exemple, pour comparer un plaisir esthétique ou moral à un plaisir matériel? Comment comparer une saveur et une affection, une odeur et une bonne action? Essayez d'exprimer chacun de ces plaisirs en chiffres, il y aura toujours en eux un je ne sais quoi qui restera inexprimable dans le langage des quantités. La vertu ne se confondra jamais avec le goût; vous ne pouvez aller de l'odorat à l'esprit sans franchir une distance qui semble incommensurable. Le chiffre, qui efface toutes les différences et nivelle toutes les inégalités, semble ici impuissant. Certains plaisirs semblent porter avec eux, en quelque sorte, des lettres de noblesse.

Et si les rapports des plaisirs entre eux nous embarrassent ainsi, les rapports des plaisirs avec les peines nous embarrasseront plus encore. Comment évaluer, par exemple, la douleur de ressentir une colique comparativement au plaisir d'écouter un poème, ou encore l'amertume de la rhubarbe comparativement à la beauté d'un récit? Outre la différence générique qui sépare un plaisir d'un autre, outre la différence générique qui sépare les propriétés d'un plaisir (par exemple, l'intensité, l'étendue, etc.) des propriétés d'un autre plaisir, il y a encore ici la différence générique qui sépare le plaisir de la peine. Comment exprimer une peine en arithmétique? par le signe —? On peut se servir, comme nous l'avons fait nous-mêmes, de l'algèbre, qui permet de calculer sur des quantités moindres que zéro. Mais la peine est-elle *rien* ou *moins que rien*? Peut-on se contenter ici de soustraire, ou ne faut-il pas plutôt additionner? Une peine, une douleur n'est pas une simple négation; c'est une chose extrêmement positive et, pour l'exprimer, il semble que des chiffres positifs seraient nécessaires. Lorsque je souffre, il n'y a pas seulement déficit de plaisirs dans mon budget intérieur: il y a un surplus incommode qui demande à être compté. Cela devient surtout évident pour les peines morales: comment, par exemple, exprimer un remords en chiffres même négatifs?

C'est surtout ici que se montre le côté faible de la doctrine de Bentham. Ces limites qui séparent chaque genre de plaisir, Bentham, ne pouvant les supprimer ni les franchir, les déclarait indifférentes. — Or elles ne le sont pas, et ses disciples en conviennent aujourd'hui. Il n'est pas indifférent que mon plaisir vienne de l'estomac ou de la pensée ; il n'est pas indifférent que ma douleur soit physique ou psychique. Entre un plaisir et un autre plaisir, entre une peine et une autre peine, entre toutes les peines et tous les plaisirs s'introduit un élément nouveau dont la quantité prise comme unique critérium est impuissante à tenir compte. Stuart Mill lui-même, ce disciple convaincu de Bentham, le déclare : « Ni les peines ni les plaisirs ne « sont homogènes, et la peine est toujours génériquement « différente du plaisir [1]. »

Dès ce moment, nous pouvons reprocher à Bentham, sans craindre pour nous-mêmes le reproche d'injustice, qu'il ne nous a pas tenu parole. Il nous avait promis une application de l'arithmétique à la morale qui aurait tout ensemble la facilité pratique et la rigueur scientifique. Rien de plus complexe au contraire que son système, rien qui exige un plus grand concours de sciences diverses, rien qui se heurte à de si nombreuses difficultés.

Les benthamistes ressemblent aux pythagoriciens, qui croyaient être exacts en disant que la justice est un nombre carré, que l'amitié est une proportion, que le mariage est le nombre trois, que la vie animale est six, que la vie humaine est sept, que la vie divine est dix [2]. Que dirait-on, demande Hegel, d'un botaniste qui croirait définir le lis en disant qu'il est cinq, parce qu'il a cinq étamines ? Le système de Bentham est une utopie pythagoricienne ; les nombres, que Bentham croit ici des expressions exactes, sont des métaphores. Sans doute il y a de la quantité partout, mais la quantité n'est pas tout ; avec des cadres de toutes les dimensions, on ne fait pas un tableau.

1. Stuart Mill, *Utilit.*, ch. II, p. 16, sqq.
2. Aristote, *Métaphysique*, XIII, IV.

CHAPITRE II

LA QUANTITÉ, CRITÉRIUM MORAL

MORALE ARITHMÉTIQUE DE BENTHAM (*Suite.*)

I. — La dynamique morale des utilitaires. — Sa possibilité et sa valeur. — 1° Les plaisirs ont-ils une commune mesure dans l'activité du sujet sentant. — 2° Sont-ils tous un rapport entre la force intérieure et les forces extérieures. — Indépendance intime des plaisirs moraux par rapport aux objets extérieurs. — 3° Plaisirs intellectuels ; la dynamique des idées est-elle possible. — 4° Les sensations elles-mêmes sont-elles soumises au calcul dynamique. — Analyse psychologique de la sensation. — Complexité infinie et variabilité de la sensation. — Influence de l'habitude, de l'hérédité, de la volonté sur la sensation. — Influence exercée par l'idée même de notre puissance morale. — Exaltation enthousiaste, et impassibilité stoïque.
II. — La statistique morale des utilitaires. — Nécessité de substituer au calcul rigoureux un calcul statistique des *moyennes*. — 1° L'individu, dans les cas exceptionnels, peut-il agir d'après des moyennes générales. — 2° Ces moyennes sont-elles certaines ou probables. Probabilisme et casuistique des benthamistes. — Impossibilité d'une commune mesure entre le probable et le certain. — 3° Comment les exceptions et les originalités individuelles, croissant avec le progrès même de la société, rendent impraticable pour l'individu une statistique fondée sur des généralités. — Loi posée par M. Spencer.

Nous nous sommes donné pour tâche de pousser dans toutes les directions, aussi loin qu'il est possible, la doctrine de l'utilité professée par l'école anglaise contemporaine. Aussi ne devons-nous pas nous arrêter trop vite devant les nombreux obstacles que nous rencontrons en suivant Bentham : avant de renoncer au critérium de la quantité, tentons un dernier effort. Sans doute le simple calcul arithmétique est en morale beaucoup trop grossier ; c'est une conception presque enfantine et dont Bentham lui-même avait senti l'insuffisance. Mais ne peut-on, diront les benthamistes, concevoir une science mathématique du plaisir et de la douleur, procédant par une série de théorèmes et étudiant les sensations agréables ou pénibles, comme Fechner a tenté d'étudier les sensations brutes de couleur ou de poids? Un plaisir ou une peine, quelles que soient leurs différences par ailleurs, n'existent cependant pour nous qu'en tant que nous les sentons ; ils ont donc toujours ce point commun. Maintenant, la sensation a sa cause immédiate dans un mouvement physiologique ; tout mouvement dans l'espace tombe sous des lois régulières, celles de la *dynamique;* toute loi régulière peut s'exprimer par une formule et se représenter par des nombres : toute sensation se représentera donc aussi par des nombres, et la morale de Bentham pourra opérer sur ces nombres comme elle l'entendra. Quant aux différences de genre, d'espèce, d'origine entre les plaisirs, nous persisterons à les négliger comme correspondant à la nature des objets seuls ; pour le sujet sentant, il y a simplement des différences de degré dans la jouissance, et les différences de degré sont des différences d'intensité ou de force qui peuvent être l'objet d'une « dynamique morale ».

Le partisan le plus illustre de la morale *a priori* semblerait ici servir la cause des utilitaires. Kant, par une singulière coïncidence, n'est pas loin de s'accorder sur ce point avec Bentham. « Que les représentations des objets, dit-il, soient
« *aussi hétérogènes qu'on le voudra*, que ce soient des représen-
« tations de l'entendement ou même de la raison, en opposi-
« tion à celles des sens, le sentiment du plaisir... est *tou-*
« *jours de la même espèce;* car non-seulement on ne peut le
« connaître qu'empiriquement, mais il affecte une seule et
« même *force vitale (lebenskraft)*, qui se manifeste dans la
« faculté de désirer, et, sous ce rapport, il ne peut se distin-
« guer de tout autre principe de détermination que par le
« *degré* [1]. » Kant emploie pour désigner la faculté de sentir l'expression de *force vitale;* eh bien, diront les utilitaires, partout où il y a une force, on peut la calculer ; on peut aussi calculer les autres forces qui la contrarient ou la favorisent. Le plaisir ou la peine est la réaction de la force sentante à

---

1. Kant, *Rais. prat.* (trad. Barni, p. 160).

l'égard de la force sentie, réaction proportionnée à l'intensité de ces deux forces ; lorsque cette réaction est favorable à la marche générale de l'activité, il y a plaisir ; lorsque cette réaction lui est contraire, il y a peine. On pourrait arriver à marquer exactement le point où une peine devient plaisir et où un plaisir devient peine, comme on marque le point du thermomètre où l'eau devient glace et celui où elle devient vapeur. Le plaisir a lieu lorsque la force intérieure déborde pour ainsi dire sur les forces extérieures, lorsqu'elle ne sent dans tous ses points de contact avec le dehors qu'une très-faible résistance contrastant avec sa propre intensité ; au contraire, à mesure que les forces extérieures s'accroissent et refoulent la force vitale, celle-ci, comprimée, en travail et en tension, peine et souffre. La sensation est ainsi le rapport de l'activité avec les forces du dehors. On peut encore représenter l'activité par un arc, les forces du dehors par la main qui le tend : la peine ou le plaisir, c'est la flèche lancée, qui, si l'arc se détend sans obstacle, sera emportée à travers l'espace, et, s'il ne se détend qu'avec peine, tombera à terre [1].

A cette sorte de défense de la morale mathématique, dans laquelle nous revenons des objets sensibles au sujet sentant, bien des objections sont possibles.

Tout d'abord, on peut nier la majeure du raisonnement ; il n'est peut-être pas vrai, comme Kant semble trop aisément l'accorder, que tout plaisir soit un rapport de la force intérieure avec les forces extérieures et par conséquent une sensation. Dans beaucoup de cas la force intérieure semble solitaire, et c'est dans la seule conscience d'elle-même qu'elle croit trouver son plaisir ou sa peine. Rien d'étranger ne paraît intervenir, rien au moins de physique et de calculable : c'est une action qui semble échapper en elle-même à toute mesure précise. C'est ce qui arrive surtout dans les plaisirs moraux : lorsque j'éprouve une joie morale, je crois, à tort ou à raison, tirer de moi seul et ne devoir qu'à moi seul mon plaisir. Même en supposant que toutes les différences de genres se soient évanouies par ailleurs, et que peines et plaisirs soient tous ramenés à une unité, il semble difficile d'empêcher qu'une dernière différence ne subsiste entre la *sensation*, où l'ac-

---

1. Sur le plaisir et la douleur, voir Bain, *Emotions and will;* Spencer *Principes de psychologie;* Stuart Mill, *Philosophie de Hamilton;* Léon Dumont, *Théorie scientifique de la sensibilité;* F. Bouillier, *Du plaisir et de la douleur;* Alfred Fouillée, *la Liberté et le déterminisme.*

tivité intérieure se trouve en présence des forces du dehors, et le pur *sentiment*, où elle paraît se trouver en présence d'elle-même. Autre est le plaisir que je subis, autre est celui que je fais ou crois faire.

Si nous passons des plaisirs moraux aux plaisirs intellectuels, nous pouvons à la rigueur, selon les récents travaux de la psychologie anglaise et allemande, considérer les idées comme des forces ; on ramènerait alors ces plaisirs à des rapports entre ces forces. Mais, en tout cas, ces forces ne sont plus calculables pour la science humaine : les idées ont échappé jusqu'ici, malgré les tentatives de Herbart, aux prises de la physiologie et de la physique.

Enfin, la sensation même — plaisir ou peine physique — est-elle accessible au calcul ? Comme elle est, mathématiquement parlant, un rapport entre la force intérieure et les forces extérieures, il faudrait, pour la calculer, calculer toutes ces forces; est-ce possible ? Un premier obstacle, c'est la complexité infinie de la sensation. Comme il y a dans le ciel des masses confuses d'étoiles que nous appelons nébuleuses, qui, si nous pouvions les voir de plus près, se résoudraient en étoiles distinctes, de même, si la vue de notre esprit était plus pénétrante, nous apercevrions dans les corps les différences de constitution d'où résultent pour nous les différentes sensations ; mais l'extrême ténuité et le nombre infini des modifications corporelles ne peuvent tomber sous la conscience distincte : elles sont toutes enveloppées dans cette conscience confuse, dans cette sorte de nébuleuse que nous appelons la sensation de l'objet.

Un second obstacle, c'est la variabilité infinie de la sensation. Les circonstances extérieures sont comme le milieu où la sensation se produit ; changez le milieu, la sensation change. Que serait la perception d'un plaisir sans toutes les petites perceptions qui l'accompagnent et qui, comme dit Leibnitz, « sont de plus grande efficace qu'on ne « pense ? » Or, ces petites perceptions échappent à toute prévision arithmétique. Au moment où j'éprouve tel plaisir, je suis, comme dit le poëte comique, ce que je suis, et je ne suis pas ce que je serai demain ; aussi ne puis-je calculer avec exactitude ce que j'éprouverai demain, placé sous l'action des mêmes causes appréciables, mais non plus, pour ainsi dire, dans la même atmosphère morale.

Outre les circonstances extérieures qui font varier l'action du dehors sur nous, il y a dans notre activité même quelque chose qui produit avec le temps des changements plus considérables encore : la puissance de l'habitude. Notre activité intime, modifiée par le plaisir ou la peine, tend à revenir dans sa direction primitive. Tandis que, partout ailleurs, l'habitude conserve et augmente, ici elle diminue et efface. Elle émousse peu à peu le plus vif plaisir, elle étouffe la plus grande douleur ; elle tend, en général, à affaiblir toute émotion, toute passion. La science moderne, loin de confirmer les hypothèses de Bentham, semble montrer de plus en plus dans les sensations de peine et de plaisir des quantités extrêmement variables, que les habitudes, surtout transmises par hérédité, quintuplent ou suppriment. La peine, par exemple, peut être transformée par l'habitude au point de devenir indifférente, puis agréable. Un proverbe dit qu'il faut faire de nécessité vertu ; la nature, d'après les savants modernes, ferait souvent de nécessité plaisir. La force d'une habitude est proportionnelle à la nécessité qui l'a fait contracter, et le plaisir qui s'y joint peu à peu est proportionnel à cette force. De là ce plaisir qui, sans doute, attache l'oiseau à son nid et le tient de longs jours immobile sur ses œufs, — plaisir en apparence si contraire aux mœurs remuantes de l'oiseau et qui, s'il n'était transformé par l'habitude, serait la plus dure des peines. Le règne humain nous fournirait plus d'exemples encore que le monde des oiseaux ; sans l'habitude, qu'est-ce qui pourrait retenir l'homme dans un salon, lui imposer certaines postures convenues, non moins gênantes peut-être que celles de l'oiseau sur son nid, le soumettre aux règles les plus minutieuses de l'étiquette, et lui faire joindre à tout cela un sentiment de plaisir particulier ?

Ainsi non-seulement les circonstances extérieures font varier le plaisir et la peine, mais encore l'activité intérieure se refait sans cesse à elle-même de nouveaux plaisirs ou de nouvelles peines, qu'on n'avait point mises en ligne de compte et qui viennent brusquement fausser les résultats attendus.

Enfin, s'il faut faire une grande part dans la sensation à l'activité intérieure, il n'en faut pas faire une moins grande à l'idée même de cette activité et de son indépendance, car cette idée seule a une force capable de modifier les peines ou les plaisirs. Au sein de l'esprit, comme un philosophe contemporain l'a montré¹, l'idée de la liberté peut produire des effets analogues à ceux du libre arbitre lui-même et fournir une puissance morale indépendante des motifs et des mobiles; dans les rapports de l'esprit avec les organes, l'idée de la liberté ne pourrait-elle aussi créer une sorte de puissance physique indépendante des douleurs et des peines? Lorsque je réagis moralement contre une sensation physique, cette réaction morale se traduit elle-même par un déploiement d'énergie corporelle qui diminue la quantité de peine ou de plaisir. Un affranchissement physique répond à l'affranchissement moral. Si je me persuade, à tort ou à raison, de ma liberté et de ma dignité, la douleur bravée par moi sera étouffée; le plaisir, dédaigné par moi, ne sera plus senti. Ainsi l'organisme se mettra en harmonie avec la volonté qui le dirige, et le plaisir passera, plus brusquement que jamais, d'une quantité à une autre, suivant que ma volonté aura passé d'une décision à une autre. Comment calculer cet élément nouveau du problème?

L'influence de la volonté sur le plaisir est surtout évidente dans deux états psychiques : celui où la volonté sort le plus d'elle-même, et celui où elle se renferme le plus en elle-même : l'exaltation de l'amour et l'impassibilité stoïque. Dans l'exaltation, toute douleur ou tout plaisir extérieurs non-seulement diminuent, mais disparaissent entièrement. Le martyre est une volupté : la volonté, s'y étant détachée de toute passion terrestre, s'est arrachée à toute douleur physique. Et ainsi du plus au moins : en général, plus j'aime et crois, moins je sens; l'élan que je m'imprime est trop fort pour qu'un obstacle extérieur puisse désormais l'entraver.

Comme la volonté qui aime et se donne, la volonté qui se possède et se respecte est capable de modifier la douleur ou le plaisir. Il est une chose que les benthamistes eux-mêmes peuvent remarquer : c'est que braver la douleur, c'est déjà la vaincre, et que, moins on veut souffrir, moins on souffre. Au contraire, s'abandonner à la souffrance, c'est l'augmenter. Lorsque Posidonius disait : Douleur, tu n'es pas un mal; lorsque Arria, après s'être frappée, s'écriait : *Non dolet*, ils ne voulaient pas seulement nier que la douleur fût un mal moral, ils voulaient affirmer aussi sans doute que, pour qui sait la supporter, elle est à peine un

---

1. Voir M. Alfred Fouillée, *la Liberté et le Déterminisme*, 2ᵉ partie.

mal physique. Plus on est maître de son âme, en définitive, plus on est maître de son corps. Aussi Bentham a-t-il tort même au point de vue utilitaire, lorsqu'il raille les stoïciens : « Quand un homme éprouve une douleur dans « la tête ou dans l'orteil, que lui servira de se dire à lui-« même ou de dire aux autres que la douleur n'est point « un mal? Cela lui ôtera-t-il sa douleur? cela la diminuera-« t-il[1]? » Oui, cela la diminuera, et, ne fût-ce que dans ce but utilitaire, il est bon de se le redire. C'est du reste ce qu'avait compris Epicure, et l'on peut opposer sur ce point les doctrines du maître à celles de ses modernes disciples. Par la liberté intérieure, disait Epicure, l'homme a le pouvoir d'échapper aux souffrances les plus cruelles et comme de se retirer de la douleur; aussi doit-il rester toujours imperturbable. Epicure ajoutait même, avec l'exagération des sectes antiques : Le sage est toujours sûr de porter partout le bonheur, même au sein des supplices, même « dans le taureau brûlant de Phalaris, car il porte partout avec lui sa liberté[2]. » L'utilitarisme, à son début, était très-voisin du stoïcisme; mais depuis, nous le voyons, il s'en est considérablement éloigné. Dans la question qui nous occupe, les stoïques n'ont pas absolument tort. Le mépris de la douleur rend jusqu'à un certain point la douleur méprisable; la crainte de la douleur la rend à craindre.

Le domaine des plaisirs et des peines est donc encore mon domaine, et, si je n'y puis pas tout, j'y puis assez pour contrarier et rendre impossibles les calculs du « déontologue ». Quand vous croyez avoir fixé dans votre balance la quantité des peines et des plaisirs, ma volonté, en un instant, dérange l'équilibre. L'idée seule qu'elle pourrait, en voulant, faire varier la quantité des sensations, suffit donc à les faire varier. La volonté, ne pouvant devenir absolument inconsciente, ne peut devenir absolument fatale.

II. — Les partisans de Bentham essayeront peut-être une dernière réponse à cette série d'objections contre la possibilité théorique de leur calcul moral.

Sans doute, diront-ils, la science humaine doit renoncer jusqu'à nouvel ordre à pénétrer dans le détail de chaque plaisir, mais doit-elle pour cela renoncer à calculer, pour ainsi dire, les plaisirs en gros? Si un marchand en détail

---

1. *Déont.*, t. I, p. 358.
2. Voyez, dans notre *Morale d'Épicure*, le chapitre sur *les vertus et le courage*.

est contraint, par la nature même de son commerce, d'avoir l'œil sans cesse ouvert sur les plus petites pertes et les plus petits profits, le négociant en gros, lui, s'occupe peu de ces minuties ; le moraliste sera comme lui : il fera des comptes larges et taxera chaque plaisir ou chaque peine à une valeur approximative ; les erreurs de détail ne pourront fausser les résultats généraux, pas plus que tel objet particulier vendu à perte par un bon négociant ne pourra porter une véritable atteinte à la somme considérable de ses profits. La tâche du moraliste n'est donc pas aussi compliquée qu'on le croit : il s'agit simplement d'établir des moyennes. En moyenne, telle sensation, de tel degré, produira tel plaisir ou telle peine. L'exception confirme la règle, ou du moins peut rentrer dans une règle. On établira en effet la moyenne des exceptions comme du reste, et tout ce qu'on ne peut prévoir ou calculer, on en renfermera du moins l'influence entre des bornes fixes.

En d'autres termes, l'arithmétique morale de Bentham, cette science qu'il nous présentait comme si minutieusement exacte, ne pourrait-elle se changer en une *statistique morale*? Cette science nouvelle, au lieu de marquer pour chaque individu ce qui lui est à chaque moment le plus agréable, fixerait ce qui est généralement agréable à la généralité des individus.

Mais, demanderons-nous à Bentham, si le moraliste, dans ses théories, peut calculer en gros, l'agent moral peut-il donc agir en gros? Chaque acte est quelque chose de particulier, de distinct, de spécial ; chaque agent, dans l'hypothèse même de Bentham, est une sorte de marchand en détail qui ne peut échanger son action contre le plaisir promis par vos théories sans connaître exactement la valeur de ce plaisir à l'instant donné. On lui dit : — En moyenne, telle action produit telle peine ou tel plaisir ; — fort bien ; mais, à lui seul, pourra-t-il toujours accomplir cette action assez de fois pour que cette moyenne de peine ou de plaisir se produise? Le joueur qui jouerait un million de fois verrait s'établir une moyenne et une compensation entre ses bénéfices et ses pertes ; de même, si je risquais, pour ainsi dire, des millions de fois l'enjeu d'une action quelconque, je serais sûr de voir une moyenne s'établir et le hasard laisser place à la certitude : mais, dans les actions importantes, je ne pourrai agir que plusieurs fois ou même une seule fois de la même manière ; Socrate, par exemple, ne pouvait pas boire deux fois la ciguë. Telle chose, dites-vous, procure le plaisir à la majorité des hommes ; mais que sais-je si je suis de la majorité ou de la minorité, et si cette chose ne me procurera pas précisément de la peine? que sais-je si je ne suis pas une exception ? — Les exceptions, ajoutez-vous, rentrent dans notre calcul. — Mais que m'importe, à moi exception, de figurer théoriquement dans votre calcul et de venir confirmer vos règles, si pendant ce temps je souffre au lieu de jouir? Faut-il que je me sacrifie dans la pratique à vos théories statistiques ?

Les règles obtenues par la *statistique morale* offrent donc un premier défaut : c'est d'être *incertaines*. La moyenne qu'établit le déontologue se traduit alors pour l'individu en une simple probabilité. Le calcul des plaisirs devient ainsi un calcul des probables, et la voie est ouverte à une sorte de probabilisme utilitaire qui n'est pas sans analogie avec l'autre. Seulement, ici, la seule chose qui soit certaine, qui soit placée tout à fait au-dessus de la probabilité et du doute, c'est le plaisir le plus immédiat et le plus intense, qui est aussi en général le moins durable et qui représente souvent le vice. De tous les autres côtés, on trouve l'incertain. Le Benthamisme ressemble alors à l'ancienne casuistique retournée : toutes les actions tombaient sous la casuistique dévote et offraient matière à distinctions et à subtilités, excepté la vertu même, droite et franche ; de même, on pourrait dire peut-être que toutes les actions tombent sous la casuistique benthamiste et sont objet de doutes, d'incertitudes, d'hésitations, excepté beaucoup de mauvaises actions qui sont sûres et invariables.

Et maintenant, comment mettre sur le même rang les choses simplement possibles ou probables et les choses sûres ? — Il est sûr que tel vice vous causera du plaisir ; il est possible, il est probable même que les conséquences de ce vice vous causeront de la peine : choisissez. — Pour que je choisisse, commencez par établir une commune mesure entre le réel et le possible. Bentham semble ne s'être même pas douté de cette différence qui existe entre le certain et le probable, et qui est l'une des plus graves difficultés de sa doctrine utilitaire. « Il faut approuver ou « blâmer les actions, dit-il, d'après leur *tendance* à aug- « menter ou à diminuer le bonheur. » Mais parmi les actions il y en a qui ne *tendent* pas seulement à l'augmenter, il y en a qui l'augmentent immédiatement et de la manière la plus sensible ; ces actions, il est vrai, *tendent* parfois à le diminuer dans la suite. Mais, entre un effet immédiat et une

tendance lointaine, quelle est la commune mesure arithmétique? Le sophisme de Bentham apparaît très-nettement dans ces paroles : « Le plus abominable plaisir que le plus
« vil des malfaiteurs ait jamais retiré de son crime ne de-
« vrait pas être réprouvé s'il demeurait seul ; mais il est
« nécessairement suivi d'une telle quantité de peine, ou, *ce*
« *qui revient au même*, d'une telle *chance* d'une certaine
« quantité de peine, que le plaisir en comparaison est
« comme rien¹. » Soutenir qu'une chance et une réalité *reviennent au même*, est-ce bien sérieux ?

Il est d'ailleurs une chose que ne doivent pas oublier les benthamistes : c'est que le calcul des probabilités, pour être admis dans leur morale d'intérêt personnel, doit non-seulement fixer ce qui est probable en bloc pour tous les individus donnés, mais aussi ce qui est plus ou moins probable pour tel individu. Car la morale du plus grand intérêt ne commande pas au nom d'une loi universelle à laquelle l'individu, s'il le faut, serait tenu de se sacrifier ; elle propose pour fin un maximum de plaisir qui n'a de valeur que si l'individu en jouit.

Voici, pour reprendre encore l'exemple de Bentham, un ivrogne obstiné : vous lui dites que ses plaisirs, d'après la statistique, sont *impurs*, c'est-à-dire suivis des peines les plus graves (indispositions, maladies présentes ou futures); pour toute réponse, il vous montre son corps robuste et vous décrit son état de santé : d'ici à un long temps, nulle maladie n'est pour lui probable. Vous lui répétez que ses plaisirs sont impurs, parce qu'ils sont accompagnés de perte d'argent et de temps ; il ouvre sa bourse bien garnie et vous prouve qu'il vit assez dans l'aisance pour n'avoir à épargner ni temps ni argent. Vous lui parlez des conséquences sociales : peine produite dans l'esprit de ceux qui lui sont chers, — il est seul au monde ; mépris d'autrui, — il a l'estime de tous ses camarades, et cela lui suffit ; risque d'un châtiment légal, — il est dans un pays où nulle loi ne réprime l'ivresse ; risque de commettre des crimes dans l'ivresse, — il a une ivresse très-douce ; crainte des peines de l'autre vie, — il n'y croit pas. Vous lui objectez que ses plaisirs ne sont pas féconds. Il répond que peu importe, s'ils se suffisent à eux-mêmes ; ce qui est incomplet a seul besoin d'être fécond. D'ailleurs, si ses plaisirs ne sont pas féconds, ils n'empêchent du moins

---

1. Benth., *Introd. to the princ. of mor.*, II, IV, *loc. cit.*

aucun autre plaisir : par cela même qu'il a une santé inébranlable, il garde une capacité entière pour tout plaisir du corps ou de l'esprit qu'il lui plairait de poursuivre. Quelle prise les benthamistes ont-ils donc sur cet homme ?

Et qu'on ne reproche pas à notre ivrogne de faire de la casuistique, de ne point agir d'après des lois générales, mais d'après des cas particuliers. Qu'y a-t-il de plus particulier que le plaisir ? Où la part du *casus*, du hasard, et partant de l'interprétation individuelle, est-elle plus grande ? Donner pour fin le plaisir, c'est donner pour fin le particulier ; vouloir ensuite qu'on poursuive le particulier en se conformant à des lois générales, ne serait-ce point un non-sens ? Vouloir que je cherche *mon* plaisir là seulement où la majorité des hommes trouve *le sien*, c'est presque une contradiction. N'oublions pas la définition que Bentham lui-même donne du plaisir : « Le plaisir, c'est ce que le jugement d'un « homme, aidé de sa mémoire, lui fait considérer comme « tel. » Ainsi la casuistique, c'est-à-dire la considération des cas particuliers, n'est pas seulement accidentelle dans le benthamisme ; elle est essentielle à la conception même de la fin morale, surtout dans la sphère individuelle où nous sommes encore renfermés.

Au reste, une moyenne n'est une loi que pour les gens médiocres : si vous sortez de la médiocrité, vous échappez à la statistique ; si vous êtes assez *vous-même*, tout ce que sont ou font les autres vous devient indifférent. L'avenir du benthamisme repose, en quelque sorte, sur l'accroissement universel de la médiocrité : si tous les hommes étaient semblables, avaient mêmes organes, mêmes tendances, même intelligence, c'est alors que la statistique serait toute-puissante et que les résultats observés chez les uns pourraient être étendus à tous les autres : plus d'exception, plus de singularité, plus d'individualité.

Par malheur, ou par bonheur, plus le genre humain fait de progrès, plus se produisent en lui de différences ; plus les hommes sont civilisés, plus il sont divers. Et cette loi qui régit le monde humain régit l'univers entier : ne sont-ce pas les utilitaires et les positivistes eux-mêmes qui ont mis en lumière la grande loi d'évolution et de « différenciation » ? A l'origine, tout était semblable ; à la fin, tout sera divers : le progrès, sur la terre comme dans le ciel, chez l'homme comme chez la plante et l'animal, se manifeste d'une manière sensible par une diversité croissante des choses. A mesure que les espèces se développent, les individualités s'accusent. L'homme, sorti d'un embryon presque « homogène, » arrive à posséder l'organisme le plus « hétérogène » que possède un être vivant : ainsi fera l'humanité même, selon la science moderne. Et maintenant, les disciples de Bentham semblent demander la fin de l'humanité à cette moyenne, à ce milieu homogène que l'humanité porte en elle, mais qu'elle tend sans cesse à dépasser elle-même ? La morale qu'on obtiendrait de cette manière serait la morale de la médiocrité. Pourtant, les utilitaires eux-mêmes font, avec Stuart Mill, l'éloge des êtres qui ont le sentiment de l'individualité, qui ne veulent pas faire comme tout le monde, penser comme tout le monde, sentir comme tout le monde ; qui veulent vivre à leur manière ; qui veulent être singuliers et même excentriques [1]. N'oublient-ils point que la singularité devient aisément un crime dans leur morale, et que l'originalité y est permise? Ne pas trouver son plaisir où tout le monde le trouve, c'est déjà un grave indice, puisque différer dans l'appréciation des plaisirs c'est différer dans le jugement du bien.

Dès à présent, remarquons-le, l'originalité, l'exception, est plus fréquente qu'on ne le croit. Seulement, peu de personnes sont originales sur tous les points ; ceux-là le sont par certains côtés, ceux-ci par d'autres. Si le nombre des exceptions pour ainsi dire totales est assez petit, le nombre des exceptions partielles est énorme. A vrai dire même, tout le monde, par un certain côté, est exceptionnel. Qu'est-ce que l'individu, dans le fond, si ce n'est l'exception par rapport au genre? Tout ce qui vit d'une vie propre est exceptionnel ; les moyennes sont des généralités abstraites qui pourraient avoir de la valeur à un point de vue purement social, mais qui ne peuvent servir à régler la vie individuelle d'une manière définitive, ni à déterminer dans cette sphère le maximum du plaisir. Il suffit donc que je ne sois point fait exactement comme les autres pour que la loi du plus grand plaisir puisse me commander ce qu'elle défend au reste des hommes. De là une singulière différence entre les autres sciences et la science morale telle que l'entend Bentham. Les autres sciences constatent les exceptions ou les monstruosités et les souffrent : elles ne les provoquent pas et ne les commandent pas ; la science morale, chez les partisans de Bentham, en posant pour fin le plus grand plai-

---

[1]. Stuart Mill, *Liberty*, et Spencer, *Social Statics*

sir, pose et accepte par là même toutes les contradictions et exceptions que l'idée de plaisir entraîne avec elle ; elle ne tolère donc pas seulement, dans certains cas, l'ivrognerie, elle la commande ; elle ne tolère pas seulement tel ou tel autre vice : du moment qu'il est démontré, dans un certain cas, avantageux à l'individu, elle le commande. Tout reproche aux coupables habiles est interdit aux benthamistes : en quel nom leur en feraient-ils ? Au nom de la loi des mœurs ? Elle est pour eux et avec eux. Vous leur avez enseigné leur fin et ils la suivent : qu'avez-vous à dire ?

Accordons donc avec Bentham à celui qui trouve réellement le plus grand plaisir dans l'abrutissement qu'il agit bien ; ayons même le courage de le louer, puisque nous n'avons pas le pouvoir de le blâmer.

Telles sont les difficultés qu'on peut élever contre l'utopie arithmétique de Bentham. Ce dernier a cru le calcul des plaisirs *exact*, il ne peut l'être ; *certain*, il ne l'est pas ; d'une portée *universelle,* il ne vaut pas pour tous les individus. Bentham reprochait à ses adversaires que leur principe, étant personnel, individuel, devait être *despotique* ou *anarchique;* c'est une alternative à laquelle vous ne pouvez échapper, disait-il : il faut calculer, ou vous battre. — Nous avons cherché à calculer, mais ce calcul même reste plus que jamais personnel, individuel, variable ; nous pressentons qu'il ne peut aboutir qu'à des conséquences despotiques ou anarchiques : les benthamistes seraient-ils donc, après avoir calculé, réduits eux-mêmes à se battre ? Ils seront du moins réduits à laisser là le calcul, à chercher un *criterium* plus sûr et plus facile à manier que le nombre, une fin autre que le plaisir le plus grand en quantité : ils seront contraints, avec Stuart Mill, à perfectionner eux-mêmes leur système en essayant d'y introduire un élément supérieur.

CHAPITRE III

LA QUALITÉ DES PLAISIRS, CRITERIUM MORAL

MORALE SEMI-INTELLECTUELLE DE STUART MILL

Comment la morale du plaisir, chez Stuart Mill, se change en une morale de l'intelligence. — Stuart Mill a-t-il le droit d'invoquer une qualité intrinsèque des plaisirs détachée à la fois de toute idée de *quantité* et de toute idée de *moralité* ?

I. — Examen du problème au point de vue de l'expérience. — L'observation constate-t-elle la *qualité spécifique* des plaisirs ? 1º Dans les plaisirs moraux, peut-on abstraire la considération de moralité ? 2º Dans les plaisirs intellectuels, ne peut-on pas ramener la qualité soit à la quantité, soit à la moralité ? — L'intelligence, condition de la moralité même. 3º Les plaisirs esthétiques ne sont-ils pas également mêlés de plaisirs moraux ? — Relation intime du beau et du bon. — Comparaison de la beauté supérieure et de la beauté inférieure. — Du remords esthétique.

II. — Examen du problème au point de vue de la raison. — Les utilitaires peuvent-ils démontrer et expliquer rationnellement la qualité spécifique des plaisirs ? — Explication proposée par Stuart Mill. — Réduction de la *qualité* au sentiment de *dignité*. — Définition morale de la dignité. — Définition utilitaire de la dignité. — Effort pour perfectionner la théorie de Stuart Mill. — La dignité vient-elle de la conscience que nous avons de notre intelligence ? — Critique de cette conception d'une dignité purement intellectuelle et logique. — Est-il vrai que les plaisirs intellectuels et les plaisirs sensibles, une fois écartée toute idée de moralité, n'ont point de commune mesure ? — A quelle condition les plaisirs de l'intelligence acquièrent-ils une valeur « infinie et absolue » ? — Impossibilité de s'en tenir à la position intermédiaire prise par Stuart Mill.

III. — Impossibilité pratique d'appliquer le criterium de la qualité. — Recours de Stuart Mill à une sorte de tribunal ou concile utilitaire.

La qualité des plaisirs était un obstacle insurmontable à nos calculs ; faisons comme les habiles ingénieurs qui tournent à leur profit les obstacles mêmes et savent se servir, pour faciliter leur œuvre, des difficultés qui l'entravaient d'abord. Ne pouvons-nous, sans sortir réellement du système de Bentham, appeler à notre aide et prendre pour critérium l'idée de qualité ?

I. — Procédons d'abord par observation, avec Stuart Mill ; nous raisonnerons ensuite. Peut-on découvrir des cas d'expérience où l'idée d'une certaine *qualité* des plaisirs apparaisse à la fois, 1° comme détachée de toute idée de *quantité*, 2° comme détachée de toute idée de *moralité ?* Si c'est possible, — et telle est l'opinion de Stuart Mill, — il sera prouvé en fait qu'il y a dans les plaisirs une *qualité spécifique* et que l'utilitarisme a le droit de prendre cette qualité comme critérium.

Voici d'abord les observations sur lesquelles Stuart Mill s'appuie. « Lorsque, de deux plaisirs, il en est un auquel
« tous ceux ou presque tous ceux qui ont l'expérience des
« deux donnent une préférence marquée, *sans y être poussés*
« *par aucun sentiment d'obligation morale*, celui-là est le plai-
« sir le plus désirable ; et, s'ils ne l'échangeraient pas contre
« n'importe quelle abondance de cet autre plaisir dont leur
« nature est susceptible, nous sommes en droit de lui attri-
« buer une supériorité de *qualité*... Peu de créatures hu-
« maines consentiraient à être changées en aucun des ani-
« maux inférieurs, moyennant qu'on leur promît la plus
« grande somme des plaisirs de la brute ; aucun être intel-
« ligent ne voudrait être un imbécile, aucun individu ins-
« truit un ignorant ; aucune personne ayant du cœur et de
« la conscience ne se déciderait à devenir égoïste et vile ;
« quand bien même on leur persuaderait que l'imbécile,
« l'ignorant ou le coquin sont plus satisfaits de leur sort
« qu'eux-mêmes ne le sont du leur. Ils n'échangeraient pas
« ce qu'ils ont de plus contre la complète satisfaction de
« tous les désirs qui leur sont communs... Mieux vaut être
« un homme mécontent qu'un cochon satisfait ; mieux vaut
« être un Socrate mécontent qu'un imbécile satisfait. »

Sans doute il est vrai qu'en fait « aucune personne
« ayant du cœur et de la conscience ne se décide à devenir
« égoïste et vile » ; mais est-ce, comme le croit Stuart Mill, indépendamment de toute considération morale ? Lorsqu'on vous propose de devenir un « coquin », c'est-à-dire en définitive de sacrifier votre *moralité*, Stuart Mill est-il bien sûr que vous n'éprouviez rien qui ressemble à un sen-

timent *moral?* Ce serait contradictoire. Expérimentalement, il est impossible de découvrir un cas où, la question de moralité étant posée, le « sentiment de l'obligation morale », quelle qu'en soit d'ailleurs l'origine, ne soit pas en même temps éveillé. Par conséquent, il est impossible de constater par l'observation dans les plaisirs, en tant qu'ils sont moraux, l'existence d'une certaine qualité « indépendante « de tout sentiment d'obligation morale » : cette qualité des plaisirs apparaît toujours à l'œil de l'observateur comme se confondant avec leur moralité.

En est-il de même dans les plaisirs intellectuels? Pourquoi les préfère-t-on généralement aux plaisirs des sens? Ne peut-on expliquer cette préférence soit par une supériorité quantitative, soit par une supériorité morale, sans avoir besoin de cette supériorité spécifique et irréductible que suppose Stuart Mill?

« Aucun être intelligent ne voudrait être un imbécile. » D'accord : mais, si vous lui demandez pour quelles raisons il ne le voudrait pas, êtes-vous sûr qu'il invoquera votre qualité spécifique des plaisirs? N'invoquera-t-il pas d'abord la quantité? En fait, l'imbécile goûte des plaisirs non pas seulement inférieurs en qualité, mais aussi moins intenses, moins nombreux et moins durables que ceux de l'être intelligent. L'intelligence, en effet, jouit de la propriété non-seulement de créer des plaisirs qui lui sont propres, mais d'augmenter dans une proportion considérable tous les autres plaisirs. Tandis que les jouissances sensibles sont souvent exclusives des jouissances intellectuelles, les jouissances intellectuelles ne le sont point des jouissances sensibles et, loin de là, les aiguisent. Aussi, lorsqu'on est parvenu à un degré élevé de l'échelle des êtres, descendre volontairement vers les degrés inférieurs serait faire, au point de vue même de Bentham, un fort mauvais calcul. « Mieux vaut, dites-vous, être un homme mécontent qu'un « cochon satisfait. » D'accord, et cela vaut mieux même sous le rapport de la quantité. Quoique les compagnons d'Ulysse mis à même, d'après la fable, de comparer en connaissance de cause les plaisirs du pourceau à ceux de l'homme, préférassent les premiers, un partisan de Bentham craindrait, tout comme les autres hommes, d'être métamorphosé en pourceau par la baguette de Circé, la satisfaction de ce pourceau fût-elle portée au *maximum*. Il est en effet facile de prouver ici la supériorité quantitative des plaisirs humains.

Tout d'abord, la sensibilité d'un porc est moins délicate et moins vive ; l'*intensité* de ses plaisirs sera donc moins grande. L'intelligence de l'animal, tout entière enfermée dans l'instant présent, ne peut ni se rappeler ni prévoir véritablement les plaisirs, qui deviennent une série de sensations agréables non reliées entre elles et n'ayant pour ainsi dire pas de vraie *durée*. Le défaut d'intensité et de durée, n'est-ce donc pas déjà beaucoup pour déprécier les plaisirs du pourceau et pour les placer au-dessous des plaisirs d'un homme ? Par hypothèse, il est vrai, cet homme est *mécontent*. Mais le mécontement n'est pas chose grave ; de plus, il s'accompagne toujours d'une certaine somme de plaisirs, capables de l'emporter en quantité non-seulement sur ceux du cochon, mais sur ceux des êtres humains qui se rapprochent de l'animal, comme l'imbécile, comme l'ignorant même.

Ainsi, là où Stuart Mill voit simplement une affaire de qualité, il y a sans doute aussi une affaire de quantité. Maintenant les partisans de la morale idéaliste ne pourront-ils pas soutenir que les plaisirs de l'intelligence offrent en outre un caractère de moralité proprement dite ? — Sans doute, diront-ils, un être intelligent n'est pas nécessairement un être moral ; mais, d'autre part, un être inintelligent est nécessairement privé de moralité. L'intelligence, si elle ne crée pas la moralité, comme le croyait Socrate, en est du moins l'indispensable condition. Aussi, vouloir être imbécile, vouloir même être ignorant, c'est d'une manière indirecte porter une atteinte profonde à la moralité ; au contraire, vouloir acquérir plus d'intelligence, c'est vouloir acquérir plus de moyens d'être moral. Élargir ou rétrécir la sphère de la pensée, c'est toujours en définitive élargir ou rétrécir la sphère de la volonté. Plus je comprends de choses, plus je suis capable de choisir, Leibniz a dit : L'intelligence est l'âme de la liberté. En ce sens, les partisans de la morale idéaliste pourront affirmer qu'il s'attache aux plaisirs de l'intelligence un vif « sentiment d'obligation morale » : je me sens obligé à monter dans l'échelle des êtres, je me sens obligé au progrès : alors même qu'il me serait indifférent, à tout autre point de vue, de rester à un degré de l'échelle ou à un autre, de comprendre un peu plus ou un peu moins, il ne saurait m'être indifférent d'être près ou loin de cet idéal moral placé au sommet de l'échelle, dont chaque degré franchi par mon intelligence rapproche ma volonté. Descendre, ce serait déchoir moralement ; tomber dans l'imbécillité complète ou dans cette imbécillité partielle qu'on appelle l'ignorance, ce serait une faute ; se métamorphoser soi-même en pourceau, ce serait un suicide.

On le voit, ce n'est pas chose facile, quoique Stuart Mill semble le croire, de prendre en quelque sorte sur le fait cette qualité des plaisirs qui nous les ferait poursuivre, en premier lieu sans être poussés par aucune considération de quantité, en second lieu « sans être poussés par aucun « sentiment d'obligation morale ».

Il y a pourtant une classe particulière de plaisirs, oubliée par Stuart Mill, qui aurait pu lui fournir des faits en faveur de sa thèse : ce sont les plaisirs esthétiques. D'une part, en effet, comment réduire en quantités ces plaisirs si délicats et si supérieurs aux rapports grossiers des nombres? D'autre part, comment y voir quelque chose qui ressemble à la moralité des idéalistes? Resterait donc enfin cette qualité pure et simple dont parle Stuart Mill.

Pourtant, si au premier abord les plaisirs esthétiques semblent dépouillés de tout caractère moral, les idéalistes ne pourront-ils soutenir que c'est une illusion? Nous sommes en ce moment dans le domaine de la simple expérience ; nous discutons les faits, non les raisons des faits. Or, à ce point de vue encore extérieur, un *sentiment* moral ne se mêle-t-il pas toujours en fait, quelle qu'en soit la raison et la valeur, aux plaisirs esthétiques ? — L'existence de ce sentiment apparaît dans le contraste des plaisirs esthétiques avec les plaisirs sensibles. Supposez que je sois contraint de choisir entre la lecture de beaux vers et une partie de chasse : je suis, par hypothèse, capable de sentir vivement la beauté des vers et capable aussi de goûter vivement le plaisir de la chasse. Il est très-possible, selon la remarque de Kant, que je préfère la partie de chasse : ce qui n'aurait pas lieu si, comme le croit Stuart Mill, il existait une qualité inhérente aux plaisirs supérieurs qui les rendrait non-seulement plus estimables, mais aussi plus désirables. — Après avoir sacrifié ainsi le plaisir esthétique, éprouverai-je simplement ce regret banal qu'on éprouve lorsque, forcé à choisir, on n'a pu prendre de deux choses qu'une? n'éprouverai-je pas une sorte de regret moral et comme un léger remords? n'aurai-je pas le sentiment d'avoir délaissé un plaisir vraiment moral et d'avoir enfreint, pour ainsi dire, un devoir esthétique? Si le spectateur ou le lecteur se sentent moralement tenus de connaître et de contempler la beauté produite par l'artiste, l'artiste lui-même se sent obligé à la produire, et à la produire sous sa forme la plus parfaite. Le sentiment moral serait-il aussi étranger qu'on le croit à cette sorte de possession du véritable artiste par l'idéal? L'artiste et l'agent moral conçoivent et acceptent une loi supérieure qui leur commande, à l'un le beau, à l'autre le bien, et dont les ordres, à tort ou à raison, leur apparaissent comme imprescriptibles. Les belles œuvres touchent ainsi de près aux belles actions. Et comme la loi morale ne souffre pas une demi-obéissance, comme elle ne se contente pas d'actions à moitié bonnes et veut les actes les meilleurs possibles accomplis avec la meilleure volonté possible, ainsi la loi qui s'impose à l'esprit de l'artiste lui interdit la médiocrité, lui défend même de transiger avec elle, lui ordonne de produire les œuvres les plus parfaites sans regarder au travail et à l'effort.

C'est avec raison, ce semble, que Kant a rapproché le sentiment esthétique par excellence, l'admiration, du sentiment moral par excellence, le respect. Qui admire, respecte : l'admiration apparaît ainsi comme revêtue d'un caractère vraiment moral. Il est moral d'admirer une belle action : c'est en quelque sorte y participer et s'approprier une partie du mérite qui s'y attache. Il est moral d'admirer une belle œuvre : c'est faire passer en soi la beauté que l'on contemple et devenir, comme disait Platon, semblable à l'objet de son amour. On se sent obligé soi-même à chercher le beau et, partout où on le trouve, à lui rendre comme un hommage religieux. On s'adresse des reproches lorsqu'on n'a pas assez admiré.

Même dans les rapports des beautés inférieures aux beautés supérieures le sentiment moral a encore une place, comme si la supériorité morale s'attachait à la supériorité esthétique. Je ne pourrais préférer, par exemple, un vaudeville amusant à un opéra sublime, une collection de photographies intéressantes à un tableau de Raphaël, sans éprouver une sorte de remords artistique.

En résumé, tout ce qui est beau semble revêtir un caractère moral : c'est là un fait d'expérience. Qu'on explique ce fait comme on voudra, qu'on y voie même une sorte d'illusion intérieure : il n'en reste pas moins vrai que les domaines du beau et du bien, en supposant qu'ils ne se confondent pas, sont du moins assez voisins pour se toucher. Aussi Stuart Mill n'a-t-il point le droit de dire : La beauté n'a aucun caractère moral et n'éveille aucun « sentiment moral »; elle ne vaut que par une certaine qualité des plaisirs qu'elle produit. — Non, la beauté a pour nous une valeur morale, valeur qui devient plus évidente à la réflexion intérieure. En définitive, si l'on peut nier que ce qui est beau soit toujours bon, on ne peut nier que ce qui est bon soit toujours beau; bien plus : la bonté et la beauté, à leur degré suprême, s'identifient; si donc il est un point où le beau et le bon semblent coïncider absolument, et tant d'autres points où ils se touchent, quoi d'étonnant à ce qu'ils ne puissent jamais offrir une entière divergence, à ce qu'on ne puisse jamais établir de distinction absolue entre les sentiments moraux et les sentiments esthétiques ?

Pour que la théorie de Stuart Mill fût confirmée en fait, il faudrait trouver un cas où, d'une part, la quantité de deux plaisirs fût exactement la même (ce qu'il est impossible de connaître), et d'autre part où il ne s'attachât à aucun de ces plaisirs le moindre sentiment moral. Or non-seulement on ne peut découvrir un tel cas, mais encore le chercher c'est aller contre les lois de l'esprit posées par l'empirisme lui-même. La grande loi qui, d'après la philosophie anglaise, domine tous les phénomènes mentaux, n'est-ce pas la loi d'association? Or, puisque tout est lié, associé dans l'esprit, puisque toutes les idées s'attirent et se confondent sans cesse, ne peut-on supposer, en vertu même des théories empiristes, qu'à toute idée de plaisir supérieur la simple habitude, à défaut d'autre chose, a lié une idée morale qui, par son contact, la transforme et lui donne cette « qualité » que Stuart Mill prend pour une « supériorité intrinsèque »? On pourrait ainsi invoquer les lois mêmes que les empiristes ont établies. Puisqu'ils sont forcés d'admettre dans l'homme, comme un fait indéniable, le sentiment et l'idée de la moralité, n'oublions pas que cette idée et ce sentiment jouissent comme tous les autres, d'après leur théorie même, de la propriété de s'unir et de s'associer à d'autres. D'une union de ce genre pourrait provenir le sentiment si clair de supériorité propre à certains plaisirs. En tout cas, ce que Stuart Mill place dans les plaisirs mêmes leur vient de plus haut; la valeur qu'il leur attribue, ils l'empruntent à une idée de moralité. Cette qualité dont il nous parle semble donc être surtout une supériorité morale, et ce qui est proprement moral est rejeté par un utilitarisme conséquent.

Ainsi donc, tout ce qu'on ne peut, dans les plaisirs, expliquer par la quantité, il semble qu'on peut l'expliquer par la moralité ; ce qu'on ne peut expliquer par la moralité, on l'explique suffisamment par la quantité. La notion vague et occulte de qualité se trouve ainsi exclue par la force même des choses : elle a le très-grand défaut d'être superflue. Toute explication dont on peut se passer est bien près d'être rejetée. La nature, d'après la science moderne, *économise* les forces et tend toujours à produire le plus grand résultat possible avec la plus petite dépense de force possible ; la pensée humaine, elle aussi, économise les idées ; elle s'efforce d'arriver à la plus grande vérité possible en invoquant le moins de raisons possible : les raisons *suffisantes* sont toujours les vraies. La position que prend chez Stuart Mill la doctrine utilitaire est donc singulièrement embarrassée : placé entre Bentham et ses adversaires, voulant aller plus loin que le premier, n'osant aller si loin que les seconds, ne se contentant point de l'idée simple de quantité, ne pouvant pas parler de moralité, il est réduit à chercher une idée intermédiaire et vague, à construire un système moyen, timoré, provisoire, qui semble manquer à la fois de cohésion et de largeur. Au point de vue de la pure expérience, nous n'avons trouvé aucun fait qui confirme ce système.

II. — Passons du domaine des faits dans celui des raisons. Stuart Mill n'a pu démontrer *a posteriori* l'existence d'une *qualité* des plaisirs indépendante de la *moralité;* pourra-t-il démontrer *a priori* cette existence?

Stuart Mill, après avoir cru constater cette qualité des plaisirs, cherche en ces termes à l'expliquer : « Ce qui
« exprime le mieux, dit-il, la répugnance qu'éprouve un
« être doué de facultés plus élevées à tomber dans ce qu'il
« sent être un degré d'existence moins élevé, c'est un
« sentiment de *dignité* que possèdent tous les êtres hu-
« mains, sous une forme ou sous une autre... Pour ceux
« chez qui ce sentiment de dignité est puissant, il forme
« une partie si essentielle de leur bonheur, que rien de ce
« qui entre en lutte avec lui ne saurait, si ce n'est momen-
« tanément, leur être objet de désir [1]. » Voilà la question

---

1. *Utilit.*, ch. II. — La doctrine de Stuart Mill est avec quelques réserves acceptée par M. Janet dans sa *Morale*. M. Janet admet le principe du bonheur par une sorte d' « eudémonisme rationnel. » « L'erreur des utilitaires, dit-il, n'est pas d'avoir proposé le bonheur comme

transportée au sein même de l'esprit et, sous la forme nouvelle qu'on lui donne, devenue plus pressante encore. Stuart Mill a-t-il le droit de mettre en avant la dignité humaine?

Dignité est un mot vague, qu'il importe de rendre plus précis. Pour les moralistes de l'école de Kant, ce mot exprimerait la valeur absolue de la personne libre ; j'ai le sentiment de ma dignité signifierait : Je sens que ma personnalité est infiniment respectable à la fois pour les autres et pour moi-même ; je sens que je porte en moi quelque chose qui a une valeur sans condition, et qui, par conséquent, n'est plus un simple moyen, mais une fin précieuse en soi. — Or, par essence, la doctrine utilitaire est la négation même de tout bien absolu : il est donc impossible à Stuart Mill de donner au mot de dignité une telle signification, qui supposerait que la personne humaine, au lieu d'être subordonnée à une fin extérieure, à une utilité, est une fin par elle-même et pour elle-même ou, comme disait Kant, une « fin en soi ».

fin des actions humaines, mais de s'être trompés sur la définition du bonheur. Le bonheur n'est pas, comme le prétend Bentham, la plus grande somme de plaisir possible : c'est le plus haut état d'excellence possible, d'où résulte le plaisir le plus excellent. La doctrine du bonheur fournit une règle qui ne se trouve pas dans la doctrine du plaisir, et l'on peut consentir à la première sans tomber dans la seconde. » C'est à peine si quelques nuances séparent ici la pensée de Stuart Mill et celle du philosophe français, qui s'accordent tous deux à critiquer Bentham. Le *principe de l'excellence* est bien l'analogue du principe de la qualité et de la dignité, proposé par Stuart Mill; mais de deux choses l'une : ou ce principe désigne une excellence morale, qui ne se mesure pas au bonheur, et alors il s'absorbe dans la moralité ; ou il désigne une excellence purement intellectuelle ou sensible, et alors comment faire de cette excellence une fin obligatoire? Nous aurons ainsi, soit le bonheur au sens utilitaire, soit la moralité.

Les considérations suivantes de M. Janet ont une analogie frappante avec les pages de Stuart Mill que nous avons citées, et elles nous paraissent sujettes aux mêmes objections : « Qu'il y ait dans l'idée de bonheur, comme dans l'idée de bien, un élément essentiel et absolu qui ne se mesure pas par la sensibilité de chacun, — (Stuart Mill rejetterait le mot *absolu*), — c'est ce qui résulte des jugements portés par les hommes en maintes circonstances. Soit par exemple un fou animé d'une folie gaie et joyeuse, n'ayant pas conscience de sa maladie et se jugeant lui-même le plus heureux des hommes. En jugeons-nous comme lui? Le trouvons-nous véritablement heureux ? Évidemment non ; car nous ne voudrions pas échanger notre sort contre le sien ; nul ne voudrait d'un tel bonheur ni pour lui-même, ni pour ses amis, ni pour ses proches ; nous n'en voudrions pas lors même que nous serions assurés de perdre toute conscience de notre état actuel, et lors même que nous n'aurions pas conscience du passage d'un état à l'autre. » (*Morale*, p. 99.) — N'y a-t-il rien de « moral » dans le sentiment qui nous empêcherait d'échanger une vie malheureuse contre un bonheur de fou? Dès lors, n'y a-t-il point là quelque cercle vicieux ? Il nous semble que ces positions mixtes, comme celle de Stuart Mill, sont bien difficiles à garder.

Le mot de dignité s'emploie vulgairement dans un autre sens : au lieu de signifier la valeur de la personne en elle-même, il signifie la valeur d'une fin à laquelle elle sert, d'une fonction qu'elle exerce et d'un rang qui lui est assigné. C'est là le sens en quelque sorte extérieur du mot de dignité, sens emprunté à des considérations de finalité externe ou d'utilité. C'est aussi le seul sens dans lequel ont droit de l'employer les utilitaires et, en général, tous ceux qui n'admettent pas la volonté raisonnable comme une fin précieuse par elle-même. Mais alors, à quoi reconnaître cette dignité de fonction et de rang ? — Ici encore, procédons par analogie. A quoi reconnaît-on qu'une fonction publique a plus de dignité qu'une autre ? Evidemment, au point de vue utilitaire, ce ne peut être que d'après ses avantages pour l'individu ou pour la société. La mesure de la dignité ainsi entendue pour l'individu est l'utilité, et la mesure de l'utilité ne peut être que la quantité des plaisirs : voilà donc la prétendue dignité intrinsèque ou qualité intrinsèque qui s'absorbe de nouveau dans la quantité de jouissance, et nous revenons au système de Bentham que nous voulions dépasser.

Pour sortir de ce cercle vicieux et trouver à la dignité une raison intrinsèque, poussons la pensée de Stuart Mill plus loin, s'il est possible, qu'il ne l'a fait lui-même. Stuart Mill a reconnu qu'il faut chercher au-dessus des plaisirs, non en eux-mêmes, la raison de leurs différences et la mesure de leur valeur. — Il y a dans nos plaisirs une qualité ; cette qualité provient du sentiment que nous avons de notre dignité ; ce sentiment, à son tour, d'où provient-il ? — Peut-être faut-il répondre : De la conscience que nous avons de notre intelligence. Telle semble être la seule expression logique et précise qu'on puisse donner à la pensée flottante de Stuart Mill.

Depuis longtemps, Epictète a comparé le monde à un immense théâtre où chacun a sa place marquée d'avance et vient tour à tour contempler l'éternel spectacle; M. Renan nous parle aussi sans cesse des « contemplateurs de l'univers » : la valeur respective de chaque place résulte peut-être simplement de la vue dont on y jouit et de la largeur de l'horizon. Même dans nos théâtres, ne mesure-t-on pas le prix et en quelque sorte la dignité des places à la perspective dont elles sont le centre ? Mais là, c'est une vue sensible, à laquelle reste encore attaché un plaisir trop sensible. La vue dont nous parlons serait tout intellectuelle : embrasser le plus de choses possible par l'intelligence la plus ample possible, voilà ce qui constituerait la vraie dignité de chaque être. Vous comprenez moins de choses que moi, vous avez donc moins de dignité. Vous concevez avec moins de clarté l'ordre universel ; donc, dans cet ordre même, vous occupez une place moins élevée. En vain vous me vantez les plaisirs dont vous jouissez à une place inférieure : comprendre est supérieur à sentir, et vos plaisirs ne valent pas l'horizon intellectuel ouvert devant moi. En ce sens, ne doit-on pas dire que, la pensée ayant une dignité propre, un rang plus élevé que la sensibilité, les plaisirs qui en proviennent conservent cette dignité supérieure et ne peuvent être mis sur le même rang que les autres ?

Sous cette forme nouvelle que l'utilitarisme tend à revêtir avec Stuart Mill, il est impossible de ne pas remarquer combien il se rapproche de la morale intellectualiste fondée sur le principe de l'ordre universel.

La seule différence qui sépare ici les utilitaires des moralistes de l'ordre universel, c'est que ces derniers conçoivent l'intelligence comme obligeant l'individu à réaliser ce qu'il conçoit de plus élevé par cela seul qu'il le conçoit ; mais, d'après les utilitaires, entre la conception et sa réalisation s'introduirait un troisième terme : le plaisir. Je conçois tel acte comme conforme au développement de mon intelligence ; or, ce qui développe mon intelligence augmente mon plaisir ; j'accomplirai donc cet acte. Je suis homme ; je ne consentirai jamais à être un pourceau, non parce que j'accorde à mon intelligence même une valeur absolue, mais parce que j'accorde au plaisir qui naît de cette intelligence une supériorité particulière.

Reste toujours à savoir si Stuart Mill a bien le droit d'invoquer cette supériorité. L'élément qui échappe dans les plaisirs à la mesure arithmétique est-il, comme il semble le croire, un élément tout intellectuel ? Diviser les plaisirs en deux catégories : plaisirs sensibles, plaisirs intellectuels, c'est, ce semble, les classer d'après un caractère extérieur, d'après leur *origine*. Tel plaisir vient du corps, tel autre de l'intelligence ; cela suffit-il vraiment pour établir entre eux une différence absolue ? Quelle que soit l'origine des plaisirs, ils conservent toujours ceci de commun que ce sont des plaisirs et qu'ils affectent, suivant l'expression de Kant, la même faculté de désirer. « On doit s'étonner, dit Kant, que « des esprits, d'ailleurs pénétrants, croient distinguer la

« faculté de désirer *inférieure* et la faculté de désirer *supé-
« rieure* par la différence d'origine des *représentations* liées
« au sentiment du plaisir, suivant que ces représentations
« viennent des sens ou de l'entendement... Comme celui
« qui dépense l'or ne s'inquiète pas de savoir si la matière
« en a été extraite du sein de la terre ou trouvée dans le
« sable des rivières, pourvu que l'or ait partout la même
« valeur ; de même celui qui ne songe qu'aux jouissances
« de la vie ne cherche pas si ce sont des représentations
« de l'entendement ou des représentations des sens qui
« lui procurent ces jouissances, mais quel en est le nombre,
« l'intensité et la durée [1]. »

Il ne sert donc à rien de montrer que *l'origine* des plaisirs diffère et qu'ils n'ont pas tous, en quelque sorte, le même acte de naissance ; il faudrait en outre montrer que leur *nature* ou leur *essence* diffère en raison même de cette origine. Stuart Mill dira-t-il donc qu'un plaisir intellectuel ou esthétique, un plaisir de noble race, par cela seul qu'il est intellectuel ou esthétique, n'a absolument plus la même nature que tout autre plaisir de moins haute lignée ? S'il en était ainsi, on ne pourrait d'abord comparer, même approximativement, puis préférer un plaisir sensible à un plaisir intellectuel. Or les faits prouvent le contraire. Dans une foule de cas le plaisir intellectuel, que Stuart Mill prétendait incomparable et d'une qualité supérieure, est comparé à d'autres plaisirs et rejeté au-dessous d'eux. Par exemple, comme le remarque Kant, « le même homme
« peut s'en aller au milieu d'un beau discours pour ne pas
« arriver trop tard à un repas ; quitter une conversation
« grave, dont il fait d'ailleurs grand cas, pour se placer à
« une table de jeu ; même repousser un pauvre, auquel il
« aime ordinairement à faire l'aumône, parce qu'en ce mo-
« ment il a tout juste dans sa poche l'argent nécessaire pour
« payer son entrée à la comédie. »

A quiconque prétendrait, avec Stuart Mill, trouver dans un plaisir intellectuel ou esthétique pur une *nature* particulière, une valeur propre et incommensurable, — qu'il appelle cette valeur du nom de *qualité*, ou de *dignité*, ou d'un autre nom, — nous opposerons la loi suivante : A tout plaisir donné il est toujours possible de trouver, 1° une compensation dans la masse des peines, 2° un équivalent dans la masse des autres plaisirs. Considérez par exemple

[1] Kant, *Crit. de la rais. pr.*, p. 161 ; tr. Barni.

le plaisir si vif que Pythagore, dit-on, éprouva en découvrant la démonstration du théorème sur le carré de l'hypoténuse : voilà une joie qui semblerait sans doute à Stuart Mill incommensurable. Eh bien, supposez que ce soit la seule joie éprouvée par Pythagore dans toute sa vie, et que le reste du temps notre philosophe soit affligé de tous les maux sensibles et de toutes les maladies : faites-en un autre Job plus malheureux encore. Maintenant, en face de lui, imaginez un autre homme qui n'a ni trouvé ni cherché la démonstration d'aucun théorème, mais qui jouit à la fois de tous les biens et de tous les plaisirs sensibles. Si vous aviez à choisir, en vous plaçant au point de vue de la morale du bonheur, préféreriez-vous être Pythagore? Trouveriez-vous dans le simple plaisir de démontrer un théorème cette supériorité de qualité, de nature, qui, selon vos termes mêmes, « l'emporte sur la quantité « au point de rendre celle-ci comparativement peu impor- « tante? » Invoqueriez-vous la distinction subtile introduite par vous entre le *contentement* et le *bonheur ?* Diriez-vous que Pythagore, au milieu de toutes les souffrances dont nous l'avons doté par hypothèse, est simplement *mécontent*, qu'il n'est nullement *malheureux*, qu'il jouit au contraire du bonheur, et que vous, au milieu de tous les plaisirs dont nous vous avons comblé, vous n'êtes pas heureux, mais simplement content ? — Non, pour avoir le droit de faire de telles distinctions, il faudrait, comme Platon dans la *République* lorsqu'il compare le sort du juste mis en croix à celui de l'injuste comblé d'honneurs, invoquer un idéal indépendant du plaisir. Si vous n'attribuez point par hypothèse une dignité *morale* au sage Pythagore et si vous n'avez égard qu'à la portée logique de son intelligence, si vous ne faites point attention au rang qu'il occuperait parmi des êtres moraux, mais à celui qu'il occupe parmi les géomètres, vous refuserez énergiquement d'être Pythagore, et vous préférerez le bonheur qui s'appuie sur des plaisirs sensibles très-réels à celui qui se fonde sur l'élégance d'une démonstration.

Pour Stuart Mill et pour ces « esprits pénétrants » qui cherchent dans la qualité intellectuelle des plaisirs le critérium moral, le dilemme suivant se pose, et il leur est difficile d'y échapper : — Ou vous n'accordez à l'intelligence qu'une valeur purement sensible, et elle n'a de prix pour vous qu'en tant qu'elle est cause de plaisirs ; mais, comme nous l'avons vu, entre les plaisirs venant de l'intelligence et les plaisirs venant d'ailleurs il n'y a qu'une différence de degré, non de nature; et alors votre prétendue qualité des plaisirs se résout dans la quantité. Ou vous accordez à l'intelligence, en tant que faculté distincte, une valeur intrinsèque, indépendante du plaisir procuré, et vous déclarez qu'on *doit* chercher le plaisir intellectuel, non comme plaisir, mais comme intellectuel. — C'est là la thèse soutenue, à tort ou à raison, par la morale idéaliste, mais vous, disciple de Bentham, vous ne pouvez la soutenir. D'après vous, on ne peut vouloir que ce qu'on désire, et on ne peut désirer que le plaisir ; conséquemment on ne peut vouloir dans l'intelligence que le plaisir procuré par elle, et du moment où ce plaisir sera inférieur à celui des sens, on ne le voudra plus. L'origine et la race n'établissent pas plus de ligne de démarcation fixe entre les plaisirs qu'entre les hommes. Sans doute entre *sentir* et *penser*, il y a une distance; mais, entre le *plaisir* de sentir et le *plaisir* de penser la distance qui existe se franchit assez facilement. Les différences génériques dans les causes qui produisent les plaisirs se traduisent, au sein des plaisirs produits, par de simples différences de valeur quantitative pour les benthamistes ou de valeur morale pour les idéalistes. Essayez de comparer l'intelligence et la sensibilité, vous trouverez deux facultés distinctes d'un genre différent; comparez les plaisirs nés de l'une avec les plaisirs nés de l'autre, vous n'aurez plus pour règle de vos préférences que la quantité avec Bentham, la moralité avec Kant. Et ne vous étonnez pas, lorsque vous amenez pour ainsi dire l'intelligence sur le terrain de la sensibilité, de la voir parfois tomber au rang inférieur. L'intelligence n'est peut-être pas faite pour donner du plaisir ; en cherchant le vrai, elle ne trouve pas toujours l'agréable ; en cherchant l'agréable, elle ne trouverait peut-être pas le vrai.

III. — Même en permettant aux partisans de Stuart Mill d'invoquer comme critérium l'idée de qualité, ce qui est impossible sans contradiction, ils ne pourront se servir de ce critérium sans se heurter à des difficultés insurmontables. L'inconséquence de la théorie va se projeter dans l'application et se changer en une impossibilité pratique.

Les plaisirs, en effet, étant conçus comme doués d'une certaine qualité occulte, distincte de leur quantité et de leur moralité, comment la constaterons-nous ? Si la qualité est le critérium de la valeur des plaisirs, quel sera le critérium de la qualité même? Il ne faut plus songer au calcul. En désespoir de cause Stuart Mill, comme nous l'avons vu dans notre histoire de la morale anglaise contemporaine, s'adresse non pas à la raison, mais à une sorte de tribunal humain composé de ceux qui ont à la fois l'expérience des plaisirs bas et des plaisirs élevés; leur décision, dit-il, sera « sans appel ». Sont-ils donc infaillibles? Stuart Mill ne le pense pas sans doute, car il admet que, en cas de dissidence, on s'en rapporte à la majorité des juges; or, évidemment, là où il y a dissidence il ne peut plus y avoir infaillibilité : si la minorité se trompe, qui nous dit qu'elle ne deviendra pas à un moment donné la majorité? « Lors-« qu'il s'agit de savoir lequel de deux plaisirs est le meil-« leur à obtenir, ou lequel de deux modes d'existence offre « le plus de charme, — *mis à part ses attributs moraux* et « *ses conséquences,* — le jugement de ceux que caracté-« rise la connaissance des deux, *et, s'il y a dissidence, celui* « *de la majorité d'entre eux,* doit être regardé comme *défi-*« *nitif*[1]. » C'est là un point singulièrement faible dans la doctrine de Stuart Mill : comment regarder comme définitif un jugement limité à quelques hommes? comment regarder comme éternel ce qui n'est pas universel? comment espérer que l'unanimité des hommes se conformera, en fait de plaisirs, à la décision d'une simple majorité? Ce concile d'utilitaires ne peut remplacer la raison individuelle, puisqu'il ne parvient pas à l'exclure de son sein et qu'il se compose d'individus. Ainsi l'utilitarisme de Stuart Mill aboutit encore à cette « division de jugements » qui avait si fort ému Bentham et qu'il avait à tout prix, mais sans succès, voulu supprimer. En quoi le code moral différera-t-il désormais du code civil? L'un et l'autre seront établis par des individus, d'après leur expérience particulière, d'après leur fantaisie : pour nous diriger, nous n'aurons même plus une règle d'arithmétique. L'empirisme de Stuart Mill semble ici trop impuissant.

En résumé, nous avons reconnu, à tous les points de vue, l'insuffisance du critérium moral que Stuart Mill s'efforce d'emprunter à l'idée de qualité tout en voulant demeurer utilitaire.

Au point de vue de l'expérience, on ne peut constater dans aucun plaisir l'existence d'une qualité indépendante

---

1. *Utilitar.*, ch. II, p. 16 (*loc. cit.*).

à la fois de la « quantité » admise par les uns et de la « moralité » admise par les autres. Au point de vue de la raison, on ne peut expliquer cette qualité. Enfin, dans l'application pratique, on ne pourrait la discerner ni la préférer. Le *critérium* de Stuart Mill n'est ni évident, ni démontrable, ni applicable.

Nous avons donc le droit de conclure que Bentham avec l'idée de quantité, Stuart Mill avec l'idée de qualité, n'ont pu nous donner encore un critérium satisfaisant : nous n'avons point trouvé dans le plaisir ou le bonheur *individuel* une fin certaine et immuable. Force nous est de chercher ailleurs cette fin.

CHAPITRE IV

LE BONHEUR DE L'HUMANITÉ, CRITÉRIUM MORAL

MORALE SYMPATHIQUE DE STUART MILL

I. — Évolution par laquelle la doctrine utilitaire passe de la forme égoïste à la forme altruiste. — Substitution du bonheur général au bonheur individuel comme critérium.
II. — Le bonheur général est-il la fin la plus désirable pour l'individu ? — Démonstration essayée par Stuart Mill. — Postulat de la morale utilitaire sous sa forme altruiste.
III. — Le bonheur général étant admis comme fin, la détermination des moyens peut-elle fournir un critérium fixe et des lois universelles de conduite pour l'individu ? — La casuistique utilitaire. — Relativité des règles d'utilité et d'habileté. — Comment Stuart Mill érige la casuistique en système et légitime les exceptions aux lois morales. — Comparaison de la casuistique utilitaire et de la casuistique dévote.

I. — La doctrine utilitaire, dans tous les pays où elle s'est successivement produite et développée, a commencé par être égoïste. Les premiers qui ont parlé de plaisir et d'utilité ont toujours entendu le plaisir de chacun, l'utilité personnelle. Mais ils n'ont pu s'en tenir là, par la raison qu'ils n'auraient pu en s'y tenant établir de véritables règles pratiques. Aussi, à peine fondée, la doctrine de l'égoïsme, par une sorte de nécessité naturelle, n'a pas tardé à parler de bonheur social, d'utilité générale, de désintéressement, comme s'il ne lui était possible de vivre qu'en se métamorphosant elle-même.

On peut donner de ce fait historique plusieurs explications : en premier lieu, l'ambiguïté des mots *bonheur*, *utilité*, qui ont deux sens et signifient tantôt *mon* bonheur, *mon* utilité, tantôt le bonheur et l'utilité de *tous*. Mais cette explication, quoiqu'elle renferme beaucoup de vrai, est extérieure et superficielle. Si les utilitaires ont parfois confondu les deux sens du mot *bonheur*, c'est par une erreur passagère et involontaire. Ce n'est point sur une simple confusion de mots, comme l'ont cru Jouffroy et d'autres critiques, que peut reposer un système vraiment sincère et sérieux.

L'explication véritable est une explication logique. Le système utilitaire, sous sa forme première, la forme égoïste, ne suffit pas à l'intelligence. Nous en venons de faire, en quelque sorte, l'expérience. Nous nous sommes consciencieusement mis à la place de Bentham et de ses adeptes contemporains en Angleterre ; mais, en prenant pour fin l'intérêt personnel, nous nous sommes vus bientôt dans une aussi complète impuissance qu'eux de fixer des lois de conduite. La fin que nous avions prise, qui semblait au premier abord si positive et si évidente, nous fuit sans cesse. Par la force même des choses, nous sommes ainsi contraints de chercher une fin moins personnelle. Au lieu de borner le plaisir et l'utilité à l'individu, étendons-les donc à tous les individus : nous obtiendrons peut-être une fin qui, en apparence, sera voisine de la première et qui aura l'avantage d'être plus sûre et mieux déterminée. L'idée de bonheur, d'abord renfermée dans l'individu, tend ainsi, par un progrès logiquement nécessaire, à s'élargir, à devenir générale et même universelle, à embrasser la totalité des hommes et des êtres; *mon* bonheur, que j'avais d'abord pris pour fin, tend à devenir *le* bonheur.

En déclarant que chaque être désire *son* bonheur, Stuart Mill ne faisait que généraliser un fait par une induction légitime; en ajoutant que ce bonheur *désiré* par l'individu était *désirable* pour l'individu, et en le posant comme la fin suprême de l'activité individuelle, il commettait une pétition de principe ; mais ici la difficulté est encore bien plus grande : comment démontrer que le bonheur *général* est le suprême désirable *pour l'individu?* « On ne peut, nous a
« dit Stuart Mill, fournir aucune raison pour démontrer
« que le bonheur *général* est désirable, si ce n'est que
« chacun désire *son propre* bonheur. Ceci étant un fait,
« il nous est démontré, par toutes les preuves que nous
« puissions exiger, que le bonheur est un bien, que le
« bonheur de chaque individu est un bien pour cet indi-

« vidu, et qu'en conséquence le bonheur général est un
« bien pour la réunion de tous les individus [1]. » — Personne, assurément, ne conteste que le bonheur de la collection ne soit un bien pour la collection. Mais qu'est-ce que Stuart Mill entend par la collection, par la somme des individus? Pour une collection en tant que telle, c'est-à-dire pour un nombre abstrait, il n'y a pas de bonheur; il ne pourrait y en avoir que pour les individus réels qui la composent. Stuart Mill soutiendra-t-il donc que le bonheur de la collection est nécessairement pour chaque individu un bien, et le bien suprême ou le suprême désirable? Ce qui serait plutôt le bien de l'individu, ce serait son bonheur à lui; avez-vous donc montré que le bonheur de l'individu et le bonheur de la collection sont inséparablement liés? Ainsi, au premier paralogisme que nous avons déjà relevé dans cette induction fondamentale s'en ajoute un second, encore plus grave, et Stuart Mill ne nous a nullement, jusqu'à nouvel ordre, prouvé « par toutes les preuves que nous puissions exiger, » que le bonheur de la société est la fin suprême pour l'individu. Son raisonnement contenait déjà une première confusion, signalée plus haut, entre ce qui est *désiré* et ce qui est *désirable :* une chose ne *doit* pas nécessairement être désirée parce qu'elle a été, est ou sera désirée. A cette première confusion, Stuart Mill en ajoute maintenant une seconde entre le *désir général du bonheur* et le *désir du bonheur général*. De ce qu'un voleur désire son bonheur, et de ce qu'un gendarme désire le sien, il ne s'ensuit nullement que le premier désire et doive désirer le bonheur du second, ni que le second désire et doive désirer le bonheur du premier.

Ainsi, au début de la morale sociale comme au début de la morale individuelle, la méthode inductive de Stuart Mill place un principe qui n'est ni un fait évident ni une nécessité évidente : que le bonheur général soit toujours désiré par l'individu, ce n'est point un fait évident; que le bonheur général soit toujours désirable pour l'individu, ce n'est point une nécessité évidente. La méthode qui se prétendait toute positive et expérimentale commence donc par un principe purement hypothétique, par un postulat des plus contestables; et ce postulat, en définitive, c'est précisément ce qui est en question. Tel est le cercle vicieux où s'enferme dès le début la morale de Stuart Mill. Sous sa

---

[1]. *Utilitar.*, ch. IV (*loc. cit.*).

forme égoïste, elle a commencé par une pétition de principe ; sous sa forme altruiste, elle commence encore par une pétition de principe.

II. — Admettons cependant sans preuve cette fin proposée a l'individu, le bonheur général. Trouverons-nous au moins un *critérium* pour déterminer d'une manière sûre les moyens qui y conduisent. Il était difficile de calculer la plus grande somme possible de plaisir chez l'individu et de déterminer exactement les actions qui favorisent ou entravent en lui le développement du bonheur, mais il faut reconnaître que la difficulté n'est point aussi grande lorsqu'il s'agit du bonheur social : plus les masses de bonheur sur lesquelles une action influe sont considérables, plus il devient aisé de connaître l'effet que cette action tend à produire. Le calcul, en effet, tombe sous la *loi des grands nombres*. L'ivrogne peut douter que, pour lui, les conséquences de son ivrognerie représentent un excédent de peine ou de plaisir ; mais, s'il prend pour but le bonheur social et suit des yeux les conséquences sociales de son acte, que Bentham nous montre se déroulant à travers la société entière, il ne pourra douter qu'elles ne représentent un excédent de peine pour l'humanité. C'est que, en tombant pour ainsi dire dans le milieu vaste et mouvant de la société, chaque action laisse après elle une ondulation d'autant plus large et visible que le milieu où elle se produit est moins resserré.

Toutefois la morale utilitaire anglaise, ne pouvant établir les lois du bonheur social que sur les *grands nombres*, s'appuie en définitive sur de simples moyennes, sur des généralités et des probabilités. Dès lors, peut-elle être sûre et positive? ne fait-elle pas entièrement défaut à ceux qui ont le malheur d'être des exceptions ou de se trouver dans des circonstances exceptionnelles? Proposer à l'individu pour règles de conduite des généralités, n'est-ce point comme si l'on donnait pour modèles en littérature des lieux communs?

Voici donc la question qui se pose : — Si la fin suprême est « le plus grand bonheur de tous », et que, dans une circonstance exceptionnelle, les moyens qui tendent généralement à produire le plus grand bonheur de tous ne tendent point à le produire, l'agent ne devra-t-il pas se servir d'autres moyens plus efficaces? N'aboutirons-nous point ainsi à une casuistique qui exclura toute règle fixe? — Si nous voulons rester fidèles à la méthode de Stuart Mill, nous ne pouvons résoudre ce problème que par l'observation.

Parmi les genres de conduite qu' « exige » au plus haut point la morale de Stuart Mill sous sa forme altruiste, il semble qu'il faut placer la probité la plus absolue. Pour réaliser sur la terre l'idéal du bonheur général, la première condition n'est-elle pas la confiance mutuelle entre les hommes? Les actes probes sont donc *généralement* l'un des moyens les plus nécessaires au bonheur de tous; mais le sont-ils *universellement* et sans exception ? — Non. On ne peut nier que, dans certaines circonstances, un acte improbe et injuste, si on le considère à part, ne soit utile non-seulement à un individu, mais à un peuple et à l'humanité d'alors. Défendrez-vous cet acte, dans ce cas particulier et spécial?

On s'efforcera probablement d'employer en faveur de la morale utilitaire, entendue à la manière de Stuart Mill, les arguments que Kant invoque en faveur de la morale *a priori*. — L'action dont il s'agit, diront les partisans de Mill, n'est sans doute nuisible et mauvaise ni en elle-même ni dans ses conséquences extérieures; mais ce qui est et demeure malgré tout mauvais et nuisible, c'est le principe qui l'a produite, à savoir qu'on peut faillir à la probité. Si vous, vous n'avez violé les lois de la probité qu'en connaissance de cause, après vous être rendu compte de tous les risques que courait entre vos mains le bonheur social, d'autres iront plus à la légère; si vous n'avez pas, même par mégarde, fait pencher un peu du côté de votre intérêt propre la balance des intérêts sociaux, d'autres le feront. Figurez-vous, comme le veut Kant, un monde où votre manière d'agir serait érigée en loi universelle, où chacun croirait pouvoir, par des moyens qu'il choisirait lui-même, poursuivre le bonheur de l'humanité. N'en résulterait-il pas un complet désordre? Chacun doit chercher le « plus grand bonheur de tous », sans doute; mais il ne doit pas se faire juge des moyens propres à le réaliser, sans quoi il s'opposerait à ce bonheur même en voulant le « promouvoir » à sa manière. Non-seulement la conception d'un tel monde serait bien loin de représenter notre idéal utilitaire; mais, comme l'a montré Kant, elle renfermerait en elle-même une véritable contradiction. Du moment où on ne rendrait plus les dépôts, on n'en donnerait plus : l'action injuste s'annulerait ainsi elle-même. Dans le fait, chaque injustice commise, semblât-elle au premier abord favoriser le bonheur général, tend en réalité à le détruire : si on la répète par la pensée un certain nombre de fois, on la verra produire la défiance et le malheur, et finalement se rendre elle-même impossible, se contredire, se nier elle-même. Ce n'est pas tout : chaque action que vous accomplissez, par cela seul que vous l'accomplissez, et surtout si elle réussit, tend à s'ériger d'elle-même en loi non-seulement pour tous les autres individus, mais pour vous-même. Vous avez une fois gardé un dépôt ; notre psychologie montre que vous en garderez volontiers une autre fois si l'occasion se présente ; vous commettrez même des fautes plus considérables. L'habitude et l'association des idées aidant, l'acte injuste vous deviendra plus facile ; vous en examinerez moins soigneusement toutes les conséquences, et vous deviendrez avec le temps, même au point de vue utilitaire, un coquin de la pire espèce. Le coquin n'est jamais, dans le fond, qu'un casuiste outré ; l'homme ne fait jamais le mal sans excuses, et il peut finir par le faire à force d'excuses. C'est pourquoi la morale utilitaire, comme toutes les autres morales, doit se garder de la casuistique. La casuistique n'est donc pas une conséquence naturelle et nécessaire de notre utilitarisme. Loin de là. Le meilleur moyen de contribuer au bonheur social, c'est d'obéir à des règles fixes et inflexibles, dussent ces règles, grâce à leur inflexibilité même, ne pas s'adapter parfaitement à tous les cas possibles.

Ainsi pourraient parler Stuart Mill et les défenseurs du « principe du plus grand bonheur social ». Mais ce qui serait valable dans l'hypothèse de Kant est-il valable dans celle de Stuart Mill ?

En premier lieu, répondrons-nous, vous semblez croire que, dans le cas supposé, j'agis d'après une maxime tout à fait particulière et exceptionnelle, dont on ne saurait faire une loi universelle. Nullement ; ce n'est pas la maxime d'après laquelle j'agis qui est exceptionnelle, c'est le cas dans lequel j'agis. Quelle impossibilité voyez-vous à *universaliser* mon action, au nom de l'utilité, et à dire : — Tout homme qui se trouvera *exactement* dans la situation où je me trouve pourra et devra faire ce que je fais ? — Remarquez bien ce mot : *exactement*. Il est clair qu'on ne peut donner pour loi universelle à tous les êtres de garder un dépôt dans n'importe quelles circonstances, ce qui serait nuisible à l'humanité ; mais ne peut-on leur donner pour loi de garder un dépôt dans les circonstances précises où je me trouve et qui rendent l'acte utile à l'humanité? En fait d'utilité, tout dépend des circonstances. — Mais cela diminuera la confiance des hommes les uns dans les autres. — Non, cela diminuera simplement la confiance des amis qui, par exemple, avant de partir en voyage, viendront confier un dépôt à leur ami. De même, si l'on donnait pour loi universelle aux pauvres de garder le porte-monnaie d'un homme riche qu'ils trouvent dans la rue ou dans un meuble acheté par eux, etc., cela ne pourrait diminuer la confiance que des personnes riches qui perdent leur porte-monnaie ou vendent des meubles. Cet inconvénient ne serait-il pas compensé, dans tel ou tel cas spécial, par les avantages qui résulteraient d'une meilleure distribution des richesses?

D'ailleurs, pourquoi parlez-vous d'universaliser? N'est-ce pas une idée en contradiction avec un système fondé sur les faits de l'expérience? Dans la réalité positive, aucun cas donné n'est jamais entièrement semblable à un autre et ne peut être conséquemment réglé par la même loi. Dans le cas où j'agis, personne au monde, excepté moi, ne sait ce que je fais; donc personne n'en peut éprouver la moindre alarme; placez n'importe qui dans cette situation, il devra faire ce que je fais. Mais si vous changez la situation, si vous supposez que l'ami qui va me confier le dépôt prévoit que je le garderai, comment voulez-vous que, toutes les circonstances variant, la règle reste la même? Dans le premier cas, je devrai garder le dépôt; dans le second, je devrai le rendre; qu'est-ce que cela prouve, si ce n'est qu'une règle utilitaire, très-propre à un cas donné, ne s'applique pas aux cas contraires? « Erige ton action en loi universelle, » soit, mais en loi universelle pour toutes les actions accomplies dans les mêmes circonstances. L'utilité ne peut pas aller plus loin. Or, je le soutiens, mon action, érigée ainsi en loi, contribuerait au bonheur social, loin de l'entraver; je dois donc l'accomplir.

En définitive, je dois selon vous faire telle action *si*, placé dans telles circonstances, je souhaite atteindre tel ou tel but : vos préceptes varieront donc suivant les circonstances; ils s'appliqueront à *tous* les individus placés dans les *mêmes* circonstances, nullement à *tous* les individus placés dans des circonstances *différentes*. Qu'on le remarque, la vertu utilitaire par excellence, l'*habileté*, consiste précisément à adapter ses actions aux circonstances, à saisir en toute occasion les différences, les nuances, et, ces différences, ces nuances qui existent dans les choses, à les faire passer dans la conduite. Aussi, qu'un disciple de Mill ne me dise pas qu'en gardant le dépôt confié j'agis contrairement à l'habitude, à la coutume; que, cherchant une voie nouvelle, je risque de me tromper, de m'égarer, de causer le malheur public au lieu de contribuer au bonheur public. Toutes mes précautions sont prises, vous dis-je, je suis sûr de réussir; je puis dormir plus tranquillement encore qu'Alexandre à la veille d'une bataille. — Mais le mauvais exemple pour votre famille? — Excellent, au contraire. Du reste, si vous craignez le moindre inconvénient de ce côté, je garderai sur mon action, même envers les miens, le silence le plus absolu. — Mais le mauvais exemple donné en quelque sorte à vous-même? l'habitude prise d'empiéter sur la propriété d'autrui, le respect perdu pour tout ce qui n'est pas votre bien propre? — A moi d'être assez habile pour que le succès ne me tourne pas la tête. Vous craignez encore? Eh bien, je m'engage à ne manquer désormais en rien, et dans aucune circonstance, aux règles de ce qu'on appelle la probité. Que voulez-vous de plus? Entre vous et moi, il s'établit malgré vous-même une sorte de compromis que vous ne pouvez éviter. Dans cette sorte de comédie humaine dont l'issue sera, croyez-vous, le bonheur, je ne joue pas peut-être l'un des moindres rôles; seulement, une partie de ce rôle, je le joue en *aparté;* vous seul entendez ma pensée et voyez mes actions, que les autres personnages n'entendent ni ne voient, et c'est pourtant moi, quelquefois, qui mène tout le drame; que pouvez-vous faire, sinon, quand je réussis, de m'applaudir?

Au reste, dans cette sorte de discussion à laquelle nous venons d'assister, le dépositaire infidèle aurait pour lui les textes les plus précis de Stuart Mill lui-même. Dans le discours que nous venons de prêter à notre personnage, il n'est pas un mot qu'on ne puisse rigoureusement déduire des pages suivantes de la *Logique*.

« Dans toutes les branches des affaires pratiques, dit
« Stuart Mill, il y a des cas où les individus sont obligés
« de conformer leurs actions à une règle préétablie, et
« d'*autres* où une partie de leur tâche consiste *à trouver et*
« *à instituer la règle* d'après laquelle ils doivent diriger leur
« conduite [1]. » Le premier cas, par exemple, est celui d'un

---

[1]. Stuart Mill, *Logique*, t. II, trad. Peisse, p. 550.

juge, sous l'empire d'un code écrit : sa tâche consiste uniquement à interpréter les articles de loi contenus dans ce code. Mais telle n'est pas évidemment la situation où se trouve notre dépositaire; il n'a nul jugement à prononcer. — « Supposons, par opposition à la situation du juge, « celle d'un *législateur*. Comme le juge a des lois pour « se guider, de même le législateur a des *règles* et des « *maximes* de politique ; mais *ce serait une erreur mani-* « *feste de supposer que le législateur est lié par ces maximes* « comme le juge est lié par les lois, et qu'il n'a qu'à arguer « de ces maximes pour le cas particulier, comme le juge « argue des lois. Le législateur est *obligé* de prendre en « considération les *fondements* de la maxime... Pour le juge, « la règle, une fois positivement reconnue, est définitive. « Mais le législateur, ou TOUT AUTRE PRATICIEN, qui se « dirige par des *règles* plutôt que par les *raisons de ces règles*, « comme les tacticiens allemands de l'ancienne école qui « furent battus par Napoléon, ou comme le médecin qui « aimerait mieux voir ses malades mourir selon les règles « que guérir contre ces règles, est à bon droit regardé « comme un véritable pédant et comme l'esclave de ses for-« mules. » — Rien de plus net. « Ne vole pas », dites-vous; fort bien; mais ce serait une « erreur manifeste » de croire que « je sois lié par cette maxime »; j'en dois seulement prendre les « fondements » en considération; quels sont-ils donc? L'utilité? Je m'en vais vous prouver qu'il est plus utile pour tous que je vole dans tel cas particulier. Lorsque vous, théoricien moraliste, vous avez calculé l'utilité qui existe à ne pas voler, vous avez dû nécessairement négliger certaines « conditions négatives », certaines « cir-« constances dont la présence empêche la production de « l'effet ». Or, si, « dans cet état imparfait de la théorie « scientifique, nous essayons d'établir une règle d'art, « notre opération est prématurée. Toutes les fois qu'une « cause neutralisante négligée par le théorème se présen-« tera, *la règle sera en défaut;* nous emploierons les moyens, « et la fin ne s'ensuivra pas; » par exemple, nous serons honnêtes, et nous ne contribuerons pas au bonheur de l'humanité *le plus grand possible*. « *Aucun raisonnement* « *fondé sur la règle même* » — par exemple sur cette règle : Sois juste — « *ne nous aidera à sortir de la diffi-* « *culté*. Nous n'avons d'autre ressource que de revenir sur « nos pas et de terminer l'opération scientifique qui aurait « dû précéder l'établissement de la règle. Il nous faut

« reprendre l'investigation, rechercher le reste des condi-
« tions dont dépend l'effet [1]. » C'est ce que je fais, moi voleur ; parmi les conditions neutralisantes qui empêchent mon vol de produire le mauvais effet habituel, je compte le secret dont je suis sûr, l'égalité des biens que je rétablis, etc. Toutes ces conditions dont je fais un calcul exact changent complètement l'effet de mon action, ôtent en conséquence tout *fondement*, toute *raison* utilitaire à la règle « Ne vole pas », et donnent un solide fondement et une raison des plus valables à la règle suivante que je m'empresse de me poser à moi-même : — Vole. — De par le système de Stuart Mill, je me vois donc « obligé » de voler. Stuart Mill, à son insu, va du reste me justifier aussitôt. Dans les arts manuels, dit-il, les règles peuvent être des guides sûrs pour ceux qui ne connaissent rien de plus que la règle ; mais « *dans les affaires compliquées de la vie* « *et, à plus forte raison, dans celles des États et des socié-* « *tés, on ne peut se fier aux règles si l'on ne remonte pas* « CONSTAMMENT *aux lois* scientifiques qui leur servent de « base [2]. » N'est-ce pas la casuistique élevée à la hauteur d'un système ?

Ainsi, éternelle variabilité de toutes les règles pratiques, telle est, d'après Stuart Mill lui-même, la conséquence nécessaire de sa doctrine. Intérêt privé, intérêt public, ni sur l'un ni sur l'autre de ces deux termes il n'a pu appuyer rien de fixe. Les lois de la conduite sont sans cesse à refaire pour chacun, et chacun doit les refaire quand il en a le temps ; travail de Pénélope auquel s'épuisent les générations. La chaîne des syllogismes par laquelle on espère rattacher les expériences accomplies dans le passé aux expériences à venir et aller des unes aux autres, se brise à tous moments. A chacun d'y ajouter l'anneau qu'il voudra et d'y suspendre en quelque sorte l'action qu'il lui plaira. — Fais ceci, dit Stuart Mill à l'individu. — Mais encore une fois, avant d'agir, laissez-moi examiner les raisons d'utilité sur lesquelles s'appuie votre règle. Je ne veux nullement ressembler aux tacticiens allemands battus par Napoléon Ier, ou au médecin qui tue ses malades selon les règles. Chacun est ici-bas, en quelque sorte, le médecin du bonheur public et du sien propre. Vous me dites d'agir honnêtement, comme la médecine

---

1. Stuart Mill, *Logique*, p. 552, t. II.
2. Stuart Mill, *Logique*, p. 553, t. II.

du moyen âge commandait de purger et de saigner les malades; que savez-vous si quelques mauvaises actions, accompagnées d'une bonne intention et administrées par petites doses à la société, ne produiraient pas d'aussi bons résultats que les poisons violents, l'arsenic ou la belladone, administrés si généreusement par les médecins de notre époque ? Votre morale n'est qu'une médecine, comme l'avait compris Bentham, et vos lois ne sont au fond que des ordonnances. Vous proposez comme types certaines formules; à chacun de modifier ces formules suivant les besoins du moment, de faire passer le bonheur public par tel traitement qu'il lui plaira, et d'expérimenter sur l'humanité *in anima vili*. Il y a, en morale comme en médecine, des tempéraments qu'il faut traiter à hautes doses, des exceptions pour lesquelles il faut violer toutes les prescriptions des formulaires. Qu'y voulez-vous faire ? L'humanité sera transformée en un vaste hôpital, où chacun se verra chargé non-seulement de se soigner lui-même, mais de soigner du même coup tous les autres et de « promouvoir » la santé universelle. Une règle ne vaut jamais que pour la circonstance et le moment précis auxquels elle s'applique; comme il m'est impossible de prévoir exactement dans quelles circonstances moi ou d'autres hommes nous nous trouverons placés demain ou plus tard, je dois me borner à répéter sans cesse ces paroles vraiment décourageantes de Stuart Mill : « *Un praticien* « *sage ne considérera les règles de conduite que comme provi-* « *soires*. Faites pour le plus grand nombre de cas et pour « ceux qui se présentent le plus ordinairement, elles indi- « quent de quelle manière il sera le *moins dangereux* d'agir, « *toutes les fois qu'on n'aura pas le temps ou les moyens* « *d'analyser* les circonstances réelles du cas [1], » c'est-à-dire de faire de la casuistique.

Nous pouvons enfermer Stuart Mill dans le dilemme suivant : — Ou bien vous établirez des règles *générales*, désignant les moyens qui, *la plupart du temps*, servent à atteindre la fin désirable; mais alors vous vous trouverez en face d'une difficulté insurmontable et que vous-mêmes vous avez rendue plus saisissante : vous n'aurez pas de lois pour les exceptions. — Ou bien vous vous efforcerez d'établir des règles *universelles*, englobant toutes les variations possibles de circonstances et toutes les variétés pos-

---

1. *Logique*, t. II, p. 553.

sibles de conduite ; des règles qui déterminent l'universalité des moyens propres à atteindre, dans l'universalité des cas, la fin désirable. Mais, en premier lieu, établir de telles règles est impossible, de votre aveu même ; en second lieu, fussent-elles établies, elles justifieraient et conseilleraient dans certains cas certains actes tels que l'abus de confiance et le vol, que vous-même, jusqu'à présent du moins, vous n'avez pu vous résoudre à déclarer innocents.

En un mot, — le bonheur général étant pris comme fin, et la plus grande quantité de ce bonheur étant prise comme *critérium*, — ou nous n'avons pas de lois pour les cas exceptionnels, ou nous avons des lois exceptionnelles elles-mêmes et se contredisant l'une l'autre : telle est l'alternative.

Le système de Mill est essentiellement un système de casuistes. Utilité de la terre, utilité du ciel, c'est toujours de l'utilité ; le disciple de Stuart Mill prend pour tâche d'évaluer la première comme le directeur d'intention d'interpréter la seconde [1]. Ajoutons que, si les *intentions* offrent déjà ample matière aux distinctions de toute espèce, que sera-ce lorsqu'il s'agira des *actions* mêmes et de leurs conséquences, c'est-à-dire, au fond, de l'infini? car les conséquences de chaque action, comme Bentham l'a montré lui-même, se déroulent à l'infini.

---

1. Les probabilistes, du reste, ne s'en tinrent pas seulement à cette seconde sorte d'utilité. Escobar, Lessius et Reginaldus sont des prédécesseurs de certains partisans modernes d'un utilitarisme exclusif. « Mais, ô mon Père, la vie est bien exposée si, pour de simples médi« sances ou des gestes désobligeants, on peut tuer le monde en cons« cience. — Cela est vrai, me dit-il ; mais, comme nos Pères sont fort « circonspects, ils ont trouvé à propos de défendre de mettre cette « doctrine en usage dans ces petites occasions... Et ce n'a pas été sans « raison. La voici. — Je la sais bien, lui dis-je : c'est parce que la loi de « Dieu défend de tuer. — Ils ne le prennent pas par là, me dit le Père : « ils le trouvent permis en conscience et en ne regardant que la vérité. « — Et pourquoi le défendent-ils donc? — Écoutez-le, dit-il. C'est parce « qu'on dépeuplerait un État en moins de rien, si l'on en tuait tous les « médisants. Apprenez-le de notre Reginaldus : « Il faut toujours éviter « le dommage de l'État dans la manière de se défendre. » Lessius se parle de même : « Il faut prendre garde que l'usage de cette maxime ne « soit nuisible à l'État : *tunc enim non est permittendus.* » — Quoi! mon « Père, ce n'est donc ici qu'une défense de politique, et non pas de reli« gion?... Quoi qu'il en soit, mon Père, il se conclut fort bien de vos « maximes qu'en *évitant* les dommages de l'État (utilité sociale) on peut « tuer les médisants en sûreté de conscience, pourvu que ce soit en « sûreté de sa personne (utilité individuelle). » (*Provinciales*, l. VII.)

CHAPITRE V

LES LOIS NÉCESSAIRES DE LA VIE, CRITÉRIUM MORAL

MORALE NATURALISTE ET ALTRUISTE DE M. SPENCER

Les lois empiriques du plaisir subordonnées aux lois nécessaire de la vie : passage de Stuart Mill à M. Spencer.
Le bonheur social ramené à un équilibre mécanique, et le progrès social à un progrès mécanique. — Nouveau critérium emprunté aux lois nécessaires de la mécanique : la déduction. — Ce critérium est-il plus fixe que l'induction empirique. — Effort de M. Spencer pour éviter les exceptions et ramener la morale à des lois universelles. — Comment il refuse à l'individu le droit d'agir d'après une évaluation personnelle et directe du bonheur. — Opposition de cette doctrine avec la tendance au développement de l'individualité, que M. Spencer considère comme l'essence du progrès même.

Nous avons vu, dans l'histoire de l'école utilitaire, Epicure poser dès l'origine, comme fin dernière des êtres et objet de la morale, le bonheur. Mais le bonheur, objectaient les stoïciens, n'est autre chose que la satisfaction des tendances naturelles, et la tendance même est antérieure à cette satisfaction. Ne poursuivre que le plaisir, c'est donc s'attacher à l'effet sans remonter à la cause, objet de la morale; la véritable morale est la détermination de ce qui est conforme à la nature; sa vraie méthode est la déduction : il faut déduire de la nature de chaque être les manières d'être, les mœurs que comporte cette nature.

Ainsi, tandis que les épicuriens invoquaient un fait, la recherche du plaisir, les stoïciens ramenaient ce fait à sa loi, la conservation de l'être. Le stoïcisme apportait ainsi comme un complément nécessaire à l'épicurisme.

Ce progrès qu'on voit se produire quand on passe de l'épicurisme au stoïcisme devait reparaître souvent dans l'histoire de la philosophie. Après Hobbes, par exemple, qui avait renouvelé la doctrine d'Epicure, vint Spinoza, qui la compléta par la doctrine de Zénon. Le plaisir naît du désir; or le désir n'est autre chose que la tendance à persévérer dans son être. La persévérance dans l'être est donc le premier principe de la morale [1].

De même, au dix-huitième siècle, après qu'Helvétius eut répété Hobbes, Volney répéta Zénon et Spinoza [2] :

Enfin, de nos jours, au moment où l'utilitarisme semble être arrivé à son apogée chez Bentham et Stuart Mill, nous voyons sa méthode, d'abord exclusivement expérimentale et inductive, devenir de plus en plus déductive, remonter à des lois de plus en plus générales, enfin poser au sommet des choses ce principe suprême qui domine l'humanité comme la nature, et dont la morale a pour tâche unique de déduire des règles pratiques : conservation de l'être. M. Herbert Spencer est une sorte de Spinoza positiviste, avec cette différence que, approfondissant davantage le principe de la persistance dans l'être, il en tire celui du progrès dans l'être : toute conservation est une évolution, dit-il. C'est là l'idée capitale qu'il ajoute aux doctrines de Zénon, de Spinoza, de Volney [3].

M. Spencer s'efforce d'enlever aux règles morales d'utilité leur caractère hypothétique et arbitraire en tirant son critérium non plus de généralisations empiriques, mais de déductions nécessaires. « La science de la droite conduite, « dit-il, a pour objet de déterminer *comment et pourquoi* « certains modes de conduite sont funestes ou avantageux.

---

1. Voir, dans notre *Morale d'Épicure*, le chapitre consacré à Spinoza.
2. « Le bonheur est un état accidentel qui n'a lieu que dans le déve-« loppement des facultés de l'homme et du système social ; il n'est « point le but immédiat et direct de la nature; c'est un objet de luxe « surajouté à l'objet nécessaire et fondamental de la conservation. »
3. Tandis que, en Angleterre, la méthode inductive se change en inductive-déductive, et que l'objet de la morale devient, au lieu du bonheur, effet de la vie, la vie elle-même, un changement analogue se produit dans notre pays. L'un des rares représentants contemporains de l'utilitarisme en France, M. Courcelle-Seneuil, propose de substituer à la formule du « plus grand bonheur » ce qu'il appelle la « formule de la vie ». « L'homme naissant pour vivre, dit-il, la vie est sa fin. « Par conséquent, ses actes peuvent être jugés bons ou mauvais selon « qu'ils tendent à la conservation et à l'accroissement de la vie, ou, « au contraire, à la diminution et à la destruction de la vie dans « l'humanité. La vie dans l'humanité sera donc le critérium du bien et « du mal. » (*De l'util. consid. comme princ. de la mor.* : *Journal des économistes*, sept. 1864.) M. Wiart combine également les doctrines de Jouffroy et celle des utilitaires (*Principes de la morale considérée comme science*).

« Ces bons et mauvais résultats ne peuvent être *accidentels*, « mais doivent être les *conséquences nécessaires* de la nature « des choses; il appartient à la science morale de *déduire* « des *lois de la vie* et des *conditions de l'existence* quels sont « les actes qui tendent à produire le bonheur et quels sont « ceux qui tendent à produire le malheur. Cela fait, ces « déductions doivent être reconnues comme lois de la con « duite, et l'on doit s'y conformer *sans avoir égard à une* « *évaluation directe du bonheur et du malheur* [1]. » — Tel est en quelque sorte le programme de la morale utilitaire et évolutionniste, sous la forme plus parfaite que lui a donnée M. Spencer. La méthode par laquelle il s'efforce de résoudre le problème est toute géométrique et mécanique, et la morale n'est pour lui qu'une branche de la mécanique universelle.

Plus une chose est nécessaire à la vie, plus sa présence est agréable et son absence douloureuse ; connaître le mécanisme des besoins, des nécessités intérieures, c'est donc connaître dans ses causes les plus immédiates le mécanisme des plaisirs et des peines. Mais, en face des nécessités intérieures de la vie, qui demandent à être obéies, se trouvent les nécessités extérieures, dont il faut également tenir compte. L'équilibre parfait entre ces nécessités intérieures et ces nécessités extérieures, tel est le bonheur suprême pour l'individu : je serai absolument heureux lorsque je ne posséderai rien que je ne désire et lorsque je ne désirerai rien que je ne possède.

Quant au bonheur social, il résultera de l'équilibre parfait entre les désirs mutuels des hommes : lorsque je me serai par la sympathie identifié avec vous, à ce point que je considérerai comme une condition nécessaire pour ma propre existence de sauvegarder les conditions nécessaires à la vôtre, et lorsqu'il en sera ainsi de vous-même, alors nous serons parfaitement heureux. Tout ce que vous désirerez avoir, je désirerai vous le laisser ; tout ce que je désirerai avoir, vous désirerez me le laisser.

Maintenant, le bonheur individuel et le bonheur général étant représentés mécaniquement par un double équilibre, l'un au sein de l'individu, l'autre au sein de la société, et cet équilibre devenant l'effet final que se propose la conduite, il faut déterminer les causes capables de produire cet effet. On le fera en cherchant ce qui est nécessaire à la

---

1. Spencer, *Lettre à Stuart Mill, loc. cit.*

vie en général. Et comme les lois de la vie sont fixes, on pourra en déduire des règles de conduite également fixes, universelles, ayant pour tous les hommes et pour tous les êtres la même valeur. Ainsi, au-dessus de ces moyens empiriques et variables proposés jusqu'ici par l'utilitarisme, au-dessus de ces modes de conduite relatifs et contradictoires, on arrivera, d'après M. Spencer, à proposer un mode de conduite idéal, qui n'offrira pas seulement une bonté relative, mais une bonté *absolue*. Par ce mot d'absolu, ne l'oublions pas, il faut entendre non l'absolu métaphysique, mais simplement le définitif *pour nous*, l'absolu *pour nous* et pour tous les êtres vivant sous les mêmes conditions que nous. Etant données les lois de la vie, telles que nous les connaissons, il y a des lois morales qui leur correspondent, s'étendent aussi loin qu'elles ou, suivant l'expression de Sophocle, « aussi loin que la voûte des cieux ». Par delà la voûte des cieux que nous connaissons, y a-t-il encore d'autres lois de la vie, et pourrait-on en déduire d'autres lois morales? Nous n'en savons rien. Nous ne tenons pas encore avec M. Spencer un idéal complètement universel. Voilà du moins un grand pas de fait. Nous avons échappé à l'empirisme étroit; nous entrons dans un système plus large et qui aspire à envelopper, sinon le monde de la pensée, du moins le monde visible. Kant avait voulu établir une morale pour tous les êtres raisonnables; M. Spencer veut poser des principes de morale pour tous les êtres vivants. L'un s'appuie sur la nécessité de la raison, l'autre sur la nécessité de la vie. Ces deux conceptions ont leur valeur.

Considérons maintenant la doctrine de M. Spencer au point de vue spécial qui nous occupe : l'équilibre général, identique au bonheur général, étant jusqu'à nouvel ordre accepté comme fin, trouverons-nous un critérium suffisant pour discerner les actions bonnes des mauvaises?

Notre critérium ne sera pas autre chose que le rapport de cause à effet établi par déduction. Le bonheur général, voilà l'effet à produire : ce qui tend à produire cet effet sera bon; ce qui ne tend pas à le produire sera mauvais.

Mais les éléments de variabilité, qui semblent bannis de la fin, ne subsistent-ils pas encore dans les moyens? N'est-il pas à craindre que la difficulté déjà rencontrée plus haut ne se rencontre ici sous une nouvelle forme : étant donné l'équilibre final à établir, n'y a-t-il pas parfois certaines causes exceptionnelles, particulièrement efficaces pour contribuer à l'établissement de cet équilibre, mais dont l'emploi est contraire à la justice? — En d'autres termes, ne verrons-nous pas se poser de nouveau la terrible question des *exceptions*, qui, dans la morale utilitaire, est une difficulté essentielle et inhérente au fond même de la théorie? Le critérium des lois nécessaires de la vie aura-t-il sur les gens exceptionnels ou les circonstances exceptionnelles plus de prise que le critérium tiré des conditions empiriques du plaisir, et ne finira-t-on pas par reconnaître que, l'élément exceptionnel se retrouvant dans tous les actes particuliers, on ne peut établir aucune unité fixe de mesure, aucun critérium universel?

Le principe que M. Herbert Spencer place au sommet de tout son système, et auquel il rattache *l'évolution*, est le suivant : Toute cause produit plus d'un effet : un même rayon de lumière, traversant un milieu complexe, s'étale en une infinité de nuances. Parallèlement à ce principe, ne pourrait-on poser la loi suivante : Tout effet, dans le monde sensible, peut être produit par plusieurs causes? Etant donné un gaz, l'hydrogène par exemple, il y a plusieurs manières de le fabriquer. Appliquons le principe à la morale. Il n'y a pas dans le monde entier, tel que nous le connaissons, d'effet plus complexe à produire que cet équilibre final de toutes les activités humaines qui représente, d'après M. Spencer, le bonheur suprême. Donc, il n'y a pas dans le monde entier d'effet qu'on puisse produire par des causes plus nombreuses, par des procédés plus divers. Mais plus il y a de causes possibles, plus il y a de choix possibles entre ces causes. Chaque individu, dans ses efforts pour produire le bonheur général, pourra donc suivre une foule de lignes de conduite diverses. Parmi ces voies, quelle est celle que M. Spencer lui conseille de suivre? — La plus courte. — Sans doute; mais l'utilitarisme déductif, pas plus que l'utilitarisme inductif, ne peut embrasser tous les moyens à la portée de chacun. L'induction et la déduction sont également impuissantes ici à fournir autre chose que des généralités; alors, encore une fois, que ferez-vous des exceptions et de ces éléments exceptionnels qu'on peut trouver dans toutes les actions individuelles et particulières? Si je vous démontre de la manière la plus rigoureuse que, dans certains cas, le vol ou toute autre injustice est la voie la plus courte pour promouvoir le bonheur collectif, que me répondrez-vous ? Qu'en général elle n'est pas la voie la plus courte ? D'accord ; mais je suis une exception. Je vous prouverai par déduction que je dois voler, comme je vous l'aurais prouvé par induction.

Si encore la marche de l'humanité vers le bonheur final était directe, si le progrès avait lieu sans retour en arrière, sans secousse et comme en ligne droite, on pourrait plus facilement déduire la tâche de chacun. Mais il n'en est pas ainsi. Dans l'humanité comme dans le monde entier, d'après M. Spencer, le mouvement du progrès est rhythmique ; de vastes ondulations agitent sans cesse les flots humains : nous ne marchons qu'en reculant pour avancer ensuite, et de perpétuelles lignes courbes remplacent la ligne droite idéale. Ce progrès rhythmique, qui ne nous porte en avant qu'à condition de nous ramener en arrière, l'individu ne peut-il parfois l'aider par des moyens qui, si on les employait toujours, seraient sans doute nuisibles, mais qui, dans certains cas exceptionnels, dans certaines périodes rhythmiques et provisoires, seraient utiles ? En ce sens, ne pourrait-on défendre, au point de vue utilitaire, une morale de coups d'Etat, de coups de force, comme on a défendu à ce même point de vue la politique de coups d'Etat ? On pourrait le faire même avec plus d'apparence de raison ; car l'injustice d'un particulier, lorsqu'elle reste secrète, n'a pas, utilitairement, les inconvénients d'une injustice politique offerte comme exemple et comme modèle à tous. Les utilitaires doivent moins redouter le crime que le scandale.

En un mot, la justice que vous nous proposez est une sorte de justice mécanique et abstraite, résultant de l'équilibre des forces sociales ; mais, pour produire une telle justice, l'injustice peut servir, et servir parfois mieux que tout autre moyen. Cette injustice, toute mécanique ellemême, entrera comme composante dans l'ensemble des forces sociales ; ce sera une oscillation répondant à une autre oscillation et la détruisant ; elle pourra produire au point de vue mécanique les plus beaux résultats ; elle pourra donner lieu aux plus élégantes démonstrations mathématiques. Qu'avez-vous à lui reprocher ? D'après votre critérium, elle aura tous les caractères de la justice ; l'homme injuste, s'il réussit à servir l'humanité, ne méritera pas plus d'être blâmé qu'un acrobate adroit. Il sera en morale ce qu'est en mécanique un homme qui marche sur la tête ; qu'importe après tout à l'utilitaire comment marche cet homme, pourvu qu'il aille où il doit aller et qu'il y mène les autres ? Il n'aura paru violer un instant les lois de l'équilibre que pour y mieux obéir.

— Mais, objecteront peut-être les partisans de M. Spencer, vous supposez que nous accordons à chaque individu le droit d'apprécier personnellement les moyens propres à réaliser dans le plus bref délai le bonheur social; nullement. Il s'en suivrait une anarchie qui compromettrait à la fin le bonheur social lui-même que nous avons en vue. Les lois générales de conduite une fois posées, « on doit s'y conformer sans avoir égard à une évaluation directe du bonheur et du malheur. » Qui nous empêche, au nombre des lois morales, d'en mettre une interdisant toute dérogation à ces lois mêmes au nom d'une loi prétendue meilleure, et défendant toute appréciation personnelle de l'utilité générale d'après des cas particuliers?

Mais de quel droit défendre ainsi à l'individu d'examiner de ses propres yeux la route qu'on veut lui faire suivre et de juger la valeur du critérium même qu'on veut lui imposer? Je veux servir le bonheur social à ma manière ; tant que vous ne m'avez pas prouvé que la vôtre est meilleure, qu'avez-vous à dire? C'est par l'expérience, d'après Stuart Mill, c'est par le raisonnement, d'après M. Spencer, qu'on arrive à déterminer les moyens de « promouvoir » le bonheur général; mais vous n'avez pas plus le monopole du raisonnement que de l'expérience. Pourquoi voudriez-vous imposer à une conscience les règles que vous avez déduites plutôt que celles que vous avez induites? Vous me parlez d'anarchie ; je vous répondrai que le despotisme d'une règle morale inflexible ne vaudrait pas mieux ; mais le despotisme est impossible dans le for intérieur de la conscience.

Sur ce point, ne peut-on opposer à M. Spencer lui-même l'une de ses plus chères théories? D'après M. Spencer, à mesure que les espèces progressent, une sphère d'action de plus en plus large est assignée à l'individu. « Le chan-« gement qu'on peut observer dans les affaires humaines, « nous a-t-il dit, s'opère dans le sens d'un plus complet « développement de l'individualité. » Eh bien, la tendance à l'individuation ne comprend-elle pas une tendance de plus en plus grande à la libre initiative et au libre examen? Imposer à la conscience de l'individu les théories générales d'un corps de savants, représenter le problème moral comme un problème de mécanique, puis refuser toute solution de ce problème différente de celle qu'on a donnée soi-même, n'est-ce pas restreindre la sphère de l'individualité ? Si la morale est une science comme la mécanique ou l'astronomie, vous ne pouvez en fermer à personne le libre accès ; seulement, alors, vous ne vous étonnerez pas de voir parfois démontrer de la manière la plus rigoureuse les théorèmes les plus inattendus, et force vous sera d'en accepter les conclusions dans les cas particuliers où ils seront applicables. Enfin, comme il y a dans toute action une chose particulière, vous aurez une morale pour chaque action. Nous avons vu sur cette question la complète impuissance du système de Stuart Mill. M. Spencer avait espéré, en attribuant dans la recherche du bonheur une moins grande part à l'expérience individuelle ou à la contingence des évènements, une plus grande part à l'idée de nécessité, découvrir un critérium moral plus fixe : il ne semble pas y avoir réussi.

En résumé, dans ce premier essai d'une recherche entreprise en commun avec les moralistes anglais, nous nous sommes demandé s'il y avait : 1° une *fin* que l'homme *dût* poursuivre ; 2° un *critérium*, une *règle* ou un ensemble de règles à l'aide desquelles il *pût* la poursuivre. En d'autres termes, nous avons cherché d'abord quelle est la *fin* de l'homme, ensuite par quels *moyens* réguliers y parvenir.

Le bonheur de l'individu, — puis le bonheur social réalisable par des moyens empiriques, puis le bonheur social réalisable par des moyens nécessaires, — telles sont les fins que nous avons posées successivement avec Bentham, Stuart Mill et M. Spencer. Mais, ces fins étant acceptées (quoique d'ailleurs elles ne soient point prouvées), nous n'avons pu trouver de critérium, de règle, de loi *fixe* et *universelle*.

LIVRE III

DE L'OBLIGATION MORALE

CHAPITRE PREMIER

L'IDENTITÉ NATURELLE DES INTÉRÊTS, PRINCIPE DE L'OBLIGATION, SELON BENTHAM

L'ÉCONOMIE POLITIQUE, LA POLICE SOCIALE ET LA SYMPATHIE

Nécessité de donner aux règles de la morale une puissance effective. — Comment l'idée « d'obligation morale », incompatible avec la théorie utilitaire, est remplacée par celle d'un intérêt poussant l'individu. — Si cet intérêt peut suffire dans la sphère individuelle, peut-il suffire dans la sphère sociale. — Moyens successifs que cherche Bentham pour assurer la réalisation de sa règle morale.

I. — L'IDENTITÉ DES INTÉRÊTS ET L'ÉCONOMIE POLITIQUE. — Est-il vrai, comme le croit Bentham, que les intérêts soient dès à présent identiques? — Distinction de la solidarité et de l'identité. — Que l'harmonie économique des intérêts est tout extérieure. — Qu'elle n'est pas aussi constante que le prétendent les économistes. — Les harmonies économiques et les contradictions économiques. — L'économie politique est-elle optimiste ou pessimiste? — L'intérêt seul peut-il produire l'union des intérêts?

II. — LA CRAINTE ET LA POLICE SOCIALE. — Que la contrainte sociale est et restera sans influence dans une foule de cas. — Que, pour la rendre plus efficace, il faudrait la rendre despotique. — Que les instruments et agents de la contrainte sociale peuvent se retourner contre la société même.

III. — LA SYMPATHIE ET L'OPINION PUBLIQUE. — Comment Bentham croit qu'on ne peut faire souffrir les autres sans se faire souffrir soi-même. — La sympathie est-elle universelle, régulière et certaine? — Sanction de l'opinion publique; son affaiblissement nécessaire dans une société benthamiste. — Sévérité mutuelle dans la forme, indulgence mutuelle dans le fond. — Comment un acte injuste peut être digne de sympathie pour un benthamiste, s'il reste secret et s'il produit plus de mal que de bien.

Montrer aux hommes un idéal plus ou moins éloigné et leur fixer des lois abstraites de conduite, ce n'est pas assez faire ; comment les amener à réaliser effectivement cet idéal, à s'incliner devant ces lois ?

Les utilitaires n'ont pas sur l'homme d'autre moyen d'action que le désir, et ils n'ont pas d'autre moyen d'exciter le désir que le plaisir. Le problème revient donc pour eux à celui-ci : Étant données les règles morales qui indiquent par quelles actions on peut produire ce qui est désirable, faire en sorte que ces actions elles-mêmes soient réellement désirées, d'une part en y attachant les plus grands plaisirs physiques ou intellectuels, d'autre part en attachant aux actions contraires les plus grandes peines physiques ou intellectuelles. L' « obligation morale » de la vieille philosophie, le « devoir » proprement dit, il n'y faut évidemment pas songer dans le système utilitaire. Si l'agent moral y est *lié* à la loi, c'est par un lien sensible, par le plaisir ou par la peine ; ce qui fait *l'obligation*, c'est la *sanction*. — L'obligation, ainsi conçue, suffira-t-elle ? Avant d'examiner en elle-même l'idée de sanction, voyons jusqu'à quel point elle remplace l'idée d'obligation, si avec les peines et les récompenses ou, comme disait Saint-Lambert, avec « l'espoir des dragées et la crainte du fouet », on peut se passer de tout autre mobile.

Occupons-nous d'abord des partisans de la morale égoïste. Hobbes, Helvétius, Bentham, et de nos jours M. Barratt et plusieurs autres. — Votre morale ne peut *obliger,* dit-on à Bentham. — « Si cela est, tant pis » [1], répond-il ; la vôtre oblige moins encore ; l'égoïsme, voilà la seule loi et en même temps la seule puissance efficace. La tâche du moraliste, c'est uniquement de « régulariser l'égoïsme », et pour que l'homme obéisse aux règles qu'on lui propose, le seul moyen est de le convaincre qu'elles n'ont qu'un but, l'accroissement de son plaisir.

En théorie, rien de plus simple ; je cherche mon plaisir ; vous m'indiquez la route, je la prends : tout est pour le mieux. Il faudra bien, il est vrai, compter avec certaines gens moroses, dignes disciples des stoïques ou des ascètes,

---

[1]. *Déont.*, II, 16 (John Bowring, *Introd.*).

qui, précisément parce qu'on leur offre du plaisir, n'en voudront pas; mais ces gens-là sont si rares ! Il faudra bien compter aussi avec les impatients, qui diront, malgré toute l'arithmétique et tous les chiffres de Bentham : « Mon plus grand plaisir, c'est le plus proche »; mais on finira peut-être par les convaincre. Enfin, il est clair que, si Bentham ne devait obliger chaque homme qu'à chercher et à trouver son bonheur personnel, ce serait une tâche peu difficile. Tout va donc bien aussi longtemps qu'on considère l'individu isolé poursuivant son plaisir isolé. Mais passons à la société; replaçons l'homme au milieu de l'organisme social où s'exerce sa vie pratique. Tout va changer. Je cherche mon intérêt, vous le vôtre; nous ne pouvons et devons chercher ni l'un ni l'autre autre chose; mais, si entre ces intérêts existe une opposition quelconque, voilà la lutte entre nous : comment conjurez-vous cette lutte nécessaire ?

Placé dans cette situation critique, Bentham, nous l'avons vu, en sort par un hardi paradoxe : il nie l'opposition des intérêts. En courant après mon intérêt bien entendu, je sers le vôtre; tous les hommes, en cherchant leur utilité propre, se rendent mutuellement les plus grands services comme s'ils se voulaient mutuellement le plus grand bien, et dans le fond c'est à eux seuls qu'ils veulent du bien. L'organisme social n'en fonctionne pas moins comme d'habitude; le désintéressement et la vertu sont des rouages inutiles, ou plutôt dangereux; on peut les rejeter sans y rien perdre, en y gagnant même [1].

L'identité des intérêts, telle est la grande idée qui domine toute l'œuvre de Bentham. Pour prouver cette identité, Bentham, nous l'avons vu, fait appel à l'économie politique, puis, là où elle ne suffit pas, à la police, puis enfin, là où l'économiste et le gendarme sont également impuissants, au plaisir de la sympathie.

I. — « L'ouvrage d'Adam Smith, s'écrie Bentham, est un traité de bienveillance universelle. » Depuis Bentham, l'économie politique n'a pas cessé d'être invoquée par les utilitaires de son école, comme démontrant l'essentielle harmonie qui règne entre les intérêts de tous les individus et entre ceux de toutes les nations. D'après Adam Smith, tous les intérêts sont solidaires: le malheur de

---

[1]. Voy. plus haut, 1ʳᵉ partie, ch. I et suivants.

l'un rejaillit sur l'autre, le bien-être de l'un s'étend et se communique à tous. Ce que l'un perd, les autres le perdent aussi; la vitre cassée est un dommage, non pas seulement pour le propriétaire, mais pour toute la société[1]. Nous ne pouvons vivre que grâce à cette cohésion de tous les intérêts : pour fabriquer l'aiguille qui a cousu nos vêtements, il a fallu l'effort accumulé de milliers d'ouvriers et de machines ; l'homme le plus pauvre, sans qu'il s'en doute, a une multitude de serviteurs inconnus et profite du travail de tous les hommes. Le moindre objet, le moindre instrument dont nous nous servons et dont nous ne pouvons nous passer, qu'est-ce autre chose que du travail accumulé, du travail latent, qui, redevenant fécond entre nos mains, produit sans cesse un nouveau travail? Comme notre vie intérieure n'est, selon la science moderne, qu'une partie de la chaleur solaire emmagasinée dans les aliments, toute notre vie extérieure n'est qu'une portion de l'activité et de la pensée humaines emmagasinée dans les objets utiles. — En présence de ces consolantes harmonies que nous montre l'économie politique, comment, diront les utilitaires anglais, ne pas être convaincu que le travail de l'un, c'est du travail épargné à tous ; que la réussite du travail de l'un, c'est un succès pour tous ; que la jouissance même des produits de ce travail s'étend à tous? Dès lors, les haines mutuelles, l'envie du pauvre pour le riche, les discordances et les conflits des intérêts, tout cela est le produit d'une vue incomplète des choses, tout cela est une apparence ou l'effet d'une apparence. Au fond, il y a unité entre les biens. Et si les intérêts sont unis, pourquoi les hommes se désuniraient-ils? Personne n'a donc de juste raison pour se réjouir des peines d'autrui, encore moins pour causer à autrui la moindre peine ; loin de là, plus vous amasserez de jouissance et de bonheur autour de vous, plus vous en amasserez sur vous-même. C'est ainsi que vous ne pouvez répandre la lumière et la chaleur sans en recevoir vous-même les rayons. De là une paix parfaite entre les homme, bien plus, une fraternité dévouée. Instruisez les hommes, apprenez-leur la science économique, cette science plus morale que la morale même, et vous les obligerez par la plus irrésistible des obligations, par leur intérêt, à être vertueux. Quiconque sera bien

---

[1]. Voir aussi Bastiat, qui a écrit, comme chacun sait, un livre intitulé *les Harmonies économiques*.

pénétré des vrais principes de l'économie sociale n'aura plus qu'un but : chercher, comme disait Bentham, son bonheur dans le bonheur des autres, et en quelque sorte sa fortune dans la fortune universelle. N'a-t-on pas dit que, si la probité n'existait pas, il faudrait l'inventer comme moyen de faire fortune ?

Ainsi parlent encore en Angleterre quelques disciples de Bentham. L'économie sociale est en effet, du moins au premier abord, une science optimiste par excellence. Montrant dans la société un organisme dont aucun membre ne peut souffrir sans que les autres souffrent, elle produit, sur ceux qui seraient tentés de rompre à leur profit l'harmonie sociale, l'effet que produisit, dit-on, sur la plèbe romaine séparée du sénat la fable des membres et de l'estomac.

Pourtant, n'y a-t-il point là une sorte d'illusion d'optique, que la réalité des faits ne tarde pas à dissiper? L'économie politique montre sans doute entre les intérêts humains une liaison indirecte et finale, mais non un lien direct et immédiat. Peut-être l'intérêt de mon voisin se rattache-t-il au mien ; mais par quelle longue et interminable chaîne ! Nous sommes placés l'un à côté de l'autre, et pourtant, dans le monde économique, que d'intermédiaires entre nous ! Sans doute les causes qui agissent sur vous finissent par agir sur moi, mais elles n'y agissent qu'en passant à travers vous et une multitude d'autres hommes; de sorte que leur effet, neutralisé par mille causes occurrentes, est pour moi presque nul. Si je devais proportionner le plaisir que j'éprouve en voyant chaque individu heureux aux avantages économiques que je retire du bonheur de cet individu, ce serait le plus souvent une sorte de plaisir infinitésimal et imperceptible.

En outre, la liaison des intérêts que nous montre l'économie sociale est tout extérieure, et elle est loin d'exclure une opposition intime. Les moralistes de l'Angleterre ne le remarquent pas assez, la *dépendance* des intérêts ne prouve nullement leur *identité*. De ce que deux choses sont dans un rapport de réciprocité, il ne s'ensuit nullement qu'on puisse les ramener à l'unité. Les benthamistes croient-ils, parce qu'ils auront montré que le capital est une source de travail et que l'intérêt du pauvre est ainsi dans un rapport général de réciprocité avec l'intérêt du riche, avoir fait cesser toute opposition et tout conflit entre ces intérêts particuliers? Le pauvre, tant qu'il reste pauvre, a besoin de la richesse d'autrui ; mais pense-t-on que pour cela il n'enviera pas toujours cette richesse ? Non, la pauvreté reste toujours la pauvreté, et la richesse reste toujours la richesse, que l'on considère ou non leur influence l'une sur l'autre ; quels que soient les rapports extérieurs de ces deux termes, il reste entre eux, au fond, un rapport d'opposition, que la doctrine de l'intérêt personnel est incapable à elle seule de changer en harmonie. L'économie politique n'étudie que ces rapports extérieurs des intérêts, qui ne changent rien à leur nature intime. Quand la mer est irritée, une vague ne peut se soulever sans que d'autres s'abaissent, et le mouvement de chacune est lié au mouvement de toutes; est-ce une raison pour nier la force qui pousse chaque vague à se briser contre les vagues ennemies ? Toutes vos lois économiques n'empêcheront pas plus le conflit des intérêts et des désirs que la loi physique des niveaux ne fait cesser l'éternel combat des flots de la mer.

Qu'on ne nous réponde pas, avec Bentham, que les peuples et les hommes sont « associés et non rivaux, dans la grande entreprise sociale. » — Ils sont associés sans doute ; mais, tant qu'un lien plus fort que l'intérêt ne les a pas unis, ils restent toujours rivaux. Les utilitaires, dès le temps d'Epicure, ont considéré la société humaine comme une vaste association d'intérêts, une sorte de compagnie d'assurance mutuelle; mais, même dans une association particulière, où pourtant les profits et les pertes sont partagés entre tous, et où chacun ne doit ni toucher un profit spécial ni échapper à une perte commune, s'imagine-t-on que l'accord provisoire des intérêts soit une réelle identité ? Les intérêts des associés sont si peu identiques que, fort souvent, le caissier se sauve avec la caisse. Économiquement parlant, prouvez-lui qu'il a tort. Invoquez la dépendance mutuelle des intérêts ; dites-lui que, si au lieu de prendre la caisse de la société il avait travaillé à la remplir, il aurait servi ses intérêts propres. — J'en suis convaincu, vous répondra-t-il ; mais, si la police ne me découvre pas, j'aurai servi mes intérêts d'une manière encore plus simple en prenant le tout au lieu de la partie. Il y a sans doute une harmonie entre votre intérêt et le mien, entre votre richesse et la mienne; mais cette harmonie est bien plus évidente, à mon point de vue du moins, lorsque je possède votre richesse. Autant je donne, autant, dites-vous, je reçois; ne suis-je pas sûr de recevoir encore davantage lorsque je prends votre part en même temps que la mienne ? L'intérêt peut m'associer à vous ; mais m'identifier à vous, faire de vous un autre moi-même, c'est impossible. L'harmonie finale des intérêts et l'universelle amitié des hommes n'existeront que quand nous n'existerons plus l'un et l'autre; en attendant, nous sommes deux ennemis naturels qui vivons ensemble ; un accident nous avait unis, un accident nous sépare. Que l'économie sociale établisse maintenant entre nos deux intérêts toutes les relations imaginables, et qu'elle les montre à la fin en une dépendance mutuelle ; aujourd'hui c'est l'heure de la lutte, et je lutte.

Aussi, depuis, les utilitaires ont été forcés de renoncer à un optimisme excessif. Même dans les rapports extérieurs des intérêts, que seuls étudie l'économie sociale, cette science n'a pas tardé à découvrir, à côté de l'harmonie qu'elle avait d'abord uniquement aperçue, de secrètes oppositions, qu'ont formulées Malthus, Ricardo, Stuart Mill et chez nous Proudhon. Faites la part de ce que leurs théories contiennent d'exagéré, il restera vrai que, si les antinomies économiques doivent se changer progressivement en harmonies, ce changement n'est pas accompli encore, et que, si l'union des intérêts est l'idéal vers lequel tend la société, cet idéal dépasse de beaucoup la société réelle.

L'économie sociale, en tant qu'elle se borne à constater les faits sociaux et aussi longtemps qu'elle n'y trouve pas de remède, servirait plutôt à renverser l'optimisme utilitaire qu'à le fonder. Les contradictions pratiques qui existent entre les intérêts ne sont pas sans doute de tout point insolubles ; mais elles ne sont pas résolues, et il est douteux qu'elles pussent jamais l'être, si l'on n'invoquait aucun principe supérieur à l'égoïsme. L'économie sociale est plutôt une science pessimiste qu'optimiste, elle décourage parfois plutôt qu'elle n'excite l'espérance : elle enferme le penseur dans des contradictions auxquelles il ne peut entièrement se dérober tant qu'il ne sort pas du monde des intérêts. Demandez à Schopenhauer et à Hartmann ce qu'ils pensent de vos harmonies économiques. La concurrence des intérêts est la lutte pour la vie.

Que me répondra donc Bentham si j'invoque la loi de Malthus et si, m'appuyant sur cette loi, j'arrache aux autres par la force des armes la nourriture que les autres m'arrachent par la force des choses? que me répondra-t-il si je prends à mon voisin la terre qui, d'après Ricardo, lui rapportera toujours plus que la mienne, le travail du laboureur étant le même ? L'économie sociale et la morale égoïste ne peuvent me réfuter. Je n'ai, par hypothèse, rien de plus que la brute, si ce n'est l'art de calculer; eh bien, le calcul me conseille de faire ce que la nature contraint la brute à faire. Si vous voulez m'empêcher d'être une bête féroce, commencez par m'enlever le caractère de la bestialité, élevez-moi au-dessus de l'égoïsme, tournez mes regards vers quelque idéal supérieur ; mais vous ne réussirez pas à trouver dans mon égoïsme même un point de jonction durable avec le vôtre : mon intérêt et le vôtre ne cessent jamais de se repousser au fond, alors même qu'ils semblent s'attirer à la surface. Comme une molécule qui attire et repousse à la fois toutes les autres molécules, mon intérêt attire par le dehors et repousse par le dedans tous les autres intérêts.

Ainsi échoue l'optimisme social devant ce qu'on pourrait appeler l'impénétrabilité des intérêts individuels.

II. — Il reste encore une ressource aux benthamistes : puisque les intérêts ne peuvent s'unir d'eux-mêmes et spontanément, unissons-les par la contrainte. Il y a un conflit naturel entre les intérêts, et celui qui l'emporte dans la lutte, c'est le plus fort; mais la force appartient au nombre, et l'intérêt social, ayant pour lui le nombre, pourra contraindre l'individu à le préférer. Ainsi sera accomplie l'union des intérêts, — union forcée, il est vrai, mais qui n'en sera pas moins réelle. Nous ferons l'harmonie par la compression. Le gain sépare les hommes, au lieu de les joindre ; mais il reste la peur, dont nous pouvons essayer. La morale benthamiste tend ainsi logiquement, après s'être appuyée sur le calcul économique, à chercher un plus solide appui dans la contrainte physique. Sur ce point, La Mettrie et Helvétius avaient devancé Bentham. « La poli-« tique, disait La Mettrie, n'est pas si commode que ma phi-« losophie ; prends-y garde ; la justice est sa fille, les gibets « et les bourreaux sont à ses ordres ; crains-les plus que ta « conscience et les dieux [1]. » — « Toute l'étude des mora-

---

[1]. Les Pères Sanchez, Bauny et Escobar s'accordent entièrement avec La Mettrie. « Vous avez bien mis, dit Pascal, ceux qui suivent vos « opinions probables en assurance à l'égard de Dieu et de la conscience : « car, à ce que vous dites, on est en sûreté de ce côté-là en suivant « un docteur grave. Vous les avez encore mis en assurance du côté « des confesseurs : car vous avez obligé les prêtres à les absoudre sur

« listes, répétait Helvétius, consiste à déterminer l'usage
« qu'on doit faire des récompenses et des punitions, et les
« secours que l'on en peut tirer pour lier l'intérêt personnel
« à l'intérêt général. Cette union est le chef-d'œuvre que
« doit se proposer la morale. »

Mais ce chef-d'œuvre, qui donnerait à chaque règle de la morale la force obligatoire d'un règlement de police, est-il réalisable ?

Présentement, il est bien loin d'être réalisé. Beaucoup de voleurs échappent à la police ; en commettant un vol ou un crime, on a toujours un certain nombre de chances de se soustraire à la peine ; bien plus, dans plusieurs cas, nous l'avons vu, ces chances l'emportent à tel point sur les chances contraires, qu'il serait impossible d'hésiter. Dans ces cas, qui empêchera l'homme de commettre la faute ? En attendant l'organisation future de la police que nous promettent les utilitaires de cette école, ne faut-il pas compter avec son organisation actuelle ?

N'importe ; bornons-nous à considérer la police idéale dont ils nous parlent, et cherchons seulement s'il est possible de la réaliser dans l'avenir.

L'intérêt social, ayant pour lui le nombre, aura pour lui la force : c'est évident. Oui ; mais d'autre part l'intérêt individuel aura pour lui la ruse, et, quoique inférieur en force, il restera peut-être supérieur en souplesse et en agilité. L'individu en lutte contre la société ressemblera à ces nains que les fables antiques représentent combattant contre des géants : s'il ne peut pas la vaincre, il pourra souvent lui échapper. Elle est si grande et lui si petit, qu'elle ne sait parfois comment le saisir, et ses mille bras ne rencontrent que le vide. La lutte restera donc possible entre l'individu et la société, et l'issue en sera incertaine. La société a trop à défendre pour pou-

---

« une opinion probable, à peine de péché mortel. Mais vous ne les
« avez point mis en assurance du côté des juges ; de sorte qu'ils se
« trouvent exposés au fouet et à la potence en suivant vos probabilités :
« c'est un défaut capital que cela. — Vous avez raison, dit le Père,
« vous me faites plaisir. Mais c'est que nous n'avons pas autant de
« pouvoir sur les magistrats que sur les confesseurs... — J'entends bien,
« lui dis-je ; mais, si d'une part vous êtes les juges des confesseurs,
« n'êtes-vous pas de l'autre les confesseurs des juges ? Votre pouvoir
« est de grande étendue : obligez-les d'absoudre les criminels qui ont
« une opinion probable, à peine d'être exclus des sacrements, afin
« qu'il n'arrive pas, au grand mépris et scandale de la probabilité, que
« ceux que vous rendez innocents dans la théorie soient fouettés ou
« pendus dans la pratique. Sans cela, comment trouveriez-vous des
« disciples ? — Il y faudra songer, me dit le Père ; ce n'est pas à
« négliger. » (*Provinciales*, l. VI.)

voir parer tous les coups et punir toutes les blessures. Si perfectionné que soit le mécanisme de la défense, si rapide que soit l'alarme donnée et communiquée par l'électricité d'un bout à l'autre du corps social, on peut prévoir qu'il sera toujours matériellement possible au coupable de se dérober. Ajoutons que les moyens employés par la société pour se défendre peuvent être employés contre elle par le coupable même : ainsi le télégraphe, les chemins de fer, la plupart des inventions, faites ou à faire, qui facilitent la poursuite, facilitent aussi la fuite. Enfin, quand même cette guerre de la force d'un seul contre la force de tous deviendrait de plus en plus difficile à soutenir, il serait peu probable que la force seule pût jamais la terminer.

L'idéal de la police, ce serait qu'il y eût pour chaque individu un gendarme, ou, mieux encore, que tout le monde fût à la fois citoyen et gendarme, que l'homme à garder fût lui-même son propre gardien, que tous deux coexistassent dans le même être, que celui qui oblige fût celui-là même qui est obligé; alors seulement la loi aurait véritablement force de loi. Mais cette force qu'elle aurait acquise ne pourrait plus être évidemment une force physique; ce ne serait qu'une force agissant sur l'esprit par l'esprit même. Cette puissance morale, le benthamisme ne peut y prétendre.

Le seul moyen pour lui de s'en rapprocher indéfiniment, c'est de multiplier indéfiniment les agents de la force physique, d'exercer sur chaque individu une surveillance de tout instant, et de chercher à rendre cette surveillance du dehors aussi continuelle que pourrait l'être une surveillance intérieure, exercée par l'individu sur lui-même. Mais augmenter la surveillance publique, c'est restreindre la liberté individuelle. L'individu ne s'imposant pas la loi, il faut qu'on la lui impose. Comme il va où le mène l'intérêt et que l'intérêt le mène là où il ne doit pas aller, il faut bien qu'on lui mette aux pieds des chaînes. Le benthamisme poussé jusqu'au bout semble ainsi revenir vers le despotisme, préconisé jadis par Hobbes. Hobbes avait cru que le meilleur et le plus utile despote, c'était un monarque; en cela il a pu se tromper; en tout cas, la morale égoïste semble avoir besoin, pour se soutenir, de s'appuyer sur l'omnipotence de l'État.

Mais le despotisme a une limite qu'il ne peut dépasser et au delà de laquelle il se détruit lui-même. Si, par exemple, on augmentait indéfiniment le nombre des gendarmes, on le diminuerait en réalité ; ils deviendraient moins sûrs en devenant plus nombreux. Il faut bien songer que si tous les hommes, par hypothèse, étaient également imbus de la morale égoïste, les gendarmes ne pourraient faire exception ; or, se confierait-on sûrement à un gendarme partisan de cette morale ? C'est douteux. Le gendarme a un intérêt, comme le voleur, intérêt fort respectable ; du moment où son intérêt serait de s'accorder avec les voleurs, qui nous empêcherait d'être volés ?

En résumé, pour obliger, les partisans du système égoïste sont réduits à contraindre. Mais, en premier lieu, cette contrainte est et restera toujours inefficace ; en second lieu, toute tentative pour la rendre plus efficace la rendra despotique ; en troisième lieu, ceux qui sont les instruments de cette contrainte, comme ceux qui en sont les objets, se déroberont sans cesse à la main qui voudra s'en servir et se retourneront contre elle. En d'autres termes, toute force physique est nécessairement impuissante, tyrannique, à double fin et à double effet. La vraie force, qui ne contraint pas, mais persuade, et qui devient plus puissante au dedans de l'homme à mesure que l'homme devient plus libre au dehors, qui exclut et repousse ainsi toute tyrannie, qui ne sert jamais à deux fins, mais se confond avec la fin même à atteindre, c'est la pensée et la volonté.

III. — Au-dessus des intérêts mercantiles, au-dessus même de la crainte ou de l'espoir attachés aux peines et aux récompenses purement matérielles, il y a un sentiment que nous avons négligé et dont l'introduction va modifier les données du problème : c'est le plaisir de la sympathie. Nous savons toute l'importance que les écoles anglaises donnent à ce sentiment, même l'école de l'égoïsme. Peut-être va-t-il nous servir de médiateur entre les intérêts opposés des hommes ; peut-être va-t-il rétablir l'harmonie troublée et, en mettant notre plaisir d'accord avec le bonheur de tous, « renforcer », suivant l'expression anglaise, les actions qui servent ce bonheur.

La *sympathie* consiste à souffrir avec autrui, συμπαθεῖν, à ressentir ce que ressent autrui, à se trouver sous l'action des mêmes causes, et pour ainsi dire à être unis dans la même passivité. Sans la sympathie, nous ne pourrions que retirer le plus grand plaisir d'une action nuisible à autrui, mais utile pour nous. Au contraire, avec la sympathie, la peine qu'en ressent autrui revient sur nous par réflexion. De là une complexité inattendue des phénomènes moraux, complexité dont profite le système égoïste. Dans le domaine des plaisirs grossiers, comme le plaisir de rassasier sa faim, nous trouvions un écart et une divergence considérables entre les intérêts des hommes; mais, à mesure que la sensibilité s'élève et se raffine, cet écart diminue : le plaisir de la sympathie relie ce que les plaisirs inférieurs séparaient. La sympathie, me plaçant sous l'action des mêmes causes qu'autrui, me place en quelque sorte sous ma propre action : je souffre ce que j'inflige. De tous côtés, le milieu où je vis réfléchit sur moi le plaisir ou la peine que je répands autour de moi, d'abord le milieu encore étroit de la famille, puis le milieu social. Reproches des miens, rupture de mes relations sociales, impopularité, autant de transformations sympathiques de la peine matérielle que j'inflige à autrui; affection des miens, affection de mes amis, réputation et respect, telles sont les transformations sympathiques du plaisir que je procure à autrui.

Tout égoïste que je sois, d'après Bentham, et précisément parce que je suis égoïste, je dois tenir compte des peines et des plaisirs sympathiques; or ces plaisirs et ces peines joueront exactement le même rôle que le sentiment de « l'obligation morale ». L'harmonie des sensibilités rétablira l'harmonie des désirs et des activités. Aussi, avec cette idée de la sympathie, Bentham espère échapper à toutes les contradictions et résoudre toutes les difficultés. Comme on éprouve ce qu'éprouve autrui, on ne voudra jamais faire éprouver de mal à personne. L'égoïsme deviendra par la force des choses bienveillant, bienfaisant, ou *altruiste*, selon le terme emprunté à Comte par les benthamistes contemporains de l'Angleterre.

Examinons ce sentiment de la sympathie que Bentham nous offre comme le moyen d'assurer l'efficacité de sa morale. — En premier lieu, il est des personnes peu ouvertes à la sympathie, sur qui ce genre d'action aura conséquemment fort peu de prise. Le sage se suffit à lui-même, disaient les stoïciens ; sans être sages, ou plutôt, peut-être, parce qu'ils ne le sont pas assez, beaucoup d'hommes se contentent d'un milieu sympathique très-restreint. Dans ce milieu, ils sont sans doute contraints à la bienveillance ; mais, hors de là, ils sont libres de chercher où ils voudront leur bonheur : si leur caractère est ainsi fait, qu'avez-vous à dire ? La sympathie n'oblige donc pas tout le monde ; il faut compter, ici encore, avec les exceptions.

Ce n'est pas tout. Comme la sanction sympathique ne vaut pas pour tous les individus, elle ne s'applique pas à toutes les actions; elle n'est pas plus régulière qu'universelle. Suivant que la victime sera plus ou moins sympathique à tous, le coupable deviendra plus ou moins antipathique à tous; on ne proportionnera donc point le blâme au crime. — Le blâme sera-t-il même possible? Autant, dans le système égoïste, la sanction légale se trouve fortifiée, autant la sanction de l'opinion est affaiblie. Lorsque tout le monde sera partisan de l'égoïsme, on se passera bien des choses les uns aux autres. — Vous avez volé? Mais c'était dans une excellente intention : vous cherchiez votre intérêt, comme moi le mien. Nous n'avons rien à nous reprocher; nous n'avons aucune raison d'antipathie. Ne croyez pas pourtant qu'à l'occasion j'hésiterais à vous dénoncer; nullement : si vous devenez jamais un danger pour moi-même, vous êtes perdu. Mais, autant je serai impitoyable pour la forme, pour l'exemple, autant, dans le fond, je serai dépourvu de tout sentiment d'antipathie et de mésestime à votre égard, si du moins je reste conséquent avec moi-même, comme les Fontenelle, les Lamettrie et les Helvétius. Je vous condamnerai sans pitié aux yeux de tous; je vous absoudrai sans hésitation au fond du cœur. Si je suis logique et si je refuse de m'abandonner comme le vulgaire à des émotions irraisonnables, pourrai-je éprouver rien qui ressemble soit au mépris, soit à la haine, pour un être qui ne fait rien de pis que moi, surtout quand cet être n'a pas de vices trop laids, qu'il ne donne pas prise à une sorte de répugnance esthétique, qu'il est vicieux avec grâce et avec conscience? Et si je n'éprouve pas d'antipathie véritable, comment pourrai-je en montrer? Si tous, coupables et innocents, juges et condamnés, nous avons assez de franchise, nous nous tendrons la main, et nous resterons dans l'intime persuasion que nous n'avons fait ni plus ni moins les uns que les autres.

Enfin il est des cas, fort nombreux, où la sanction sympathique ferait totalement défaut, où même elle tournerait au profit du coupable : c'est lorsque le délit commis reste ignoré. Ici, la faiblesse du système de Bentham est évidente. Isolez, cachez une action : vous rompez la série de ses conséquences sociales; or ce sont ces conséquences seules qui peuvent, d'après Bentham, fournir à l'action une force obligatoire. Je commets un vol qui me donne la richesse, sans diminuer le bien-être de celui que j'ai volé, et même sans qu'il s'aperçoive d'avoir été volé. Si le vol demeure ignoré, toutes les conséquences du vol seront étouffées, par exemple l'antipathie publique pour le voleur ou le désappointement du volé ; seules resteront les conséquences de la richesse acquise, au nombre desquelles est une augmentation de la sympathie générale pour moi. Comment Bentham prouvera-t-il que je n'ai pas le plus grand intérêt à commettre ce vol, pourvu qu'il soit secret?

Mais, dit Bentham, « un homme éclairé sur son intérêt « ne se permettrait pas même un crime caché, par la crainte « de contracter une habitude honteuse qui le trahirait tôt « ou tard [1]. » — Cette réponse n'est vraiment pas sérieuse. S'il fallait s'abstenir de tous les actes capables de faire « contracter des habitudes honteuses », il ne faudrait ni boire ni manger.

Le tort des benthamistes en général, c'est de ne pas assez comprendre, de ne pas assez posséder, pour ainsi dire, leur propre système : les Anglais, qui ont d'ordinaire un esprit si pratique, ont précisément négligé ici le côté pratique de la doctrine. Parlez-leur de la société : ils se la figurent sous la forme que lui a donnée la morale contraire à la leur ; ils ne la voient qu'à travers les autres systèmes. Ils n'ont pas assez présent sous leurs yeux le type de l'utilitaire égoïste ; leur idéal social, c'est exactement l'idéal de l'autre morale, comme si deux doctrines si divergentes en théorie pouvaient entièrement s'unir en pratique. Dans la question qui nous occupe, Bentham prend, sans s'en apercevoir, à « l'ipsedixitisme, » sa conception du criminel. Il se figure un homme entraîné par les passions les plus viles et les plus irrésistibles, devenues assez fortes pour dominer chez lui le sentiment du devoir. Mais ce n'est pas là le criminel benthamiste ; ce dernier n'a-t-il pas toujours à sa portée la « balance du déontologue », n'a-t-il pas le calcul et l'arithmétique morale? Le criminel vulgaire est un homme qui s'abandonne aux passions, qui n'est plus maître de lui, qui n'est plus assez lui-même pour être moral. Tout différent apparaît l'autre criminel : s'il commet un attentat, c'est les chiffres en main et tout calcul fait ; il reste toujours maître des passions sur lesquelles il spécule. Pour commettre le mal, son compagnon a besoin d'être entraîné par la passion ; lui, il agit par raison et change, grâce à l'arithmétique de Bentham, le mal en bien : aussi, quoi qu'il fasse, comme il le fait en conscience, il peut le faire en connaissance de cause ; il peut sonder

---

[1]. Dumont de Genève, *Traité de législ.*, t. I. Cf. *Intr. to the princ. of mor. and leg.*

sans crainte et froidement toutes les conséquences de l'action qu'il risque. Les benthamistes n'ont pas vu eux-mêmes ce type du méchant raisonnable qu'ils créaient. On ne fait jamais le mal si pleinement et si gaiement que quand on le fait par conscience, disait Pascal; on pourrait ajouter qu'on le fait plus pleinement encore quand on le fait par calcul, par science. Du reste, remarquons-le, le méchant en question n'a rien de repoussant : ce qui répugne esthétiquement dans la méchanceté vulgaire, c'est la brutalité ; mais ici la bête s'est faite raisonnable; elle discutera avec vous, si vous voulez, et la logique des chiffres vous donnera tort. Bien plus, elle sympathisera avec vous : une fois qu'elle n'aura plus besoin de votre argent ou de votre vie, elle aura besoin de vos bons services, de votre estime, de votre société au moins; elle sera polie, bienveillante, bienfaisante, désintéressée même à la manière que décrit Bentham ; elle aura toutes les qualités qu'exige la déontologie, et, à la surface, toutes celles d'un homme beau et bon, καλοκάγαθος.

Mais, objectera Bentham, le crime, même caché, et précisément parce qu'il est caché, offre toujours un grand inconvénient : « Les secrets à dérober aux regards pénétrants des « hommes laissent dans le cœur un fond d'inquiétude « qui corrompt tous les plaisirs. Tout ce qu'un homme « pourrait acquérir aux dépens de sa sécurité ne la vaudrait « pas, et, s'il est jaloux de l'estime des hommes, *le meilleur* « *garant qu'il puisse en avoir, c'est la sienne propre* [1]. » — Voilà donc Bentham rétablissant dans l'homme l'*estime de soi*, la *conscience*, pour en faire le garant de l'estime des hommes. Ma conscience est un préjugé; mais, ce préjugé étant d'accord avec les préjugés de tous, je m'y conformerai, et l'autorité de ma conscience intime sera ainsi empruntée au dehors, par une sorte de tour de passe-passe.

Sur ce point, la théorie de Bentham rappelle celle d'Epicure : l'injustice, disait Epicure, n'est point un mal en elle-même ; mais ce qui est un mal, c'est l'inquiétude et le trouble qui nécessairement l'accompagnent. Vous ne pouvez jamais être certain que vous échapperez au châtiment; or l'incertitude, c'est le malheur. La seule chose certaine et sûre, ici-bas, c'est la justice; le seul homme qui soit éloigné de tout trouble, c'est le juste : ὁ δίκαιος ἀταρακτότατος.

Epicure et Bentham ont-ils raison? Le problème revient

---

[1]. Duin, de Gen., *loc. cit.*; *Intr. to the princ.*, *loc. cit.*

au suivant : Un coupable peut-il jamais être *certain* qu'il échappera à la peine ? — La question ainsi posée est résolue. Dans certains cas, rares il est vrai, un voleur peut être absolument sûr d'éviter toute espèce de sanction : par exemple, le dépositaire infidèle dont nous avons parlé plus haut, ou encore celui qui trouve de l'argent dans un meuble qu'il a acheté. Dans d'autres cas, il existe des probabilités équivalant presque à la certitude : par exemple, lorsqu'un vol a été commis à l'insu de la personne même et sans aucune espèce d'indices ou de preuves, ou lorsque le voleur s'est sauvé sur un autre continent, etc. Et puis, enfin, s'il ne fallait jamais commettre, d'après Bentham, que des actes dont les conséquences fussent parfaitement certaines, il faudrait s'abstenir sans cesse ; chaque action est un enjeu que je risque; bien plus, s'abstenir, c'est encore risquer : comment donc faire?

Mais, dira Bentham, l'injustice est toujours un secret à garder, un secret pesant; on ne peut pas s'ouvrir, se confier entièrement à autrui. — Qu'importe? Si ce que je fais est bien, — et je vous le prouve, chiffres en main, — pourquoi éprouverais-je de la peine à le cacher? Chacun, après tout, a son secret; un secret n'est lourd que lorsque c'est celui d'un acte mauvais. Point de méchante action, point de remords.

En définitive, considérons la vie d'un homme instruit, sympathique, honoré, bienfaisant, ayant en un mot toutes les qualités compatibles avec « l'égoïsme bien entendu ». Maintenant, que cette vie toute remplie des jouissances les plus délicates commence par la trouvaille d'une bourse de cinq cent mille francs; Bentham soutiendra-t-il que cela suffit pour en gâter tout le bonheur? La morale de l'intérêt égoïste repoussera-t-elle celui qui semble avoir si habilement servi tous ses intérêts? C'est impossible. Eh bien, allons plus loin : je trouve la bourse tombant de la poche de quelqu'un; cela corrompra-t-il davantage mon bonheur? Allons plus loin encore: j'avance un peu la main, et je ramasse la bourse dans la poche même, — le tout, bien entendu, sans témoins. Comment Bentham pourra-t-il me blâmer? Non, il ne faut pas invoquer l'idéal humain lorsqu'on le nie; il ne faut parler de rien qui ressemble au remords lorsqu'on supprime l'objet du remords; le « secret à garder », l'inquiétude, ce ne sont pas là des raisons. Lorsqu'un criminel aura la majorité des chances de son côté, toutes les paroles de Bentham seront impuissantes sur lui; et lors même qu'il n'aurait pas les chances les plus nombreuses, s'il espérait les y mettre à force d'habileté, les utilitaires égoïstes ne pourraient encore le blâmer. Les coups de génie de Napoléon Ier ne furent-ils pas fort souvent des imprudences?

Et si je meurs de faim, après tout? Je ne risque plus rien, quoi que je fasse : il ne peut m'arriver rien de pis que la mort. Conséquemment, vous ne pouvez m'obliger à rien; je suis libre de toute entrave économique, physique, sympathique même; vous ne pouvez placer devant moi l'ombre d'un obstacle. Je suis comme poussé à bout, enfermé dans cette suprême alternative : vivre ou mourir; au dernier effort que je tenterai pour vivre, vous n'avez, hors de moi, rien à m'opposer; et le seul obstacle que je puisse trouver, c'est en moi, c'est dans ma volonté que je le trouve. Trente personnes sont mortes de faim à Londres cette année, contre lesquelles la société était sans défense, parce qu'elle était sans prise. Si ces trente individus avaient connu le système de Bentham, ils auraient pu tout se permettre, puisqu'ils n'avaient plus rien à craindre; pour eux, toute raison tirée d'un mobile sensible ou sympathique avait disparu, et il ne restait plus que l'amour d'un idéal supérieur à l'égoïsme, ou rien.

En résumé, pour unir l'intérêt personnel à l'intérêt général, nous avons tout tenté. Nous avons fait appel à l'économie politique : mais les intérêts économiques s'excluent et se contredisent; nous avons fait appel à la justice humaine et à la force publique : la justice est boiteuse, et la force impuissante; nous avons invoqué la sympathie qui tend à unir dans un plaisir supérieur les hommes que les plaisirs inférieurs séparent : la sympathie est faillible, elle s'adresse au coupable comme à l'innocent, on la tourne du côté qu'on veut; c'est un de ces biens à double fin, ambigus et équivoques, dont parlaient Socrate et Platon; et puis, après tout, qu'importe à la plupart des hommes d'être un objet de *sympathie?* Qu'est-ce que la sympathie, cette affection vague, indéterminée, indécise, qui n'est ni purement morale ni grossièrement matérielle, qui peut subsister avec le crime et faire défaut à la vertu? Les égoïsmes, qu'on les raffine ou qu'on les déguise, ne peuvent réellement s'unir tant qu'on demeure dans la sphère sensible.

Reste-t-il un autre moyen, pour *obliger* l'homme, que de *lier* son intérêt à l'intérêt d'autrui? Les successeurs de Bentham sont féconds en ressources; peut-être leur subtilité leur fournira-t-elle un nouveau moyen de sauver leur doctrine.

CHAPITRE II

L'ASSOCIATION ARTIFICIELLE DES INTÉRÊTS DANS LA PENSÉE, PRINCIPE DE L'OBLIGATION D'APRÈS STUART MILL.

I. — L'ASSOCIATION DES IDÉES, principe de l'obligation. — Comment les intérêts, naturellement séparés dans la réalité, peuvent être artificiellement réunis dans la pensée. — Mécanisme intérieur substitué au mécanisme extérieur. — Lois psychologiques qui s'opposent à cette psychologie des mœurs. 1° Une association d'idées purement machinale, en acquérant la conscience d'elle-même, ne se détruit-elle pas elle-même dans la pensée. 2° Ne se détruit-elle pas elle-même dans l'action.

II. — L'ASSOCIATION DES SENTIMENTS, principe de l'obligation. — Explication psychologique du remords par les utilitaires. — La conscience de soi ne détruira-t-elle pas l'association des sentiments, comme l'association des idées. — Contradiction de Stuart Mill, qui soutient qu'on n'affaiblit pas le remords en lui enlevant tout objet.

III. — LA FOI A L'IDÉAL MORAL. — Agir, c'est affirmer ou croire. — Diverses sortes d'affirmation. — Affirmation contenue dans l'acte de sacrifice. — Que les partisans de Stuart Mill non seulement ne peuvent obliger au bien, mais obligeraient plutôt au mal. — Retour au pur égoïsme. — Insuffisance du système de Stuart Mill.

En fait, les intérêts des hommes sont séparés ; si donc vous ne vous appuyez que sur le fait, vous ne m'obligerez jamais à vouloir l'intérêt d'autrui.

Mais, outre le *fait* présent, il y a l'*idée*, qui dépasse le fait et devance l'avenir. Selon Stuart Mill et l'école « associationniste », les idées des intérêts s'associent plus aisément et d'une manière plus durable que les intérêts mêmes; c'est dans l'intelligence qu'il faut chercher le vrai fondement de l'obligation. Il nous suffit qu'il y ait dans la réalité une simple tendance à l'union des intérêts, il nous suffit que la nature marche dans cette direction: l'intelligence, dépassant la nature, continuant le mouvement commencé, suivra la direction indiquée, et d'un élan parviendra à ce point encore tout idéal où coïncideront un jour le bien de chacun et le bien de tous. Votre intérêt, en fait, s'unit fort souvent au mien : c'est tout ce qu'il faut; lorsque j'aurai conçu un certain nombre de fois mon intérêt et le vôtre comme associés, ils finiront par s'associer indissolublement dans mon intelligence. Les liens qui attachent l'intérêt à l'intérêt, le bonheur au bonheur, se fortifient par cela seul qu'on les pense.

En passant ainsi des intérêts extérieurs et en quelque sorte objectifs à leur représentation subjective dans l'esprit, nous voyons, d'après Stuart Mill, succéder à une union imparfaite une parfaite union, à un ordre incomplet une complète harmonie. Les hiatus sont comblés, les oppositions disparaissent. En vain un hasard imprévu séparait les intérêts dans la réalité; les lois nécessaires de mon intelligence sauvegardent leur union dans ma pensée; elles me forcent à faire triompher l'idéal, comme elles me forcent, lorsque je vois une ligne tortueuse tracée sur un tableau, à la comparer avec la ligne droite idéale et à la redresser par l'imagination. « La simple *possibilité*, dit Stuart Mill, se change en *obligation inévitable*, et ce qui est « indis-
« pensable (physiquement) devient une nécessité conçue
« comme morale, tout à fait analogue à la nécessité physi-
« que et qui souvent ne lui cède pas en puissance obliga-
« toire. » L'association des idées, voilà donc le vrai principe de l'obligation. Lorsque je veux sacrifier votre intérêt au mien, je me trouve en présence d'une sorte d'impossibilité intellectuelle, comme si je voulais dire que deux et deux font cinq; si deux et deux font quatre, n'est-ce pas, après tout, parce que l'idée de deux et deux s'est associée à l'idée de quatre? Une association d'idées, voilà aussi la conscience. La perfection, ce serait que cette association devînt assez forte non-seulement pour qu'on ne pût la briser, mais pour qu'on n'y songeât même pas. Les hommes n'en sont point encore arrivés là. Déjà pourtant, lorsqu'ils essayent de la briser, ils rencontrent en eux-mêmes une résistance inattendue. Qu'un coupable croie pouvoir rompre im-

punément cette association, elle ne tardera pas à se reformer malgré lui et à se représenter devant sa pensée.

I. — Stuart Mill, on le voit, a senti enfin son impuissance à obliger l'homme par le mécanisme extérieur des lois économiques et des sanctions sociales : au mécanisme des faits, il substitue celui des idées. Bentham et Helvétius faisaient directement procéder l'obligation morale de la nécessité physique; Stuart Mill la fait d'abord procéder de la nécessité psychologique et logique, pour la ramener par cet intermédiaire à la nécessité physique. L'intelligence lui sert ainsi de moyen terme pour réduire la moralité à la sensation.

Mais, lorsque nous voulons le suivre dans cette tâche qu'il s'est donnée, une grave difficulté se présente dès l'abord. Que, hors de nous, dans le monde extérieur, les intérêts se rapprochent ou s'éloignent, s'unissent ou se séparent, nous n'y sommes pour rien : pouvons-nous empêcher que la loi de Malthus règle les subsistances, ou celle de Ricardo la rente des terres? Nous trouvons ces lois toutes faites et toutes-puissantes, nous ne pouvons les changer ou nous y soustraire : elles agissent indépendamment de notre volonté, elles agissent sur nous sans nous.

Il n'en est plus de même des lois intellectuelles. Les lois de la pensée ne peuvent devenir les lois de l'action qu'en passant pour ainsi dire à travers le *moi* : elles agissent sur moi par moi. Or il y a ici un nouvel élément qu'il faut introduire : c'est la conscience que nous avons de nous-mêmes.

— Les intérêts, dites-vous, s'associent nécessairement dans l'intelligence, et cette association intellectuelle nous nécessite à les associer pratiquement; nous nous obligeons ainsi nous-mêmes et, sans l'intervention d'aucune force étrangère, un rapport de nécessité s'établit au sein du moi entre ces deux termes : l'idée et l'action. — Mais vous oubliez une chose : c'est que ces deux termes sont conscients, et jouissent du pouvoir, en se modifiant eux-mêmes, de modifier leurs rapports matériels.

Considérons d'abord l'intelligence à part. Persuadez à l'intelligence que la croyance à tout idéal de perfection supérieure est le résultat d'une simple association d'idées; cette persuasion même s'associera à l'association et tendra à la détruire. Me dire : « Telle croyance est une association mécanique d'idées », revient tout simplement à me dire : « Telle croyance est sans *raison;* lorsque vous croyez telle chose, vous vous laissez aller à l'habitude, vous commettez, comme dirait Epicure, une anticipation non vérifiée, vous sortez de la réalité ». — Mais, moi qui suis un être raisonnable, comment voulez-vous que je continue de croire une chose que vous me déclarez en dernière analyse fausse et irraisonnable? Ce serait une contradiction. Du moment où vous me montrez en moi la part de l'irraisonnable, ne voyez-vous pas que je la rejetterai de moi? De deux choses l'une : ou l'identité des intérêts existe en fait, et alors l'association des idées n'est que la reproduction des faits, vous retombez dans le système de Bentham; ou l'identité des intérêts n'existe pas en fait, et alors y croire serait commettre une induction erronée; or je ne le puis pas, logiquement parlant : vous ne pouvez nécessiter ma raison à être déraisonnable. La nécessité subjective par laquelle vous vouliez me contraindre intérieurement au bien unissant se détruit donc elle-même. En thèse générale : toute nécessité qui est à la fois purement subjective et entièrement consciente, s'annule.

De même que la conscience tend à dissoudre les associations illégitimes d'idées, elle tend à en détruire l'effet pratique. Une association n'oblige à l'action qu'aussi longtemps qu'elle s'ignore : du moment où elle devient consciente, elle devient impuissante. Comment voulez-vous, dans ce lien qui joint deux notions entre elles, trouver rien qui enchaîne la volonté autrement que par surprise? Il y a contradiction à supposer qu'une idée illusoire et toute subjective, que je connais certainement comme telle, fera cependant sortir de moi un acte réel et objectif. L'efficacité pratique d'une idée croît ou décroît en raison de ma croyance à la réalité de son objet.

Stuart Mill nous montre la conscience comme revêtue et « incrustée » d'associations sans nombre, dont nous ne nous rendons pas compte nous-mêmes : amour, sympathie, crainte, souvenirs d'enfance, estime de soi, etc.; par là, il explique en quelque sorte la conscience par l'inconscient; mais l'inconscient n'agit qu'à condition de rester inconscient : du moment où vous le dévoilez, où vous l'amenez à la connaissance de lui-même, vous le détruisez.

Dans le système de Stuart Mill, nous ressemblons tous à des hommes enchaînés depuis si longtemps par mille liens invisibles, que l'idée de l'esclavage s'est comme associée à l'idée qu'ils se font de la vie : ôtez leurs chaînes, la persuasion de leur impuissance leur fermera l'espace que la réalité leur ouvre; ils resteront liés par le seul souvenir de leurs liens et attachés par la seule association des idées. Seulement, allez vers ces hommes, persuadez-leur bien que toute entrave extérieure est disparue; que c'est eux-mêmes, sans le savoir, qui s'enchaînent; que, s'ils ne peuvent se mouvoir en tous sens, c'est eux-mêmes, sans le savoir, qui arrêtent leurs mouvements; que la plupart des obstacles aperçus par eux sont imaginaires; qu'en un mot ils sont le jouet d'une illusion. Du moment où ils seront entièrement persuadés de ce que vous leur dites et où un mobile quelconque les poussera dans cette voie que vous leur déclarez libre, comment les arrêterez-vous? Le lien le plus solide, dit Stuart Mill, c'est le lien que l'intelligence se tresse à elle-même; sans doute, mais si c'est celui qui m'enchaîne le mieux, c'est aussi celui que je puis le mieux faire tomber: j'en ai les deux bouts dans ma main.

La « physique des mœurs » doit sans doute étudier les lois de l'intelligence, comme la physique naturelle étudie les lois de la vision: elle doit se rendre compte des illusions intellectuelles, comme la physique se rend compte des illusions d'optique. Mais elle ne peut, pas plus que la physique, s'appuyer sur ces illusions pour commander des actes réels. Les sciences physiques commanderaient-elles, par exemple, au voyageur de se diriger dans le désert vers l'oasis qu'un mirage lui fait apparaître? Un tel commandement, fondé sur une illusion d'optique, se trouverait en contradiction avec la réalité; de même pour les commandements de Stuart Mill, fondés, eux aussi, sur un mirage intellectuel et sur une apparente union des intérêts dans une société idéale.

On voit à quelle extrémité semble réduit Stuart Mill : il ne peut poser sa morale dans la théorie qu'à la condition de la détruire dans la pratique. On lui demande un équivalent de l'obligation; il en trouve un, mais ce principe n'agit efficacement sur nous qu'à condition d'agir à notre insu. Aussi, quelque étrange que la chose paraisse, cet utilitaire est dans l'impossibilité de voir fonctionner régulièrement le mécanisme de l'obligation qu'il nous décrit, si ce n'est chez ceux-là précisément qui ne sont point utilitaires. Plus vous croirez, en poursuivant le bien d'autrui, n'obéir qu'à une simple association d'idées, moins vous vous sentirez obligé de poursuivre le bien d'autrui; à mesure qu'augmentera votre foi dans le système, à mesure diminuera votre foi dans le devoir qu'il vous impose. Tant que vous ne serez qu'à demi convaincu, tant que vous n'embrasserez pas avec assez de force toutes les conséquences de la doctrine, vous pourrez rester désintéressé : à vrai dire, ce ne sera point par l'effet de votre système, mais bien par la faute de votre logique. Soyez plus « associationniste » que les associationnistes eux-mêmes ; affirmez mieux encore qu'eux l'illusion intérieure qui vous domine, et vous la dissiperez [1].

II. — A ce premier point de vue, l'utilitarisme tel que Stuart Mill l'a modifié semble insoutenable. Mais, dans cette recherche sur l'influence pratique de l'association des idées, nous n'avons pas encore tenu compte de la sensibilité. A la nécessité intellectuelle qui, d'après Stuart Mill, nous porte à identifier les intérêts, il faut ajouter la nécessité sensible ; une association d'idées, en effet, n'est jamais seule : il s'y attache un plaisir quand nous lui obéissons, une peine quand nous la violons.

La fin unique à laquelle, dès l'origine, se sont rapportées toutes nos actions, c'est, d'après Stuart Mill, le bonheur ; seulement, peu à peu, les actions habituelles accomplies par nous, et qui n'étaient que des moyens en vue de cette fin, se sont associées à l'idée que nous nous faisions de la fin même ; à cette association d'idées a correspondu une association de plaisirs : le plaisir enfin s'est déplacé, et au lieu de rester au delà de nos actions, comme un but extérieur à elles, il s'est confondu avec elles : ainsi est né le plaisir moral. « Ce serait une pauvre chose que la vie, s'écrie Stuart Mill, et bien mal pourvue des sources de bonheur, si les moyens en vue de la fin désirable ne finissaient pas par s'associer à cette fin même, ne lui empruntaient pas de son caractère désirable, et ne devenaient pas eux-mêmes

---

1. « Hamilton, » dit avec quelque naïveté Stuart Mill, « reconnaît qu'une « des sources les plus abondantes d'erreurs, c'est qu'on prend à tort des « associations d'idées pour des connexions réelles. Si cette proposition « est vraie, c'est surtout pour les associations où entrent nos émotions. « Quand nous éprouvons en présence d'un objet un sentiment vif, il « nous semble, à moins qu'il ne soit contredit par les sentiments vifs « d'autres personnes, qu'il suffit à sa propre justification (traduisez : à sa justification *morale*) ; nous croyons qu'il n'y a pas à en chercher « la raison, pas plus que l'explication de la chaleur que le gingembre « donne à la bouche : il faut presque être philosophe pour s'apercevoir « que nos sentiments ont besoin d'explication. » Ils ont besoin d'explication, d'accord ; mais vous voulez les expliquer par des associations d'idées qu'il ne faut pas avoir le malheur de « prendre pour des connexions réelles » ! Ne voyez-vous pas qu'en les expliquant ainsi vous courez grand risque de les détruire ?

agréables à son contact ». Aussi les associations d'idées ne produisent pas seulement une nécessité intellectuelle ; lorsque nous reproduisons dans nos actes l'ordre de nos idées, lorsque nous associons en agissant les mêmes choses que nous associons en pensant, cette harmonie de l'intelligence et de l'activité produit un plaisir, c'est-à-dire une nécessité sensible, qui est un principe d'obligation physique. Au contraire, lorsque par une lutte intérieure notre volonté s'oppose à notre intelligence, lorsque nous voulons rompre brusquement l'association fortifiée par l'habitude, nous éprouvons une sorte de déchirement intérieur ; et, si nous parvenons à rompre passagèrement l'association des deux idées, l'idée repoussée revient à la charge après l'action accomplie ; au dérangement de l'harmonie succède une sorte de protestation intérieure : de là vient ce qu'on nomme la douleur morale, le remords. Que l'association des idées soit toute subjective, qu'elle ne corresponde pas absolument à la réalité, il y a du moins, d'après Stuart Mill, une chose très-réelle : c'est le plaisir et surtout la douleur qui s'y attache. Dans cette douleur morale se trouverait le véritable principe de l'obligation utilitaire. « La sanction interne du devoir, « dit Stuart Mill, *quel que soit notre critérium, est toujours* « *unique et la même :* c'est un sentiment de notre âme, une « douleur plus ou moins intense accompagnant la violation « du devoir et, chez les natures morales bien dirigées, « s'élevant, dans les cas les plus graves, au point de les « faire reculer devant cette violation comme devant une « impossibilité ». La grande difficulté que rencontre, ici encore, le système de Stuart Mill, c'est la conscience de soi. Stuart Mill considère toujours l'homme du dehors et ne se met point, en quelque sorte, à sa place. Si l'homme est une machine, c'est du moins une machine qui a conscience d'elle-même et peut se modifier elle-même. Le remords, dites-vous, est une douleur résultant d'une association d'idées, une douleur résultant, en somme, d'une illusion. Mais, en premier lieu, votre système nous fait attribuer des causes physiques, déterminées et finies, à cette douleur que vous-mêmes déclariez revêtue d'un caractère d'infinité et d'incommensurabilité ; vous nous faites connaître et énumérer ces causes, vous nous les faites en quelque sorte toucher du doigt : par cela seul, ne voyez-vous pas que vous dissipez déjà l'illusion ? Ce que nous prenions pour l'absolu devient relatif ; la souffrance morale, qui nous apparaissait comme quelque chose de saint et de sacré, retombe au rang des phénomènes les plus vulgaires de l'âme. Il arrive alors à la douleur morale ce qui arrive à la douleur physique : une maladie inconnue n'est-elle pas plus terrible qu'une autre maladie, même plus dangereuse, mais connue? Expliquer un mal, c'est déjà le diminuer; et en effet, expliquer, c'est limiter, c'est restreindre entre des bornes précises : le mal qu'on connaît est réellement moins grand que celui qu'on ne connaît pas. De même pour le remords. Vous nous dites que, « chez les natures morales « bien dirigées, la douleur du remords s'élève à ce point de « les faire reculer devant la violation du devoir comme « devant une impossibilité; » si elles reculent ainsi, ne serait-ce pas parce qu'elles croient avoir devant elles non point une douleur comme toutes les autres, mais une douleur produite par une idée sans analogue, et qui, à vrai dire, ne leur semble plus simplement une douleur passive? Du moment où vous résolvez dans des éléments finis ce quelque chose d' « infini et d'absolu », vous faites disparaître le sentiment d'*impossibilité*, de *nécessité morale*. Je puis calculer mes remords et spéculer sur eux; l'obligation n'est plus qu'une question d'intensité; je puis, comme on dit vulgairement, marchander avec ma conscience.

Toute souffrance qui n'a pas une cause réelle dans le monde extérieur, ou qui n'a pas une raison intelligible dans le monde intérieur, disparaît en prenant conscience d'elle-même : tel est, dans votre doctrine, le remords.

Pourquoi donc respecterais-je une simple association d'idées, si dans le moment présent elle ne me donne pas le plus grand plaisir? Et pourquoi éprouverais-je la moindre souffrance en la rompant, puisque je sais que je ne romps pas autre chose qu'une association, puisque je ne sépare que deux idées, puisque je ne dissipe qu'une illusion et ne combats qu'une chimère? Peut-être, si je m'oublie moi-même, si j'oublie que je suis partisan de votre système, si je me laisse aller à l'habitude, si je me laisse dominer par l'inconscient, alors reparaîtra le vague souvenir d'un instinct repoussé, le vague sentiment d'une tendance latente contrariée : mais, tant que je me posséderai moi-même et que moi-même, par la conscience, je m'embrasserai tout entier, je ne ressentirai ni douleur, ni remords, ni rien de semblable.

Nous pouvons maintenant apprécier à sa juste valeur cette curieuse apologie qu'entreprend Stuart Mill dans son ouvrage sur l'*Utilitarisme :* « Il y a, dit Stuart Mill, une ten-
« dance à croire qu'une personne qui voit dans l'obligation

« morale un fait transcendantal, une réalité *objective* appar-
« tenant au domaine des *choses qui sont par elles-mêmes*, s'y
« soumettra plus volontiers que celle qui la croit pure-
« ment subjective et qui croit qu'elle n'existe que dans la
« conscience humaine. » Remarquons les termes défectueux
dans lesquels Stuart Mill pose la question : par *objectif* il
semble entendre *extérieur*, tandis qu'ici objectif signifie *réel*[1].
Notre moralité intérieure est-elle une *réalité*, ou bien une
illusion et une sorte de fantasmagorie? Voilà le problème.
Où donc est soulevée cette question de transcendance et
d'extériorité que Stuart Mill veut y introduire[1]? Qui nie que
l'obligation morale « n'ait d'existence que dans la conscience
humaine »? Ce qui est en question, parce que vous le niez,
c'est l'existence de cette conscience elle-même. Sommes-
nous des êtres moraux, ou ne sommes-nous qu'un tissu
d'idées associées? Quant aux « choses qui sont par elles-
mêmes », elles n'ont que faire ici; il ne s'agit pas de choses
extérieures, ni de conceptions métaphysiques abstraites : ma
moralité est-elle une vérité ou une chimère? Encore une
fois, voilà ce que je vous demande.

« Quelle que puisse être, répond Stuart Mill, l'opinion
« d'un individu sur cette question d'ontologie, la force qui
« réellement le meut est son propre sentiment subjectif, à
« l'intensité duquel cette force est exactement proportion-
« nelle. » — C'est encore répondre par la question. Que le
sentiment moral soit la force qui meut les hommes, nul ne
le conteste; ce qu'on conteste à bon droit, c'est que l'opinion des hommes sur l'existence réelle ou imaginaire de la
moralité ne modifie en rien leur sentiment moral. D'où
vient le sentiment de l'obligation? De la croyance à un
principe d'obligation; pensez-vous donc, oui ou non, qu'en
supprimant ce principe vous laisserez intact le sentiment?

Pour éclaircir la question, Stuart Mill prend un exemple,
la croyance en Dieu. « Chez personne, la croyance que le
« devoir est une réalité objective n'est plus forte que l'idée
« que Dieu en est une[2]. Pourtant, la croyance en Dieu, à
« part l'attente des peines et des récompenses positives,
« n'agit sur la conduite que par le sentiment religieux sub-

---

1. Si Kant a eu le tort de mêler au problème qui nous occupe une question de transcendance et d'immanence, de noumène et de phénomène, pourtant, d'après le sens même adopté par Kant, est objectif ce qui est simplement réel, est subjectif ce qui n'est pas réel.
2. Remarquons en passant qu'on peut nier ce fait : les Chinois sont presque athées, et peu de peuples ont eu une foi plus vive dans la réalité de la « loi morale ».

« jectif, et toujours en raison directe de la force de ce sen-
« timent. » — Qui en doute? Mais la croyance en Dieu disparue, le sentiment religieux subsiste-t-il donc? L'exemple est véritablement mal choisi. Si Dieu lui-même a besoin qu'on croie en lui pour qu'on le respecte, à plus forte raison ce dieu intérieur de dignité que chacun s'imagine porter en soi exige-t-il, pour commander à l'homme, que l'homme croie à sa réalité [1].

III. — On n'agit qu'en proportion de ce qu'on croit : agir, c'est affirmer; agir moralement, c'est affirmer un certain idéal de moralité par son acte même; comment donc affirmer d'une part ce qu'on nie de l'autre? « Savoir, c'est faire, » disait Aristote; on peut dire aussi que faire, c'est, sinon savoir, tout au moins croire. Peut-être y a-t-il une identité suprême entre ces deux choses : croyance et action. Le bien ne peut être fait qu'à condition d'être cru : il faut que la con-

---

1. « Les moralistes transcendantalistes », continue Stuart Mill dans son style un peu enchevêtré, « doivent naturellement penser que, si « un individu peut se dire : Ce qui me retient et ce qui se nomme ma « conscience est un sentiment qui n'existe qu'en mon âme, » — ajoutez : et qui n'a son principe réel ni en mon âme ni hors de moi; — « il pourra « peut-être en conclure que, lorsque ce sentiment cesse, l'obligation « cesse. » En effet; mais prenons garde : Stuart Mill intervertit l'ordre des termes; le sentiment de l'obligation ne cesse nullement tant que subsiste le principe de l'obligation, et c'est le principe de l'obligation qui, en disparaissant, fait disparaître le sentiment. Ceci posé, voyons la suite du raisonnement. « Cet individu, dit Stuart Mill, tirera cette conclusion « que, si ce sentiment le gêne, il peut ne pas en tenir compte et tâcher « de s'en débarrasser. » Rien de plus juste; il tâchera de se débarrasser de ce sentiment, non point seulement parce qu'il le gêne, mais parce qu'il n'a plus de raison d'être. « Mais ce danger, s'écrie Stuart Mill, ne se présente-t-il que dans la morale utilitaire? » Il ne se présente que dans les doctrines, quelles qu'elles soient et fussent-elles vraies, qui suppriment le principe de l'obligation. « La croyance que l'obligation « morale existe en dehors de l'âme » (traduisez : a son principe réel dans l'âme même) « rend-elle donc le sentiment de cette obligation si « fort qu'on ne puisse s'en défaire? » Nous voilà passés à côté de la vraie question! Curieuse dialectique qui, traînante et tournoyante, après bien des circuits et au moment où elle va atteindre la difficulté, l'évite au lieu de la résoudre. « *Dois-je obéir à ma conscience?* est, conclut Stuart Mill, une question que se posent tout aussi souvent des « gens qui n'ont jamais entendu parler du principe de l'utilité, que les « adhérents de cette doctrine. » (*Utilit.*, III, p. 45). Ce n'est pas cette question : *Dois-je obéir* à ma conscience, mais simplement celle-ci : Lui *obéirai-je* en fait? que se posent « ceux qui n'ont jamais entendu parler « du principe de l'utilité. » Quant aux adhérents de cette doctrine, la question qu'ils se posent est la suivante : Dois-je obéir à une conscience *qui n'existe pas?* dois-je obéir à un devoir *qui n'existe pas?* Et si la première question admet parfois une réponse négative, la seconde n'en admet jamais de positive. Jamais, sachant sans réserves, ou croyant sans aucun doute que la moralité n'est pas, je ne pourrai me sentir obligé à la moralité.

fiance au bien en aide l'accomplissement; il faut que le cœur meuve les membres, et on n'a la force de réaliser que ce qu'on affirme comme vrai.

Il y a trois manières d'affirmer : en pensée, en paroles et en actes. N'affirmer que par des paroles est facile; la traduction de la pensée en mots ne coûte qu'un mouvement des lèvres; cette facilité à affirmer en paroles fait qu'il n'est pas rare de se contredire. Mais traduire la pensée en actes demande plus d'effort, et par cela même plus de réflexion : l'affirmation, ici, est souvent le sacrifice.

Comment donc accomplir un tel acte à la légère? Dans cette affirmation suprême, il est absolument impossible de se nier et de se contredire. Quand on croit et qu'on nie à la fois, c'est qu'on ne réunit pas ces deux actes de la pensée sous un même acte de la conscience, c'est qu'on ne pense pas assez sa propre pensée. Contradiction, c'est inconscience. Sur certains problèmes de la conduite se concentre toujours la réflexion de la conscience, et sur ce point convergent les rayons de la lumière intérieure; toute ombre, toute incertitude, toute illusion disparaît; il ne s'agit plus de se tromper soi-même ni de se mentir à soi-même; une alternative parfaitement claire et absolument inévitable se pose devant la volonté : réaliser ce qui doit être, ou s'incliner devant ce qui est. Pour résoudre cette alternative, pour travailler à la réalisation de l'idéal, il faut au moins un moment de confiance, si court et si fugitif qu'il soit; dans ce moment, éclairés par la conscience et devenus en quelque sorte lumineux pour nous-mêmes, chassant de nous toute illusion, toute contradiction et tout mensonge, nous affirmons à la fois par la pensée la plus réfléchie et par la volonté la plus ferme la valeur suprême de l'idéal. A cette grande affirmation toutes les parties de l'être concourent; il n'y a point d'un côté ma raison, de l'autre côté ma sensibilité sollicitée par de vaines associations d'idées; plus de division ni de désunion entre mes facultés : je me saisis moi-même tout entier par la conscience; je m'efforce de saisir aussi tout entière par la raison l'idée que je crois supérieure, et tout entier je me donne à elle.

Non-seulement le système de Stuart Mill ne peut m'obliger, moi, être raisonnable, à me contredire et à mentir en affirmant dans mes actes la moralité que je nie dans ma pensée; mais encore ce système, par une singulière conséquence de ses principes, m'oblige en quelque sorte à l'immoralité. Désintéresse-toi, me dit-on ; non-seulement je réponds : Vous ne pouvez m'y obliger ; mais encore : Je ne puis pas, je ne dois pas me désintéresser. Votre doctrine est incapable de me fournir un moyen terme entre le désintéressement et l'égoïsme : si elle ne demande l'un, il faut qu'elle accepte l'autre. « On ne veut que ce qu'on désire, et on ne désire que son plaisir, » n'est-ce pas le principe que nous avons vu poser par Stuart Mill comme par Bentham? et ne peut-on pas dire à ces philosophes ce que le vieux Parménide disait aux métaphysiciens : « Vous ne sortirez jamais de cette pensée. » Si donc le plaisir d'autrui, comme nous venons de le voir, ne se confond pas absolument avec mon plaisir, il est de toute nécessité que le plaisir d'autrui soit sacrifié : je ne puis pas, je ne dois pas sacrifier le mien. Autant vaudrait proposer à un paralytique de courir. Je suis en quelque sorte lié au désir, qui s'attache lui-même au plaisir; je ne vais que là où il me mène, et s'il ne peut me mener à autrui, malheur à autrui. Il y a donc des choses qu'un partisan de Bentham et de Mill non-seulement n'est pas obligé, mais est incapable de prendre pour fin, et de ce nombre est tout désintéressement, si un plaisir ou une douleur quelconque ne le commande ou ne le compense, ne le ramène à un intérêt.

Stuart Mill, après s'être efforcé de parvenir jusqu'à l' « altruisme » en s'appuyant sur le mécanisme de l'association, retombe donc soudain, une fois ce point d'appui enlevé, jusqu'à l'égoïsme le plus absolu. C'est une sorte de chute dans le vide. Ou une conscience illusoire, ou rien ; pas de moyen terme : il peut agrandir sans cesse l'égoïsme, il n'en peut sortir ; avec Bentham, c'était l'égoïsme se comprenant et se calculant; avec Stuart Mill, c'est l'égoïsme inconscient et comme se faisant peur à lui-même. Mais ce dernier, pour peu que la clarté de la conscience intime intervienne, ne tarde pas à rentrer dans le premier et à s'y perdre.

En un mot, Stuart Mill cherche à *nécessiter* l'homme à la fois par le mécanisme intellectuel de l'association et par la douleur ou le plaisir sensible qui s'y attache. Mais cette nécessité *intellectuelle* et *sensible* disparaît dès que nous en prenons conscience. Bien plus, l'effort des associationnistes pour rendre nécessaire la moralité non-seulement échoue, mais, en échouant, aboutit à rendre nécessaire l'immoralité même.

CHAPITRE III

L'IDENTIFICATION ARTIFICIELLE DES INTÉRÊTS PAR L'ORGANISATION SOCIALE

L'ÉDUCATION ET LA RELIGION UTILITAIRES.

L'identification artificielle des intérêts par l'organisation sociale, principe ou équivalent de l'obligation selon Stuart Mill. — Socialisme de Stuart Mill.

I. — Comment Stuart Mill arrive à reconnaître la nécessité de refaire la société pour produire l'identité des intérêts. — Objection préalable : Comment agir en attendant l'organisation idéale de la société ? — La morale provisoire. — Comment l'idéal de Mill pourrait être surtout réalisé par des hommes qui ne seraient pas partisans de son système.

II. — L'organisation sociale, en la supposant réalisée, pourrait-elle produire l'union complète des intérêts, et conséquemment une sorte d'obligation physique. — 1º La solidarité est-elle parfaite entre l'intérêt social et l'intérêt individuel. — 2º Les intérêts individuels seraient-ils parfaitement solidaires entre eux. — 3º Les inégalités sociales disparaîtraient-elles et, avec ces inégalités, l'envie. — De l'emploi de la force pour suppléer aux imperfections nécessaires de l'organisation sociale. — Utopie sociale de Stuart Mill. — L'union des intérêts peut-elle résulter des intérêts mêmes. — La moralité, bannie de l'individu, pourra-t-elle se retrouver dans la société et rentrer par cette voie dans l'individu même. — Comment l'*organisation sociale* présuppose la *moralisation des individus*.

III. — L'éducation utilitaire. Puissance illimitée que Stuart Mill attribue à l'éducation. — L « entraînement » d'Owen. — 1º Réduction de l'individu à une machine. — Idée supérieure qu'on peut se faire de l'*éducation*. — 2º Cette machine fonctionnera-t-elle toujours au gré des utilitaires. — Comparaison avec les pensées de Pascal sur la coutume. — Aveux de Stuart Mill. — 3º Effets de l'éducation utilitaire dans la société ; despotisme et altruisme.

— Comment l'idéal utilitaire et altruiste a été réalisé en Orient. — Charité passive et machinale des bouddhistes.
IV. — La religion utilitaire. Comment Stuart Mill espère, de même qu'Helvétius, fonder une « religion de l'intérêt ». — 1° Le sentiment religieux peut-il se substituer au sentiment moral. — 2° Les utilitaires pourront-ils donner au sentiment religieux un objet suffisant.

I. — Stuart Mill, nous l'avons vu, est plus ou moins forcé de le reconnaître avec Bentham : le seul moyen d'associer d'une façon durable les intérêts dans la pensée, c'est qu'ils soient associés dans la réalité. Mais il ne peut se résoudre à admettre, comme Bentham, l'harmonie actuelle et naturelle des intérêts, il repousse l'optimisme exagéré de l'école économiste. C'est alors qu'il a recours à une ressource suprême ignorée de Bentham, déjà connue et mise en œuvre avec enthousiasme par Owen : l'*organisation sociale*, ou l'identification des intérêts par des moyens artificiels, telle que la poursuivent les écoles socialistes. « *Afin « de se rapprocher le plus possible de cet idéal*, l'utilité exige-« rait que les *lois* et l'*organisation sociale* missent, autant que « possible, le bonheur, ou, pour parler plus pratiquement, « l'intérêt de chacun en harmonie avec l'intérêt de tous[1]. »

Les intérêts des hommes ne sont pas en harmonie, disions-nous à Bentham et aux optimistes de l'école économique. — Nous les y mettrons, nous, répond maintenant Stuart Mill avec tous les partisans anglais contemporains de l'école socialiste. La société humaine est imparfaite ; nous la referons. Le mécanisme social fonctionne mal ; nous en réparerons les rouages. Vous nous dites que l'opposition des intérêts qui existe en fait passera toujours malgré nous de la pratique dans la pensée et de la pensée dans l'action ; attendez : nous ferons disparaître cette opposition naturelle des intérêts qui vous inquiète ; leur harmonie, œuvre de l'art social, ne tardera point à passer du monde dans l'homme. Attendez : une noble tâche nous est réservée ; c'est celle de réaliser le bonheur sur la terre, et non pas le bonheur d'un seul ni de quelques-uns, mais le bonheur de tous les hommes et de tous les êtres. Attendez ; la science sociale n'est pas seulement une science qui constate et observe, elle n'est pas seulement une économie politique ; c'est une science qui construit et crée, c'est une législation et une politique ; sa plus belle fonction n'est pas

---

1. Stuart Mill, *Utilit.*, loc. cit.
GUYAU.

de découvrir les lois qui règlent le monde économique, mais, ces lois découvertes, de s'en servir pour refaire ce monde, de répandre partout la richesse et le bonheur, et en même temps que la richesse, en même temps que le bonheur, l'honnêteté qui en est inséparable. Sans doute nous ne possédons pas, dans le présent, des moyens absolument efficaces pour lier et obliger l'humanité à son devoir; mais la vieille morale a encore pour de longues années de vie : les préjugés ont de profondes racines, et on les ébranle plutôt qu'on ne les arrache. Jusqu'à ce que la société soit transformée, il n'y aura guère de benthamistes conséquents ou influents; et une fois qu'elle sera transformée, il pourra y en avoir sans danger. Si l'association des idées ne constitue pas en quelque sorte une obligation définitive, elle en peut du moins constituer une provisoire, et c'est tout ce qu'il nous faut en attendant l'organisation idéale de la société. Telle est la bienfaisance de la nature, qui est, elle aussi, utilitaire : elle ne fait disparaître l'erreur même que lorsque l'erreur a cessé d'être utile.

A vrai dire, répondrons-nous, les doctrines passent plus vite de la théorie à la pratique que ne semblent le croire les partisans de Bentham et de Mill. Vous posez cette majeure : « Chacun, au fond, ne suit et ne doit suivre que « son plaisir »; ne vous étonnez pas si, sans attendre votre organisation idéale, je tire immédiatement cette conclusion : « Lorsque, en fait, mon plaisir s'oppose au « vôtre, je dois sacrifier le vôtre ». Ce qui caractérise la morale anglaise contemporaine, c'est qu'elle déduit de son principe, dans l'idéal, des conséquences toutes contraires à celles qu'il comporte dans la réalité; soit; mais enfin sommes-nous dans l'idéal ou dans la réalité? En attendant l'idéal, où chaque homme aurait la liberté de penser et d'écrire, Helvétius n'avait-il donc pas raison, au point de vue du pur intérêt, de renier publiquement devant la censure les principes qu'il affirmait plus que jamais en secret? La Mettrie, courtisan de Frédéric le Grand, réalisait aussi sa propre doctrine. Enfin Volney, acceptant, après avoir flétri le coup d'État de brumaire, une place au sénat impérial, n'était pas non plus infidèle aux principes de l'intérêt. Chez des hommes conséquents (et les Français, en général, le sont plus que les Anglais), les principes doivent porter leurs conséquences : or, du principe de l'égoïsme comment tirer autre chose que des conséquences égoïstes?

On ne peut guère poser aux hommes des règles provisoires, comme celles que Descartes s'était prescrites en attendant qu'il eût trouvé sa méthode. Même en politique, le provisoire fatigue et irrite; en morale, il devient impossible. Nous attribuons à chacun de nos actes moraux un caractère définitif; je ne me désintéresse pas *en attendant;* je ne me sacrifie pas en attendant l'organisation sociale où l'on ne se sacrifiera plus; si, pour contribuer à cette organisation idéale, il est besoin d'un seul sacrifice véritable, nul partisan convaincu et conséquent de Bentham et même de Mill n'est capable d'accomplir ce sacrifice en connaissance de cause, et la réalisation de l'idéal restera éternellement impossible, s'il n'est pour le réaliser que des êtres absolument esclaves de leurs désirs et de leurs intérêts.

Suivons pourtant jusqu'au bout Stuart Mill : sortons avec lui du présent, ne parlons que d'avenir et perdons-nous avec ce penseur dans des spéculations sur l'idéal.

Cette grande idée d'une organisation sociale, que les utilitaires anglais et français n'ont pas peu contribué à répandre [1], nous n'avons ici à l'examiner que d'un point de vue tout spécial et dans ses rapports avec l'obligation. Peut-on, en organisant la société, obliger en quelque sorte physiquement l'individu? — Telle est la nouvelle forme d'un problème qui, jusqu'ici, se transforme sans cesse sans se résoudre, comme une équation qui se traduirait en d'autres équations sans parvenir à une solution définitive. Il ne s'agit pas de savoir si l'organisation sociale est possible; ce qu'on demande, c'est s'il est possible que cette organisation seule parvienne à unir complètement mon intérêt, d'abord avec celui de la société entière, puis avec celui de chaque individu. En un mot, organiser les intérêts, est-ce les identifier?

II. — L'école anglaise conçoit l'organisation sociale sur le modèle des organismes vivants où les lois de la vie entraînent une si complète solidarité des parties. Or, de ce point de vue, chaque individu, chaque membre de la société peut être considéré sous deux aspects : soit comme un *organisme* particulier, où tout est disposé en vue d'une fin spéciale et personnelle, soit comme *l'organe* d'un corps immense, le corps social, organe qui devrait être entièrement subordonné à la fin générale de ce corps. Mais, d'une part, chaque *organisme* tend à s'approprier toutes choses

---

1. Voir dans notre *Morale d'Épicure* le chapitre sur Helvétius.

autour de lui, à emprunter aux milieux environnants tout ce qu'ils peuvent lui donner, à se nourrir en quelque sorte de toute la sève sans en rien laisser pour les autres organismes. D'autre part, dans un *organe* véritable, rien ne doit être distrait et détourné de la fin poursuivie en commun ; l'organe est fait non pour lui-même, mais pour le corps qu'il sert. S'il est chargé de recueillir une part de la vie, ce n'est pas pour la retenir, mais pour la distribuer. De là, entre l'individu considéré comme organisme particulier et l'individu considéré comme simple organe du corps social, une sorte d'antinomie mécanique et physiologique qui n'est que la reproduction sous une nouvelle forme de l'antinomie économique déjà constatée plus haut. Résoudre cette antinomie, tel serait l'objet de l'organisation sociale.

On peut dire d'abord que l'organe le meilleur, le plus parfait, c'est celui qui, lui-même, est un organisme en petit : le membre le plus précieux, c'est celui qui, lui-même, est tout un corps; en ce sens, l'être qui sert le mieux la fin générale serait celui-là même qui sert le mieux sa fin spéciale. De là un premier accord entre l'intérêt de l'organisme social et l'intérêt de l'organisme individuel. Le corps social aurait pour condition la santé de tous les individus; la société devrait chercher son bonheur dans le bonheur propre de chacun et dans la condition indispensable de ce bonheur, la liberté. Tandis que, dans un mécanisme brut, qui est un tout de fer et de matière, il faut serrer l'écrou autour de chaque rouage et ne permettre à aucun de s'écarter de la place qui lui est assignée, au contraire, dans les mécanismes conscients où les hommes sont les rouages, on peut avec avantage laisser à ces rouages pensants une liberté d'allures relativement étendue. Le meilleur moyen de subordonner un rouage conscient au mécanisme, c'est donc d'une part de le laisser le plus libre possible, d'autre part de lui fournir le plus généreusement possible ce qu'il cherche avant tout et ce pour quoi sa liberté même n'est qu'un moyen : le plaisir. L'aisance, la facilité des mouvements, qui était dans les mécanismes inférieurs eux-mêmes une condition indispensable de l'élégance et de la beauté, devient ainsi, dans les organismes supérieurs, la condition indispensable de l'existence même.

Voici maintenant ce qu'on peut objecter à cette conception. Il est bien vrai que la perfection du corps social exige de plus en plus qu'aucun membre ne soit sacrifié. La société se voit de plus en plus forcée, pour que tous les individus travaillent efficacement à son bonheur, de travailler elle-même, en s'organisant mieux, au bonheur de tous les individus. Mais cette solidarité qui attache de plus en plus l'intérêt de la société à celui de ses membres lie-t-elle avec la même force et dans la même proportion l'intérêt des membres à celui de la société ? En supposant qu'il soit de l'intérêt de la société, une fois réorganisée, d'avoir à son service les individus les plus libres et les plus heureux possibles, sera-ce toujours l'intérêt de ces individus de *servir* dans tous les cas la société ? Ici va renaître, même dans la société idéale, l'antinomie que nous avions voulu écarter.

Quoi qu'en disent les partisans de Mill, il n'y a pas et il ne saurait y avoir des rapports organiques de réciprocité parfaits entre l'individu et la société. Le *plus grand intérêt* de l'État, accordons-le jusqu'à nouvel ordre, est l'intérêt des individus ; mais le *plus grand intérêt* des individus n'est pas toujours celui de l'Etat. L'Etat, par exemple, est intéressé à posséder les meilleurs soldats, les mieux nourris, les mieux entretenus, peut-être même les plus heureux ; mais dira-t-on que le plus grand intérêt des soldats, c'est toujours de rester soldats et d'agir en soldats, surtout le jour du péril ? Evidemment l'individu a et aura toujours, dans certains cas, moins besoin de conserver l'ordre social que la société n'a besoin qu'il le conserve. La dépendance est plus étroite d'un côté que de l'autre. Plus un organe est parfait, mieux il ébauche un organisme indépendant et, en conséquence, plus il peut se détacher aisément de l'organisme principal. Donc, plus un individu est nécessaire à la société, moins la société lui est parfois nécessaire à lui-même. Le prix de tous pour chacun semble ainsi décroître en certains cas, à mesure qu'augmente le prix de chacun pour tous.

La difficulté que rencontre le système utilitaire pourrait se formuler ainsi : — Il n'y a qu'une *fin* désirable et prévalente pour l'individu d'une part et pour la société de l'autre : c'est son bonheur propre ; or, pour obtenir le plus grand bonheur idéal de la société, le seul moyen dans l'avenir, sinon dans le présent, c'est d'obtenir le bonheur de chaque individu, tandis que, pour obtenir le plus grand bonheur de l'individu, le bonheur social n'est et ne sera jamais dans tous les cas le seul moyen.

C'est qu'en définitive il y a toujours une partie de moi-même qui reste en dehors de la société, à l'écart des évènements bons ou mauvais qui l'atteignent. Par ce côté, je puis toujours posséder un bonheur relatif, alors même que la société où je vis serait malheureuse, comme dans un port on reçoit affaiblies les secousses de l'Océan ; par ce côté aussi, je puis toujours être malheureux, aussi longtemps que la collection ne jouira pas d'un bonheur absolu et parfait ; c'est là qu'on voit que mon individualité, en entrant dans la collection, ne s'y absorbe pourtant pas tout entière, qu'elle a sa vie à part, à demi sujette et à demi indépendante. Or, au besoin, qui empêchera l'individu de se réfugier et de se retrancher dans cette partie de lui-même où nulle loi de l'organisme social ne pourra vous faire pénétrer ?

Sans doute, grâce à une organisation meilleure, vous pouvez rendre les organes du corps social de plus en plus heureux, de plus en plus satisfaits de leur sort ; mais comment voulez-vous que l'individu n'aspire pas toujours à être quelque chose de plus qu'un organe ? Vous pouvez rendre les fonctions de chaque organe de plus en plus faciles, de plus en plus avantageuses ; mais empêcherez-vous jamais qu'il y ait, dans le corps social comme dans le corps humain, des fonctions plus basses et des fonctions plus hautes ; or, celui qui accomplit la fonction basse désirera toujours accomplir la fonction haute.

Aussi, à l'antagonisme de la société, même idéale, avec l'individu, se joint l'antagonisme de chaque individu avec un autre individu quelconque. Ce que vous possédez, ajouté à ce que je possède, formerait un tout dont ce que je possède est la partie : ce tout, étant plus grand, est plus désirable que la partie. Qu'y pouvez-vous faire ? Ce que vous avez, ce que votre main tient, ma main ne le tient pas. Nous ne sommes point dans un monde purement spirituel ni dans une cité céleste ; nous sommes dans le monde de la matière, où le bien de chacun est limité par celui des autres et où toute limite appelle invasion. Ce n'est pas tout. Même dans la plus parfaite des organisations sociales, les intérêts individuels demeureront encore enfermés non-seulement entre des limites, mais entre des limites d'inégale étendue, et à la séparation des intérêts s'ajoutera toujours l'inégalité. Car enfin, malgré tous ses efforts, l'organisation sociale ne pourra espérer niveler toutes les inégalités sociales. Ici encore, il faut compter avec les lois de la physique ; il faut se souvenir que dans le monde sensible rien n'est semblable, que chaque molécule, chaque atome, chaque monade, de quelque nom qu'on l'appelle, renferme, en même temps qu'un élément d'unité, un élément de diversité; que ces molécules, en s'assemblant, en s'organisant, restent diverses; que les organes qu'elles produisent restent eux-mêmes divers, accomplissant diverses fonctions, régies par diverses lois. Chaque organe, chaque fonction du corps social conserve et conservera toujours, quoi qu'il advienne, ce cachet de diversité. Or, diversité, au point de vue sensible, c'est inégalité. N'avons-nous pas vu que les benthamistes conséquents sont réduits à ne voir dans les choses rien que de la *quantité* et à bannir toute considération de *qualité*? Eh bien, dans le domaine de la quantité, une chose ne peut être diverse qu'à condition d'être inégale. Votre fonction dans la société n'est pas la même que la mienne; il y a donc de grandes chances pour qu'elle soit supérieure ou inférieure. Votre bonheur n'est pas tiré des mêmes objets, n'a pas les mêmes conditions ni le même aspect que le mien; il est bien difficile qu'il lui soit égal. Et du moment où votre bonheur m'apparaîtra comme plus grand que le mien, je le désirerai, je désirerai être à votre place; et si je ne puis me mettre à votre place qu'en vous en chassant, pourquoi ne l'essayerais-je pas? Comment emprunter au monde des intérêts, principe même des inégalités, le moyen de les faire disparaître? On pourra les atténuer par des expédients, non les effacer. Or, si atténuée que soit une inégalité, elle choque toujours le sentiment et tente le désir.

— Sans doute, objecteront les partisans de Stuart Mill, les limites plus ou moins inégales qui séparent les impénétrables intérêts ne disparaîtront pas entièrement dans notre société idéale. Non; mais, en premier lieu, tout le monde, du plus au moins, y sera heureux; ou, si vous voulez, personne n'y sera malheureux : c'est déjà beaucoup. Il y a en effet une limite aux désirs de l'homme : si ce que je possède me suffisait parfaitement, je désirerais moins à coup sûr ce que vous possédez. Si mon bonheur peut se représenter par un chiffre très-élevé, le chiffre de votre bonheur, fût-il supérieur, me paraîtra peu enviable : même en arithmétique, la différence constante de deux sommes devient relativement de moins en moins importante, à mesure que ces deux sommes deviennent plus grandes; l'agent moral, comme le calculateur, négligera donc de plus en plus la différence qui existe entre le bonheur de l'un et celui de l'autre; l'organisation sociale, par cela seul qu'elle aura augmenté le bonheur, aura diminué l'envie. — Elle ne l'aura pas fait disparaître, — direz-vous. Sans doute; mais nous avons un autre remède : c'est la force publique. Dans une société abandonnée au jeu naturel des lois économiques, vous avez eu raison de le soutenir, la force publique est impuissante à étouffer l'opposition des intérêts; il y a un écart naturel trop considérable entre l'intérêt de l'un et l'intérêt de l'autre pour qu'on puisse les maintenir toujours rapprochés et unis. Mais, en réfutant les économistes, vous n'avez pas réfuté les socialistes. Lorsque, grâce à l'organisation sociale, les intérêts se toucheront presque, c'est alors que la force pourra avec succès accomplir la parfaite coïncidence que l'organisation sociale aura déjà préparée. Le misérable qui n'a rien à risquer n'a rien à craindre; au contraire, plus l'homme est heureux, plus il a à risquer, plus il a conséquemment à craindre, plus il se conformera aux règles de morale qu'il verra protégées par la force et par l'opinion. Ainsi, à mesure que la sphère d'action et de bonheur réservée à chaque individu deviendra plus large, chaque individu sortira plus rarement de cette sphère pour envahir celle d'autrui; plus les mouvements de chacun seront libres, moins ils se contrarieront entre eux. La facilité physique que l'individu éprouvera à satisfaire ses besoins et ses intérêts rendra moralement difficile le désir d'empêcher autrui d'agir de même. A mesure que croîtra le progrès, cette facilité d'une part, cette difficulté de l'autre iront aussi en croissant; les moralistes, passant comme les géomètres *à la limite*, peuvent donc prévoir un moment où le bonheur sera si facile à obtenir pour soi, si difficile à enlever aux autres, que toute lutte entre les intérêts, devenue contraire aux intérêts eux-mêmes, disparaîtra à la fois par la force des choses et par la force sociale; les intérêts finiront alors par se confondre, la paix par régner, et les commandements de la loi morale par acquérir sur chacun une si grande puissance obligatoire que nul ne songera plus à les violer.

Ainsi peuvent parler les partisans de la réorganisation sociale, parmi lesquels Stuart Mill se range lui-même dans son *Autobiographie* posthume. Mais cette sorte de passage *à la limite* que les utilitaires veulent opérer, ont-ils le droit de l'opérer?

Les intérêts se rapprochent, — d'accord; — ils iront se rapprochant de plus en plus, — je l'espère; — la nature, cherchant sans cesse à se changer, à se corriger, *tendra* par elle seule et sans l'intervention visible d'aucun élément supra-physique à effacer les inégalités, les différences et les divisions qu'elle crée elle-même entre les êtres, — je le crois. Mais tant que cette *tendance* ne se sera pas entièrement réalisée, tant que la nature en s'organisant selon vos vues ne se sera pas entièrement refaite, tant que vous ne l'aurez pas refaite vous-mêmes en totalité, tant qu'il restera la moindre divergence entre les intérêts, je demeurerai encore en partie dégagé de l'obligation que vous voulez m'imposer et que vous ne pouvez rendre complète. Passer à la limite est possible en géométrie : le géomètre opère sur des figures idéales, qu'il construit lui-même dans sa pensée; or, la voie de l'esprit est libre, la pensée peut marcher devant elle à perte de vue, et atteindre d'un bond cette limite devant laquelle s'arrête impuissante la réalité. Mais, en fait, un polygone réel, par exemple, ne sera jamais un cercle. De même, on peut affirmer que jamais mon intérêt ne sera le vôtre, ni votre intérêt le mien. La réalité sensible, pas plus que la réalité géométrique, n'arrivera jamais au point de coïncidence; il faudra donc toujours, pour y arriver, un élan de la pensée et de la volonté que ne peut comporter votre système. Il faudra toujours que je conçoive, au-dessus de la société où je vis, une société plus parfaite encore où je pourrais vivre, au-dessus de l'organisation sociale qui m'entoure, une organisation plus admirable, — ou plutôt quelque chose de supérieur à toute organisation purement matérielle, à tout ce qui essaye de rapprocher les intérêts du dehors et de modifier la nature par des moyens physiques au lieu de la transformer par l'intérieur.

Pour que je ne pusse rien envier aux autres, et pour que les autres ne pussent rien m'envier, il serait nécessaire que chaque individu jouît d'un bonheur *absolu;* dans ce cas seulement, il n'y aurait plus pour personne nul mobile qui le poussât à rompre l'ordre public. Chacun posséderait tout ce que les autres possèdent, les inégalités sociales disparaîtraient, le bonheur d'un seul serait absolument identique au bonheur de tous; ce serait un seul et même bonheur éprouvé par différentes personnes, par le portefaix et l'homme de lettres, par l'homme de lettres et le soldat. Ce serait la perfection réalisée sur la terre, et non pas cette perfection relative que nous montrent dans un lointain idéal Stuart Mill et M. Spencer, mais une perfection absolue. Chaque homme verrait comblés en lui non-seulement ses propres désirs, relatifs à la fonction particulière qu'il exerce dans la société, par exemple le désir qu'éprouve le portefaix d'avoir de fortes épaules, mais encore tous les désirs qu'il pourrait former en voyant d'autres les former ; de sorte que chaque être verrait satisfaits sans obstacles, en lui les plaisirs des autres, et dans les autres ses propres plaisirs. L'absolu bonheur peut seul ne rien envier aux autres bonheurs ; l'absolue richesse peut seule ne rien emprunter aux autres richesses. Mais qui ne voit que, en perfectionnant les *relations* établies entre les hommes, on ne pourra qu'augmenter indéfiniment leur bien-être, sans jamais produire et réaliser ce bonheur absolu, ce souverain bien, que cherchait la philosophie antique et que l'école anglaise moderne est encore réduite à chercher ?

Et qu'on n'espère pas que, même sans atteindre jamais cet idéal, l'humanité s'en rapprochera cependant assez pour qu'on puisse, à un moment donné, ne plus tenir compte de la minime distance qui l'en séparera. L'agent moral hésitera toujours avant de sacrifier une si petite quantité que ce soit de son intérêt, d'autant plus que cette quantité, petite relativement à la masse, peut être pour lui très-grande. Vous ne pouvez obliger l'homme à une fraction près. Tant que vous n'aurez pas changé assez radicalement l'ordre de l'univers pour que le bonheur d'autrui soit devenu entièrement identique au mien, cette « pente vers soi », dont parle Pascal et à laquelle vous-mêmes vous m'engagez à céder, emportera vers moi seul et vers mon seul intérêt toutes mes actions et toutes mes pensées.

Ajoutons que l'espoir de réaliser, par la voie même de l'égoïsme, l'idéal d'une parfaite société altruiste, où serait appliquée universellement « la règle d'or de Jésus de Nazareth (golden rule) », semble une utopie.

Les relations extérieures des hommes sont le produit de leurs croyances intérieures ; l'état mental de la société est comme la projection au dehors de l'état mental des individus. Ce qu'on ôte à l'individu, on ne le retrouvera donc pas dans la société ; en vain vous réunirez tous ces hommes dont chacun pris à part ne possède que l'égoïsme, en vain vous organiserez leurs rapports, en vain vous les placerez vis-à-vis l'un de l'autre dans toutes les situations possibles ; comment voulez-vous, en les assemblant et en les mêlant de toutes manières, produire ce qui n'existe en aucun d'eux ? Il ne faut pas se contenter de dire, comme Stuart Mill :

« Telle société, tels hommes; telle organisation sociale, « telle moralité »; il n'y a là qu'une moitié de la vérité. Ce sont surtout les hommes qui font la société ce qu'elle est; l'état social est, à chaque moment de l'histoire, l'exacte reproduction de l'état moral; les rapports des hommes entre eux expriment rigoureusement les rapports des hommes avec la loi intérieure. Aussi ne peut-on séparer la réforme sociale de la réforme morale; on ne peut dire aux hommes d'agir *comme s'ils* avaient tels droits et tels devoirs avant de leur avoir démontré qu'ils les possèdent. Loin que l'organisation sociale puisse nous donner le désintéressement, elle aurait besoin, pour réussir, d'être acceptée de tous, même de ceux à qui elle imposerait un sacrifice provisoire, d'être voulue par tous au nom des droits qu'elle sauvegarderait; la vraie organisation sociale aurait besoin de correspondre à une moralisation sociale.

III. — Stuart Mill lui-même semble avoir compris que « le sentiment de l'obligation morale », comme il s'exprime, ne pouvait naître tout entier de l'organisation sociale; aussi fait-il appel à une dernière ressource. Organiser la société ne suffit pas, mais ne pourrait-on pour ainsi dire organiser l'individu? On opérerait alors sur son caractère même, et non pas seulement sur ses rapports avec les autres hommes. Puisqu'on n'a pu emprunter à rien d'extérieur, à nulle relation sociale, à nul rapport d'intérêts, le sentiment de l'obligation, on tenterait un dernier moyen, et on tâcherait d'insinuer ce sentiment au fond même de l'âme par l'*éducation*.

L'éducation, voilà en effet d'après Stuart Mill, comme d'après Helvétius, le salut de l'utilitarisme. Marquons nettement cette position nouvelle qu'est forcée de prendre la doctrine anglaise, aux formes si multiples et si mobiles, sorte de Protée qui, malgré ses métamorphoses, s'est jusqu'ici embarrassé toujours dans les mêmes liens. Comment amener et obliger l'homme, par l'intérêt même, au désintéressement? — Telle est l'éternelle question qui se pose toujours.

La première réponse a été celle-ci : — Le principe de l'obligation est une association d'idées *naturelle*, qui unit dans l'intelligence l'intérêt personnel à l'intérêt général. — Mais cette association naturelle d'idées, ne se trouvant pas finalement conforme aux faits, se dissout en prenant conscience d'elle-même.

La seconde réponse a été celle-ci : — Puisque la réalité sépare les intérêts que rapproche l'association des idées, il faut transformer la réalité ; il faut, en *organisant* les intérêts, arriver à les identifier en fait. — Mais nous avons reconnu que l'organisation sociale demeurait impuissante à opérer cette identification effective.

Alors l'école anglaise, forcée de repasser encore du domaine de la réalité dans celui de la pensée, tente une troisième réponse ; elle a de nouveau recours à l'association des idées, mais, cette fois, à une association *artificielle*, qui non-seulement ne correspond pas aux choses préexistantes, mais encore ne vient pas des choses, et qu'introduit en nous la main habile de l'instituteur, de l'*éducateur*. Après que l'organisation sociale aura complété la nature, l'éducation individuelle complétera à son tour l'organisation sociale ; elle agira directement sur l'homme même, au lieu d'agir sur les rapports des hommes entre eux. C'est une sorte de socialisme psychologique. Association *naturelle* des idées, organisation sociale, et enfin association *artificielle* des idées : tels sont donc les trois degrés que parcourt nécessairement la pensée des partisans de Bentham ou de Mill, et au moyen desquels ils croient pouvoir remplacer l'obligation morale [1]. Pour Stuart Mill comme pour Helvétius, l'éducation a ce double avantage qu'elle peut tout et qu'elle sert à tout ce qu'on veut. Au lieu de voir dans l'éducation un simple secours, une aide passagère prêtée aux facultés de l'individu, une sorte de surplus ajouté à l'être, ils y voient le fondamental et l'essentiel. Elever, ce n'est pas développer, c'est inculquer ; ce n'est pas féconder des germes, c'est en semer. Celui qu'on veut instruire est une sorte de patient, dont l'inertie laisse plein et entier pouvoir à l'instituteur ; il n'a que ce qu'il reçoit, et on ne lui donne que ce qu'on veut bien lui donner ; on le façonne, sans qu'il puisse se changer lui-même ; on le lance dans n'importe quelle direction, sans qu'il puisse s'imprimer à

---

1. « L'utilité exigerait (outre l'organisation sociale) que l'éducation et
« l'opinion, qui exercent tant de pouvoir sur le caractère des hommes,
« employassent leur puissance à associer indissolublement dans l'esprit
« de chaque individu son bonheur au bien de tous... De cette façon, non-
« seulement personne ne *pourrait concevoir* la possibilité d'un bonheur
« personnel d'accord avec une conduite opposée au bien général, mais
« aussi chaque individu aurait pour premier mouvement et pour mobile
« ordinaire d'action le désir de contribuer au bien de tous, et les
« sentiments qui s'y rattacheraient prendraient une large et importante
« place dans les sentiments de tous les êtres humains. » (Stuart Mill, *Utilit.*, *loc. cit.*)

lui-même un mouvement par sa seule et libre volonté. « La faculté morale, dit Stuart Mill, est susceptible, si « l'on fait suffisamment agir les sanctions extérieures et « la force des premières impressions, d'être développée « pour ainsi dire *dans toute direction* : il n'est presque « rien de si absurde et de si nuisible qui ne puisse, grâce « à ces influences, acquérir sur l'âme humaine toute l'au- « torité de la conscience [1]. » Il n'y aura presque rien non plus de si difficile et de si contraire aux instincts égoïstes qui ne puisse, grâce aux mêmes influences, acquérir la même autorité. La conscience, n'étant qu'un écheveau d'associations, se fait ou se défait, se brouille ou se débrouille au gré du législateur : ce dernier, maître de l'éducation, tient donc pour ainsi dire tous les fils qui font mouvoir l'automate humain.

Mais, en premier lieu, on peut se demander si les partisans d'Helvétius, d'Owen et de Stuart Mill ont bien compris le véritable rôle de l'éducation. L'éducation, suivant l'étymologie même du mot, c'est l'art qui tire du fond de l'être tout ce qu'il renferme pour l'amener à la lumière et à la vie, qui en développe simultanément toutes les puissances, qui aide son élan vers sa fin, et en un mot l'élève. Or, en ce sens, ce que l'éducation doit surtout s'appliquer à développer, c'est la personnalité, c'est le pouvoir de se saisir soi-même dans l'action et à travers la passion, c'est la conscience de soi. Si l'éducation a réellement pour but de mettre en œuvre toutes les facultés de l'être, le meilleur moyen qu'elle puisse employer, c'est de les amener toutes à la réflexion ; pour être tout entier soi-même, il faut en effet se voir et se savoir tout entier, il faut comprendre son prix et sa valeur, sentir sa dignité. Ainsi entendue, l'éducation n'est autre chose, au fond, que la mise en possession de soi.

Ce noble rôle de l'éducation a trop échappé aux utilitaires. A leurs yeux l'éducation, au lieu d'avoir son but dans l'être même, a son but en dehors de lui ; il s'agit pour eux de faire servir l'être à l'utilité générale et, selon l'expression d'Owen, de *l'employer*. Il faut donc que nulle force de l'individu ne soit perdue pour la société, que tout en lui soit tourné vers le dehors et approprié à une fin externe. Aussi, ce qu'on développera avant tout dans l'homme, ce seront les penchants, et en particulier les passions sociales

---

[1]. *Utilit.*, ch. III.

ou altruistes. En tant qu'être conscient et raisonnable, l'individu reste indépendant, se conduit lui-même et va où il veut, non pas toujours où les utilitaires socialistes veulent qu'il aille; en tant qu'être sensible, au contraire, il reste le docile instrument de ceux qui ont su manier et façonner ses passions; il est bien plus facile d'*employer* artificiellement la sensibilité que la raison. C'est donc sur la sensibilité qu'on agira. Pour cela il n'y a qu'un moyen : on l'habituera, on l'accoutumera dès l'enfance à toutes les actions comme à tous les rites prescrits par l' « altruisme » : l'éducation sera une sorte d'initiation, destinée à précéder et à préparer une pratique aveugle et routinière. Ainsi, pour exciter les penchants sympathiques, on emploiera le mécanisme de l'habitude; mais, par là, peu à peu on diminuera dans l'homme la part de la conscience et de la volonté raisonnable, en augmentant celle des tendances inconscientes et de la fatalité. Voulant faire de l'homme un moyen en vue du bonheur social, voulant le réduire au rang d'instrument, nos réformateurs ne tardent pas à s'apercevoir que l'instrument le meilleur, dans certains cas, c'est celui qui pense et veut le moins : ils s'efforcent donc, pour ainsi dire, de réformer la nature et de faire à l'homme le cœur plus gros que la tête. Le but final de l'éducation, pour eux, c'est d'apprendre à se laisser dominer par certaines fatalités sensibles, à suivre certains instincts altruistes; éducation, c'est, suivant l'expression même d'Owen, « entraînement », domination, nécessité. *Elever* de cette manière, en dernière analyse, ne serait-ce pas abaisser?

Il est curieux de voir « l'entraînement », tel que voudrait le pratiquer l'école de Mill, déjà décrit et vanté par un penseur du xviie siècle chez qui se trouve le germe de bien des théories contemporaines, Pascal. Seulement, Pascal prend ce moyen de conversion pour ce qu'il est : il ne se fait point d'illusion ; s'il en prise l'utilité, il en méprise la bassesse, et, s'il en conseille l'emploi, c'est une occasion pour lui, de confondre avec plus d'ironie la raison humaine, qu'il croit contrainte à employer un tel moyen. « Il ne faut pas se méconnaître, dit-il ; nous sommes auto« mate autant qu'esprit ; et de là vient que l'instrument par « lequel la persuasion se fait n'est pas la seule démonstra« tion... La coutume fait nos preuves les plus fortes et les « plus crues; elle incline l'automate, qui entraîne l'esprit « sans qu'il y pense... Quand on ne croit que par la force

« de la conviction, et que l'automate est incliné à croire
« le contraire, ce n'est pas assez. Il faut donc faire croire
« nos deux pièces : l'esprit, par les raisons, qu'il suffit
« d'avoir vues *une fois en sa vie*; et l'automate, par la cou-
« tume, en ne lui permettant pas de s'incliner au con-
« traire [1]. » Nous avons vu Stuart Mill conseiller « d'asso-
« cier surtout par l'éducation le bonheur de chaque individu,
« à ces *manières d'agir* que prescrit le respect du bonheur
« universel. » C'est de même, mais avec plus de précision,
que Pascal disait à l'incrédule : « Prenez de l'eau bénite,
« faites dire des messes, etc. Naturellement cela vous fera
« croire et vous abêtira [2]. » — Abêtir, dans le sens large où
Pascal prenait ce mot, c'est-à-dire réduire l'être humain au
rôle d'instrument passif, « plier la machine » sans s'occuper de la pensée, faire dominer les instincts sur la conscience et la volonté, en un mot réintégrer la bête dans
l'homme, : tel est bien, au fond, le secret de l'éducation
trop exclusivement et trop grossièrement utilitaire. —
S'abêtir! direz-vous avec l'adversaire que Pascal prend à
partie; « mais c'est ce que je crains. — Et pourquoi?
vous répondront avec Pascal les partisans de Bentham;
« qu'avez-vous à perdre? » Il ne s'agit pas ici d'un vain
idéalisme, mais de réel bonheur; s'il faut s'abêtir pour
être heureux et faire des heureux, n'hésitez pas.

Toutefois, l'éducation ainsi entendue offre un premier
inconvénient. Réduite au rôle de moyen, elle peut servir
indifféremment à des fins bonnes ou mauvaises; elle peut
entraîner l'homme vers le bien ou le mal, l'utile ou le nuisible. Or, il est une fin à laquelle cette sorte d'éducation
tendra toujours par la force même des choses. S'appuyant
dans l'âme sur la fatalité des penchants et de l'instinct au
lieu de s'appuyer sur la raison, on peut dire qu'elle inau-
gure et assoit une sorte de despotisme intérieur; de ce despotisme intérieur sortira tout naturellement un despotisme
extérieur : l'esprit, concevant la société comme il se conçoit lui-même, éprouvera le besoin de personnifier dans des
hommes les forces sous l'empire desquelles il se meut, et
il demandera, au dehors comme au dedans, quelque chose
qui soit capable de « plier la machine ». Aussi peut-on se
demander si une telle éducation n'inclinerait pas à produire et à servir toutes les tyrannies, si elle n'en serait pas

---

1. *Pensées*, art. X, 4.
2. *Pensées*, art. X, 1.

à la fois la cause la plus irrésistible et l'instrument le plus sûr. Là où l'individualité disparaît, on ne tarde pas à voir apparaître la servitude, et l'abaissement moral engendre l'abaissement politique, qui l'exploite et l'accroît encore.

L'idéal que nous propose ici la morale à la fois égoïste et altruiste a été déjà en partie réalisé, même par des morales qui s'inspiraient d'un autre principe. Cette sympathie passive, cette vertu d'habitude et de rite, cet altruisme devenu un besoin, qu'est-ce autre chose que la vertu prêchée et pratiquée par les bouddhistes dans certaines parties de l'Orient? La religion de Bouddha diffère peu sous ce rapport de la morale du bonheur, et elle a produit les mêmes effets. Résignation, oubli de soi-même, douceur, charité passive : tel est bien l'idéal qu'on trouve réalisé dans ces villes de l'Indo-Chine où un vol est une rareté et un crime un sujet d'étonnement. Mais cette résignation inerte, cet oubli de soi-même qui est en quelque sorte involontaire, cette douceur molle, cette charité machinale recouvrent un réel abêtissement, une servitude intellectuelle et politique sous la domination des préjugés et sous le gouvernement des prêtres. Le progrès de la pratique morale et en quelque sorte du rite moral cache une dégradation de la moralité même. Comme on fabrique en Orient des « machines à prier », on fait de l'homme une machine à bien agir, et c'est l'éducation qui en fournit le grand rouage.

Est-il rien de plus dangereux, en général, qu'un système d'éducation nationale où l'Etat façonnerait les individus non pour eux-mêmes, mais pour lui-même, non pour développer leur valeur, mais pour servir sa propre utilité, et qui se changerait aisément en un système d'exploitation? Est-il rien de plus dangereux, en outre, que de comprendre comme à rebours l'éducation et, au lieu de développer avant tout le sentiment de la personnalité pour ennoblir les penchants, de développer les penchants aux dépens de la personnalité? On peut dire qu'Helvétius, au moment même où il s'élevait avec le plus de force contre le despotisme et la servitude, travaillait sans s'en douter à les ramener par son système d'éducation. On peut dire aussi que Stuart Mill, cet ami si sincère de la liberté civile et de l'individualisme, travaille pourtant à faire disparaître la liberté et à effacer l'individualité. C'est d'ailleurs ce que, lui-même, il semble reconnaître avec franchise. Après avoir exposé ce qu'il entend par l'idéal de la morale utilitaire, et après avoir parlé de la solidarité qu'il voudrait voir établie entre les hommes, il ajoute : « Il faudrait craindre, non que cette solidarité « fût insuffisante, mais qu'elle devînt *excessive, au point de* « *nuire à la liberté et à l'individualité humaine* [1]. »

Ce n'est pas là le seul danger qu'offre l'éducation poussée à ce point ; si on parvenait à l'éviter, il s'en présenterait un autre tout contraire et non moins grave.

Supposons que l' « entraînement » dont parle Owen n'ait pas un plein succès, que l'être qui y est soumis ne devienne pas une simple machine gouvernée par l'habitude et par l'association des idées, qu'il garde encore sa personnalité et fasse un libre usage de sa raison, alors il faudra compter avec cette personnalité et cette raison ; l'association artificielle, produite par l'éducation, rencontrera les mêmes obstacles et de plus grands encore que l'association naturelle, produite par la simple habitude.

En premier lieu, ce n'est pas chose facile de créer, chez un être conscient et raisonnable, une association artificielle entre la vertu et l'intérêt. On n'habitue pas à la vertu comme on habitue à une foule d'actes insignifiants, par exemple à porter des gants ou des boucles d'oreilles. L'effort que l' « éducateur » déploie pour créer une association aussi importante, s'il vient à être connu, la détruit. L'idée d'artifice s'associe à l'association même et en neutralise l'effet. L'homme n'est pas une cire molle qu'on façonne à son gré ; car, s'il vient à se douter qu'on le traite comme une cire molle, il se durcira soudain contre l'empreinte dont on veut le marquer. Vous pouvez donc le convaincre par des raisons ou le dompter par la force, mais vous ne pouvez l'entraîner par l'habitude à des actes pénibles qu'à la condition qu'il n'en sache rien ; et cette condition n'est pas facile à remplir. Comme nous l'avons montré plus haut, une association qui ne correspond pas entièrement à la réalité, qui n'est pas véridique et conséquemment rationnelle, une association qui n'est en quelque sorte qu'une mystification, perd toute autorité auprès d'un être raisonnable. Ce qui n'est pas rationnel, ce qui n'apparaît pas comme vrai ou comme bon, n'oblige plus. Pascal, plus pénétrant que les benthamistes, l'avait compris. « La coutume, disait-il avec les partisans de l'association des idées et de l'éducation, fait toute l'équité ; » mais il ajoutait que, si elle fait ainsi le juste et le bien, c'est à cette condition qu'on ne sache pas qu'elle le fait. « Le peuple, disait-il, suit la coutume par cette seule

[1]. *Utilit.*, ch. II.

« raison qu'il la croit juste : sinon, il ne la suivrait pas,
« quoiqu'elle fût coutume, car *on ne veut être assujetti qu'à*
« *la raison ou à la justice*. La coutume, sans cela, passerait
« pour tyrannie ; mais l'empire de la raison et de la justice
« n'est non plus tyrannique que celui de la délectation [1]. »

C'est donc en vain qu'on voudrait saisir les hommes dès l'enfance et, selon les paroles de Calliclès, « les charmant « et les domptant comme de jeunes lions », s'efforcer, en associant et en combinant leurs idées, de produire en eux la vertu : l'association des idées, naturelle ou artificielle, œuvre de l'expérience ou œuvre de l'éducation, ne peut pas suffire à lier un être conscient ; elle ne pourrait agir que sur de pures machines, si les machines pouvaient avoir des idées ; quant à l'homme, il ne veut être assujetti qu'à la « raison ou à la justice ».

IV. — Les partisans de Stuart Mill et d'Helvétius feront une dernière fois appel à l'association des idées, à l'éducation, aux institutions, à l'opinion, et, en s'appuyant sur elles, on s'efforcera d'établir, d'enseigner, de répandre partout une « religion » de l'intérêt public ; afin de rendre plus sacré l'intérêt, on le déifiera ; ce sera l'expédient suprême. La morale utilitaire sera transformée en religion. La foi, qui, dit-on, transporte les montagnes, pourra nous fournir le mobile tout-puissant dont nous avons besoin. « Je crois, » dit Stuart Mill reproduisant une pensée chère à Auguste Comte, « je crois qu'il est possible de donner « au service du genre humain, — même sans le secours « d'une croyance en une Providence, — et le pouvoir « psychologique et l'efficacité morale d'une religion, et « cela en le faisant s'emparer de la vie humaine et colorer « toute pensée, tout sentiment et toute action, de telle ma« nière que le plus grand ascendant exercé jamais par « aucune religion n'en est que le type et l'avant-goût [2]. »

De nouvelles questions se posent alors. En premier lieu, le sentiment religieux peut-il se substituer au sentiment moral et la foi religieuse à la foi morale ? En second lieu, l'utilitarisme peut-il fournir à la foi et au sentiment religieux un objet suffisant ?

— Ce qui frappe dès l'abord, dira-t-on, dans le sentiment religieux, c'est son étroite ressemblance avec le sentiment

---

1. *Pensées*, VI, 40.
2. *Utilit.*, ch. III.

moral. L'un et l'autre offrent un caractère d'obligation pressante ; l'un et l'autre se résolvent dans deux éléments principaux, le respect et l'amour ; ne pourrait-on donc les substituer l'un à l'autre ? — Nullement. En effet, ils ne restent semblables qu'à condition de rester unis. Qu'on sépare le sentiment religieux du sentiment moral et qu'on garde l'un en rejetant l'autre, on verra bientôt le sentiment religieux s'altérer et se corrompre. Ce sentiment, ayant son origine et son objet dans quelque chose de supérieur à l'individu, tend, dès qu'il n'a plus pour complément ou correctif le sentiment de la dignité, à abaisser l'individu devant cet objet supérieur, à le rendre passif, inerte et faible. Le sentiment religieux ne peut donc remplacer le sentiment moral absent.

Passons du sentiment religieux à l'objet même de ce sentiment. Que penser de la divinité nouvelle proposée à l'homme par les utilitaires ? — L'utilité n'est qu'un rapport logique de moyens à fin ; le plaisir lui-même se réduit pour notre intelligence à un rapport entre nos nerfs et les mouvements extérieurs. Dans ces rapports, la pensée ne peut trouver rien de religieux. Le bonheur que je prépare, le plaisir que je fais naître, tous ces effets que je produis à l'aide de causes que je connais et que j'emploie, je n'en puis faire l'objet de ma religion. Si encore c'étaient des images, des symboles. Mais il n'y a en eux rien qui annonce ou rappelle quelque chose de supérieur, rien que je puisse adorer pour autre chose. Il faudrait, pour qu'ils m'apparussent comme divins et infinis, que ma pensée s'y épuisât sans pouvoir en sortir, comme semble s'y épuiser mon désir ; mais ma pensée s'élève plus haut, et mes désirs mêmes se portent plus loin. L'humanité ne croit pas uniquement en ce qu'elle sent ; son suprême idéal n'est pas la réalité dans ce qu'elle a encore de grossier, et ses dernières espérances cherchent à dépasser la simple idée de plaisir.

Toute la difficulté que l'on éprouve à fonder une religion du plaisir s'accroît et s'exagère encore lorsque, pour obéir à cette religion, il faut se désintéresser, se sacrifier. Comment le dieu des utilitaires produira-t-il ce miracle ? Vous voulez attacher ma religion et ma foi à un objet relatif, extérieur et inférieur. Mais, relatif pour relatif, *mon* bonheur ne vaut-il pas autant, ne vaut-il pas plus que le vôtre ? Qu'y a-t-il de divin dans votre bonheur que je ne retrouve mieux encore dans le mien ? Qu'est-ce que vos sensations ont de plus religieux que les miennes ?

Si le bonheur est un dieu, de quel droit voulez-vous que j'anéantisse le dieu en moi pour le faire triompher en vous? Chacun de nous sera un dieu pour soi. Le *bonheur*, pris généralement, est une abstraction ; l'*intérêt général* est une abstraction : il y aura autant de dieux réels qu'il y a d'intérêts et de bonheurs particuliers.

Et si vous objectez que, ce qu'il y a de divin et de religieux dans le bonheur social, ce n'est pas ce bonheur seul, mais l'acte de sympathie et d'amour par lequel on se donne soi-même à ce bonheur, je demande ce qu'il y a de divin dans l'acte de désintéressement si ce n'est la bonne volonté qu'on y met? Et si, comme vous l'affirmez, ce désintéressement se ramène en fin de compte à de l'intérêt égoïste, en même temps disparaît pour ainsi dire la religiosité de l'acte. Ainsi, voulant compléter votre morale par la religion, vous vous apercevez que votre religion même aurait besoin d'être complétée par la morale.

Somme toute, c'est un pauvre dieu que l'égoïsme, — l'égoïsme du genre humain aussi bien que le mien : on n'ennoblit pas le plaisir pur et simple quand on se le figure répandu sur une plus grande quantité d'êtres ; ce qui seul pourrait l'ennoblir, ce serait l'acte même de le répandre et de le donner, si cet acte révélait une spontanéité intime. Enfin, la vie humaine elle-même serait assez digne de pitié si la seule idée de plaisir parvenait à « s'emparer d'elle et « à colorer toute pensée, tout sentiment et toute action ».

Ce n'est donc pas assez de vouloir susciter la croyance religieuse, il faut lui donner en nous-mêmes, non au-dessus de nous, un objet digne d'elle, et l'utilité ou le bonheur n'est pas cet objet. La vraie et immanente religion, supérieure à tous les cultes mystiques et transcendants, à toutes les théologies, ne saurait être qu'un agrandissement de la morale. On ne fait pas un dieu de ce dont on n'a pu faire pour la pensée un idéal et un objet de respect.

CHAPITRE IV

L'ORGANISME MORAL ET L'INSTINCT MORAL

PRINCIPES DE L'OBLIGATION D'APRÈS CH. DARWIN ET SPENCER

I. — Le sens moral et l'hallucination. — Retour de l'utilitari-me au « *sens moral* », résidant dans un véritable organe moral, produit par les traces que laissent dans l'organisme les habitudes héréditaires. — Théorie de Darwin et de Spencer. — Réduction du sentiment moral à une hallucination ou obsession. — Comment Darwin et Spencer entreprennent néanmoins de fortifier et de développer le sentiment moral pour en faire un moyen de contrainte intérieure et remplacer ainsi « l'obligation morale » des kantiens. — Etude psychologique et physiologique de l'influence exercée par la conscience et par la volonté sur les hallucinations. — 1° Hallucinations inconscientes. — 2° Hallucinations conscientes. — Dans quelle catégorie rentrent les sentiments moraux, tels que le remords. — La conscience de leur caractère illusoire pourra-t-elle 1° les affaiblir, 2° les détruire et nous guérir ainsi de la moralité.

II. — L'instinct moral et son organe. — La conscience ne pourrait-elle supprimer l'organe moral lui-même et l'instinct dont il est le siége. — Théorie de Darwin sur les instincts. — Comment l'intelligence, en aidant l'instinct, le détruit peu à peu et le remplace. — Raisons de ce fait. — Application à l'instinct moral. — Effet de la réflexion sur cet instinct. Comment elle lui enlève sa nécessité. — Comment l'utilitaire conscient de son instinct moral pourra s'en débarrasser, laissant aux autres le soin de sauvegarder la société. — Confirmation de la théorie par les faits de l'histoire naturelle. — Les fourmis paresseuses. — Observations recueillies dans les prisons.

La sociologie et la psychologie n'ont pu suffire à l'école anglaise; elle va faire appel dans ses infatigables évolutions à d'autres sciences : la physiologie et l'histoire naturelle.

C'est la doctrine du *sens moral* qui, au premier abord, semble la plus opposée à la doctrine des penseurs anglais contemporains. Bentham s'acharnait contre la théorie de Shaftesbury et de Hume, comme si elle eût été avec la sienne en une irrémédiable contradiction. C'est pourtant vers cette doctrine du *sens moral*, modifiée à l'aide des données de la science physiologique, que semblent incliner par la force des choses les plus récents représentants de l'école anglaise.

Nous avons, selon M. Spencer, un instinct moral acquis par l'expérience, transformé par l'évolution et transmis par l'hérédité. Cet instinct est devenu un véritable sens moral. « De même que, selon moi, dit M. Spencer, « l'intuition de l'espace possédée par un individu vivant a « été le fruit des expériences organisées et consolidées des « individus qui l'ont précédé et qui lui ont légué leurs orga« nisations nerveuses lentement développées, de même je « crois que les expériences d'utilité, organisées et conso« lidées à travers toutes les générations passées de la race « humaine, ont produit des modifications nerveuses corres« pondantes qui, par transmission et accumulation conti« nues, sont devenues chez nous certaines facultés d'intui« tion morale, certaines émotions répondant à une conduite « juste ou injuste, qui n'ont aucune base apparente dans les « expériences d'utilité individuelle [1]. »

---

1. *Lettre à Stuart Mill*, citée par M. Bain (*Ment. and mor. science*, p. 721). — Et ailleurs : « Si, par les progrès de l'espèce et par l'expérience qu'ils « ont acquise des effets de leur conduite, les hommes n'avaient peu à « peu formé des généralisations et des principes de morale ; si ces prin« cipes n'avaient été, de génération en génération, inculqués par les « parents à leurs enfants, proclamés par l'opinion publique, sanctifiés « par la religion... ; si, sous l'influence de ces moyens puissants, les « *habitudes ne s'étaient modifiées*, et si les sentiments qui y correspondent « n'étaient devenus *instinctifs;* en un mot, si nous n'étions pas devenus « des êtres *organiquement moraux*, il est certain que la suppression des « motifs énergiques et précis édictés par la croyance reçue serait suivie « de résultats désastreux. » (*Premiers Principes*, p. 126.)

Ces pages de M. Spencer renferment l'idée maîtresse qui domine son ouvrage sur les *Bases de la morale évolutionniste*. Une théorie aussi originale a eu un grand retentissement en Angleterre, un moindre en France ; elle a donné lieu des deux côtés de la Manche à de nombreuses objections. Nous voudrions ici d'une part la défendre contre quelques-unes de ces objections trop superficielles, d'autre part indiquer ce qu'elle nous semble à nous-même avoir d'exagéré, et rechercher le vrai rôle que joue l'hérédité dans la formation du caractère moral.

On a objecté à M. Spencer que jamais les « expériences d'utilité » personnelle ne pourront fournir rien qui ressemble à un sentiment impersonnel, comme le sentiment de la justice, de l'amour d'autrui, etc. Cette objection roule sur une confusion dans les termes mêmes. Lorsque M. Spencer parle des « expériences d'*utilité* organisées à travers les

Pour Stuart Mill, c'était tel individu donné qui, en associant ses propres idées de telle manière, se nécessitait à telle ou telle action. Doctrine insuffisante pour produire une nécessité durable ; car, ce que je fais moi-même, je puis le défaire ; ce que j'associe moi-même, je puis le séparer. M. Spencer va plus loin. D'après lui, la douleur ou le plaisir, qui s'associent à tel ou tel acte, ne viennent pas de nous seulement ; plus haute et plus lointaine est leur origine : ceux-là mêmes qui nous ont engendrés, les ont engendrés en nous. En effet, la loi de l'association n'a-t-elle pas agi sur ceux qui nous ont précédés non moins que sur nous?

générations humaines », il s'agit évidemment de l'utilité *générale* comme de l'utilité *personnelle*. Les « expériences » et les « généralisations » de nos ancêtres portaient non moins sur l'intérêt de leur famille ou de leur tribu que sur leur intérêt propre. Dès l'origine de l'humanité se sont formés quelques sentiments altruistes, et c'est pour cela que nous retrouvons ces sentiments grossis à l'infini dans la société actuelle. Il ne faut pas (comme semble par exemple le faire M. Husson [*Macmillan Magazine*, 1869]) prêter à M. Spencer la pure doctrine de Bentham.

Des objections d'un autre ordre à la théorie de M. Spencer ne nous semblent pas non plus porter juste. Dans cette théorie, dit Ch. Darwin (dont l'opinion diffère d'ailleurs assez peu de celle de M. Spencer) une foule de coutumes invétérées devraient devenir héréditaires, par exemple l'habitude des femmes musulmanes de sortir voilées, ou encore l'horreur des juifs et des musulmans pour les viandes impures.— On peut répondre que ces coutumes bizarres et souvent contre nature (car les femmes ont toujours aimé à montrer leur visage, et la viande de porc n'est pas moins appétissante que les autres), ces coutumes, dis-je, ne peuvent pas laisser de traces bien profondes dans l'esprit, et ces traces, si elles existaient, s'effaceraient rapidement dans un autre milieu. Entre les diverses tendances que nous lègue l'hérédité, il se produit une lutte pour la vie, analogue à celle que Ch. Darwin constate dans tout l'univers. Les plus fortes, et principalement celles qui sont pour ainsi dire dans le sens du développement vital, sont les seules à l'emporter. Il est peu probable, par exemple, qu'une Chinoise transportée en naissant dans nos pays éprouve jamais le besoin qu'on lui fasse aux pieds une opération douloureuse. Toutes ces coutumes ne vivent que par le milieu et l'éducation : ôtez-les de leur milieu, le flot de la vie les emporte.

Pour nous, ce qui nous semble sujet à contestation dans la théorie de M. Spencer, c'est la manière dont il se représente le rôle de l'hérédité dans la formation du caractère moral. Que l'hérédité agisse avec force sur notre caractère, c'est évident ; mais comment s'exerce cette action? est-elle aussi tranchée, aussi exclusive que paraît le croire M. Spencer? Il semble, à l'entendre, qu'elle peut toute seule, abstraction faite du milieu et de l'éducation, nous donner les principes de notre moralité. Quand il nous parle de « certaines facultés d'intuition morale », il a tort, selon nous, d'emprunter à la doctrine de l'intuitionisme mystique un langage vicieux. Veut-il dire que l'hérédité fournit à l'homme l'intuition immédiate du bien et du mal, la détermination fixe des actes moraux et immoraux? S'il en était ainsi, M. Spencer en reviendrait à ce qu'il y a de plus insoutenable dans la vieille doctrine du « sens moral », à savoir que nous apercevons par une sorte de vue intérieure le bien et le mal, comme nous distinguons par les yeux le noir du blanc. L'innéité des idées morales ne nous semble pouvoir être acceptée en aucune manière, même si on la ramène à l'hérédité. Peut-être d'ailleurs n'est-ce

n'a-t-elle pas réglé les rapports de leurs idées entre elles, de leurs désirs entre eux ? Ces associations, peu à peu, ont pris corps ; l'esprit a imprimé aux organes un pli qu'ils ont gardé et transmis jusqu'à nous. C'est ce que M. Spencer appelle « l'organisation des expériences » ou leur transformation en une structure organique. Aussi trouvons-nous toutes faites dans notre cerveau, comme une série de lois établies d'avance par les générations antérieures, ces associations qui doivent dominer nos actes et devenir maîtresses de notre vie. Comme nous ne les avons point créées, nous ne pouvons les détruire ; comme nous ne les avons

pas là la vraie pensée de M. Spencer. Néanmoins, il faut le dire, on est porté de nos jours à admettre la toute-puissance de l'hérédité comme on admettait au siècle dernier la toute-puissance de l'éducation : en morale, en politique, on l'invoque à tout propos ; c'est sur l'hérédité qu'on s'appuie pour justifier les idées aristocratiques, le droit des races et toutes les théories que le langage commun désigne sous le nom de « réactionnaires ». M. Spencer lui-même, sans tomber dans ces excès ni en politique ni en morale, prend cependant plaisir à opposer l'hérédité à l'éducation, et restreint énormément en faveur de la première le pouvoir de la seconde. Selon lui, la foi aux effets de l'enseignement intellectuel est « une des superstitions de notre époque », et d'autre part l'enseignement moral à lui seul n'est pas moins inefficace ; la force la plus puissante est l'habitude transformée par l'hérédité.

Ne pourrait-on dire que les moralistes anglais contemporains jugent un peu trop de l'homme par l'animal, chez qui les habitudes héréditaires offrent quelque chose de si net et de si automatique ? Telle action est prescrite à l'animal par l'instinct d'une manière aussi précise que dans les dix commandements de Dieu : il l'accomplit rigoureusement, scrupuleusement, à moins qu'un autre instinct, non moins précis lui-même dans ses commandements, ne se mette à la traverse. Nos chiens de chasse apportent en naissant un savoir acquis ; les chiens d'Amérique, importés d'Europe il y a des siècles, ont appris à leurs dépens la tactique à employer pour chasser les pécaris ; ils n'ont plus besoin qu'on la leur apprenne et triomphent dans la lutte là où un chien récemment venu d'Europe se fait déchirer tout d'abord : c'est là l'avantage des bêtes, de n'avoir point à rapprendre certaines choses ; c'est comme si nos enfants savaient lire en naissant.

Quand de l'animal on passe à l'homme, on trouve bien des différences. Là, de nouveaux éléments doivent entrer en ligne de compte. Sans parler ici de la volonté morale admise par les uns, rejetée par les autres, notre sensibilité et notre intelligence, si prodigieuses à côté de celles des animaux, suffisent à tout modifier. Grâce à elles, l'influence du milieu physique et moral s'accroît considérablement (dans le milieu moral rentre l'éducation) : nous sommes ouverts à un nombre indéfini d'impressions qu'ignorent les animaux ; dans ce milieu hétérogène et résistant, l'hérédité morale se transmet évidemment avec plus de difficulté. En outre, chez l'homme, l'intelligence intervient, réduit en système et ramène à des principes abstraits les instincts moraux les plus concrets ; or, si l'on en vient à croire qu'on obéit à une *raison* quand on obéit à un instinct héréditaire, l'instinct lui-même, devenant inutile, tendra à s'effacer pour faire place au raisonnement. Enfin, dans la société humaine, les relations des êtres se compliquent de plus en plus ; d'où il s'ensuit que les vertus morales se compliquent dans la même proportion ; or l'hérédité, toute-puissante quand il s'agit de faire accomplir à l'animal un acte déterminé, perd la plus grande partie de sa

point mises en nous, nous ne pouvons les en arracher : elles ont des racines d'autant plus inébranlables qu'elles s'enfoncent plus avant dans le passé. A vrai dire, ce n'est pas moi-même qui m'oblige ou, plus exactement, qui me nécessite, et ma volonté seule n'aurait point ce pouvoir ; la nécessité morale n'est que la manifestation en moi d'une puissance qui m'est antérieure et supérieure, la puissance du passé ; ce sont ceux qui m'ont précédé, mes pères et mes aïeux, qui en quelque sorte m'obligent à travers le temps ; moi-même, à mon tour, j'obligerai les générations futures. Les êtres se poussent mutuellement au bien de tous ;

force quand il s'agit de transmettre à l'homme des vertus aussi abstraites en elles-mêmes et aussi variées dans leurs effets que le sont par exemple la justice, la tempérance, etc.

On a souvent invoqué, pour montrer la force irrésistible de l'hérédité morale, l'exemple de certaines passions, de certains vices héréditaires ; un dipsomane peut engendrer toute une famille de dipsomanes ; de même pour la manie de l'assassinat, du viol ou du vol (V. M. Ribot, l'*Hérédité*). Mais précisément ce sont là autant d'actes déterminés et toujours les mêmes, analogues à ceux que l'hérédité fait accomplir aux animaux. Il ne faut pas confondre ici l'hérédité des instincts immoraux et dépravés avec celle des instincts moraux, ni conclure par analogie des uns aux autres. Les premiers sont tout simplement des penchants animaux éclatant tout à coup chez l'homme ; de là leur violence parfois irrésistible ; au fond, ils sont le symptôme d'un état anormal du cerveau, d'un manque d'équilibre dans l'organisme ; ils ne sont pas très-fréquents ; ce sont des exceptions, des maladies mentales. Au contraire, la moralité consiste dans l'harmonie et l'équilibre de toutes les tendances inférieures ; elle est l'affranchissement des instincts animaux et même en général de toute passion violente. Aussi croyons-nous que l'hérédité doit prendre en face d'elle une nouvelle forme, et qu'ici elle se manifeste rarement par des tendances très-déterminées. Un fiévreux a l'instinct de boire, instinct bien net et déterminé, tandis qu'un homme plein de santé n'a pas l'instinct de dépenser sa force en soulevant tel ou tel fardeau plutôt que tel autre.

La moralité est la santé morale ; nous la croyons parfaitement transmissible comme elle ; mais nous croyons qu'*en général*, et dans la moyenne des cas, la moralité héréditaire ne nous porte pas plus que la santé physique à tels ou tels actes, qu'elle nous fournit bien peu de ces « intuitions mystérieuses » dont parle M. Spencer, bien peu de ces jugements *a priori* sur le juste et l'injuste. Chez l'homme, l'hérédité transmet plutôt les linéaments vagues, les germes indistincts d'une faculté nouvelle que cette faculté même ; elle n'agit pas dans le détail ; elle agit bien plutôt en gros, sur l'ensemble du caractère. Nous n'héritons pas, comme on pourrait le croire en lisant M. Spencer, d'un code tout fait, nous fixant d'avance notre conduite ; mais nous héritons d'un certain nombre de sentiments avec lesquels, sous l'influence du milieu et de l'éducation, nous faisons nous-mêmes ce code moral.

Il se produit pour le caractère la même chose que pour l'intelligence. Aucun de nous ne naît avec les théorèmes de géométrie tout démontrés dans la tête ; aucun de nous ne porte inscrits dans le cerveau, comme dans un phonographe, un certain nombre d'airs de musique ; et cependant il est des personnes ayant de très-fortes dispositions naturelles pour la géométrie ou la musique. De même en ce qui concerne la morale : certains enfants naissent sans doute avec des dis-

chaque mouvement que je fais vers la fin commune y entraîne ceux qui me suivront. Le passé meut et dirige le présent ; le présent meut et dirige l'avenir.

Loin donc que le sentiment de l'obligation puisse se ramener à la conscience d'une prétendue liberté morale, il semble qu'on pourrait ainsi le définir, d'après la pensée de M. Spencer : la conscience du déterminisme réciproque par lequel nos ancêtres nous nécessitent au bien social et par lequel nous nécessitons au bien nos descendants.

La théorie de M. Spencer, si perfectionnée qu'elle soit, peut-elle ici nous suffire ?

Les « modifications nerveuses » dont parle M. Spencer,

---

positions vagues pour la pitié et les vertus affectives, pour le courage et les vertus personnelles ; mais ce sont là des tendances générales, des capacités, nullement des préceptes particuliers ; de plus, ces tendances dans la plupart des cas se développent lentement, et au milieu de ce développement laborieux un rien peut les arrêter. D'une part, là où manque telle ou telle capacité héréditaire, l' « éducateur » est réduit à l'impuissance ; d'autre part, là où cette capacité existe, on peut l'oblitérer et la supprimer assez facilement. Elevez une jeune Canaque comme une jeune fille européenne ; il est évidemment impossible que vous arriviez à lui communiquer la délicatesse de sentiments et l'élévation d'idées que vous communiquerez à l'autre : ceci montre bien l'impuissance où se trouvent l'éducation et le milieu à suppléer tout d'un coup à l'hérédité ; moralement, un sauvage éprouve autant de difficulté à rivaliser avec un Européen qu'il en aurait physiquement à devancer une locomotive. Mais renversons les termes : supposons un de nos hommes les plus célèbres par son humanité ou sa charité transporté en naissant chez les anthropophages d'Afrique ou d'Océanie : le bon abbé de Saint-Pierre, par exemple, l'auteur du projet de paix perpétuelle, ne tardera pas à trouver que la guerre a cette utilité incontestable de procurer une nourriture bien plus succulente et plus abondante que d'habitude. Saint Vincent de Paul, habitué dès sa naissance à voir abandonner les malades avec une sorte de terreur superstitieuse, quelquefois à les voir étrangler pour en finir plus vite, ne songera jamais à fonder un ordre de sœurs garde-malades (l'un des rares ordres religieux qui aient eu quelque utilité). De même, Mozart ou Haydn, nés chez les Hurons ou même chez un peuple d'une civilisation déjà avancée, comme les Chinois, joueront peut-être merveilleusement du tam-tam ; mais ils ne s'élèveront guère plus haut. Il faut au génie intellectuel, comme à ce génie moral qu'on appelle la bonté, des instruments pour s'exercer et se développer ; il faut qu'il soit aidé, provoqué ; il a besoin d'une certaine atmosphère où il puisse vivre ; il faut qu'il puisse tout ensemble se comprendre et être compris. De là vient que, même au sein de notre civilisation, et sans que nous nous en doutions, de hautes intelligences et de nobles caractères se trouvent chaque jour arrêtés dans leur développement, étouffés par le milieu où ils vivent ; les uns sont empêchés de penser, les autres d'agir. La Fontaine, notre grand poète, s'est ignoré lui-même jusqu'à quarante ans ; combien facilement il eût pu s'ignorer toute sa vie ! Sans cesse l'hérédité a besoin de l'occasion, de la fortune, cette déesse que les anciens adoraient ; elle a besoin de l'art et de la science, qui, par l'éducation, la règlent ou l'effacent à leur gré ; en un mot, elle est impuissante à diriger en tel ou tel sens précis la vie et les actions humaines ; c'est une force souvent aveugle, qui, combinée

en se répétant à travers les âges, ont façonné le cerveau et y ont produit peu à peu un véritable « organe moral », invisible et pourtant analogue aux organes des sens. Quand ce sens moral, résultant de la structure héréditaire du cerveau est choqué ou satisfait, il donne naissance à des douleurs et à des plaisirs très-réels, qu'on pourrait appeler les *sensations morales* plutôt que les *sentiments moraux*. Un acte de violence, par exemple, qui blesse l'organe moral, produit la peine; un acte de sympathie produit le plaisir. Mais, quelque réels que soient ces plaisirs ou ces douleurs, ils n'ont pourtant dans le monde extérieur aucun objet réel; ils n'ont, dit lui-même M. Spencer, « aucune base apparente dans les expériences d'utilité individuelle. » La mora-

avec d'autres forces, peut produire un effet tout contraire à celui qu'on attendait d'elle.

Même chez l'animal, on est trop porté de nos jours à exagérer le rôle de l'instinct; on fait tout faire à l'hérédité. L'art a toujours sa part dans les actes de l'animal comme dans ceux de l'homme. L'oiseau qui construit n'est plus seulement un être poussé par l'instinct, c'est un véritable architecte; il déploie, comme l'observe M. Russel Wallace, des facultés mentales de même ordre que celles du sauvage construisant sa hutte. Il sait profiter de toutes les circonstances extérieures, accommoder le nid au milieu. Pour prendre un exemple entre cent, le *xantorius varius* des États-Unis fait un nid presque plat lorsqu'il peut l'asseoir sur des branches raides; mais, lorsque ce sont les branches flexibles d'un saule pleureur, qui vacillent sous le vent, il donne beaucoup plus de profondeur à son nid, pour ne pas que les petits en tombent. L'animal imite et raisonne d'une façon plus ou moins rudimentaire : imitation et spontanéité, tout l'art n'est-il pas là en germe? Les oiseaux élevés en cage ne savent plus faire un nid, ou du moins ils le font maladroitement, grossièrement : c'est que l'éducation leur manque; ils n'ont pas été à l'école. Comment réaliser ce nid qu'ils n'ont jamais vu, ce nid sauvage tremblant au bout d'une branche? Cela prouve bien que l'instinct n'est pas tout chez eux. De même, on a cru longtemps que le chant des oiseaux était inné, et qu'un beau jour, quand ils ouvraient le bec, il en sortait tout naturellement une mélodie : c'est une erreur. L'hérédité, ici encore, a besoin d'être complétée par l'éducation, et elle peut être absolument effacée par elle. Les linottes de Barrington, élevées avec des alouettes, adoptèrent entièrement le chant de ces maîtres; ainsi naturalisées alouettes, elles firent bande à part au milieu même des linottes; probablement que les alouettes ne les reconnaissaient guère non plus pour leurs pareilles, si bien qu'elles avaient perdu leur nationalité. L'homme est un peu comme ces linottes à tête folle qui oublient si vite leur chant national. On fait ce qu'on veut de l'enfant, comme de l'oisillon; on lui fait parler telle ou telle langue morale, comme on fait reproduire tel ou tel chant au rossignol domestique. Sa conscience s'éveille ou s'obscurcit selon la volonté de l'instituteur, selon les circonstances et le milieu.

En somme, la moralité dont parle M. Spencer, et qu'il croit gravée par l'hérédité au fond même de notre organisme, nous paraît ressembler beaucoup à ces caractères préférés des savants du moyen âge et qui restaient à peu près illisibles pour ceux qui n'en avaient pas trouvé la clef. Nous avons beaucoup de choses écrites d'avance dans notre cerveau; mais il faut apprendre à les déchiffrer : c'est le milieu, c'est l'éducation, ce sont les circonstances et les hasards de toute sorte qui

tité n'est qu'une idée, une forme de la structure intellectuelle, un cadre de l'intelligence ou, pour mieux dire, du cerveau. Nous trouvons en nous toute faite cette idée, qui nous excite à agir, comme l'oiseau trouve en lui toute faite l'image du nid qui, obsédant son imagination, l'excite à fabriquer un nid réel. L'image du nid est une sorte d'hallucination naturelle, selon la remarque de Cuvier : hallucination bienfaisante, folie pleine de sagesse, qui fait que les actes nécessaires à la conservation de l'espèce deviennent nécessaires à l'individu même, sous la forme d'un besoin inné ou d'un instinct impérieux. Au fond, le sens moral n'est pas autre chose : le type d'une société idéale est inné à notre cerveau comme le type du nid à celui de l'oiseau ; seulement, c'est une idée plus abstraite et plus dégagée de formes matérielles, parce qu'elle exprime et résume les relations sociales, qui sont bien plus complexes que les relations des divers matériaux du nid. Aussi l'idée de sociabilité, ou, si l'on veut, de moralité, ne prend-elle pas dans notre cerveau la forme d'une image précise ou d'une hallucination matérielle, comme si nous apercevions par l'imagination une société visible. C'est plutôt une idée fixe qu'une image fixe, comme la pensée qui obsède un esprit malade et le pousse incessamment à une action. Il n'en est pas moins vrai que cette idée fixe, cette *obsession* est une sorte d'hallucination, mais moins concrète et pour ainsi dire mentale au lieu d'être physique. Le *mental* étant d'ailleurs identique au *physique*, la moralité n'est qu'une transformation suprême de ces hallucinations normales qui se trouvent chez l'homme le

nous l'apprennent ; si nous ne les déchiffrons pas assez vite, d'autres caractères s'inscrivent aussitôt par-dessus les premiers comme dans les palimpsestes ; des lignes nouvelles s'entrecroisent sur les anciennes lignes, les recouvrent et peu à peu les voilent aux regards. Aussi, en nous-mêmes, que de choses à jamais effacées, que de tendances aujourd'hui bien endormies et qui ne s'éveilleront pas !

Nous pensons, en exprimant ces idées et en nous efforçant de préciser le rôle de l'hérédité dans la formation du caractère moral, ne faire que commenter et interpréter dans un bon sens M. Spencer lui-même. S'il en était autrement, nous croyons que sa théorie tomberait sous beaucoup d'objections auxquelles, ainsi interprétée, elle nous semble échapper. Selon nous la *moralité organique* de M. Spencer peut être admise par tous les philosophes, mais, encore une fois, il faut plutôt entendre par là une certaine malléabilité du cerveau qu'une organisation déjà complète. L'hérédité ne nous donne pas de formule nette de la moralité, pas d' « intuition » véritable ; quand elle parle en nous, c'est plutôt par demandes que par réponses ; elle pose dans l'homme civilisé le problème moral que n'entrevoit même pas le sauvage : mais la réponse à cette interrogation ne vient guère d'elle-même, elle est fournie surtout par le milieu intellectuel et moral où l'homme se trouve placé.

plus sain et qui sont une condition de la santé même.

Ainsi, selon le naturalisme de Ch. Darwin et de Spencer, lorsque nous invoquons un prétendu principe de moralité d'après lequel nous nous jugeons et au nom duquel nous nous obligeons nous-mêmes, nous ressemblons aux hallucinés, qui prennent leurs idées fixes pour des réalités. La grande différence entre l'halluciné et l'être moral, c'est que le premier n'est utile à personne (encore faudrait-il excepter Jeanne Darc, par exemple), tandis que, sans l'être moral, la société ne saurait subsister. On a dit de la sensation en général qu'elle était une hallucination vraie; on pourrait dire de la sensation morale, et de l'obligation subjective qu'elle produit, que c'est une hallucination utile.

L'homme, par la raison, peut ainsi se rendre compte du mécanisme de ses idées morales ou de ses hallucinations morales, et les naturalistes anglais se donnent précisément pour tâche d'aider l'homme à comprendre ce mécanisme. — Reste à savoir si, quand il l'aura compris, il le laissera fonctionner comme auparavant. Examinons l'influence de la raison et de la volonté sur l'hallucination, état de l'âme essentiellement irraisonnable et involontaire; et pour cela faisons appel à la physiologie, que l'école anglaise ne sépare jamais de la psychologie.

On peut distinguer deux degrés dans l'hallucination : l'hallucination inconsciente et l'hallucination consciente. La première est la pire : l'homme s'y trouve tellement dominé par les représentations de sa sensibilité, qu'il n'a même pas la force de réagir contre elles par son intelligence, de les comprendre tout en les souffrant et d'en reconnaître le vide. L'hallucination ou obsession consciente, au contraire, est toujours moins grave; elle n'est le plus souvent que passagère et marque le début ou la fin de la maladie. Aussi les médecins s'efforcent-ils, pour guérir les idées fixes ou les images fixes, de les faire passer de l'état inconscient à l'état conscient, persuadés que ce serait un grand pas de fait vers la guérison; ils tâchent, suivant une expression vulgaire, mais exacte, de *raisonner* leurs malades, c'est-à-dire, au fond, de les faire raisonner, c'est-à-dire encore d'effacer par l'intervention de la raison les sensations ou associations d'idées sans objet, et conséquemment irrationnelles, qui tourmentent leur pensée. Ceux qui étaient pour ainsi dire *possédés*, selon l'expression du moyen âge, deviennent simplement *obsédés*; puis ils se délivrent de cette obsession même. Qu'est-ce que l'inspiration artistique, sinon une possession ou obsession dominée par la conscience et la raison, obéissant à la volonté, et ne se faisant pas illusion à elle-même sur le caractère purement idéal de son objet? La moralité n'est aussi qu'une inspiration artistique, mais qui croit que son objet est réel, et qui se rapproche par là de la possession ou de l'obsession véritable. Les martyrs et les bienfaiteurs de l'humanité étaient possédés par le bon génie au lieu d'être possédés par le mauvais; et ce bon génie, c'était celui même de l'humanité, présent à leur cerveau sous la forme d'un organisme héréditaire.

Les êtres moraux, ces hallucinés bienfaisants, ces fous sublimes et plus sages que les sages, rentrent donc dans les hallucinés de la première catégorie, les hallucinés inconscients. Comme l'illuminé croit à l'existence réelle de ses inspirations d'en haut ou de sa puissance surnaturelle, ainsi nous croyons à l'existence d'un pouvoir mystique et vraiment surnaturel inhérent à notre être, sous le nom de liberté. Nous nous imaginons sentir se mouvoir en nous une volonté indépendante et responsable, créatrice de notre moralité, un *moi* différent des phénomènes de conscience, un *moi* transcendant et *nouménal*. Cette sorte d'illusion de la conscience est elle-même tout à fait inconsciente, elle s'ignore; vous la révélez à elle-même. Mais par là, si du moins nous acceptons votre système et dans la proportion où nous l'accepterons, n'allez-vous point considérablement affaiblir la vivacité de nos sensations morales? C'est déjà beaucoup de savoir que le remords, par exemple, ne correspond dans notre âme à rien de réel, que c'est un simple dérangement dans notre « organisation nerveuse », qu'au fond il n'est pas absolument rationnel. L'hallucination morale est *utile* à la société, dites-vous, elle est même *vraie* en tant que représentant la société future; fort bien, mais elle peut m'être nuisible à moi-même, et elle est fausse en tant que ne représentant pas la société où je vis. Dès que je saurai ce secret, je mettrai à profit ma science. L'halluciné qui sait que ce qu'il voit ou entend n'existe pas, voit et entend réellement moins; l'être moral, persuadé que la moralité n'existe pas, éprouvera réellement moins de peine à violer cette moralité.

Ce n'est pas tout. L'halluciné conscient cherche à sa maladie des remèdes; à défaut de remèdes, des palliatifs, comme le bruit, la distraction. Il mesure le mal, l'attend, se précautionne. D'autre part, il peut comparer le mal d'une hallucination pénible à tel autre mal ou à tel autre plaisir, et préférer l'un ou l'autre ; par exemple, il peut préférer rester seul dans une chambre obscure, ce qui suscitera une crise, si par là il est assuré d'obtenir un plaisir considérable. De même pour l'être moral. Du moment où il ne s'agit plus que d'une évaluation de douleur ou de plaisir, il faut faire la part de la préférence individuelle. Ainsi un double inconvénient se présente : si le sentiment de l'obligation n'est autre chose qu'une idée fixe et une obsession morale, en rendant cette obsession consciente, vous lui ôtez d'abord sa force irrésistible, puis vous lui permettez le choix entre elle et un autre plaisir ; vous enlevez donc au remords de son intensité et de son efficacité.

— N'importe, direz-vous ; l'organisme moral subsistera toujours en vous et dans la masse des hommes, parce qu'il n'est pas une simple association d'idées dissoluble, mais une structure cérébrale impossible à détruire. On modifie aisément ses idées, mais non pas son cerveau.

En êtes-vous bien sûr ? La conscience ne pourrait-elle modifier, neutraliser les hallucinations morales, et, si le remords est réellement un trouble organique, apaiser ce trouble, amener en quelque sorte la guérison radicale ?

Si j'entends des sons ou si je vois des formes sans réalité, je ne puis m'empêcher entièrement et immédiatement de voir ces formes et d'entendre ces sons. Je puis réagir, je puis provoquer moi-même ma guérison, mais il m'est difficile avec mes seules forces de la produire. C'est que l'extériorité de ces hallucinations me met vis-à-vis d'elles dans une impuissance relative. En sera-t-il de même quand les hallucinations ont leur origine dans les organes les plus voisins du centre intérieur, qui, au lieu de me communiquer des impressions venues du dehors, me communiquent à moi-même mes propres impressions et me servent ainsi d'intermédiaires de moi à moi ? Lorsque l'hallucination perd la forme d'une image sensible et matérielle pour prendre celle d'une idée, lorsque ainsi elle remonte du dehors au dedans, ne rentre-t-elle pas peu à peu sous la puissance de la volonté ?

L'hallucination, dans ce cas, devient plus proprement obsession, et c'est ce qui a lieu pour le remords. Le remords n'est évidemment pas une hallucination revêtue de forme ou de couleur. Certaines idées, par exemple celle de la moralité violée, me poursuivent, je ne puis m'en débarrasser ; de là une sorte de lutte et de défaite qui semble, d'après Ch. Darwin et Spencer, constituer tout le remords. L'agent moral n'est pas affecté d'une autre manière que le mélancolique ou l'hypocondriaque, qui sont obsédés d'idées sombres, mais non de visions véritables. Dans un cas comme dans l'autre, ce n'est pas un organe extérieur et en partie indépendant qui produit directement la douleur par des sensations déterminées : l'organe lésé tient de très-près au centre intime et est dans un rapport de dépendance étroite avec la volonté.

C'est ce que paraît montrer l'expérience. Persuadez à un mélancolique, si c'est possible, que toutes ses idées, ses craintes, ses rêvasseries, sont pures chimères; faites en sorte qu'il prenne la parfaite conscience de ses illusions; rétablissez, en face des représentations fatales qui l'obsèdent, le sentiment vif de son indépendance individuelle. Aussi longtemps qu'il gardera entière sa conscience et maintiendra entier le sentiment de son indépendance, il possédera assez de force pour chasser toute espèce d'hallucination et pour neutraliser ainsi le trouble de ses organes [1].

Si une conception fausse nous cause de la peine, c'est que, par cela même que nous la concevons, elle tend à

---

1. C'est ce que nous avons pu constater nous-même sur diverses personnes. Notez bien qu'il est très-difficile de convaincre entièrement de telles personnes et de leur donner la parfaite conscience de leurs illusions; notez en outre que, sous l'influence d'obsessions très-fortes, elles ne tardent pas à perdre cette conviction et cette conscience. Néanmoins, il est permis de le croire, *si* elles parvenaient à acquérir et à garder toujours intacte, même pendant les crises qu'elles traversent, la conscience de la fausseté de leurs représentations et de la réalité de leur pouvoir sur elles-mêmes, 1° toute douleur disparaîtrait et il s'accomplirait une sorte de neutralisation de la maladie, 2° la maladie elle-même disparaîtrait à la longue et l'organe lésé rentrerait dans son état normal.

En effet, qu'on analyse les cas d'obsession intellectuelle dont nous parlons. Au début, supposons la conscience entière et parfaitement nette; ces idées tristes si parfaitement connues des mélancoliques se présentent : en quoi causeraient-elles une grande peine à celui qui aurait la parfaite conscience de leur fausseté? Elles ne lui causeraient pas beaucoup plus de douleur que n'en cause à un homme sain la conception d'une montagne d'or ou d'un cheval ailé. Ce qui lui inflige de la peine, c'est que ces idées, s'emparant de son esprit, obscurcissent peu à peu la conscience qu'il a de leur fausseté; elles lui apparaissent malgré lui comme vraies au moment même où il les déclare fausses, et elles s'affirment en lui au moment où il les nie. Sa douleur s'accroît à mesure qu'il sent lui échapper sa conscience et sa volonté. La lutte use ses forces, et finalement il retombe passif et inerte, en proie à toutes les chimères qu'il n'a pu écarter, parce qu'il n'a pas eu encore une conscience assez claire et assez invincible de leur fausseté. Mais, dans cette lutte comme dans la défaite finale, l'augmentation de la peine semble avoir toujours été proportionnée à la diminution de la conscience.

altérer la conscience que nous avons de sa fausseté. A vrai dire, nous souffrons en proportion de ce que nous croyons : les hallucinations qu'on rejette avec une incrédulité entière restent indifférentes, celles dont on ne fait plus que douter inquiètent, celles qu'on croit à demi sont fatigantes, celles qu'on affirme deviennent douloureuses.

On voit combien est considérable ce qu'on pourrait appeler le pouvoir *neutralisant* de la pensée et de la conscience sur les souffrances organiques, lorsque ces souffrances proviennent d'organes intérieurs et voisins du centre. Au bout d'un certain temps, l'influence de la conscience, si elle s'établit bien, ira jusqu'à faire disparaître la cause même de la souffrance et à amener la guérison de l'organe malade.

Appliquons au remords ces observations physiologiques. J'ai accompli un acte que je crois immoral; par là, d'après M. Spencer, j'ai blessé mon organisation nerveuse. Le dérangement organique amène un dérangement dans le cours habituel de mes pensées : comme le mélancolique se voit poursuivi par des craintes illusoires, je me vois poursuivi par l'idée toute subjective de la moralité, et je subis les effets du mécanisme déjà décrit par Spinoza, qui considérait le remords comme un trouble maladif [1]. Je m'imagine que l'action accomplie par moi dépendait de ma volonté, que j'aurais *dû* agir autrement et que j'ai *mérité* une peine. J'entre alors dans une période de crise, où toutes ces tendances altruistes, accumulées en moi par les années et correspondant à des organes invisibles et à des nerfs intérieurs, après avoir été un instant dominées par les tendances égoïstes, se réveillent, prennent la forme d'idées morales, d'idées transcendantes, et viennent m'assaillir comme la troupe des Erynnies antiques. Les associations d'idées que j'avais voulu dissoudre se reforment et me poursuivent; je ne puis m'en débarrasser : c'est que, à vrai dire, ce ne sont pas seulement des associations, comme semblait le croire Stuart Mill, mais qu'elles correspondent bien réellement à des organes intérieurs, et que ces fantômes au fond sont de chair et de nerfs.

Maintenant supposons que, au moment des plus pressantes obsessions, je m'adresse non pas seulement, comme

---

[1]. Spinoza voulait supprimer le remords, car « celui qui se repent est deux fois misérable »; l'école anglaise contemporaine veut au contraire le conserver et l'utiliser, en le rendant de plus en plus irrésistible dans l'individu au profit de la société.

Oreste, au dieu du jour, à Apollon impuissant, mais à ce dieu de lumière que je porte en moi, et qu'à tout instant je puis invoquer, — l'intelligence ; supposons que je parvienne à susciter, au milieu de ces fantômes métaphysiques qui me tourmentent, la conscience de moi-même et de mon organisation physique ; que je reprenne possession de moi et que, en présence de tous ces « êtres de raison », avec la certitude la plus complète et la foi la plus inébranlable, je déclare qu'ils ne sont qu'illusions, idées vaines et chimères, qu'il n'y a pas de moralité proprement dite, mais des désirs, des craintes, des peines, des jouissances et du bonheur : la lumière étant ainsi faite dans ma conscience, la douleur morale, en même temps que les visions qui la causent, ne disparaîtra-t-elle pas aussitôt, et le trouble apporté dans mon « organisme moral » ne sera-t-il pas soudain apaisé, jusqu'à ce que, par des apaisements successifs, je rétablisse complètement en moi l'ordre physique compromis ?

La dernière ressource du système, c'est que je ne puisse me convaincre assez moi-même que ma moralité est une pure illusion ; mais si je ne puis m'en convaincre, c'est tout simplement que je ne suis pas encore assez convaincu de ce système. Si mes organes moraux se troublent et si j'en ressens de la douleur, c'est que je ne crois point assez que ce sont de simples organes. J'ai beau faire, je ne puis m'empêcher de croire que je suis un être moral et que, par mon action, je me suis mis en opposition avec un idéal supérieur. L'idée de ma dignité perdue m'obsède. Mais pourquoi ? Parce que je ne me donne pas tout entier à votre théorie ; je réserve malgré moi une part de ma croyance primitive, et je doute encore un peu de votre système. Un doute de moins, un remords de moins. L'utilitarisme ainsi compris, en se faisant une plus grande place dans ma pensée, en chassera ce par quoi il espère me contraindre à le suivre.

En résumé, on pourrait poser à M. Spencer et à ses partisans les questions suivantes. Pourquoi accomplir tel acte que me conseille votre morale et que je sais pertinemment contraire à mon intérêt personnel? — Si vous ne l'accomplissez pas, vous éprouverez une douleur intérieure. — Pourquoi l'éprouverais-je si je ne fais rien de moralement *mal*, absolument parlant? — Parce que vous dérangerez l'organisation nerveuse que vous ont léguée vos ancêtres, et que les organes lésés vous causeront nécessairement une douleur par l'intermédiaire d'idées et d'images désagréables. — Mais ces idées et ces images, qui ne correspondent à rien de réel, n'ont rien qui les sépare de certaines hallucinations vulgaires; elles tombent sous les mêmes lois; comme elles, il me suffira de la parfaite conscience que ce sont de simples illusions pour les dissiper; or, cette parfaite conscience, ne l'acquerrai-je pas du moment où je serai en quelque sorte parfaitement convaincu de votre système? Ne serai-je pas alors parfaitement affranchi de tout ce qui ressemble à une douleur, à une contrainte, à une obligation intérieure, de quelque nom que vous vouliez l'appeler?

II. — Nous avons vu que la lumière de la conscience peut neutraliser les effets de l'instinct moral; mais ce n'est pas assez encore : ne pourra-t-elle supprimer cet instinct, supprimer et oblitérer l'organisme moral lui-même, ou, comme dit M. Spencer, la « moralité organique »? S'il en était ainsi, la conscience individuelle aurait défait tout ce que l'hérédité a fait, l'hérédité dont on veut nous rendre esclaves pour faire de nous des êtres sociaux et moraux.

C'est là une conséquence qui semble résulter de la théorie même de Ch. Darwin sur les instincts ou habitudes héréditaires, dont la moralité n'est qu'une espèce originale.

Chez les animaux inférieurs, c'est-à-dire chez nos ancêtres les plus éloignés, l'instinct porte l'être à des actes déterminés et invariables : il fait faire à l'oiseau son nid, au castor sa cabane. La sphère où se meut l'instinct est donc d'abord très-étroite; mais en revanche il s'y meut sans obstacle, il y accomplit son œuvre avec une régularité parfaite, il y est tout-puissant. Au contraire, à mesure qu'on monte dans l'échelle des êtres, à mesure que la sphère où se meut l'instinct semble s'élargir, à mesure qu'il semble embrasser un plus grand nombre d'actions, il embrasse par cela même des actions moins déterminées; étant plus large, il est plus facultatif, c'est-à-dire qu'au fond il est moins impérieux et plus faible.

De ce fait, reconnu par Darwin, ne pourrait-on donner l'explication suivante? Chez les êtres inférieurs, l'instinct est presque mécanique et tout à fait inconscient du but qu'il poursuit; il s'ignore lui-même. De là vient qu'il embrasse si peu d'actions, mais qu'il les embrasse si fortement. Au contraire, chez les êtres supérieurs, l'intelligence peu à peu se fait jour; elle voit le but que poursuit l'instinct et, comme au but s'attache généralement le plaisir, elle le poursuit elle-même et aide l'instinct. Seulement, et c'est là un merveilleux artifice de la nature pour susciter le règne de l'intelligence, à mesure que l'intelligence aide l'instinct, elle le détruit; en effet, du moment où, ce qu'on faisait par instinct, on le fait par intelligence, l'instinct tend à disparaître : à quoi servirait-il? Les « modifications nerveuses » qui correspondent à chaque instinct tendent ainsi à s'effacer; tout organe que la nature peut épargner, elle le supprime. Comme la queue ou la crinière des animaux disparaissent chez l'homme, remplacées par d'autres organes, ainsi disparaissent tous les instincts particuliers et tous les organes particuliers qui leur correspondent, remplacés par l'organe universel de la pensée. La nature aveugle avait besoin de marcher pas à pas, guidée par l'instinct : ouvrez-lui les yeux, elle rejettera ce guide inutile et s'élancera librement devant elle.

Aussi chez l'homme, où semble venir s'achever la nature, viennent expirer tous les instincts animaux, effacés et complétés à la fois par l'intelligence, ouvrière d'autant plus infatigable qu'elle est plus libre d'impulsions particulières et que nul instinct, nul instrument extérieur, ne s'impose à elle. L'homme fait tout ce que font les animaux, et davantage; seulement il le fait en sachant ce qu'il fait et pourquoi il le fait; cette seule conscience de ses actes semble le délivrer de tous les instincts qui le pousseraient nécessairement à accomplir ces mêmes actes : l'oiseau chante nécessairement, parce qu'il ne chante pas avec conscience et raison; l'homme chante librement, parce qu'il sait qu'il chante et pourquoi il chante : la conscience lui a donné la liberté d'action.

Pourtant, chez l'homme même, s'il en faut croire Ch. Darwin et Spencer, un dernier instinct est resté encore inconscient : c'est l'instinct moral. Tandis que les autres ont disparu, laissant place à la pensée libre, dans la sphère de la moralité au contraire l'instinct subsiste encore, d'autant plus vivace qu'il est plus inconscient, et d'autant plus inconscient que, au moment où il nous pousse, nous croyons marcher librement, au moment où nous lui obéissons, nous croyons n'obéir qu'à notre volonté : instinct qui non-seulement se cache et nous échappe, mais se déguise et nous trompe.

Dès lors, pour l'effacer, nous aurions d'après ce qui vient d'être dit un moyen efficace : il suffirait de le rendre conscient. Eh bien, c'est ce dont se charge la théorie même de Ch. Darwin et de Spencer ; elle persuadera tous ceux qui voudront bien l'accepter qu'ils n'agissent, en faisant le bien, que par la vertu de leur instinct moral et de leur « organisme moral ». Voyons ce qui arrivera alors, en procédant par observation et induction.

La mère qui allaite son enfant ne le fait pas par instinct, comme chez les animaux ; elle le fait par raisonnement, en poursuivant un but réfléchi, la santé de l'enfant ; de là vient que, si elle croit mieux atteindre ce but en ne l'allaitant pas, en le confiant par exemple à une femme étrangère dont le lait est meilleur, elle n'en éprouve pas de remords. L'homme qui bâtit sa cabane ne le fait pas par instinct, comme le castor, mais en poursuivant un but réfléchi ; aussi, s'il croit mieux atteindre ce but en faisant bâtir sa cabane par des maçons, il n'en éprouve nul remords. Nous pourrions citer une multitude d'exemples de ce genre. Au contraire, la femelle qui allaite, l'animal qui bâtit, s'ils n'obéissaient pas à l'instinct qui le leur commande, éprouveraient, d'après Ch. Darwin, de véritables remords, causés par la persistance et la résistance de l'instinct violé.

Maintenant, selon Ch. Darwin et Spencer, ce n'est qu'un instinct semblable aux deux précédents qui porte l'homme à ne pas voler, à ne pas tuer, etc., et qui, s'il est violé, se représente sous forme de remords. Mais la réflexion de la conscience, une fois suscitée par le système même de M. Spencer, agira à l'égard de l'instinct qui porte l'homme à ne pas tuer, comme à l'égard de celui qui porte la mère à nourrir son enfant ou l'homme à bâtir sa hutte : elle demandera en quelque sorte à cet instinct d'où il vient et où il va, quel est son principe et sa fin : approuve-t-elle cette fin, elle suivra l'instinct ; sinon, non, et sans aucun remords.

Bâtir n'est pas moins utile à l'homme qu'au castor ; seulement, tandis que tous les castors bâtissent eux-mêmes leurs maisons, la plupart des hommes les font bâtir. Eh bien, beaucoup de gens trouveront fort commode, au moins pour eux-mêmes, si la moralité n'est autre chose qu'un instinct, d'agir envers elle comme envers l'instinct de bâtir ; ils laisseront à d'autres le soin de mettre à couvert la vie sociale et leur vie propre par la moralité ; ils rejetteront sur les bras des autres le travail qu'exige cette fonction sociale : la vertu. Désintéressez-vous à ma place, dirai-je aux gens de *bonne volonté*, ou plutôt, si l'on peut ainsi parler, aux gens de *bon désir!* Si je ne le dis pas, je le penserai. Que ceux chez qui l'instinct moral est resté tout-puissant, faute de devenir réfléchi, pourvoient à la vie sociale ; moi, j'en profiterai, et je m'occuperai exclusivement, comme la loi même de l'être le commande, de ma vie individuelle.

Pour emprunter un exemple à l'histoire naturelle elle-même, sur laquelle s'appuie Ch. Darwin, ne voit-on pas des fourmis paresseuses qui, dégoûtées du travail de la vie active, enlèvent les larves de fourmis plus petites, les élèvent, les plient à la servitude et, désormais oisives, perdent à ce point leurs instincts primitifs qu'elles mourraient de faim si elles étaient abandonnées à elles-mêmes? Qui empêchera l'être moral d'agir d'une manière analogue, de se débarrasser de cet instinct par lequel vous espérez le retenir? Vous-mêmes vous l'y aidez, vous-mêmes vous l'en débarrassez.

En fait il y a, dès ce moment, des gens chez qui l'instinct moral dont parlent Ch. Darwin et Spencer s'amoindrit considérablement, parfois même semble disparaître. Il serait intéressant d'examiner si cet obscurcissement de la moralité, qui d'ailleurs n'est jamais définitif, n'est pas dû précisément à des doctrines et à des raisonnements analogues.

D'après les rapports et les observations recueillis sur les condamnés et sur les prisons, on pourrait classer en deux catégories la population des coupables. Les uns, dominés par la passion, ravalés au-dessous de l'homme, sont comme des représentants de l'âge brutal égarés dans le règne humain. Si l'instinct moral semble avoir péri en eux, c'est qu'il a été étouffé par d'autres instincts : dans cette lutte d'instincts animaux, rien d'intéressant pour nous. Mais il n'en est pas ainsi des vrais coupables : nous voulons parler des coupables intelligents, qui savent ce qu'ils font, qui ont reçu une certaine instruction, qui sont capables de réflexion, qui enfin ne représentent pas seulement l'homme physiquement abruti, mais moralement dégradé. Ceux-là ne sont autre chose que des sceptiques qui pratiquent. La moralité est pour eux une chimère, le bien et le mal un préjugé; chacun suit son intérêt, et eux ils le cherchent où ils le trouvent; tous les hommes sont égoïstes, autrement qu'eux, mais non moins qu'eux : ainsi pourrait-on formuler la pensée générale qui se dégage de leurs actes et de leurs paroles, et cette pensée, en dernière analyse, constitue le fond primitif et essentiel de toute doctrine exclusivement utilitaire. De là, sans doute, cette ironie qu'on s'étonne de rencontrer chez certains coupables, cette raillerie amère à l'égard du bien idéal ; de là vient même ce cynisme qui parfois touche au stoïcisme ; cette persévérance dans le vice, qui implique parfois courage et apparaît ainsi comme l'image lointaine de la persévérance dans le bien ; en un mot, cette affirmation suprême, dans la souffrance et la mort, que tout est négation et néant.

A vrai dire, l'utilitarisme exclusif et radical, avec sa conséquence et son principe naturels, le scepticisme, n'est pas une doctrine aussi étrangère qu'on pourrait le croire au domaine de la pratique ; il a déjà eu, sans le savoir, bien des sectateurs : c'est d'après ses principes essentiels que beaucoup de gens sont parvenus à éteindre en eux, à force de la nier, la moralité. Ce n'est point une injure faire à ses partisans, qui sont de nobles intelligences ; mais, s'il est vrai que chaque système de l'esprit humain exprime un des côtés de l'homme, ils avoueront eux-mêmes que le système purement utilitaire, malgré la part de vérité qu'il contient, n'exprimant point cependant le côté idéal et la partie de nous-mêmes qui aspire au supérieur et au « divin », ne semble pas répondre à ce qu'il y a en nous de plus élevé, de plus beau et de meilleur.

LIVRE IV

DE LA SANCTION MORALE

CHAPITRE PREMIER

RESPONSABILITÉ MORALE

I. — Genèse empirique du *sentiment* de la responsabilité. — Caractère commun des genèses entreprises par l'école anglaise contemporaine. — Le sentiment de responsabilité et la crainte de la dépense. — Confusion que relèverait un partisan de Kant dans la genèse de Stuart Mill. — Quelle est la différence qui existe entre la vertu et des pièces d'or. — Qu'il est un sentiment dont l'école anglaise n'a pas encore entrepris de faire la genèse et qui domine tous les autres sentiments moraux. — Stuart Mill a-t-il même le droit d'employer le mot de châtiment et de récompense. — Défaut commun aux genèses de Stuart Mill. — Comment M. Bain essaye de réparer ce défaut. — Introduction de l'idée d'activité. — La responsabilité et l'imitation d'après M. Bain. — Ce qui distingue l'imitation morale de toutes les autres imitations ; comment se montre en elle la part de la création. — En dernière analyse, le sentiment de responsabilité ressemble-t-il à l'imitation. — Comment l'agent moral imiterait l'autorité qui le châtie. — L'autorité extérieure est-elle l'ori-

ginal ou la copie. — Impuissance dernière à faire provenir d'une souffrance ou d'une jouissance extérieure le sentiment intime de la responsabilité.
II. — Que les utilitaires, alors même qu'ils parviendraient à expliquer par l'association des idées le sentiment de la responsabilité, l'effaceraient par cela même. — Peut-on se croire réellement responsable si l'on ne se croit pas la cause réelle de ses actes. — Ce qui constitue la responsabilité. — Comment Spinoza ou Helvétius eussent répondu à cette question : Y a-t-il une *sanction absolue?* — Hésitation des utilitaires modernes.

L'agent moral peut-il posséder, dans la morale anglaise contemporaine, ce que le vulgaire appelle le sentiment de la *responsabilité morale* ? — En d'autres termes, si je suis un être nécessairement poussé par les désirs et les intérêts, puis-je néanmoins avoir la conscience, après l'accomplissement de certains actes, que j'ai moralement *mérité* ou *démérité?*

Stuart Mill l'affirme avec les utilitaires modernes, et il entreprend de faire la genèse empirique du sentiment de la responsabilité.

I. — Comme toujours, Stuart Mill fait appel à l'association des idées. Le sentiment de la responsabilité morale, au lieu de venir du plus profond de nous-mêmes, est comme tous les autres emprunté au dehors. En général, tout l'effort de l'analyse actuelle en Angleterre tend à faire des sentiments une sorte d'emprunt fatal au monde extérieur. Dans les systèmes idéalistes, c'est la volonté, la pensée humaine qui impose aux objets leur signification morale ; c'est elle qui, par exemple, semble dire à la peine : Sois *ma* peine, sois la réparation extérieure de mon démérite intérieur ; c'est elle qui semble dire à la joie : Sois *ma* joie, ma récompense, sois le complément naturel de mon *mérite* intérieur ; c'est enfin la pensée, la volonté humaine qui donne un sens au monde visible et en fait le symbole de l'idéale moralité. Au contraire, d'après l'école expérimentale et utilitaire, c'est le monde sensible qui crée en nous tous nos sentiments et toutes nos pensées, qui donne un sens à nos associations d'idées, qui provoque et explique tout en nous, et si nous voulons nous rendre raison de nous-mêmes, c'est hors de nous, c'est dans le monde extérieur qu'il faut chercher cette raison. Qu'est-ce donc qui correspond au dehors de nous à la responsabilité intérieure ? — Le châtiment. Voilà le principe qu'invoqueront les utilitaires anglais.

« *Responsabilité*, dit Stuart Mill, signifie *châtiment.* »
Nous faisons tel acte, nous sommes punis ; nous le faisons
de nouveau, nouveau châtiment ; le châtiment, conséquence nuisible de l'acte, finit alors par se lier à l'acte lui-même dans notre pensée, comme il s'y lie dans la réalité : cet acte « s'engage dans des associations qui le rendent
« pénible *en soi* ». Le lien réel qui attache le châtiment
à l'acte vient-il à se briser, le lien intellectuel subsistera
néanmoins ; nous redouterons les conséquences d'un acte
« lors même que, dans un cas particulier, *il n'y aurait*
« *aucune conséquence pénible à redouter.* » Celui qui a eu de
la peine à économiser pour devenir riche ne prend-il pas la
dépense en aversion, même lorsque sa richesse n'en a plus
rien à craindre ? « Il se développe ainsi une détestation
« *désintéressée* du mal... Une association *inséparable* s'est
« créée entre les idées de mal et de punition, directement
« et sans l'intervention d'une autre idée. Cela suffit pleinement pour que les sentiments spontanés de l'humanité
« considèrent le châtiment et le méchant comme *faits l'un*
« *pour l'autre*, comme liés naturellement, indépendamment
« de toute conséquence [1]. »

Telle est la genèse du sentiment de la responsabilité. Stuart
Mill y assimile, sans justifier suffisamment cette confusion
volontaire, deux sentiments bien dissemblables pour la
plupart des moralistes : l'*aversion* sensible pour les *conséquences* d'un acte, et la *responsabilité morale* de soi envers
soi, produite par l'*intention* qui a dicté l'acte. Que j'éprouve,
par exemple, de l'aversion pour la dépense, je considère
toujours soit l'argent que je donne et que je regrette, soit
les suites de la dépense que je redoute involontairement,
jamais l'intention même de dépenser. Je hais les conséquences de la dépense, je ne me hais pas moi-même pour
dépenser ; je crains la dépense, je ne crains pas de démériter en dépensant. — Si vous le niez, c'est peut-être que,
sans le savoir, vous attachez à l'idée même de dépense ou
d'épargne quelque idée morale, par exemple lorsque vous
amassez un patrimoine pour vos enfants ou simplement
un capital pour vos vieux jours.

L'exemple de l'avare fournit à l'école anglaise contemporaine, comme nous l'avons vu dans notre histoire, un
de ses arguments les plus chers ; on le cite à propos de
tout. Si l'homme aime la vertu d'un amour désintéressé,

---

[1]. *Phil. de Ham*, tr. Cazelles, p. 559, 568.

c'est comme l'avare aime un monceau de pièces d'or ; si l'homme croit au devoir, à la justice, à la pureté, c'est comme l'avare respecte et adore ses richesses ; si l'homme enfin attend un châtiment, c'est comme l'avare s'imagine qu'une dépense va le ruiner. Dans tout cela, un kantien verrait toujours la même confusion entre l'acte, ou plutôt l'intention qui a dicté l'acte, et les conséquences de cet acte. Lorsque j'aime un tas d'or, j'aime quelque chose d'extérieur à moi ; lorsque j'aime la vertu, je n'aime pas seulement les conséquences extérieures de l'acte vertueux, mais bien l'acte lui-même, l'intention vertueuse : essayer de montrer empiriquement comment mon amour de la vertu est remonté des conséquences de l'acte à l'intention qui l'a produit, voilà ce qu'il faudrait faire ; mais l'exemple de l'avare ne prouve pas assez à cet égard. La vertu et la moralité ne ressemblent guère à une pièce de monnaie ni à rien de tel ; elles n'ont aucune forme extérieure, elles ne sont point toutes faites hors de moi ; c'est moi qui les fais ou crois les faire, c'est moi qui leur impose une forme, c'est moi qui prétends les marquer à l'effigie de ma volonté ; et si je les trouve belles, si je les aime, si je les juge méritantes, c'est moi, au fond, c'est ma volonté, c'est ma moralité que je crois aimer en elles et qui me paraît mériter en elles.

Etablissez tous les liens d'association possibles entre une pièce d'or, entre une chose quelconque et le plaisir ou la peine sensible qu'elle me procure ; fondez en quelque sorte l'idée de ce à quoi l'or est utile avec l'idée même de l'or ; éloignez, rapprochez, mêlez de toutes manières deux idées extérieures à moi, soit celles de la richesse et de ses conséquences, soit celles de toute action en général et de ses conséquences : vous n'aurez pas encore obtenu l'*intention* intérieure et morale qui constitue pour le plus grand nombre des moralistes la vertu de l'action, vous n'aurez pas obtenu l'*obligation* intérieure et morale qui constitue à leurs yeux le devoir, vous n'aurez pas obtenu le *mérite* ou le *démérite* moral qui constitue la responsabilité. Il y a donc une chose dont l'école anglaise n'a pas assez fait la genèse : c'est l'*intention* bonne. Nous éprouvons, en fait, un sentiment qui *semble* dépasser votre système : c'est le sentiment de la bonne intention, de la bonne volonté. Ce sentiment peut être le produit d'une illusion, mais enfin il existe ; il constitue le fond de notre idée de vertu, de mérite ; on peut le repousser, mais il faut l'expliquer.

Au reste, nous pourrions nous-même pousser plus loin l'analyse psychologique commencée par Stuart Mill.

Si nous supposons l'avarice arrivée à un véritable degré de manie et d'obsession perpétuelle, nous pourrons supposer aussi que l'avare se reproche jusqu'à l'intention même de la dépense, qu'il ait des remords, qu'il ait enfin le sentiment d'une sorte de démérite quand il a dépensé et de mérite quand il a gardé son argent. Ici l'avarice devient une monomanie s'emparant de l'âme entière. L'école anglaise suppose que la vertu acquiert une force encore plus grande, appuyée qu'elle est sur toutes les sanctions sociales. Ainsi comprise, cette hypothèse peut encore se défendre psychologiquement : comment prouver que la vertu n'est pas une sorte de manie? Seulement ce qu'on peut soutenir, c'est que cette manie n'a rien d'obligatoire ni au fond de méritoire, et qu'il n'est peut-être pas prudent de nous donner la conscience de sa véritable origine.

L'analyse de la responsabilité, dans Stuart Mill, n'est point portée jusqu'à cette extrémité psychologique que nous venons d'indiquer ; aussi semble-t-elle par trop insuffisante. — « Responsabilité, a dit Stuart Mill, signifie châ- « timent. » Mais on pourrait lui refuser le droit de prononcer ce mot de châtiment qui, en son sens propre, implique précisément l'idée de responsabilité qu'on veut lui faire expliquer. Sans responsabilité, point de *châtiment* proprement dit, mais des *conséquences pénibles*, des associations pénibles. A tel acte est attachée telle souffrance, et je crains cette souffrance : voilà la responsabilité ; au fond, cette responsabilité n'est autre chose qu'une crainte plus ou moins raisonnée et une attente plus ou moins justifiée ; le mérite, comme le dit Stuart Mill lui-même, est l'« aversion » pour un acte, la « détestation » d'un acte. Détester ou craindre, est-ce donc mériter ? Stuart Mill ne l'a pas assez prouvé. Il semble que le vrai mérite, s'il existe, n'est pas simplement de la prudence, et le démérite du courage.

Il y a un défaut commun à tous les essais de genèse entrepris par Stuart Mill : c'est de trop ramener les sentiments moraux à des affections passives ; il ne voit point assez en eux et en nous la part d'activité intérieure qu'à tort ou à raison nous nous attribuons ; responsabilité, en somme, c'est pour lui passivité. Au lieu de ce sentiment si vivant, si personnel, il ne montre à l'homme qu'un composé plus ou moins complexe de craintes et de désirs, de peines et de plaisirs. S'attribuer à soi-même un acte, se juger soi-même dans cet acte, avoir la conscience intérieure (vraie ou illusoire) de mériter et de démériter, tout cela pour lui est encore souffrir et pâtir. Il n'explique pas assez le sentiment de notre activité personnelle au moins apparente.

Les plus récents représentants de l'École anglaise semblent avoir senti ce défaut et l'avoir voulu réparer. Ils tendent, avec M. Bain, à rétablir dans les phénomènes du corps et de l'esprit la part d'une certaine activité, d'une certaine énergie individuelle, trop oubliée par leurs prédécesseurs. Cette idée d'activité, M. Bain l'introduit dans le débat qui nous occupe, et il modifie ainsi d'un façon originale la genèse du sentiment de responsabilité proposée par Stuart Mill. — L'autorité extérieure me commande tel acte; non-seulement mon activité intérieure obéit à ce commandement, mais encore elle s'efforce de l'imiter, de le reproduire, de prolonger en elle-même l'autorité qui existe au dehors d'elle : « la conscience est une imitation en nous du « gouvernement hors de nous. » D'abord rigoureusement fidèle, cette imitation ne tarde pas à devenir plus libre; non-seulement nous nous donnons et nous nous imposons à nous-mêmes les ordres qui nous sont donnés, mais encore nous en venons à modifier peu à peu ces ordres, jusqu'à paraître parfois tirer de nous-mêmes notre propre loi. « Ainsi l'étudiant arrive à croire ou à ne pas croire ses pro-« fesseurs sur l'évidence de sa propre découverte [1]. »

D'après cette théorie l'autorité extérieure, avec ses peines et ses récompenses, ne serait pour ainsi dire que le professeur de notre responsabilité : elle ne la produirait pas directement et passivement, elle agirait sur nous indirectement et comme à travers notre activité : ainsi le modèle engendre l'imitation de l'artiste.

Tel est l'effort de M. Bain pour introduire une sorte d'activité dans la théorie utilitaire et nécessitaire. Malgré la part de vérité que contiennent ces analyses, les moralistes de l'école kantienne ne se tiendront assurément point pour satisfaits. Ils demanderont à M. Bain ce qu'il entend au juste par cette « imitation du gouvernement hors de nous » qui mettrait en nous la conscience et la responsabilité. — Imiter, diront-ils, c'est encore refaire et, en une certaine mesure, créer : il n'existe point dans l'art, il n'existe point

---

[1]. *Emot. and will* p. 288. — Voir plus haut le chapitre sur M. Bain.

dans la vie de reproduction pure et simple ; reproduction, c'est toujours, jusqu'à un certain point, production. Si la conscience et le mérite sont des imitations, elles ne semblent pas identiques à ces imitations vulgaires auxquelles on voudrait les assimiler. Ce sont des imitations vivantes et, sous ce rapport, plus admirables que leur modèle même : toutes ces forces extérieures et diverses, dont la multitude m'entoure et m'entrave, se sont d'après M. Bain organisées au dedans de moi, soumises à mon unité intérieure, identifiées avec ma vie personnelle : au moindre appel parti du fond de mon être, elles se lèvent, obstacles dressés contre moi-même, et je vois apparaître, vivantes en moi, les peines mêmes ou les récompenses qui au dehors me menaçaient ou m'attiraient. — Organiser ainsi ce qui est en désordre, ramener à l'unité ce qui est divers, donner la vie à ce qui n'était qu'un mécanisme, est-ce imitation pure? Tandis qu'imiter c'est le plus souvent effacer, ternir, enlever l'unité et la force, là au contraire c'est la donner. Si le sentiment moral imite la sensation de peine ou de plaisir, c'est en lui communiquant un je ne sais quoi qu'elle ne possédait pas ; si la conscience et la responsabilité imitent le châtiment, c'est en le transformant. Mais alors on peut se demander d'où vient cet élément nouveau dont l'introduction ôte aux sentiments de l'âme l'aspect d'une simple reproduction. La conscience et la responsabilité, qu'on les appelle du nom d'imitation ou de tout autre, n'en paraissent pas moins des œuvres originales ; elles semblent porter la marque d'une sorte de génie créateur ; et génie, ici, n'est-ce point moralité? M. Bain n'a pas donné sur ces points des explications suffisantes et il doit avouer que le champ reste encore ouvert aux deux hypothèses opposées.

Les moralistes *a priori* pourront lui faire encore une seconde objection. Non seulement la conscience est plus qu'une simple imitation, mais, même au point de vue empirique, elle apparaît comme toute différente. On me commande tel acte, je me le commande : « imitation », dit M. Bain. Mais y a-t-il là, en définitive, aucun des caractères de l'imitation ? L'acte que j'accomplis, loin d'être la reproduction du vôtre, ne semble pas du même genre. Est-ce que, lorsqu'on me frappe, je me frappe moi-même par imitation ? Je vois quelqu'un frapper ; je l'imite, soit, mais en frappant autrui. À vrai dire, ce n'est pas l'acte même de me frapper que j'imite ; derrière ce fait je cherche la volonté qui l'exécute, l'intention de frapper ; c'est cette intention que je pourrais imiter, et je ne pourrai l'imiter qu'en frappant autrui ; quant à me frapper moi-même, nul instinct ne m'y porte, tous mes instincts m'en empêchent. Ainsi pour la conscience et la responsabilité : vous me châtiez, c'est-à-dire que vous faites suivre tel acte d'une certaine peine ; la seule imitation possible de ce châtiment sera pour moi de vous le faire subir. Vous me commandez tel acte, je vous le commanderai, voilà tout. Ma conduite sera alors un « fac simile » de la vôtre, et vous n'y pourrez trouver rien à blâmer.

Par cela même que M. Bain essaie d'introduire dans la genèse de la conscience et de la responsabilité l'idée d'imitation, il y introduit une certaine notion d'activité ; or l'activité n'est pas un instrument docile entre les mains des psychologues anglais. A peine entrée comme élément constitutif dans la conscience, elle tend à s'y faire la plus large place. On veut lui donner un rôle secondaire, la réduire au rang d'imitatrice et de sujette ; mais ici, loin d'être une aide, elle est plutôt une difficulté de plus, et l'idée d'imitation semble se retourner contre ceux qui voulaient s'en servir. Imitation de l'autorité extérieure, en effet, c'est résistance contre cette autorité même ; imiter la force physique, c'est la combattre et la vaincre. L'arbre n'imite pas le vent lorsqu'il plie, et céder n'est pas imiter ; il l'imite bien plutôt lorsque, rassemblant toute sa vigueur, il lutte contre la force des vents. De même l'homme vraiment imitateur n'est pas celui qui se courbe devant le châtiment ; c'est celui qui le brave. A vrai dire, « l'autorité extérieure » à laquelle M. Bain voulait emprunter la conscience et le mérite n'existe qu'à condition que je l'accepte et que, par là, je la crée. Vous pouvez avoir assez de force pour me châtier ; mais votre force est impuissante à me faire accepter ce châtiment. Ce n'est pas ma conscience qui semble un emprunt à l'autorité extérieure, comme le veut M. Bain ; c'est cette autorité qui précisément semble un emprunt à ma conscience. Si l'enfant se sent coupable après avoir accompli tel acte défendu par ses parents, ce n'est pas que leur *autorité* lui ait fait tout à coup une conscience ; c'est que l'*affection* morale qu'il a pour eux a établi en lui cette autorité même, c'est qu'il s'est commandé d'obéir à ses parents. Alors les ordres qu'on lui donne ne sont que la traduction et l'imitation de l'ordre qu'il s'est donné d'obéir. Sa conscience et son cœur sont en quelque sorte les modèles, loin d'être la copie; c'est d'après eux qu'il façonne ses actions. L'autorité extérieure a son principe dans nos propres sentiments moraux, et à certains égards elle n'est que le « fac-simile » de notre propre autorité.

Telle est l'interprétation que les moralistes *a priori* pourront donner des faits invoqués par M. Bain. Les efforts de la psychologie aussi bien que de la morale anglaise semblent ainsi arriver devant cette difficulté suprême : faire *accepter* le châtiment. L'échafaud ne sera jamais le crime. La victime ne deviendra jamais à ses propres yeux le coupable. Il faut que, moi aussi, je me châtie moi-même pour que le châtiment soit efficace; mais pour cela il faut que, avant toute idée de peine physique, de souffrance physique, avant toute idée venant du dehors, avant tout désir ou toute crainte sensible, j'aie au fond de moi-même la notion d'un idéal intérieur et d'une beauté morale. D'une peine infligée, il n'est pas si facile de faire sortir l'idée d'une peine méritée. Du monde extérieur, des objets sensibles, vous pouvez tirer toutes les souffrances et toutes les voluptés que vous voudrez ; vous pouvez me combler de ces voluptés et m'accabler de ces souffrances : ferez-vous que je croie les mériter ? Le mérite ne s'emprunte pas à la récompense et ne se détache pas d'elle ; il se l'attache. Pour que je ne repousse pas la peine il faut que j'aille au-devant. Cette acceptation du châtiment dépasse l'imitation ou la résignation passive : elle suppose une certaine part de la pensée et de la volonté personnelles, que Stuart Mill et M. Bain n'ont point assez reconnue. Sans doute le sentiment vulgaire du libre arbitre que nous associons à l'idéal suivi ou méconnu par nous peut être illusoire; mais, s'il n'y a pas dans notre volonté toute l'indépendance que nous croyons y voir, il y a du moins dans la pensée du mérite et de la beauté morale une conception supérieure, un idéal irréductible à la simple imitation.

II. — On le voit, le sentiment de la responsabilité, que nous possédons en fait, n'a pas encore été suffisamment expliqué par l'école anglaise. Du reste, elle n'a pas dit sur ce point son dernier mot, et on pourrait trouver un jeu de mécanisme intellectuel plus propre que l' « association des idées » et « l'imitation » à rendre compte de cette illusion naturelle, si c'en est une. Mais, quand même on aurait expliqué en psychologie le sentiment de la responsabilité (ce qu'après tout nous croyons possible), il reste toujours à savoir si l'école anglaise pourrait l'invoquer en morale e y trouver un point d'appui.

La doctrine anglaise, ne justifiant le sentiment de responsabilité que par une association, rend nécessairement consciente cette association; elle la détruit donc, suivant la loi que nous avons établie plus haut. La genèse empirique du sentiment de responsabilité, une fois bien connue de tous, suffirait ainsi à supprimer plus ou moins chez tous ce sentiment même. C'est là un nouvel exemple de cette influence dissolvante exercée par la doctrine anglaise sur les notions mêmes qu'elle assemble et associe. — Je crois être responsable, soit; mais le suis-je réellement? Si votre théorie m'apprend qu'en réalité je ne le suis pas, je ne croirai plus l'être. Vérité bien simple, bien naïve même, et pourtant vérité trop méconnue par les utilitaires dans toutes les parties de leur système.

Laissons donc là les sentiments, les associations d'idées, les apparences subjectives, et demandons-nous ce que devient, dans la théorie anglaise, la réalité objective de la responsabilité.

Pour traiter cette question morale, il nous faut écarter toute question de faits extérieurs, de lois, de coutumes, de croyance; il faut nous placer ainsi jusqu'à nouvel ordre au-dessus de la société, et négliger le problème de l'imputabilité sociale. — Alors même que je serais seul au monde, qu'il n'y aurait ni êtres semblables à moi ni être supérieur à moi, aurais-je encore le droit de me dire, après avoir accompli un acte conforme ou non à ma dignité personnelle: — Je suis responsable de cet acte à mes yeux; j'ai mérité ou démérité devant moi-même en l'accomplissant?

La question étant ainsi posée et dégagée de toute cause d'erreur, de tout prétexte à ces faux fuyants dont la dialectique anglaise est si riche, il n'y a pour elle qu'une réponse à faire : Non.

Interrogez les partisans de Kant, ils vous répondront: On n'est réellement *responsable* que si l'on est réellement *cause*; je ne mérite ou je ne démérite que pour ce que j'ai fait moi-même, non pour ce que les désirs et les intérêts ont fait en moi. Et si les intérêts sont tout, ma responsabilité n'est rien. Etre responsable, ce serait embrasser par la conscience toute la série d'actes qu'on aurait fait sortir de soi et les ramener de nouveau à soi; ce serait dire : — Ce sont *mes* actes, bons ou mauvais, je les accepte comme miens ; après avoir voulu les faire, je veux encore les avoir faits ; je veux me reconnaître en eux. Et tout ce qui, en eux, n'est pas moi, je le rejette, j'en rejette la responsabilité et j'en renvoie à d'autres le mérite ou le démérite.

— Mais, pour être ainsi vraiment cause de ses actes, il faudrait être libre. La nécessité universelle et absolue est essentiellement ce qui réduit toutes choses au rang d'effet, ce qui interdit à toute chose et à tout être de *s'attribuer* rien absolument et de *répondre* de rien. La liberté, au contraire, pourrait seule arrêter devant le *moi* toute la série de causes et d'effets extérieurs à lui, de motifs et de mobiles qui allaient déterminer son action sans qu'il agît lui-même ; elle lui permettrait de produire réellement un acte qu'il pourrait appeler sien, de tirer enfin de lui-même quelque chose qu'on ne pût trouver hors de lui. « Dignité de la causalité », comme disait Pascal, ou, mieux encore, « dignité de la liberté morale », telle semble donc être la définition de la responsabilité qui répond le mieux à l'idée que nous nous en faisons. A ce point de vue, mériter, ce serait être digne de soi, ce serait en quelque sorte mériter de soi. Indépendamment de ces plaisirs et de ces peines auxquelles les utilitaires empruntent le sentiment du mérite et du démérite, nous croyons posséder un mérite intrinsèque, parfaitement dégagé de toute conséquence sensible ; nous croyons mériter parce que nous *voulons*, non parce que nous *souffrons*. Le mérite, la responsabilité serait ainsi un rapport de moi à moi, de ma liberté à ma liberté ; et aucun rapport de moi aux choses ou des choses entre elles, aucune fatalité d'intérêts, aucune fatalité de sensations ne pourrait la produire ou la remplacer. Si « l'imitation » ne suffit pas à expliquer le sentiment du mérite et de la responsabilité, c'est que nous nous figurons le mérite comme une sorte de création. L'être méritant et responsable nous semble, dans le grand sens du mot, un *poète ;* chacune de ses actions, nous croyons qu'il la *fait* véritablement, qu'il la crée ; sans sa volonté, cette action ne pourrait être : la nature seule semble impuissante à la produire, comme elle est impuissante à produire certaines œuvres de l'art.

Tel est l'idéal que l'école de Kant oppose aux moralistes anglais : la vraie responsabilité serait la liberté même se ressaisissant dans son passé et ramenant à soi comme à un centre unique toutes les actions qui ont rayonné d'elle. Le vrai mérite serait une forme supérieure que créerait et se donnerait à elle-même la liberté. Les moralistes anglais peuvent trouver ces idées plus mystiques que scientifiques; nous comprenons qu'ils les rejettent comme irréalisables; seulement ils ne devraient pas garder le mot de responsabilité en abandonnant la chose. Le mérite réel, la responsabilité réelle, l'école anglaise sent bien qu'elle ne peut y atteindre, et pourtant elle n'ose y renoncer tout à fait : elle invoque, comme toujours, une responsabilité illusoire, un mérite illusoire, reposant sur une association d'idées subjective et sur une fausse croyance. Aussi Stuart Mill finit-il par reconnaître que la responsabilité utilitaire est toute physique, nullement morale, c'est-à-dire qu'au fond il n'y a pas de responsabilité réelle. « De « quelque nom qu'on appelle cette croyance (à la responsa- « bilité), elle ne repose pas sur une théorie quelconque de « la spontanéité de la volition. Le châtiment du péché, « dans un autre monde, est un article de foi absolu pour « les Turcs fatalistes et pour les chrétiens déclarés, qui « non-seulement sont nécessitaires, mais croient que la « majorité des hommes sont prédestinés par Dieu, de toute « éternité, au péché et au châtiment de leur péché. Ce n'est « donc pas la *croyance* à notre imputabilité future qui ré- « clame ou présuppose l'hypothèse du libre arbitre; *c'est la* « *croyance que nous sommes moralement obligés à rendre* « *compte; que nous sommes imputables* A JUSTE TITRE [1]. »

S'il n'y a pas de réelle responsabilité, Stuart Mill aurait dû le dire sans chercher, selon son habitude, de porte échappatoire; il ne faut pas ici parler de croyance ni d'association, il ne faut pas appeler à son aide les préjugés mêmes qu'on veut détruire, il ne faut pas se déguiser à soi-même la vérité simple et franche.

Sur la question de la sanction, nous n'aurions trouvé nulle hésitation de ce genre chez Spinoza, Helvétius ou d'Holbach. Ils eussent compris et ouvertement accepté l'impossibilité de fonder une sanction véritable, une responsabilité réelle. — La nature, nous auraient-ils dit, n'a pas besoin d'être corrigée par votre sanction morale ; au fond, ce qui est est bien, par cela seul qu'il est. Tel homme injuste est heureux : qu'importe ? Défendez-vous contre lui si vous pouvez. Son injustice même est l'effet des lois éternelles de la nature. Injustice humaine, c'est, dans la nature, harmonie et justice.

---

1. *Philos. de Ham.*, p. 558.

Ni Stuart Mill ni ses successeurs ne semblent avoir cette résignation. Ils hésitent, ils semblent chercher des arrangements et des biais ; en fin de compte, c'est toujours à l'imputabilité sociale qu'ils en reviennent pour rétablir l'harmonie de la justice et du bonheur : je ne suis pour eux qu'un être social, une sorte de machine sociale bonne à « promouvoir » le bonheur général, qu'on fait fonctionner dans ce but et qu'on use. Passons donc enfin avec eux du point de vue moral au point de vue social.

CHAPITRE II

RESPONSABILITÉ SOCIALE

Comment les rapports sociaux entre des êtres moralement irresponsables peuvent engendrer, d'après les utilitaires, une responsabilité relative : la responsabilité sociale.
I. — Première fin qui, d'après Stuart Mill, justifie le châtiment légal : le *profit du coupable*. — Théorie de Platon reproduite par les utilitaires. — Le coupable jugeant avec la balance de Bentham le profit qu'il doit retirer du châtiment. — Le châtiment donnant à l'homme, d'après les utilitaires, l'amour du bien, la liberté, la perfection. — Que la seule perfection de l'homme, pour tout utilitaire conséquent et exclusif, c'est de suivre son intérêt. — Difficulté de légitimer la sanction par le profit qu'en retire l'individu.
II. — Seconde fin qui justifie la sanction : l'*intérêt social*. — La sanction ainsi conçue est-elle efficace. — Serait-il plus efficace, au point de vue de l'intérêt social, de punir des fous ou des innocents que des coupables. — Où se trouve, dans cette question, la vraie difficulté. — La question de l'efficacité se confondant avec celle de la légitimité. — L'utilitaire peut-il trouver juste la punition que lui inflige la société? — Réponse de Stuart Mill. — Le « fatalisme modifié » de Stuart Mill peut-il donner à l'homme le sentiment que la punition est juste? — Discussion avec Stuart Mill. — Que la crainte d'une peine supposée injuste n'est pas un mobile d'action suffisant. — Quels sont les vrais mobiles d'action? — Le principe que Stuart Mill donne pour fondement à la justice, œil pour œil, dent pour dent, — invoqué par le coupable même contre la société.
Que la sanction vraiment efficace est la sanction qui apparaît comme légitime. — Que la vraie sanction, s'il y en a une, est celle qu'on accepte; et que celle qu'on accepte le mieux est celle qu'on s'inflige soi-même. — De la sanction idéale dans la société.

La doctrine anglaise contemporaine n'admet pas de sanction véritablement morale ; mais ne pourra-t-elle avoir une sanction légale et sociale ? Tel individu donné est irresponsable; tous les autres individus sont irresponsables aussi; mais les rapports sociaux de toutes ces irresponsabilités ne pourraient-ils produire une responsabilité relative, un mérite ou un démérite relatifs, suffisants toutefois pour justifier et légitimer les peines sociales?

Être responsable, d'après l'étymologie du mot [1], c'est se porter garant de soi-même, c'est présenter son corps comme caution de sa volonté. De volonté libre, il n'y en a point; mais le corps, sa caution, subsiste. La cause première et vraiment efficace de toutes nos actions est insaisissable; mais la cause prochaine et occasionnelle de ces actions, le corps, peut être saisie et frappée. La sanction de nos pères coupait la langue qui avait blasphémé ou la main qui s'était ensanglantée; pourtant ni la main ni la langue n'étaient les vrais coupables. Ainsi fera la sanction utilitaire; seulement, au lieu d'agir sur une partie de l'homme, elle frappera l'homme tout entier. De là une imputabilité purement physique et mécanique, de même que le dérangement d'une montre est imputable à telle roue ou à tel ressort : pour rétablir l'équilibre, on agira sur la partie dérangée, qui deviendra alors le vrai point d'application de la force sociale ou, en langage vulgaire, la volonté responsable devant la société.

Ainsi entendue, la sanction légale reste assurément possible dans le système utilitaire; reste à savoir si elle offre les deux caractères essentiels de toute bonne sanction : la légitimité et l'efficacité. Le débat va recommencer ici plus vif que jamais entre les empiristes et les rationalistes; écoutons successivement ces parties adverses, sans nous dissimuler qu'il y a de grandes difficultés de part et d'autre, et pour signaler tout au moins à certains utilitaires les *desiderata* de leur système.

I. — Une première fin, d'après Stuart Mill, *justifie* l'emploi du châtiment par la société : c'est « le profit qu'en retire le coupable lui-même ». — Mais cette première justification est évidemment insuffisante. Si, pour légitimer la douleur qu'on me cause en me punissant, il suffisait que j'en retirasse du profit, pourquoi cela ne suffirait-il pas aussi pour légitimer la douleur que j'ai causée aux autres? La vraie question est celle-ci : en me punissant sans que je sois réellement responsable, m'apparaîtrez-vous comme

---

[1]. Re-spondeo, *garantir de son côté.*

réellement injuste, et ma raison repoussera-t-elle votre sanction alors même que je serais forcé de la subir ? — Nullement, dit Stuart Mill. « Punir l'homme pour son « propre bien, pourvu que celui qui inflige la peine ait « un titre à se faire juge, n'est pas plus injuste que de « lui faire prendre un remède [1]. » C'est la théorie de Platon : le mal est une maladie, le législateur un médecin, la peine un remède. « Faire du bien à une personne, « continue Stuart Mill, ce ne peut être lui faire du tort. » — Mais quel est ce prétendu bien, ce prétendu profit ? Si je suis utilitaire, n'attendez pas que je me contente de mots vagues ; muni de la balance plus ou moins exacte de Bentham, me voilà prêt à supputer et à comparer la peine que vous m'imposez, dix ans de prison par exemple, et le profit que vous m'annoncez. « En contre-balançant, « dit Stuart Mill, l'influence des tentations présentes ou des « mauvaises habitudes acquises, la peine rétablira dans « l'esprit cette prépondérance normale de l'amour du bien « que beaucoup de moralistes et de théologiens regardent « comme la vraie définition de la liberté [2]. » — La « prépondérance normale de l'amour du bien », voilà donc le profit que vous me promettiez ! Et qui vous assure que cette prépondérance soit quelque chose de *normal* ? Et qu'appelez-vous l'*amour du bien ?* Qu'est-ce que le bien ? — L'utile, direz-vous. — Et qu'est-ce que l'utile ? — Ce qui produit le plaisir. — Et qu'est-ce que le plaisir ? D'après vous-même, je n'en connais et n'en puis désirer d'autre, au fond, que le mien. Vous trouvez pourtant mauvais que je désire mon plaisir, et vous voulez me punir, et vous me parlez d'un autre bien ! — Il faut aimer le bien, dites-vous ; mais je l'aime autant, plus que vous peut-être ; je l'aime d'un amour plus sincère, plus fidèle, d'un amour si fidèle que, malgré vos efforts, vous ne pourrez faire prendre le change à cet amour et lui faire embrasser l'ombre au lieu de la réalité. J'aime le bien, vous dis-je ; seulement, c'est mon bien. Que faites-vous plus que moi ? Vous ajoutez à votre amour une erreur, voilà tout ; vous n'êtes pas bon, vous êtes dupe, et je ne veux pas être dupe : voilà la différence entre nous. Du reste, il est possible que votre bien, à vous, s'accorde avec le bien d'autrui ; le mien s'y oppose et me contraint à léser autrui : c'est un

---

[1]. Stuart Mill, *Phil. de Ham.*, p. 508.
[2]. *Philos. de Ham.*, p. 563

mal pour autrui, mais ce n'est pas un mal pour moi, et je n'ai nul besoin que le mal très-réel de la sanction vienne dissiper ce mal imaginaire.

Platon, que vous invoquez, avait peut-être le droit de me trouver « malade », lui qui me comparait avec l'homme idéal, avec l'exemplaire accompli de la bonté et de la sagesse, et qui ainsi, rapprochant l'homme et son idée, voyait par où l'un s'écartait de l'autre. Mais vous, étranger à tout idéalisme, à quel indice reconnaissez-vous que je suis malade? Quelle est ma maladie, si ce n'est la vôtre, si ce n'est celle de tous ces êtres dont vous m'entourez et qui, comme moi, restent éternellement impuissants à faire sortir de leur volonté la moindre parcelle de désintéressement véritable? De cette maladie votre sanction ne peut me guérir. Vous me parlez de liberté, de « liberté complète, réelle. » Quoi donc? ne sommes-nous pas tous aussi esclaves, esclaves des motifs, des mobiles, des désirs, des intérêts, de l'inévitable égoïsme? Esclavage pour esclavage, j'aime mieux le mien; il est plus franc. J'ai même des maîtres de moins que vous, à savoir vos illusions, vos préjugés, votre fausse moralité; je suis libre de tout cela, moi; j'agis par raison réfléchie, vous par sympathie instinctive et par altruisme aveugle. Vous parlez de « perfection humaine », et quel est donc le type parfait de l'homme exclusivement utilitaire? M. Bain — un utilitaire — se moque des moralistes *a priori* qui veulent régler la conduite et le caractère des hommes sur un « étalon unique », « comme les Anglais règlent leurs montres sur l'observatoire de Greenwich »: mais n'est-ce pas là que vous en revenez vous-même? Ne parlons donc pas de la « perfection humaine », parlons de ma perfection; or ma perfection, c'est de suivre mon véritable intérêt, vous ne pouvez pas le contester. Ne m'arrachez donc pas la seule perfection compatible avec votre système. Dans votre théorie, nul être agissant d'après des motifs rationnels n'est mauvais en soi et pour soi, nous ne pouvons être mauvais que par rapport à autrui : il est donc absolument impossible de *légitimer* la sanction si l'on ne considère que l'individu : renoncez à me punir, si vous ne voulez me punir que pour mon bien.

Telle est la série de difficultés que soulève sur ce point la doctrine de l'école anglaise et à laquelle, il faut le dire, elle n'a pas fait jusqu'ici de réponse assez complète. En résumé, parce que je vous cause des souffrances, vous ne pouvez me déclarer malade et souffrant moi-même. Je suis une cause de mal pour vous, soit; mais vous ne pouvez faire de moi un prétexte à remède et à guérison. Traitez-moi par le fer et par le feu; mais n'invoquez pas ma santé, et n'essayez pas de me faire prendre le bourreau pour un médecin. Mon intérêt, dans votre doctrine, n'est et ne sera jamais le châtiment, et le châtiment n'a pas et n'aura jamais pour fin réelle mon intérêt.

II. — Dans le problème de la sanction comme dans les autres, Stuart Mill et les utilitaires s'efforcent toujours de déguiser le plus possible la réelle séparation qui existe entre l'intérêt de l'individu et l'intérêt de la société. — Pourquoi me mettez-vous à mort? — Pour votre intérêt, nous ont répondu d'abord les utilitaires; ils voudraient identifier, même dans le châtiment, même dans l'acte de répression violente et douloureuse exercée par la société contre l'individu, ces deux choses si distinctes : mon plaisir, votre plaisir. Mais si cette prétendue identité paraît inadmissible, comme elle nous a paru en effet, on fera alors appel à l'intérêt social, ce qui est, là encore, la suprême ressource des utilitaires.

L'intérêt général étant pris ainsi pour fin, on peut se demander d'abord si la sanction utilitaire, à ce nouveau point de vue, offrira les caractères de l'efficacité et de la légitimité. Examinons donc d'abord si une *punition* conçue comme ne répondant pas à une *faute* réellement volontaire sera aussi efficace, chez l'individu puni et chez ceux qui le voient punir, qu'une punition conçue comme répondant à une faute volontaire.

Cette question de l'efficacité des sanctions sociales est l'une de celles qui ont soulevé, entre les partisans du fatalisme et ceux de la liberté morale, le plus de discussions et de controverses. Les partisans de la liberté ne se sont pas défendus de certaines exagérations qui pouvaient compromettre leur cause, et ils n'ont pas toujours placé la question sur son vrai terrain. On a répété souvent, depuis Aristote, que la menace des peines ou l'attente des récompenses ne sauraient être efficaces auprès d'un être poussé par la fatalité, pas plus qu'elles ne le sont auprès d'une machine. Cette objection roule sur la confusion du matériel et de l'intellectuel : l'homme, selon les déterministes, est une machine qui pense et qui a pour ressorts des idées;

chaque idée, par cela seul qu'on la pense, devient une force [1]; l'idée du châtiment futur est donc une force comme toutes les autres, non moins fatale, non moins puissante par cela même, et qui peut contrebalancer les autres mobiles dans l'esprit de l'homme. Dès lors, le châtiment légal peut rester, dans la théorie anglaise, un moyen d'action efficace pour la société. Qu'on châtie un être nécessité par l'intérêt, comme l'est un animal, ou un être moralement libre, la souffrance subsiste toujours, et la crainte de la souffrance, et la fuite de cette souffrance.

— Mais, objecte Victor Cousin, si l'on ne châtie le criminel que pour obtenir un effet utile à la société et pour détourner du crime, on obtiendra le même effet en châtiant l'innocent; « car la peine, en frappant l'innocent, « produirait autant et plus de terreur et serait *tout aussi* « *préventive* [2]. » C'est à peine si une aussi enfantine objection a droit à une réponse. Prenons un exemple : on veut produire un grand effet préventif sur l'esprit des incendiaires ; pour cela, on arrête ceux qui n'ont jamais incendié, et on les condamne : quel effet préventif cette condamnation déraisonnable pourra-t-elle produire? Pour prévenir le crime, il faut évidemment condamner le crime, et non son contraire; il est donc absurde de dire : Nous voulons effrayer les coupables, frappons les innocents.

On a dit encore que la punition des fous, des imbéciles, des ignorants, de tous ceux qui agissent sans connaissance de cause, n'aurait pas moins d'effet préventif que la punition de ceux qui savent ce qu'ils font. Mais, répond avec raison Stuart Mill, « tout l'effet préventif que la vue du « supplice peut produire sur l'esprit de gens obéissant à « des motifs vient de ce qu'on envoie au supplice des gens « ayant obéi à des motifs [3]. »

Toutes ces objections secondaires étant écartées, abordons ce qui nous semble, pour l'utilitarisme, la vraie difficulté. — Si la crainte du châtiment, dira-t-on, est une force dont peut se servir la société utilitaire, cette force est exposée, comme toutes les autres, à être combattue et neutralisée par d'autres forces. Or, au nombre de ces forces qui combattent l'efficacité du châtiment, ne trouvons-nous pas l'idée même qui fait le fond du système utilitaire contemporain, l'idée de la né-

---

1. Voir M. Alfred Fouillée, *La liberté et le déterminisme*, 2ᵉ édition.
2. Cousin, *Argum. du Gorgias*.
3. *Phil. de Ham.*, p. 365.

cessité universelle et de l'irresponsabilité personnelle ? Vous me punissez; mais trouverai-je juste cette punition si réellement je ne la mérite pas et si mon action a été nécessitée par le désir de mon intérêt ? Et si je ne trouve pas juste cette punition, si d'autre part ceux qui sont disposés à m'imiter ne la trouvent pas juste, l'injustice de votre sanction, en diminuant son autorité, ne lui enlèvera-t-elle pas de son efficacité ?

On ne saurait séparer, dans la peine, l'efficacité complète de la légitimité complète, et les deux questions finissent par se confondre. Stuart Mill a prévu l'objection et en a compris l'importance : « On dit que le nécessitaire « doit sentir de l'injustice aux punitions qu'on lui inflige « pour ses mauvaises actions; cela me paraît une chimère. « *Ce serait vrai*, s'il ne *pouvait* réellement *pas s'empêcher* « *d'agir* comme il l'a fait, c'est-à-dire si l'action qu'il a faite « *ne dépendait pas de sa volonté.* » Mais précisément le nécessitaire dont parle Stuart Mill répondra à la société courroucée qu'il ne pouvait s'empêcher d'agir comme il l'a fait. N'oubliez pas la définition que vous-même avez donnée de l'homme : un *agent intermédiaire* entre les désirs et les actions [1]. L'homme est donc, d'après vous, comme le fléau de la balance où s'agitent les mobiles. Mettez parmi ces mobiles la crainte du châtiment, toutes les craintes et tous les désirs possibles; croyez-vous que vous produirez jamais l'indépendance de la volonté, et que le fléau ne s'inclinera pas toujours vers le poids le plus fort ? — Stuart Mill et les nécessitaires modernes ont pu, suivant leurs expressions mêmes, *modifier* le fatalisme; mais le fatalisme modifié est toujours du fatalisme, et l'irresponsabilité modifiée est toujours en soi de l'irresponsabilité. D'après Stuart Mill, nous avons le pouvoir de changer notre caractère, nous avons le pouvoir de faire ou de ne pas faire telle action, nous avons tous les pouvoirs, mais c'est à une condition : *si nous le voulons;* et nous ne voulons qu'à une condition : *si nous le désirons;* et nous ne désirons telle chose qu'à une condition : c'est d'avoir désiré telle autre chose, qui nous a fait désirer la première, et ainsi de suite à l'infini; de sorte que, pour trouver ce grand pouvoir que Stuart Mill nous laisse, il faut le chercher de désir en désir, de sensation en sensation : il nous fuit d'une fuite éternelle. Pourquoi ne pas dire aussi que le paralytique a le pouvoir de courir

---

[1]. *Logique*, t. II, p. 423.

à condition qu'il meuve ses jambes, et de mouvoir ses jambes à condition que ses nerfs fonctionnent, et de faire fonctionner ses nerfs à condition de n'être pas paralytique?

La conscience de l'absolue nécessité qui régit nos actes intéressés nous empêchera donc d'accepter la sanction sociale comme une justice, et nous y verrons une lutte de l'intérêt contre l'intérêt. Il est vrai que Stuart Mill, sous le rapport de la responsabilité sociale, distingue les actes produits par une nécessité simplement intellectuelle et les actes produits par une contrainte physique : responsables des premiers, nous ne le sommes pas des seconds. Ainsi, lorsque vous m'avez contraint par la force ouverte à faire une action défendue, on ne peut me punir sans que je sente l'injustice de la peine; mais si vous placez la force qui me pousse dans mon cerveau, si vous me la cachez ainsi à moi-même, que vous lui donniez le nom de désir ou d'intérêt, cela suffit pour que tout change, pour que l'injustice du châtiment devienne à mes yeux justice, et la contrainte liberté.

Stuart Mill lui-même dit qu'on doit se sentir irresponsable envers la société lorsqu'on « subit l'empire d'un « motif si violent qu'aucune crainte de châtiment ne peut « avoir d'effet ». Et il ajoute : « Si l'on peut constater ces « raisons *impérieuses*, elles constituent des *causes d'immu-« nité*. Mais, si le criminel était dans un état où la crainte « du châtiment pouvait agir sur lui, il n'y a pas d'objection « métaphysique qui puisse lui faire trouver son châtiment « injuste. » Donc, suivant que la crainte du châtiment a été ou non présente à mon esprit, mon acte a été libre ou non : une crainte de plus, une fatalité de plus, et voilà la liberté, la responsabilité. Le motif qui m'a poussé a-t-il agi avec violence, je trouverai ma punition injuste; a-t-il agi avec la même sûreté, mais avec plus de douceur, je pourrai la trouver juste. Que ma balance se soit penchée brusquement du côté du plus fort motif, je suis sauvé; qu'elle se soit penchée un peu plus lentement, me voilà perdu. En outre, selon cette théorie, il suffirait de ne plus craindre le châtiment social pour ne plus le mériter, et d'avoir le plus haut degré de brutalité dans la passion pour avoir « l'immunité » devant les tribunaux. « Le crimi-« nel, conclut Stuart Mill, ne croira pas que son acte ne lui « soit pas imputable parce qu'il a été le *résultat de motifs* « *agissant sur une certaine disposition mentale.* » Quoi donc? Une certaine disposition mentale, œuvre de la fatalité, et des motifs également amenés par la fatalité, voilà en dernière analyse tout l'homme, et l'homme se croirait réellement responsable! Non ; c'est ma *disposition mentale* qui est responsable à ma place ; punissez mes motifs, si vous pouvez ; cherchez plus haut que moi la cause dernière de mon acte ; cherchez plus haut que moi cette responsabilité que je passe à mes désirs et qu'ils se passent l'un à l'autre. Quant à moi, simple intermédiaire, je suis le théâtre où se déroule le drame ; et, si le drame se termine par le châtiment, de quel droit faut-il que ce châtiment me frappe?

Ainsi, dans une doctrine tout utilitaire, le châtiment légal, ne pouvant m'apparaître comme juste en soi, perd de son efficacité, qui consiste à produire un effet dans la raison même et dans la volonté de l'homme. — « Qu'im-« porte? dira-t-on ; vous ne cessez pas de *craindre* le châti-« ment, et cela nous suffit. » — Si je ne cesse pas de le craindre, je cesse de le respecter, je fais tous mes efforts pour l'éluder et pour le fuir, non pour éviter et fuir l'action à laquelle il s'attache ; direz-vous donc qu'il a toujours la même efficacité? Lorsque le châtiment m'atteint malgré moi, je le subis physiquement ; mais je le repousse moralement : il m'irrite et m'exaspère. L'esclave le plus frappé est le plus indocile : il faut être libre et maître de soi pour être puni avec profit. La crainte de la peine n'est pas par elle seule un mobile suffisant lorsque cette peine est imposée du dehors, imposée par la force ou la nécessité, et que par conséquent elle reste elle-même tout extérieure. Les vrais mobiles ne sont pas ceux qu'on m'impose, mais ceux que je veux ou accepte ; le mouvement durable et le plus irrésistible, c'est celui que je m'imprime à moi-même le plus invinciblement : je vais plus loin et plus longtemps quand je vais où je veux.

Dans la doctrine utilitaire, au contraire, le coupable reste en face de la sanction comme une force en face d'une autre force : cette sanction, au lieu d'être la réparation de son acte et l'apaisement de la lutte qu'il avait engagée contre la société, semble plutôt le prélude et le début d'une lutte nouvelle ; c'est une défaite qui appelle une revanche. Dans la chaleur de ce combat, on sent moins la blessure de la peine et, le coup qui vous est porté, on désire le porter à son tour, en vertu même de cet instinct d'imitation que M. Bain invoque. — Œil pour œil, dent pour dent, — tel est d'après Stuart Mill le principe dernier de la justice utilitaire ; mais si tel en est le principe, telle en semble

être aussi la conséquence et l'effet final; pourquoi le coupable utilitaire ne dirait-il pas, lui aussi, à ceux qui l'ont puni : « Œil pour œil, dent pour dent »? pourquoi n'invoquerait-il pas contre l'intérêt public la grande loi de représailles que l'intérêt public invoque contre son intérêt privé?
— Remarquons d'ailleurs que ces objections ne portent pas seulement contre le système utilitaire; elles valent aussi contre les doctrines (d'un esprit souvent tout opposé) qui préconisent les châtiments et supposent que la faute appelle l'expiation. Nous croyons que l'idée de châtiment, d'expiation imposée, est une de celles auxquelles la morale doit résolument renoncer. En toute doctrine la société peut exclure provisoirement de son sein le coupable comme un être anti-social, le reléguer même définitivement dans quelque lieu de déportation : mais il est difficile d'aller plus loin. Une sanction sociale qui dépasserait les limites d'une simple exclusion resterait toujours, d'un point de vue absolu, injuste à l'égard d'un être irresponsable que l'intérêt entraîne; elle serait également injuste à l'égard d'un être libre qui ne répondrait de sa conduite que devant sa conscience et pourrait se révolter contre tout châtiment venu du dehors; de cette injustice essentielle naîtrait naturellement dans la pratique une inefficacité relative : punir, ce n'est pas convaincre.

Pour que la sanction ait une efficacité entière, il faut que ma volonté l'ait acceptée par avance. La plupart des doctrines se font de la sanction une idée très inexacte : on se la figure comme une réaction violente venue du dehors et frappant malgré lui le coupable; sanction, ce serait alors tout simplement contrainte physique. Au contraire, la vraie sanction nous semble être l'opposé même de la contrainte extérieure. C'est moi, en réalité, qui par elle dois me contraindre. Si le coupable demande à celui qui le châtie : « Pourquoi me frappez-vous? » il n'y a qu'une réponse qui puisse entièrement le satisfaire : — Parce que vous l'avez voulu, et que vous devez le vouloir encore. — D'après la loi athénienne, chaque coupable devait lui-même proposer la peine qu'il jugeait proportionnée à sa faute : c'est là la sanction idéale, dont la société réelle ira se rapprochant de plus en plus. La sanction n'existe que là où le coupable l'accepte, bien plus la veut, la fixe et l'exerce lui-même. Je ne puis être puni, dans toute la force de ce mot, que si c'est moi qui me punis.

Ainsi conçue, la punition, en devenant parfaitement juste

à mes yeux, devient aussi parfaitement efficace. Du châtiment et de la peine l'école anglaise espère tirer la volonté même de ce châtiment et de cette peine ; ne pourrait-on dire au contraire, pour clore cette discussion, que la volonté intelligente serait seule capable de faire la punition ou la peine véritable, d'autant plus cruelle que c'est nous qui nous l'infligeons, d'autant plus puissante qu'au lieu de lutter contre elle nous la suscitons contre nous? Par là même, au point de vue de la sensibilité, la peine la plus complète, c'est la peine la plus volontaire. Le châtiment le plus digne de ce nom est celui que je n'ai pas souffert en bête brute, mais en être raisonnable, communiquant par ma raison et ma volonté à ce signe matériel de ma déchéance une valeur morale qu'il ne possède pas. La société ne peut s'arroger le droit d'appliquer le prétendu « principe d'expiation », d'autant plus que la véritable expiation vient de l'individu même, mais elle doit, en se défendant par la justice légale, faire appel à cette justice intérieure que le coupable exerce sur soi. Ce qui ferait la vraie efficacité de la sanction légale, ce serait sa légitimité morale reconnue par celui même qui en est l'objet. Tel est l'idéal, sinon la réalité, et l'école anglaise a tort de soutenir que la sanction proposée par elle répond à cet idéal. Qu'elle nie l'existence réelle de la liberté, par conséquent la possibilité d'atteindre à cette sanction parfaite et parfaitement légitime, soit ; mais il faut poser les questions avec franchise et les résoudre avec logique.

CONCLUSION

ET CONSIDÉRATIONS GÉNÉRALES

I. — Rôle de la morale utilitaire dans l'histoire de la morale. — Ses points faibles. — Sa force en face de la morale *intuitionniste* et mystique, encore en faveur chez tant d'esprits en Angleterre. — Sa force en face de toute morale réaliste et objective. — Comment la morale utilitaire et positive a contribué à épurer l'idéal moral en le forçant à se séparer de tout élément étranger. — Services importants rendus par les utilitaires à la science. — État actuel de la question morale. — Quel est le seul système qui puisse encore subsister en face de la morale évolutionniste, et peut-être se concilier avec cette morale entendue en son sens le plus élevé? — La morale de la volonté et de la liberté idéale. — Critique de la liberté nouménale de Kant, et en général de la conception de la liberté comme cause. — Système plus récent se représentant la liberté comme une fin, comme un idéal à réaliser, et qui se réalise en se concevant lui-même. — Comment cette morale idéaliste est la seule qui pourrait encore conserver quelque force en face du naturalisme anglais.

II. — L'évolution en morale. — *Rapports de l'utilitarisme et de l'évolutionisme.* — Comment la doctrine de l'utilité tend à se confondre avec la doctrine de l'évolution. — Utilité universelle et relativité universelle. — Les utilitaires et les sceptiques. — 1° L'évolution dans les espèces animales, premier argument contre les partisans de la moralité humaine. — La morale, du moins la morale idéaliste, est-elle indépendante de l'histoire naturelle? — Hypothèse à laquelle peut avoir recours un idéaliste qui admet la conception de Darwin. — Le germe de la moralité placé jusque dans le monde animal. — L'idéal moral de la nature. — 2° L'évolution dans l'espèce humaine. — Arguments des sceptiques et des utilitaires. — MM. Bain et Darwin. — Confusion sur laquelle repose en partie le débat relatif à l'universalité de la morale. — Essai pour réconcilier dans une idée supérieure les partisans de l'universalité des jugements moraux avec les partisans de la relativité et de l'évolution. — Le « chœur » universel des hommes. — Sous quel nouvel aspect on peut concevoir l'évolution dans les idées morales.

III. — Les transformations de l'utilitarisme. — Comment les utilitaires se sont efforcés de faire rentrer dans leurs systèmes l'idéal moral, plus ou moins déguisé. — Dernières formes du système utilitaire. — La *qualité* des actions introduite par Stuart Mill. — Comment M. Sidgwick rejette cette considération de qualité et parle cependant encore de devoir et d'obligation. — L'idée de devoir peut-elle se ramener à une simple induction fondée sur des faits ?

IV. — L'amour de l'humanité, mobile invoqué par la morale anglaise. — Substitution de la sympathie et de l'altruisme à la fraternité consciente et volontaire. — Préoccupation philanthropique des utilitaires en général, et surtout de l'école anglaise contemporaine. — Vraie nature de la philanthropie dans la société utilitaire. — Inconséquence des utilitaires anglais ; rigueur logique des utilitaires français, leurs prédécesseurs. — Deux degrés dans l'amour d'autrui : sympathie et amour proprement dit ou bienveillance. — 1° Valeur du *principe de la sympathie* emprunté par les utilitaires anglais à Adam Smith. — Fausse sympathie et vraie sympathie. — Les utilitaires anglais peuvent-ils réaliser leur idéal de sympathie universelle ? — Retour sur les lois psychologiques qui peuvent mettre la pratique utilitaire en contradiction avec la théorie. — Effet de la réflexion sur la sympathie instinctive et passive. — 2° Valeur du *principe de l'amour d'autrui ou altruisme*, emprunté par les utilitaires aux positivistes. — Bentham et son opinion sur le désintéressement. — Le désintéressement condamné au point de vue économique comme une prodigalité. — Comment Stuart Mill, à son tour, cherche des excuses au dévouement. — Réponse à Stuart Mill. — Question formulée par le précurseur de l'école anglaise, Helvétius : Est-il vrai qu'il suffirait de supprimer l'amour entre les hommes pour supprimer la haine entre les hommes ? — Portrait de l'utilitaire conséquent. — La société future telle que la conçoit M. Spencer. Sur quel autre type on pourrait imaginer la société idéale. — Comment le débat sur la vraie nature de l'amour d'autrui se transforme et finit par porter sur cette question métaphysique : « Quelle est la tendance fondamentale de l'être ? est-ce l'amour exclusif de soi ou au contraire une tendance à s'élargir soi-même, à s'ouvrir aux autres ? » — Que La Rochefoucauld, penseur plus profond qu'on ne le croit d'habitude, a posé les principes de la doctrine anglaise. — Réponse possible à La Rochefoucauld : évolution de l'amour de soi sous l'influence d'un idéal supérieur coexistant en nous avec cet amour même. — Comment on pourrait faire la contre-partie des *Maximes* de La Rochefoucauld. — Qu'un idéaliste peut imaginer le germe d'une volonté désintéressée même au fond de l'apparent égoïsme.

V. — L'amour de la vérité dans la morale utilitaire. Doctrine de M. Spencer. — Aimer la vérité, n'est-ce point dépasser un utilitarisme exclusif ? — A quoi se réduit la vérité pour l'utilitarisme. — — 1° Le désintéressement est-il nécessaire au penseur pour trouver la vérité ? — Le génie et l'enthousiasme. — 2° Le désintéressement est-il nécessaire au penseur pour répandre la vérité qu'il a décou-

verte? — Belles pages de M. Spencer sur l'amour de la vérité. — Ce qu'on pourrait lui répondre. — Contraste des paroles de l'utilitaire français La Mettrie avec les paroles de M. Spencer.
VI. — L'amour de la nature et de l'idéal naturel dans l'école utilitaire. — Caractères qui distinguent le naturalisme contemporain de celui de Spinoza. — Evolution de l'être et persistance de l'être. — Rétablissement d'un certain idéal dans la nature même. — M. Spencer. — Valeur de l'idéal utilitaire. — 1° Est-il certain ou incertain? — 2° Est-il personnel, ou nous est-il étranger? — 3° Est-il réalisable? — 4° Est-il durable? — 5° S'il était réalisé, la pensée humaine serait-elle satisfaite, ou ne pourrait-elle imaginer un idéal moral encore plus élevé?
VII. — Le scepticisme moral chez les utilitaires exclusifs. — N'y a-t-il point deux espèces de doute, l'un portant sur l'intelligence, l'autre sur la volonté? — Ce que vaut la recherche du plaisir. — Ce que vaut la recherche de la douleur. — L'optimisme utilitaire et le pessimisme utilitaire. — Opposition des Anglais et des Allemands sur ce point. — Que le pessimisme de Schopenhauer et de Hartmann peut être considéré comme un utilitarisme retourné.
VIII. — Conclusion finale. — I. Que la doctrine utilitaire a considéré trop exclusivement dans l'activité humaine la tendance au plaisir. — Distinction entre deux sortes de plaisir : 1° Le plaisir lié aux formes superficielles de l'activité. 2° Le plaisir primitif et fondamental d'agir. — Que l'action précède et explique la jouissance. — Principe d'expansion et de *fécondité morale*. — Comment le *sentiment du devoir* peut se ramener au sentiment d'une puissance intérieure, d'un *pouvoir d'action*. — Que la simple *conception* d'un idéal quelconque produit par elle-même le mouvement vers cet idéal, indépendamment du plaisir attaché à l'action. — II. Que la valeur des doctrines morales est proportionnelle au degré de puissance pratique qu'elles confèrent. — Existe-t-il un art qui ajoute à la nature et puisse la rendre meilleure?

I

RÔLE DE LA MORALE UTILITAIRE DANS L'HISTOIRE.
LA MORALE DE LA LIBERTÉ IDÉALE

A quel résultat arriverons-nous après cette longue critique de tous les systèmes utilitaires fondés sur la recherche du plaisir, du bonheur, du bien-être, ou simplement des conditions normales de la vie? — Il semble que nous puissions formuler la conclusion suivante : c'est qu'il est difficile de fonder sur de simples faits, à l'aide d'inductions purement scientifiques et sans hypothèses métaphysiques, une *morale* dans l'acception stricte où l'on prend ce mot d'habitude. « La morale inductive » a tort de se prétendre en possession d'un critérium sûr, d'une obligation, d'une sanction.

Pourtant, si, avec tous les faits qu'ils invoquent, les partisans de la méthode inductive ne peuvent venir à bout de leur entreprise, s'ils ne peuvent fonder une « morale complète et scientifique » qui différerait seulement par son critérium nouveau de la morale ordinaire, s'ensuit-il qu'il faille négliger ces faits amassés par eux, ces observations patientes, ces constructions, ces genèses de sentiments, parfois peut-être inexactes, toujours ingénieuses et le plus souvent vraisemblables, enfin ces vastes hypothèses qui, comme celles de Darwin et de Spencer, embrassent tout l'univers? Nous ne le croyons pas. Il est vrai qu'on peut encore nier tous ces faits et rejeter toutes ces hypothèses; ces grands systèmes n'ont pas actuellement de preuves palpables, indéniables. De même que, parmi les naturalistes, il en est encore quelques-uns qui font de l'homme un être à part dans la création et continuent de nier toute parenté de l'homme avec l'animal, de même un moraliste peut persister à voir dans le sens moral de l'homme quelque chose d'absolument étranger à tous les êtres vivants, une exception et, pour tout dire, une sorte de monstruosité dans la nature. C'est ainsi que l'entend l'école intuitioniste proprement dite, qui subsiste encore en Angleterre. On peut croire avec elle que l'homme seul a la vision profonde et divine de la vérité morale; que, sans subir l'influence des instincts, de l'hérédité, de l'éducation, du milieu, il juge chaque action immédiatement et sans appel, et n'agit qu'après avoir jugé. On peut donc ne sentir en rien ses convictions mystiques ébranlées par la science moderne : il suffit pour cela de concevoir l'homme comme un être qui n'a aucune solidarité avec la nature et qui tient de Dieu tout ce qu'il est. Ici, la morale intuitive et mystique touche à la religion, et il y a des esprits qui espèrent encore concilier la religion, et même telle ou telle religion, avec la science. On a concilié tant bien que mal avec la Bible les découvertes de Copernic et même celles de nos géologues modernes; qui sait si, un jour, quelqu'un ne sera pas assez habile pour y retrouver les hypothèses de Darwin et de Lamarck? Il y a un certain symbolisme qui peut entreprendre de concilier avec la vérité les absurdités les plus manifestes. Quand il s'agit de religion, il n'est pas de souplesse, d'habileté ou d'inconséquence dont l'esprit humain ne soit capable; de même quand il s'agit de morale. Pour une pensée inconséquente ou superficielle il y a toujours moyen de sauver ses croyances religieuses ou ses préjugés moraux et sociaux; ils surnageront toujours, quoi qu'on fasse. Ces associations d'idées, surtout à un certain âge, sont devenues tellement tenaces qu'il semble que, si elles se dissolvaient, notre être et notre vie s'en iraient avec elles.

Cependant, si les religions ou les croyances mystiques subsistent encore et subsisteront bien longtemps à côté de la science, si elles doivent paraître longtemps encore à beaucoup de gens le vrai fondement de la morale, il n'en est pas moins vrai qu'il se produit perpétuellement un recul des religions devant la science. Toute religion déterminée voit ses contours et ses limites, si larges autrefois, se rétrécir et s'effacer. Il en est de même de toute morale *intuitioniste*. Les diverses religions et les systèmes moraux qui s'y subordonnent sont en effet fondés sur le principe d'Aristote : ἀνάγκη στῆναι, il ne faut pas aller plus loin, il faut tenir quelque chose de fixe, il faut trouver une borne immuable qui arrête la pensée et devant laquelle elle s'incline au lieu de chercher à passer outre. Mais la science, elle, ne s'arrête pas, ne s'incline pas; elle ne connaît pas la pudeur et le respect. Sans doute elle a peut-être des limites; mais ces limites, on ne peut pas les lui fixer d'avance. Il reste toujours un grand mystère, il en restera toujours un sans doute; mais on ne sait pas où il commence, et toutes les fois qu'on a voulu dire : « Il commence ici ou là, » on s'est trompé, et la pensée a renversé les bornes qu'on voulait lui opposer. Aussi, toutes les fois que la religion ou la morale mystique prétend élever au-dessus de nous et du monde un absolu immuable, la science a le droit de mettre en doute cette affirmation, jusqu'au jour où elle pourra, preuves en main, montrer la relativité de cet absolu. La foi de l'homme en un absolu métaphysique, en un inconnaissable qui est l'origine de toutes choses ou la fin de toutes choses, demeure hors d'atteinte tant qu'elle reste indéterminée; mais, du moment où elle prend une forme et un corps, du moment où elle érige en dogme ou en précepte moral telle conception plus ou moins étroite et provisoire de la vie, du moment enfin où elle tombe du domaine métaphysique dans le domaine de la réalité et de la pratique, la science reprend en face d'elle toute sa force.

Le caractère de toute morale mystique, soit qu'elle invoque une prétendue révélation, soit qu'elle s'appuie sur l'intuition, c'est qu'elle place le bien au dehors de nous, c'est qu'elle en fait une réalité extérieure ayant telle ou telle forme déterminée et nous imposant — souvent par la force — telle conduite invariable. A cette sorte de réalisme moral qui projette le bien au dehors, en fait un objet, un fétiche, et, comme les peuples primitifs, n'adore que ce qu'il s'imagine voir ou toucher du doigt, la morale utilitaire a eu raison d'opposer dès son origine les conclusions de la science positive ; elle a eu raison de renverser cette idole d'un bien extrinsèque qui ne serait ni la bonté intérieure d'un être vraiment moral ni le plaisir d'un être sensible.

Ajoutons que non-seulement les mystiques, mais un grand nombre d'autres moralistes ont toujours tendu à placer le bien au dehors de nous, l'ont mêlé d'éléments étrangers, en ont fait un rapport entre les choses au lieu d'en faire un rapport entre les personnes. Epurer l'idéal de la moralité, le forcer par une sorte de violence à se séparer de tout élément étranger et parasite, tel semble avoir été le rôle de la doctrine utilitaire dans l'histoire. Elle a habitué l'esprit humain à ne plus se contenter, en morale, de notions vagues et incomplètes, et l'a mis dans cette alternative d'élever de plus en plus haut son idéal ou de le sacrifier. — Qu'est-ce, demande dès l'antiquité Epicure, que ce bien neutre, cette chose « souverainement bonne » dont vous parlez ? Quoi que je cherche hors de moi, je ne puis trouver de bon que ce qui me cause du plaisir. — Qu'est-ce que le *bonheur* qu'on veut opposer au plaisir ? dit encore Epicure. C'est simplement le plaisir prolongé. Si donc vous ne cherchez que votre bonheur, vous ne cherchez que votre plaisir et votre intérêt. — Vous invoquez l'ordre naturel, la loi naturelle, s'écrie Bentham. Mais s'il est des lois naturelles, des rapports naturels entre les choses, ces lois et ces rapports doivent avoir un but, une fin, une raison qui les rende désirables ; autre chose est l'objet de l'intelligence, le vrai, autre chose est la fin du désir, le bien. Quelle peut être cette fin ? Vous n'en trouverez pas, dans la nature entière, d'autre que le plaisir.

Ainsi, peu à peu, toutes les idées secondaires que la pensée humaine avait associées à l'idée de moralité s'en détachent. Les utilitaires, en montrant ce que n'est point l'idéal moral, nous font mieux entrevoir ce qu'il devrait être. Chaque préjugé dont ils le dégagent, chaque fausse conception philosophique ou religieuse qu'ils en écartent, n'est-ce point en définitive comme une beauté nouvelle qu'ils y ajoutent? Une foule d'idées provisoires et incomplètes ont pris racine et vie sur l'idéal moral. On voudrait faire adorer à l'humanité cette moralité parasite; mais, quand les efforts de la science et de la critique ont enlevé à la vraie moralité tout ce qui n'était pas elle, nous la voyons se dresser seule au plus haut point de notre pensée, d'autant plus grande qu'elle est plus austère et qu'elle semble plus éloignée de la réalité présente. C'était chez nos ancêtres encore barbares un objet de culte et comme de respect usurpé que cette plante parasite qui naît sur les rameaux du chêne, se nourrit du surplus de sa sève, vit de sa vie, et parfois, grandissant, va jusqu'à cacher sous ses ornements le tronc qui la soutient. C'était fête pour eux que de cueillir et d'arracher à l'arbre le gui auquel ils attribuaient toutes les vertus bienfaisantes. Mais, une fois débarrassé de ce parasite, que les hommes adoraient follement à ses pieds, l'arbre sacré ne s'en dressait que plus grand dans sa solitude et plus beau dans sa nudité.

Le tort des utilitaires, en général, c'est d'avoir peu compris et peu tâché de comprendre le système adverse dans son sens le meilleur, de s'être enfermés dans leur pensée propre sans pénétrer la pensée d'autrui. Bentham et Stuart Mill croient, lorsque leurs adversaires parlent de moralité, qu'ils veulent tous parler d'une moralité *transcendante*, *métaphysique*, « *nouménale* ». Ce reproche atteindrait tout au plus Kant (plus ou moins bien interprété), ainsi que les intuitionistes et les mystiques, encore nombreux en Angleterre. C'est surtout le fantôme de l'intuitionisme que les utilitaires semblent avoir devant les yeux; ils reprochent à cette doctrine, non sans raison, de se payer de mots. Mais enfin tous les adversaires de la morale utilitaire ne sont pas partisans de l'intuitionisme; on peut même considérer comme achevée la réfutation de ce système. Il n'en est pas ainsi d'une autre morale qui subsiste encore en face de l'utilitarisme et dont l'école anglaise, à vrai dire, n'a point fait une suffisante réfutation. Pour préciser l'état actuel de la question et en quelque sorte les positions des parties adverses, examinons rapidement le système, vrai ou faux, qui dispute encore aux utilitaires le terrain que les *intuitionistes* n'ont point su défendre.

Selon nous, s'il est une morale propre à séduire les esprits « amoureux de l'idéal », s'il en est une qui forme un système bien lié, un tout homogène, c'est celle qui a tenté de se fonder sur l'idée de « la liberté morale trouvant en soi sa force et sa fin »; en un mot, c'est la morale qu'entrevirent trop vaguement Zénon et Épictète, et dont Kant jeta les premiers fondements. Mais Kant, ce penseur tout ensemble si moderne et si scolastique, mêla à son système des idées métaphysiques très contestables; la philosophie contemporaine a repris ce système et, en l'interprétant dans son sens le plus profond, s'est efforcée à la fois de le simplifier et de l'agrandir. Cette morale de la volonté autonome et automotrice, ainsi perfectionnée, séduit encore en France beaucoup d'esprits et a gagné du terrain dans ces derniers temps. Disons un mot de ses qualités; nous parlerons plus tard de ses défauts.

Dans la morale de la liberté idéale, tout peut se déduire d'un principe unique : la liberté même dont nous portons en nous le germe, qu'il nous faut respecter partout, en tout, dans les moindres actions, dans la vie et dans la mort. Cette liberté domine et pénètre en quelque sorte le monde entier; bien plus, elle l'explique : elle est la fin suprême. L'unité qui règne dans cette doctrine est pour elle un avantage incontestable, une condition de force et de durée : ne disait-on pas déjà du stoïcisme antique qu'il était le mieux lié, le plus harmonieux de tous les systèmes? Il est vrai, d'autre part, que cette unité obtenue par l'emploi de la déduction a aussi son danger : tout se suspendant à un seul principe, si ce principe manque, tout vient à manquer [1]. Il suffit, pour renverser les grandes constructions métaphysiques et morales, de les attaquer par leur point central, qui est souvent une hypothèse gratuite. Le point central, ici, c'est l'idée d'une liberté autonome; de nos jours, surtout en France, on comprend de plus en plus que c'est là la question essentielle dont tout dépend, et c'est vers le problème de la liberté que se portent les efforts des principaux esprits [2].

Les utilitaires objecteront peut-être qu'il s'agit ici de « métaphysique » plutôt que de morale pratique; ce serait une erreur. Métaphysique et morale se confondent dans ce problème, qui nous touche de plus près que tout autre. Quoi qu'en dise Stuart Mill, il n'est plus ici question de *transcendance;* il s'agit de nous-mêmes, de ce que nous

---

1. Voir plus haut le chapitre sur la Méthode.
2. Voir M. Fouillée, *La liberté et le déterminisme*, 2ᵉ édition.

sommes, de ce que nous pouvons être et de ce que nous devons être. De là la force incontestable des partisans de la liberté, soit réelle, soit idéale ou virtuelle : ceux-ci se présentent comme nos propres défenseurs et les protecteurs de notre *moi* contre l'envahissement de la nature et de son déterminisme impersonnel. Porter en soi-même, de quelque manière que ce soit, la raison et la fin de ses actes, se dire qu'on peut se reposer en soi, s'y arrêter sans promener éternellement sa pensée de l'acte produit au désir purement fatal qui l'a produit, de ce désir à un autre désir et ainsi à l'infini, tel est le pouvoir, — sublime s'il était réel, — que l'homme a toujours cru posséder, et dont il ne se laissera pas dépouiller sans une résistance désespérée. A tort ou à raison, nous voudrions pouvoir nous attribuer quelque chose. — Laissez-moi, disent les partisans de la liberté, laissez-moi une action, si petite et misérable qu'elle soit, dont je puisse faire remonter à moi l'origine; et quand le labeur de ma vie entière n'aurait abouti qu'à remuer un fétu dans l'univers, qu'au moins je l'aie remué d'une main libre. — Le problème pourrait se traduire encore sous cette forme : « Suis-je, *moi*, ou ne suis-je pas ? » La question de ma moralité, en définitive, c'est la question de mon existence même. Il s'agit de savoir si j'existe réellement ou si mes sensations seules existent; si je puis quelque chose, si je fais quelque chose, si je veux quelque chose; ou si toute ma personne, toutes mes actions, toutes mes volontés ne sont qu'un emprunt passager à la nature éternelle. Etre moral, ce serait pouvoir dire, en présence des actions d'une vie tout entière : « Ce sont *mes* actes, c'est *ma* vie », comme la source peut dire à tout ce qui est sorti d'elle : « Vous êtes *mes* flots ». Mais il ne faut pas que les désirs ou les intérêts puissent nous réclamer tous nos actes sans exception, nous les reprendre et se les approprier, comme le nuage pourrait réclamer et reprendre une à une à la source toutes les gouttes d'eau qu'elle a données, et comme l'Océan à son tour pourrait les reprendre au nuage. Il faut que tout ce qui sort de nous n'y soit point tombé d'ailleurs, que notre pureté ne soit point empruntée et que, après nous être crus la cause initiale de tant d'actions, nous ne nous apercevions pas que nous ne sommes nous-mêmes, par tous les côtés de notre être, qu'un simple effet intermédiaire dans l'évolution sans commencement et sans fin.

On voit comment les partisans de la volonté autonome

formulent le problème moral, et ce qu'ils demandent pour fonder la morale même. Mais contre l'idée de liberté qu'ils invoquent, idée si souvent mal comprise et mal définie, que d'objections se dressent! Contentons-nous de marquer en quelques mots le point où le débat nous semble arrivé de nos jours.

Il y a d'abord une question qui dans l'état actuel de la science nous paraît vidée : c'est celle de la liberté d'*indifférence*. Dans un livre connu [1], on a démontré qu'elle se ramenait en tous les cas à un déterminisme visible ou caché. Seulement, comment concevoir une liberté qui ne soit pas plus ou moins une indifférence à l'égard des motifs? Voilà la difficulté. Aussi, de nos jours, la liberté semble-t-elle reculer de phénomène en phénomène pour se réfugier finalement dans la sphère lointaine et douteuse du « noumène », où elle échappe aux prises du raisonnement. Le déterminisme au contraire avance, gagne sans cesse du terrain. Là, — comme ailleurs, — comment arrêter la science? Et la science est le déterminisme même. On a commencé par placer la liberté derrière chaque action; maintenant, on la place de préférence derrière toute une série d'actions. La liberté, disent Kant et Schopenhauer, fait le caractère d'un homme, et son caractère produit ses actions; mais la science contemporaine, en étudiant les divers facteurs du caractère, finit par tout ramener à l'hérédité, à l'éducation et à l'influence des milieux. C'est en grande partie de nos pères que nous tenons notre caractère; dira-t-on donc que nos aïeux étaient libres et que nous ne le sommes plus? Le déterminisme remonte de nos jours au plus profond de nous-mêmes, jusque par derrière notre volonté initiale et notre caractère primitif. C'est en vain, semble-t-il, que Kant a essayé de faire vivre à côté l'un de l'autre, et dans le même être, le déterminisme et la liberté, le noumène et le phénomène; on ne peut guère faire sa part au déterminisme. Le noumène de Kant n'a-t-il pas plus ou moins d'analogie avec ce principe vital auquel tenait tant autrefois l'école de Montpellier, et dont la médecine moderne se passe fort bien aujourd'hui? Quand on peut tout expliquer sans une hypothèse, on n'a point besoin de cette hypothèse et on peut sans danger en faire l'économie. Ajoutons que la liberté entendue à la façon de Kant peut difficilement fonder

1. M. Fouillée, *La liberté et le déterminisme*, 2ᵉ partie.

une morale. La liberté absolue de Kant, qui agit en dehors du temps, ne peut produire dans le temps telle ou telle action que par une série de moyens termes; or ces moyens termes constituent toujours vis-à-vis de l'action donnée une détermination. Ils suppriment la liberté à la fin de la série tout en paraissant la laisser au commencement; ils m'ôtent la liberté d'action proprement dite. Que m'importe que je sois déterminé par une liberté absolue ou par toute autre chose, du moment où je suis déterminé? Le moi nouménal ne peut pas fonder la liberté du moi phénoménal; or c'est cette liberté qui m'importe, et c'est la seule dont j'aurais besoin pour établir une morale.

Les défenseurs habituels de la liberté paraissent donc aboutir à ce dilemme : ou bien on conçoit la liberté morale comme une liberté d'indifférence et d'indétermination, choisissant telle action sans motifs ou contre les motifs, et alors on n'a en face de soi qu'une véritable chimère; ou bien on la conçoit à la façon de Kant, comme une sorte de liberté métaphysique, de liberté éternelle; et alors ce n'est plus vraiment ma liberté à moi, la seule dont j'aie besoin.

Peut-être les difficultés que nous rencontrons ici et qui semblent donner gain de cause au déterminisme utilitaire viennent-elles de ce que jusqu'à présent nous nous sommes placés au point de vue de la causalité : nous avons en effet considéré la liberté morale en tant que cause absolue des actions.

Or on peut, avec le philosophe français contemporain qui a le plus étudié la question de la liberté et du déterminisme, changer de point de vue et entrer de la catégorie de la causalité dans celle de la finalité. Puisque la liberté n'est pas le principe initial, qu'elle soit la fin, le type d'action, l'idéal dont nous nous rapprochons; qu'elle agisse sur l'être non pas en le poussant dans telle ou telle direction, mais en l'attirant avec toute la force qu'exerce l'idée sur l'être qui la conçoit. On voit l'évolution que subit la doctrine de la liberté aussi réduite à « l'*idée* de la liberté. » Il ne s'agit plus de chercher une liberté qui précède la détermination, mais à laquelle aboutisse la détermination même. Ainsi entendue, la liberté serait non pas une indépendance absolue de l'être, chose chimérique, mais son indépendance par rapport aux tendances inférieures; et comme les tendances inférieures ne constituent pas la vraie essence des êtres, que pour trouver cette vraie nature il faut au contraire analyser leurs tendances les plus élevées, on en viendrait ainsi à faire consister la liberté idéale dans le fond même de chaque être dégagé de toute entrave. Liberté signifierait tout ensemble achèvement et dégagement de soi, marche sans obstacles dans la direction normale de la volonté [1]. Reste à savoir quelle sera cette direction normale.

Ce qui détermine pour un individu ou pour une espèce la direction vers laquelle doit tendre sa volonté, ce sont simplement les conditions d'existence où se trouvent placés cet individu ou cette espèce. Si la liberté idéale consiste dans le dégagement de la nature propre à chaque être, il ne faut pas oublier que, suivant la science moderne, c'est le milieu qui façonne cette nature; de là diverses formules possibles de la nature des êtres. L'idéal varierait ainsi avec les espèces, peut-être même avec les individus; en somme, il ne serait pas autre chose pour chaque être que l'appropriation parfaite à son milieu, fin toute relative et vers laquelle nous porte la nécessité même. — La doctrine de la liberté idéale, si on l'entendait de cette manière, se confondrait avec la morale de l'évolution, et donnerait lieu à toutes les objections que nous avons adressées à celle-ci; mais il est un sens plus profond et plus exact dans lequel on peut encore prendre cette doctrine, un nouveau point de vue d'où nous devons l'examiner.

La « morale de l'idéal » peut soutenir et soutient en effet qu'il existe un idéal de liberté commun à tous les êtres, quels qu'ils soient, et indépendant des conditions diverses où ils se trouvent placés. A l'évolution extérieure, dont les formes sont si variables, ne correspondrait-il pas une tendance, une aspiration intérieure, éternellement la même et travaillant tous les êtres? Tous n'auraient-ils pas ainsi un même but, une même fin? N'y aurait-il pas en eux une connexion de tendances et d'efforts, analogue à la connexion anatomique signalée par Geoffroy Saint-Hilaire dans les organismes? Ce but poursuivi par tous les êtres qui composent l'univers, ce serait par exemple le développement de toutes les puissances contenues en chacun d'eux, et comme conséquence l'union de tous avec tous, la concorde, l'harmonie, ou encore, pour employer le mot le plus compréhensif possible, l'universelle liberté. S'il existait ainsi une fin identique et éternelle poursuivie par tous les êtres, il s'ensuivrait aussi qu'il y a, au sein des êtres,

---

[1]. Voir, outre l'ouvrage cité sur *la Liberté et le Déterminisme*, l'œuvre plus récente du même philosophe sur *l'Idée moderne du droit en Allemagne, en Angleterre et en France*, livre IV.

unité. Si nous pouvions pénétrer au fond des choses, qui sait si nous ne serions pas étonnés de n'y plus découvrir la même diversité, les mêmes oppositions qu'au dehors? La liberté, fin universelle, redeviendrait ainsi cause universelle ; elle serait tout ensemble, en un sens supérieur, le principe et le terme de l'action. A ce large point de vue, en effet, causalité et finalité ne font plus qu'un, et comme la morale repose sur ces deux idées, la morale ne se trouverait-elle pas fondée par là même? Elle prendrait pour but de réaliser l'idéal absolu de liberté, d'union et d'harmonie que tous les êtres portent en eux, parfois à leur insu, et qui constitue pour chacun la perfection finale à laquelle il aspire d'une façon consciente ou inconsciente. Par là se trouveraient ramenés l'un à l'autre le bien naturel et le bien moral, qu'on a distingués jusqu'à présent et qui ne sont qu'un dans le fond des choses : car le fond des choses, le fond de la réalité, c'est précisément l'idéal se voulant lui-même. Et par là aussi se trouverait reproduite en son sens le plus haut la morale dite *morale de la perfection*, qui consiste à faire pour l'être un devoir d'atteindre à son plus haut degré de développement : car se développer, aspirer à la perfection, qui est la suprême liberté, c'est essentiellement vivre. La vie, la moralité se trouveraient ainsi embrassées dans une synthèse hardie.

Telle est la doctrine la plus récente et, semble-t-il, la plus complète, que l'on puisse opposer encore à l'utilitarisme, tandis que les autres formes de la morale nous paraissent impossibles à maintenir, principalement l'intuitionisme, et même l'impératif catégorique de Kant, avec son caractère abstrait et formel. M. Spencer, M. Bain, M. Sidgwick et les autres utilitaires anglais contemporains n'ont pas encore montré les côtés faibles de cette morale à la fois idéaliste et naturaliste. Ce n'est pas que tout, dans cette doctrine de la liberté conçue comme idée, nous semble bien établi, et peut-être, pour notre propre compte, aurons-nous un jour plus d'une objection à soulever ; mais nous pouvons constater qu'actuellement la morale de l'évolution et celle de la liberté idéale demeurent à peu près seules en présence : la seconde d'ailleurs, aux yeux de ceux qui l'admettent, n'est pas exclusive de la première et peut lui emprunter bien des théories; elle s'efforce seulement, au-dessus du naturalisme, de maintenir une place à l'idéal; elle représente cet idéal comme capable de se réaliser lui-même en se concevant et de transformer ainsi à son image, par une évolution progressive, l'humanité et peut-être même la nature. — « Console-toi, disait à l'homme le Dieu de « Pascal, tu ne me chercherais pas si tu ne m'avais pas « trouvé. » L'homme ne chercherait pas la moralité, la liberté, s'il ne l'avait trouvée ; il ne la demanderait pas s'il ne la possédait en aucune manière; il ne serait pas inquiet d'elle si elle n'était pas près de lui, en lui, comme une idée efficace et un désir fécond qui peu à peu arrive à la réalité en arrivant à la pleine conscience de soi.

L'utilitarisme anglais a conservé encore trop ou trop peu de l'ancienne morale : trop peu, s'il y a quelque chose à garder des notions de liberté, de libre désintéressement, de libre moralité; trop, si ces notions sont absolument vides de tout contenu. C'est à cette seconde hypothèse que tend la doctrine de l'utilité; mais elle ne s'est encore montrée ni assez radicale à son propre point de vue, ni assez conséquente; elle n'a pas encore soutenu une assez franche et assez complète négation de la moralité telle qu'on l'entend ordinairement, ainsi que de la liberté. Il faudrait attaquer celle-ci non-seulement comme fait, mais même comme pure idée, et porter l'effort de la critique jusque sur les notions mêmes, en essayant de montrer qu'elles sont vides de sens, ou absolument inconcevables, ou toutes négatives. On aboutirait ainsi à la négation de toute moralité proprement dite, à un réalisme excluant tout mélange d'idéalisme, à un rejet définitif de toute morale au profit de l'histoire naturelle. Si le naturalisme anglais, encore timide dans ses hardiesses mêmes, ne va pas jusque-là, il retombe sous les objections que nous lui avons adressées.

II

L'ÉVOLUTION EN MORALE.

Une des grandes forces des utilitaires et des évolutionistes, c'est qu'ils invoquent en leur faveur le mouvement et la variabilité qui se produisent dans la façon même dont l'homme conçoit l'idéal moral.

La notion de mouvement, qui a déjà envahi les sciences physiques, tend en effet à envahir la morale même : au lieu d'un immuable idéal, l'école anglaise nous a montré sans cesse la mouvante réalité. « La doctrine utilitaire se confond, dit M. Spencer, avec la doctrine de l'évolution. » Rien de plus juste, et nous l'avons répété nous-même à plusieurs reprises. L'utile, en effet, n'est autre chose qu'un bien relatif aux personnes et aux milieux de toute sorte où les personnes se meuvent, milieu physique et milieu social; l'utile peut même être défini une relation tendant à produire l'équilibre de l'individu et du milieu. Utilité est donc synonyme de relativité. Le relatif, à son tour, est nécessairement variable, mobile et particulier; la moralité n'a donc rien de fixe : ce qui est moral ici est immoral ailleurs; un méridien décide de la vérité, comme disait Pascal après les sceptiques, et le juste change de qualité en changeant de climat, parce que le juste se ramène tout entier à des intérêts qui sont eux-mêmes changeants. On pourrait dire que l'utilitarisme est l'application du scepticisme moral, et que le scepticisme moral est le principe théorique de l'utilitarisme. Aussi les sceptiques anglais et français ont-ils été en même temps des utilitaires. Seulement, tandis que le vieux scepticisme se bornait à opposer l'une à l'autre les diverses conceptions de la moralité pour les détruire l'une par l'autre, les utilitaires, (par exemple M. Bain et surtout MM. Darwin et Spencer), après avoir nié la prétendue moralité absolue, soumettent les diverses conceptions que l'humanité s'est faites de l'utilité relative à une loi régulière de développement, qui est l'évolution. Constater la variabilité des idées et des mœurs, la résoudre en une évolution des idées et des mœurs, ensuite s'appuyer sur cette évolution même pour en tirer la négation de l'idéal moral absolu au profit de l'intérêt, telle est la marche suivie tout ensemble par les sceptiques, les utilitaires et les évolutionnistes.

La théorie de la variation et de l'évolution en morale, sous sa forme moderne, se relie à la grande théorie de la variation et de l'évolution dans les espèces animales : c'est là qu'elle cherche son premier argument. La lutte pour la vie, qui n'est que la lutte des intérêts, explique tout dans le monde animal; or le monde humain dérive du monde animal; cette loi doit donc tout expliquer aussi dans le monde humain, et la prétendue moralité n'est que la réduction progressive des intérêts à l'harmonie par le triomphe continu, chez l'animal et chez l'homme, des formes supérieures d'intérêt sur les formes inférieures. La morale absolue et immuable se réduit ainsi, dans ses humbles origines, à un chapitre de l'histoire naturelle sur la variation des espèces.

Ce premier argument en faveur du pur utilitarisme a-t-il toute la valeur que l'école anglaise lui attribue?

Les adversaires de l'utilitarisme ont été eux-mêmes trop portés à faire dépendre des questions d'histoire naturelle l'existence d'un idéal moral. Que les théories de Darwin soient admises ou rejetées, — et nous les admettons pour notre part, — est-ce donc une question de vie et de mort pour la moralité telle que se la représente l'idéalisme? S'il en était ainsi, les moralistes devraient se taire, abandonnant aux naturalistes et aux savants le soin de trancher les questions; le cœur attendrait pour battre la découverte de quelque ossement ou l'achèvement d'une statistique. N'y a-t-il pas déjà quelque chose d'immoral, au point de vue même de l'école traditionnelle, à croire que la moralité peut absolument dépendre des questions d'origine physique et d'espèce naturelle? Si les « spiritualistes » croyaient mieux à leur « bien moral », ils se garderaient de le lier à des choses dont on peut douter; avant de s'enquérir des origines de l'homme, ils épureraient l'idée qu'on doit se faire de la moralité humaine et la sépareraient de tout ce qui lui est étranger pour l'arracher du domaine de l'histoire naturelle : ce qui est inférieur à la moralité ne peut pas l'atteindre. La vraie question, en effet, n'est pas de savoir *comment* a été produite l'espèce humaine. La chose qu'il importe de connaître, c'est *ce qu'est* l'homme, et surtout ce qu'il *doit* être. Nous, moralistes, nous n'avons pas besoin de nous enquérir d'où viennent les hommes : cherchons, avant tout, où ils vont; occupons-nous moins de leur passé que de leur avenir [1]. De même, l'unité ou la pluralité des couples primitifs d'où les hommes sont autrefois sortis n'intéresse point la moralité présente ni la moralité à venir autant que le supposent nos spiritualistes timorés. Alors même que les hommes ne seraient point frères par la naissance, ils pourraient toujours le devenir par le respect et par l'amour.

Si on arrive à démontrer, comme cela est à peu près certain, que l'homme descend des animaux, il ne s'ensuivra pas qu'il soit à jamais livré au fatalisme de l'in-

[1]. N'est-il pas étrange, par exemple, de voir un homme tel que M. Virchow avancer, dans sa controverse avec Hœckel, qu'on ne pourrait enseigner la doctrine de Darwin dans les écoles, que ce serait *immoral?* Comme s'il était plus moral de croire l'homme formé d'un peu de boue par le souffle du créateur, que de le supposer descendu de telle ou telle race animale!

térêt; car on pourrait encore supposer que le germe de la liberté et de la moralité existe jusque dans les animaux, comme il existe chez les sauvages les plus voisins de la brute, comme il existait chez nos pères, les hommes primitifs. L'homme des âges tertiaire et quaternaire était probablement plus près de l'animal que le dernier des sauvages d'à présent; sa morale devait ressembler fort à celle que pratique le loup ou le renard. Alors régnait cet *état de guerre* que les savants modernes ont si bien décrit : tous les êtres luttaient pour la vie, tantôt vainqueurs, tantôt vaincus, repoussant et repoussés tour à tour, se développant pour être ensuite comprimés; la vie partout heurtait la vie et ne s'épanouissait qu'en faisant autour d'elle la mort. L'homme était évidemment englobé dans ce système de forces; rouage du mécanisme universel, il obéissait, lui aussi, à la grande loi de la nature : combattre pour l'existence, — et il y obéissait sans scrupule, marchant sans regarder ce qu'il écrasait sous ses pas. Alors, point de société régulière, mais des familles isolées ou des bandes. Pourtant, dans cette sorte de chaos qui devait produire le monde humain, on eût pu déjà découvrir les éléments de l'idéal supérieur que nous nous proposons sous le nom de moralité; bien plus, on peut penser que cette humanité des premiers âges était elle-même emportée sans trop en avoir conscience vers le même idéal que nous, qu'elle le réalisait déjà partiellement dans quelques-unes de ses actions, qu'enfin, placée bien loin derrière nous sur la route, elle avait pourtant les yeux fixés sur le même but et marchait vers lui. Maintenant, si l'on ne veut pas mettre un abîme entre le reste des êtres et l'humanité, si l'on ne veut pas faire de celle-ci comme un petit monde sans entrée et sans issue, si l'on veut expliquer rationnellement l'origine de l'homme et relier la race humaine aux autres races vivantes, pourquoi ne pas relier aussi à l'esprit humain cet esprit encore ignorant de lui-même qui « agite intérieurement la nature »? pourquoi fermer la nature à toute volonté du mieux, à toute moralité? pourquoi défendre aux autres êtres, si infimes qu'ils soient, d'avoir quelque ouverture sur l'idéal? S'ils portent déjà en eux par avance la grande humanité dont ils sont les ancêtres, ils doivent en avoir aussi à quelque degré les aspirations et les désirs. Ainsi dorment dans le noir charbon la lumière et la chaleur du soleil jusqu'au jour où, ramené à la surface de la terre, il se transformera, il nous donnera sa chaleur et sa lumière, il communiquera le mouvement et comme la vie à tous nos mécanismes. Peut-être aussi, au fond de la nature, dort-il je ne sais quel esprit de moralité; peut-être la nature même n'est-elle qu'un grand et vague effort, une sorte de pénible enfantement, pénible et pourtant plein d'espérance. Ce qui sortira de tout ce travail intérieur, elle ne le sait pas au juste; l'homme l'entrevoit, et nomme cet idéal du nom de moralité. Mais, pour que notre idéal ne soit pas un rêve et une chimère, il faut qu'il ait ses racines dans la profondeur de la nature; il faut qu'il y soit plus ou moins présent partout, qu'il l'échauffe et la vivifie tout entière. La chimie des corps admet ce qu'elle appelle la chaleur latente; pourquoi la chimie mentale n'admettrait-elle rien de semblable? L'humanité actuelle existe à l'état latent dans le monde animal, comme l'humanité future existe en nous à l'état latent. Tout dans la nature se tient et se contient mutuellement. Qui sait si, pour que l'homme puisse faire un pas vers son idéal moral, il ne faut pas que le monde entier marche et se meuve avec lui?

La loi de sélection naturelle, si brutale au premier abord, sert pourtant elle-même à la réalisation graduelle de cet idéal ici-bas. D'après la loi qui domine toute la nature animale, c'est le plus fort qui se fait une place, s'ouvre une voie et, par là, ouvre la voie même où la nature doit marcher; c'est du côté de la plus grande force que la nature se dirige sans cesse. Mais la force, autrefois, avait réellement pour elle les meilleures raisons : être fort, n'est-ce pas être, au point de vue de l'espèce, au point de vue de la nature, le meilleur? Je dirai plus : la force ne s'exerce pas sans un certain déploiement d'énergie et d'audace; les plus forts, ce sont en général les plus courageux. Aussi la force est-elle, en moyenne (la nature n'agit jamais que sur des moyennes), supérieure moralement à la faiblesse et constitue-t-elle parfois une sorte de droit au triomphe. La sélection par la force fut ainsi la condition du progrès, et c'est elle qui en marqua la direction. Mais on peut prévoir un avenir où, ce que fit la force, la volonté vraiment morale le fera. Là encore, la sélection s'exercera, mais d'une tout autre manière. La lutte pour le bien et pour la justice, la lutte pour la vie morale remplacera ou du moins corrigera la lutte violente pour la vie matérielle : là triomphera celui qui aura placé le plus haut son idéal et déployé le plus de volonté pour l'atteindre. De cette sorte de sélection morale naîtra et surgira sans cesse une humanité meilleure. Seulement les moins bons, au lieu d'y être anéantis, comme le sont dans la nature les plus faibles, seront relevés, moralisés, et alors, loin d'être un obstacle à l'évolution, ils lui deviendront une aide : chacun, selon ses forces morales, travaillera à élever sans cesse au-dessus de soi l'idéal même de la moralité.

Aux arguments tirés de l'évolution des espèces animales sous la loi de la force et de l'intérêt, l'école anglaise en ajoute d'autres, tirés de l'évolution de l'espèce humaine sous ces mêmes lois.

Nous l'avons vu, selon cette école il n'y a rien ou presque rien d'universel et d'immuable dans les idées morales : tout en elles est changement et mouvement, et le seul principe qui préside à leur mouvement, le seul qui parvienne quelquefois à les fixer et à les immobiliser, c'est l'intérêt. Tel peuple trouve pieux de tuer et de manger son père ; tel autre trouve juste de voler, d'assassiner ; tel autre trouve logique d'abandonner les malades ou encore de hâter leur mort, etc. Lorsqu'on aura fait une collection et un catalogue complet de toutes ces opinions multiples, alors seulement, d'après M. Bain, on pourra connaître les points très-rares sur lesquels a lieu l'accord universel ; mais on peut dire d'avance que l'accord des jugements sur ces points sera produit par l'accord même des intérêts. En somme, la loi morale, dans le sens étendu que nous donnons à ce mot, n'est ni immuable ni universelle ; l'intérêt seul est universel, mais non immuable ; et c'est lui qui, par ses évolutions successives, explique et ramène peu à peu à l'unité la variété infinie des idées et des sentiments moraux. Ainsi peuvent se résumer les objections accumulées depuis Pyrrhon, Épicure, Carnéade, Sextus Empiricus, Montaigne, Mandeville, Helvétius, Diderot, jusqu'à MM. Bain, Darwin, Spencer et aux savants modernes.

A vrai dire, dans cette question qui depuis des siècles a soulevé tant de discussions, il y a plus d'un malentendu. Les partisans de la moralité pourraient reprocher à leurs adversaires d'avoir trop confondu les *notions* morales et les *sentiments* moraux avec la *volonté* morale, et d'avoir admis sans preuve suffisante que la contradiction des notions et des sentiments atteignait la volonté morale elle-même. — Peu importent en définitive, pourrait dire un idéaliste, toutes les formes diverses que revêtent les idées morales et les mœurs, si sous ces formes multiples on retrouve la même volonté du bien. — Tels peuples volent, assassinent, etc. : voilà la moralité de l'homme perdue ! — Pourquoi ? Ces peuples commettent-ils le vol et l'assassinat en croyant commettre des actes bons ? ont-ils bonne intention ? — Oui, dites-vous. — C'est contestable, mais accordons-le. Il en résulterait simplement que ces peuples veulent le bien, mais qu'ils traduisent cette volonté d'une autre manière que nous. Soutenez-vous au contraire qu'en volant, en tuant, ils ont la vague conscience de mal faire ? Alors, par cette conscience même, ils affirment l'idéal moral qu'ils violent, et leur immoralité est une preuve de la moralité. — Les idées morales des peuples, d'après Büchner, « diffèrent comme la nuit et le jour[1]. » — Soit, mais ce sont toujours des idées *morales*, c'est-à-dire des conceptions d'un certain idéal de l'homme et de l'humanité. M. Bain prétend que, chez les Grecs, la coutume de boire du vin en l'honneur de Bacchus, ou, chez les musulmanes, la coutume de sortir voilées, a « la même autorité que n'importe quelle obligation morale [2] », par exemple l'obligation de ne pas tuer. — C'est bien douteux. Mais, après tout, si par hypothèse les musulmanes déployaient le même mérite à sortir voilées qu'à accomplir n'importe quel autre acte moral, elles affirmeraient pour leur part, avec non moins d'énergie que les Européennes, l'universelle conception d'une moralité. M. Darwin soutient à son tour, non sans vraisemblance, que, « si les « hommes s'étaient produits dans les conditions de vie des « abeilles, ce serait un devoir sacré pour nos femelles non « mariées de tuer leurs frères, à l'instar des abeilles « ouvrières, et pour les mères de détruire leurs filles « fécondes [3]. » — Mais si, effectivement, c'était là pour elles un devoir sacré et conscient, que faut-il davantage à ceux qui soutiennent l'universalité d'une conception quelconque de la moralité idéale ?

Ainsi pourraient répondre les idéalistes aux utilitaires. Ce qui domine tout ce débat des empiristes et de leurs adversaires, c'est l'éternelle confusion de l'action, signe de la volonté, qui peut varier comme tout signe, avec la volonté intérieure, qui peut rester la même sous les signes les plus divers. Les mœurs se contredisent, elles sont dans un perpétuel changement et dans une perpétuelle évolu-

---

1. *Science et Nature*, I, p. 199.
2. Bain, *Emot. and will*, loc. cit.
3. Darwin, *Descendance de l'homme*, loc. cit.

tion ; reste à savoir si la moralité même se contredit et change. Celui qui marche sur la tête obéit encore aux lois du mouvement; celui qui accomplit avec bonne intention les actes les plus bizarres obéit encore à ce qu'il croit moral, beau et bon. La conception que je me fais du bien extérieur peut varier ; celle que je me fais de la bonne volonté est fixe. Que la volonté humaine se manifeste de telle ou telle manière, c'est une question qui ne regarde pas notre moralité même; l'important est qu'elle se manifeste. Que je veuille, que je veuille moralement, que les autres hommes soient aussi capables de vouloir moralement, cela suffirait à la rigueur, ou du moins le reste est secondaire.

La vraie méthode de l'école utilitaire ne devrait pas être seulement de montrer des contradictions dans telles idées et tels sentiments moraux des peuples ; elle devrait découvrir un peuple qui n'eût certainement pas la moindre idée d'une moralité quelconque et ne sût en aucune manière ce que c'est que bien et mal, bonne ou mauvaise volonté, mais simplement ce que c'est que l'utile ou le nuisible. Or il sera bien difficile de découvrir un tel peuple. Les voyageurs rencontrent sans doute des tribus qui n'ont nulle idée de la pudeur, d'autres qui n'ont nulle idée du vol, etc. De tous ces faits plus ou moins contestables un moraliste anglais fait une liste : ici, dit-il, l'idée de la pudeur n'existe pas; là, l'idée du vol, etc. ; donc l'idée de la moralité n'existe pas dans l'homme. Mais cela revient à dire : Tel homme manque du bras gauche, tel autre du bras droit; donc tous les hommes sont sans bras. Pour prouver que l'homme n'est pas nécessairement et universellement un être moral, il faudrait, avons-nous dit, trouver une collection d'hommes, ou au moins un homme qui fût complètement étranger à toute idée de bien moral. Or, sans aller plus loin, on ne trouvera pas seulement un homme à qui soit étrangère l'idée de courage et qui n'applaudisse à un acte de bravoure ou de dévouement.

M. Bain, du reste, semble trancher la question en reconnaissant que, chez tous les hommes, il existe un même *sentiment moral*, c'est-à-dire une faculté d'approuver et de désapprouver ; c'est seulement, d'après lui, dans les « matières » auxquelles s'applique ce sentiment, dans les actions qu'on approuve ou désapprouve, que se produit la diversité et se manifeste l'évolution. Mais, là où existe un sentiment moral, il peut exister une volonté morale.

« L'accord entre les hommes est émotionnel, » dit M. Bain.

A ce qu'on appelle l'émotion morale ne pourrait-il correspondre une certaine conception d'un idéal moral encore trop indéterminé, et en même temps la volonté de réaliser cet idéal ? L'accord entre les hommes serait alors finalement un accord de volonté, un accord de moralité.

M. Bain compare l'humanité à un chœur immense où la voix de chaque chanteur, quoiqu'elle se fonde avec toutes les autres, reste pourtant un effet distinct produit par sa propre volition. De même qu'il n'existe point « de voix abstraite universelle » ou « de chœur abstrait » à part des choristes, ainsi il n'existe point une sorte de conscience humaine dominant toutes les consciences individuelles et les réglant. Il n'y a rien dans la conscience d'universel. — Mais, pourrait-on répondre, de même que, dans ce chœur dont vous parlez, il y a une chose commune à tous les chanteurs, quelle que soit la diversité des notes qu'ils émettent, à savoir la volonté de chanter et de s'unir dans une même harmonie, ainsi n'y a-t-il pas chez tous les hommes, à certains instants, quelle que soit la diversité des mœurs et des manières d'agir, une chose commune, constante, la volonté de bien agir ? Ne serait-ce pas cette volonté du beau et du bon qui, dominant toutes les consciences individuelles, les ramènerait à l'harmonie et ferait un immense concert de ce qui, au premier abord, semblait une immense discordance ?

S'il en est ainsi, tous les peuples, de quelque manière qu'ils conçoivent le bien, veulent le bien et se proposent un idéal. Mais, en admettant qu'ils veuillent et aiment tous le bien, il ne s'ensuit pas qu'ils le veuillent également : il est des degrés dans cet universel amour. Or, qui dit degré dit aussi mouvement pour s'élever du degré inférieur au degré supérieur. Ainsi reparaît transformée, au sein même de la volonté, cette grande idée de mouvement vers le mieux, de progrès, d'évolution, que les utilitaires exclusifs ne veulent introduire et faire agir qu'au sein des intérêts et du monde sensible. Ce serait fausser l'idée de la moralité que de la représenter comme immobile, incapable de progrès, étrangère à l'évolution qui agite et travaille sans cesse la nature. C'est ce que les « spiritualistes » oublient. Ils ont le tort de s'en tenir aux vieilles thèses sur l'*immuable morale*.

Si la contradiction des mœurs et des notions morales ne provient pas nécessairement d'une complète absence de moralité, du moins elle provient d'une imperfection de cette moralité. Je ne veux pas assez le bien universel, pourrait-on dire, lorsque je veux comme bonnes des choses qui ne sont pas le bien et le beau; je ne veux pas assez le bien si je le conçois sous des formes contradictoires. Ma volonté, dans ce cas, n'est pas assez forte pour guider mon intelligence, pour briser les associations d'idées, les coutumes et les habitudes qui entravent son action; qu'elle se fortifie, qu'elle se développe, et elle les brisera. M. Bain dit qu'un défenseur de l'esclavage a le même sentiment et le même amour de la justice qu'un abolitionniste peut avoir. — Non, un défenseur de l'esclavage, tout en étant parfaitement sincère, ne possédera pourtant pas encore un amour suffisant de la justice, parce qu'il ne l'aura pas assez cherchée pour la trouver. Un sauvage qui, d'après un exemple de Montaigne et d'Helvétius, tuera et mangera son frère avec la meilleure intention du monde, n'aimera pourtant pas assez son frère. C'est ne pas avoir assez bonne intention que de manifester cette intention par des actes imparfaits qui la contredisent.

En résumé, quelque système qu'on adopte sur l'essence de la moralité, on peut accorder que, plus l'humanité progressera, plus ses mœurs se mettront en harmonie, mieux seront ramenées à l'unité ses idées morales. De là, dans ces idées mêmes, une évolution qui, aux yeux des idéalistes, non seulement ne prouve pas l'absence d'un principe de moralité, mais au contraire semble plutôt montrer sa présence et son action incessantes. Cette évolution, au lieu d'être simplement le produit des forces physiques et des rapports économiques entre les intérêts, serait alors le produit et la manifestation de la volonté. Tous les êtres humains tendent au fond, les uns comme les autres, vers le bon vouloir; mais cette volonté, encore faible et imparfaite, s'est d'abord signifiée en des actes qui la traduisaient imparfaitement; à mesure qu'elle se fortifie chez tous, les actions qui l'expriment et les idées qui s'y rattachent deviennent plus parfaites, et cette perfection croissante les rapproche sans cesse de l'unité, terme de leur évolution. L'idéal serait que, par les actes les plus divers et cependant les plus harmonieux, se manifestât dans le monde la même bonne volonté.

III

LES TRANSFORMATIONS DE L'UTILITARISME.

Tout en prétendant rejeter les idées morales proprement dites, les utilitaires se sont efforcés de faire rentrer sous une autre forme, dans leur système, ces idées qu'ils en avaient d'abord exclues. On dirait qu'ils se sont tous sentis à l'étroit dans le cercle où ils s'étaient enfermés. De là sans doute, dans l'histoire de la morale utilitaire, cette tendance que nous avons vue travailler tous les systèmes et qui semble attirer et soulever vers un idéal supérieur le monde pesant de l'égoïsme, entraîné en bas par ces poids de plomb dont parle Platon [1].

« Tout est intérêt, » dit Epicure ; et il ajoute : « Il faut dans certains cas mourir pour ses amis. » — Il est donc, pour l'égoïste, des temps de se sacrifier, comme il est, d'après Pascal, des temps de niaiser ! — Ce n'est pas assez dire. Le désintéressement, ajoutent les épicuriens romains, n'est pas momentané : entre de vrais amis, le désintéressement est perpétuel ; point d'interruption, point d'exception : s'aimer véritablement, c'est sortir de l'intérêt pour n'y plus rentrer.

« Tout est intérêt, » répètent (avec amertume cette fois) Hobbes, La Rochefoucauld, Helvétius ; mais Helvétius n'en soutient pas moins qu'il poursuit pour son compte le bonheur de l'humanité. — Le bonheur de l'humanité avant le nôtre ! se plaisent à redire Dalembert, d'Holbach, Saint-Lambert ; et de nouveau reparaît dans la doctrine de l'intérêt l'idée de désintéressement. En vain l'intelligence abstraite essaye d'exclure de ses systèmes l'idéal moral : il brise la trame logique du raisonnement et se replace lui-même au milieu du système bouleversé.

C'est alors que, par une tentative hardie, Bentham et ses successeurs s'efforcent d'unir ou plutôt de juxtaposer ces deux idées contraires : — intérêt, désintéressement, — et de faire sortir l'altruisme de l'égoïsme. Il semble que, dans l'école anglaise moderne, ces deux tendances qui poussaient le système utilitaire, l'une en bas, l'autre en haut, cherchent à se contrebalancer et à se faire équilibre.

L'utilitarisme de Stuart Mill nous a paru se rapprocher plus que tout autre de l'idéalisme. En effet, la conception qui semble le dominer tout entier, c'est celle de la *qualité* des plaisirs. Non-seulement certains plaisirs seraient plus intenses ou plus durables, mais ils seraient aussi plus *nobles*, plus *dignes*. On ne pourrait les mettre sur le même plan que les autres, comme voulait Bentham, les évaluer tous par les mêmes chiffres et les introduire dans les mêmes calculs ; on ne pourrait comparer une saveur à une vertu. L'école de

---

[1]. Voir, outre la première partie de ce volume, notre *Morale d'Epicure*.

Stuart Mill renonce même entièrement à calculer la vertu et à supputer le désintéressement; elle repousse, non pas seulement avec des chiffres, mais avec de l'indignation et du mépris, ces « plaisirs ignobles » dont Bentham faisait au besoin l'apologie : tout entière à la contemplation de l'idéal à venir, tout entière à la réalisation de cet idéal parmi les hommes, elle laisse à peu près de côté l'ἡδονὴ τῆς σαρκός et l'ἡδονὴ τῆς γαστρός, dont le vieil Epicure avait fait le point de départ de son système. C'était presque donner gain de cause aux adversaires de l'utilitarisme, car nous avons montré que ceux-ci peuvent répondre : — Il n'est point d'autre dignité que la dignité morale, point d'autre noblesse que la noblesse morale. Les plaisirs n'ont pas d'autre qualité que celle qu'ils empruntent à leur relation plus ou moins directe avec la volonté morale : les plaisirs intellectuels sont déjà moraux, les plaisirs esthétiques sont moraux ; le vrai n'est que l'expression abstraite du bien, le beau n'est que la splendeur visible du bien ; la qualité, en dernière analyse, pour n'être pas une qualité occulte et mystérieuse, se réduit à la moralité ; ce qu'il y a de meilleur dans le monde des plaisirs et des peines, c'est, semble-t-il, le reflet du monde idéal qui y pénètre; ce qu'il y a de meilleur dans le plaisir même, c'est ce qui n'est déjà plus le plaisir. —

Plus conséquents sont les benthamistes et les partisans de l'évolution, qui excluent soit de « l'hédonisme individuel » soit de « l'hédonisme universel » toute considération de ce genre, et qui ne parlent que du *bien-être*, de l'hygiène physique ou mentale, de l'appropriation au milieu et aux conditions les plus favorables d'existence. Plus conséquents aussi sont les derniers utilitaires qui, avec M. Sidgwick, rejettent la distinction de Mill entre la qualité et la quantité, et adoptent comme critérium la plus grande somme de plaisirs pour le genre humain. Mais les utilitaires de cette école devraient renoncer plus franchement à fonder une morale proprement dite : telle est au contraire leur ambition la plus chère. M. Sidgwick parle encore de devoir, d'obligation, de moralité. Il oublie que l'empirisme utilitaire, n'admettant que des faits ou des successions de faits, ne peut que répéter sans cesse à l'homme cette formule : — Telle chose a été, donc telle chose sera ; tu as accompli nécessairement tels actes, donc tu accompliras nécessairement tels autres actes. — Entre la nécessité du passé et la nécessité de l'avenir, où trouver place pour une « obligation » quelconque ou pour un équivalent véritable de l'obligation? — Celui que les utilitaires proposent, nous le savons, c'est l'intérêt. Tout irait bien en effet si l'intérêt, valable pour l'un, était aussi valable pour l'autre; mais, malgré les paradoxes de Bentham sur l'immédiate identité des intérêts, nous avons vu que cette identité est seulement finale. En attendant, c'est d'un certain désintéressement, sous le nom d'altruisme, que les utilitaires ont besoin pour mouvoir le ressort de notre mécanisme intérieur. Mais, leur avons-nous demandé, comment aller de l'intérêt au désintéressement, et même des désintéressements passés aux désintéressements futurs? Il est des hommes qui se sont désintéressés, qui se sont dévoués, soit; cela a été, cela est encore, je l'accorde; mais de quel droit cela sera-t-il, du moins en moi? Observez, analysez, comptez tous les phénomènes qui se passent et se sont passés dans chaque être humain; tenez, comme dit M. Bain, un registre de toutes mes sensations et émotions, cherchez de mes sentiments les genèses les plus ingénieuses : à la rigueur, je puis vous concéder ce que vous voudrez dans le domaine des faits, mais de ces faits accumulés vous ne parviendrez guère à tirer une puissance qui leur soit supérieure. Comment d'une action observée faire une action prescrite? comment faire sortir d'une expérience un devoir ou l'équivalent d'un devoir? Il existe là une difficulté qui est encore à résoudre.

Pour l'école inductive, le devoir ne peut jamais être qu'une induction, et la plus importante de toutes. Or, d'après la théorie empiriste, l'induction n'est qu'une anticipation instinctive, ce qu'Epicure nommait πρόληψις, ce que nous nommons un préjugé au sens propre du mot, ce que les Anglais appellent une *attente*. Le devoir, c'est donc l'attente du plus grand plaisir. « Je *dois* faire ceci », « le soleil *doit* se lever » : entre ces deux inductions, l'une qui nous fait préjuger des phénomènes extérieurs, l'autre qui nous fait préjuger des phénomènes intérieurs, peu de différence; toutes deux, en dernière analyse, se ramènent à cette habitude héréditaire par laquelle Darwin et Spencer rendent compte de l'instinct. — Mais si l'instinct peut expliquer, dans le monde physique, l'attente machinale d'un phénomène après un autre phénomène semblable, peut-il suffire à expliquer et à produire en nous un vrai « devoir »? C'est, dites-vous, une anticipation instinctive qui me fait croire que le soleil va de nouveau se lever sur l'horizon : soit ; l'instinct ici peut remplacer la raison par l'attente ; il n'y a pas d'effort à faire; je reste passif, immobile, et j'attends le soleil. Je pourrais même fermer les yeux, le soleil n'en viendrait pas moins frapper mes paupières et me contraindre presque à les ouvrir. Tout change quand il s'agit non plus de la lumière extérieure, mais de la lumière intérieure. Là, il ne suffit plus d'attendre, il faudrait pouvoir prendre l'initiative; sans vous, sans moi, sans nos efforts, la moralité dont vous parlez se lèvera-t-elle sur le monde? N'est-ce point moi qui la porte, la soutiens, la soulève au-dessus de la nature visible et au-dessus de moi-même; et si ma volonté, si la vôtre, si toutes les autres volontés venaient à faiblir, le monde idéal, le monde moral, ne retomberait-il point dans la nuit?

IV

L'AMOUR DE L'HUMANITÉ DANS LA MORALE UTILITAIRE

Le grand mobile auquel nous avons vu les utilitaires faire appel pour mettre la volonté en mouvement, et qu'ils substituent à l'*obligation catégorique* des anciens moralistes, c'est l'amour de l'humanité, la sympathie universelle, l'altruisme. Dès l'antiquité, Épicure nous offre l'exemple de ce qu'on pourrait appeler l'égoïsme philanthropique [1]; cette alliance des principes intéressés et des conclusions humanitaires se retrouve dans l'école française du XVIIIe siècle et dans l'école anglaise contemporaine. Les utilitaires français n'en avaient pas moins clairement aperçu la négation du véritable amour d'autrui qu'impliquait leur pur utilitarisme. « On n'aime que pour soi, » dit Helvétius; l'amitié entre les hommes est un besoin réciproque. Tout gravite sur soi, répète d'Holbach; la vie entière n'est qu'une gravitation de soi sur soi [2]. L'école anglaise semble avoir accepté, elle aussi, l'égoïsme comme l'explication suprême et dernière de tous les phénomènes mentaux. « L'amour de soi est le pourquoi de toutes les passions [3], » dit M. Bain, et M. Spencer ne le désavouerait pas. Seulement, cet égoïsme, les philosophes anglais l'ont pour ainsi dire relégué dans la sphère de l'inconscient, et ils en ont fait sortir, par une

---

1. Voir notre *Morale d'Epicure*, livre III.
2. *Ibid.*, liv. IV.
3. Voy. M. Bain, *Emot. and. will*, c. XII.

évolution inattendue, l'altruisme conscient. Nous nous aimons nous-mêmes, voilà le principe ; puis nous nous attachons dans les autres à ce qui nous ressemble, et nous nous cherchons nous-mêmes dans autrui : alors naît, selon M. Bain, une sorte d'amour qui se ramène à une ressemblance mutuelle, à une analogie mutuelle ; ce qui se passe dans l'un se communique à l'autre par des raisons toutes physiques, et à vrai dire l'amour d'autrui est un phénomène de contagion nerveuse. C'est cette contagion bienfaisante que les utilitaires veulent étendre à l'humanité pour y faire régner la philanthropie. Dans les autres, vous n'aimez que vous, disent-ils aux hommes ; cependant aimez les autres plus que vous. Dans les autres, vous n'aimez que votre ressemblance ; pour cette image affaiblie de vous-mêmes, sacrifiez-vous, et détruisez au besoin l'original afin de conserver la copie.

Sous ce rapport, l'école utilitaire anglaise n'a pas la logique de l'école utilitaire française : ce qu'elle rejette en théorie, elle n'ose pas y renoncer en pratique. Excluant de l'homme l'amour purement désintéressé d'autrui, elle voudrait, par des moyens détournés, en replacer au moins l'apparence dans la société et reprendre ainsi d'une main ce qu'elle repousse de l'autre. Mais, avec la sympathie et les instincts altruistes, réussira-t-elle à rapprocher et à unir les hommes ? — *Sympathiser*, c'est-à-dire, suivant l'étymologie même du mot, pâtir ensemble, souffrir ensemble, être courbés ensemble sous la même nécessité, subir l'action réflexe des mêmes émotions, cela suffira-t-il à l'homme, ou sa conscience ne croit-elle pas trouver en elle-même un idéal supérieur ?

La conception utilitaire de la sympathie se trouve pleinement réalisée dans le monde matériel et mécanique. Peut-être l'homme seul peut-il aimer ; mais tout, semble-t-il, peut sympathiser. Depuis longtemps, Adam Smith et Hume ont comparé la loi naturelle qui unit les hommes à cette loi physique qui fait que des cordes également tendues, sous la vibration qu'on leur imprime, se mettent d'elles-mêmes à l'unisson. Mais, remarquons-le, pourquoi disons-nous que ces cordes sympathisent ? Si nous connaissions parfaitement l'ensemble de causes mécaniques qui président à leurs mouvements, cette idée ne nous viendrait pas même à l'esprit. Disons-nous de deux horloges que nous montons à la fois qu'elles sympathisent ? Non, parce que dans ce cas la cause du phénomène nous est connue : c'est nous-mêmes. Au contraire, ce qui porte d'abord à croire qu'il y a sympathie entre les cordes d'un instrument, c'est que nous ne voyons pas les mouvements se transmettre fatalement de l'une à l'autre ; nous douons de vie chaque corde ; il nous semble que, spontanément, elles-mêmes se sont mises d'accord. Ainsi, pour introduire la sympathie dans les mécanismes du monde extérieur, il semble que, par une sorte de subterfuge mental, nous en enlevions d'abord la nécessité.

Du monde extérieur, remontons à l'intérieur. Pouvons-nous concevoir la sympathie de l'homme pour l'homme comme un simple accord des nerfs, une alliance des tempéraments, un battement symétrique des cœurs ? Ne nous représentons-nous pas le mouvement de sympathie qui nous porte vers autrui comme parti de nous-mêmes, comme tout spontané ? C'est là un fait psychologique que ne nieront pas, sans doute, les empiristes et les utilitaires et que Spinoza lui-même a reconnu [1]. En d'autres termes, pour prendre pleine et entière conscience d'une vraie sympathie, il faut perdre, ne fût-ce qu'un instant, cette conscience de la fatalité que doit posséder tout fataliste convaincu ; pour que mes nerfs eux-mêmes accomplissent sans trouble et jusqu'au bout toutes leurs vibrations sympathiques, il faut que j'attribue ma sympathie à autre chose qu'à des nerfs, il faut qu'à tort ou à raison je l'attribue à ma volonté. — Illusion ! direz-vous ; effet d'un sentiment subjectif, dont nous sommes tout prêts à vous faire la genèse. — Soit ; voici alors la question que nous pouvons vous répéter : Persuadez-vous bien à vous-mêmes que c'est une simple illusion, persuadez-vous bien de votre système ; en prenant conscience de cette illusion et en la dissipant, ne dissiperez-vous pas la sympathie même, ou du moins n'en altérerez-vous pas profondément la forme ?

Nous avons déjà vu se montrer à diverses reprises cette divergence qui semble exister entre la théorie et la pratique des vrais utilitaires : plus vous croirez à l'utilitarisme en l'approfondissant dans toutes ses conséquences, moins vous serez capable, semble-t-il, de faire ce que conseillent de faire ses théoriciens. Ici, la contradiction est plus évidente et plus importante encore : la théorie exige une sympathie constante avec les autres hommes ; mais vous ne pouvez sympathiser avec autrui, d'une manière durable,

---

1. V. *La morale d'Épicure et ses rapports avec les doctrines contemporaines.*

qu'en oubliant dans une certaine mesure votre système sur la sympathie.

A ce point de vue, le moindre mouvement de vraie sympathie est un élan vers un idéal supérieur à la morale purement utilitaire. Au moment où je me sens poussé à accomplir un acte de désintéressement, par exemple secourir un homme en danger, que je me répète à moi-même : « La sympathie n'est qu'une contagion nerveuse ; » cette idée, agissant comme toutes les idées sur les nerfs mêmes, la contrebalancera et tendra à la faire disparaître. La sympathie du cœur, si elle n'est qu'un instinct, est du moins un instinct trop délicat pour pouvoir m'entraîner si je n'oublie pas qu'elle m'entraîne. Nous nous retrouvons ainsi en présence des lois psychologiques que nous avons dégagées de l'analyse des faits et que nous avons opposées aux « genèses » de sentiments tracées d'une manière trop exclusive par l'école anglaise.

En premier lieu, tout instinct, en devenant conscient, tend à se détruire : la sympathie purement instinctive se réprimera donc en se connaissant elle-même.

En second lieu, toute association d'idées, en devenant consciente, tend à se dissoudre, surtout lorsqu'en définitive elle se réduit à une erreur ; or la sympathie est une erreur par laquelle je m'imagine souffrir à votre place : sur la foi d'une ressemblance trompeuse, je vous prends pour moi. Un oiseau, dit la fable, apercevant dans un tableau un oiseau tout semblable à lui, merveilleusement reproduit par le peintre, courut becqueter la toile inerte ; ainsi fais-je en allant à vous parce que vous me ressemblez, en vous prenant pour un autre moi-même, alors que vous en êtes seulement la lointaine image. La réflexion et la conscience, en écartant l'illusion, éloigneront la sympathie.

En troisième lieu, toute passivité, en se pensant elle-même, tend à disparaître sous l'action de la pensée. Penser que toute notre sympathie se réduit à « être passifs ensemble », c'est donc tendre, par cela même, à la faire cesser. Aussi, sympathiser véritablement, ce serait sans doute s'élever au-dessus de cette sympathie apparente que les utilitaires connaissent seule ; ce ne serait pas seulement pâtir ensemble, mais vouloir ensemble et, à l'occasion, vouloir pâtir, vouloir souffrir ; ce serait mettre d'abord en commun les volontés, afin de mettre en commun les sensibilités. La vraie sympathie, loin d'être cette négation de l'amour désintéressé d'autrui qu'entendent les utilitaires, serait la première forme de l'amour.

Si le sentiment encore vague de la sympathie est déjà difficile à conserver pour la psychologie et la morale anglaises, à plus forte raison l'amour dont nous croyons être capable pour les autres hommes. Le type de la vertu, pour l'utilitaire exclusif, c'est l'économie, c'est l'épargne, c'est la richesse qui s'amasse et se conserve. Mais la richesse qui n'amasse que pour répandre, l'économie qui se fait prodigue, et l'épargne qui se fait généreuse, seraient la négation même de la vertu benthamiste. Que pourrais-je donc donner, dans cette doctrine, sans une arrière-pensée, et pour ainsi dire sans un arrière-désir? Je me trouve dans la pire des misères, la misère morale : ce dont je suis pauvre, c'est de bonne intention, c'est de bonne volonté. Ce que je crois vous donner, moi, un désir le donne à ma place; ce que je crois vous donner, un intérêt vous le prête ou vous le vend : rien de gratuit. En allant vers vous, c'est encore, sans le savoir, à moi que je reviens. Quand je me sacrifierais pour vous, quand je mourrais pour vous, ce serait, comme l'a dit Bentham, par un intérêt déguisé, et ce don suprême de la vie ne serait encore qu'un emprunt risqué.

Aussi avons-nous vu Bentham amené par la logique à condamner le désintéressement. — Ceux qui, en morale, font du désintéressement une vertu, nous a-t-il dit, ressemblent à ceux qui, en économie politique, feraient un mérite de la dépense. — Ainsi, par une sorte de renversement des vieilles idées morales, c'est le désintéressement et le dévouement qui deviennent presque des vices, c'est l'intérêt qui devient la vertu. Stuart Mill lui-même est forcé de chercher des *excuses* au désintéressement, et il trouve ces excuses, on s'en souvient, dans l'utilité du dévouement pour ceux qui en profitent. Ajoutons donc ce trait nouveau à l'esquisse de la philanthropie idéale telle que l'école anglaise la propose. Sa véritable définition, au point de vue économique, est un commerce où rien ne se donne pour rien.

Stuart Mill, il est vrai, ne veut pas accepter franchement cette conséquence : il veut, par le mécanisme de l'habitude, de l'éducation, de l'association des idées, faire de l'altruisme une seconde nature, et mettre au cœur des hommes un désir invincible de donner, afin que le résultat soit pour

l'humanité entière de recevoir davantage. « Ce que je sou-
« tiens, dit Stuart Mill, c'est qu'un être humain *qui a pour
« ses semblables un amour désintéressé et constant* » (traduisez,
d'après les règles de la langue utilitaire : dont tous les
intérêts et les désirs se trouvent instinctivement d'accord
avec ceux de ses semblables), « qui recherche (nécessaire-
« ment) tout ce qui tend à leur faire du bien, qui nourrit
« (nécessairement) une haine vigoureuse contre tout ce
« qui leur fait du mal, est naturellement, nécessairement et
« raisonnablement un objet *d'amour*, *d'admiration* et de
« *sympathie, digne* que l'humanité l'entoure de son affection
« et le *récompense* par son admiration [1]. » — Non, si cet
homme dont vous me parlez ne m'a réellement aimé, ni
moi, ni personne ; s'il n'a rempli près de moi et des hommes que le rôle d'une machine utile ; si, en réalité, je ne lui
dois rien à lui, si je ne suis redevable qu'à la nécessité qui l'a
poussé, alors je ne puis pas proprement l'aimer. L'amour
d'autrui, s'il était possible en sa pureté, dépasserait par son
essence même la notion de l'utile : cet homme m'est utile,
il n'est que cela, donc il est pour moi un moyen, une chose ;
il me sert, donc je m'en sers : c'est un instrument bienfaisant que la nécessité m'a remis entre les mains. Cet
homme, je pourrai le flatter, comme je flatte un animal
dont je veux les services ; mais le « respecter », pourquoi ?
Quel droit a-t-il à mon respect ? S'il s'attache à moi, c'est une
preuve qu'il ne se suffit pas à lui-même, qu'il n'a pas sa
fin en lui-même, qu'il a besoin de moi, qu'il m'est peut-
être inférieur : les services qu'il me rend appelleraient
plutôt sur lui mon dédain que mon amour. Si la reconnaissance est possible dans un système exclusivement utilitaire, c'est lui qui devrait être reconnaissant et non pas moi.

En somme, dans la doctrine de l'intérêt, l'amour de
l'humanité ne se réduit-il point à un mensonge mutuel ? Je
me mens à moi-même en croyant que je vous aime, alors
que je ne fais que désirer ; je vous mens en vous le disant ;
vous me mentez en me disant la même chose, et je me
trompe moi-même en vous croyant. — Pour échapper à ce
mensonge, Helvétius supprimait tout simplement l'amour
d'autrui. N'était-il pas plus conséquent que certains « altruistes » contemporains ?

C'est à cette suppression pure et simple que l'utilitarisme
reviendra sans doute toutes les fois qu'il sera bien conscient

---

1. *Phil. de Ham.*, p. 560.

de lui-même. A moins donc de réussir à organiser dans la société une tromperie générale, l'école anglaise elle-même devra se contenter de la philanthropie d'Helvétius : agir comme si l'on aimait les hommes, précisément parce qu'on ne les aime pas. Helvétius prétendait, de cette absence même d'amour dans la société, déduire l'absence de haine et de malveillance. Mais il est difficile de croire qu'il suffira à la société de perdre ainsi l'illusion de l'amour pour se délivrer des haines et des discordes. Le résultat véritable des théories trop purement utilitaires ne serait-il pas juste l'opposé du paradoxe d'Helvétius? Le jour où les hommes sauront qu'ils ne s'aiment plus, n'agiront-ils pas comme s'ils se haïssaient?

Pourquoi, me disent les philosophes anglais, dans notre société réorganisée, n'iriez-vous pas volontiers vers autrui? pourquoi vous retireriez-vous d'autrui? — Parce que c'est autrui et que c'est moi, vous répondrai-je, en retournant la parole de Montaigne. Les raisons sont les mêmes pour haïr que pour aimer, et Helvétius a été plus profond qu'il ne le croyait lui-même en rapprochant la haine et l'amour. Vous avez une qualité : c'est une raison de vous aimer ; mais cette qualité, je ne l'ai pas : c'est donc aussi une raison de vous haïr. Tout ce qui en vous peut exciter mon admiration peut aussi exciter mon envie, et c'est pour cela que sans cesse l'humanité se partage en admirateurs et en envieux. Toute belle qualité chez autrui est une alternative qui se pose devant la volonté humaine : ou bien vouloir que cette qualité reste à celui qui la possède, ou bien vouloir qu'elle lui soit enlevée. L'homme se trouve ainsi forcé d'opter sans cesse entre la haine ou l'amour, entre la paix ou la guerre.

Sans doute, nous l'accordons, un utilitaire convaincu préférera le plus souvent la paix, avec un semblant d'amour. Nous sommes loin de vouloir pousser les choses à l'extrême et de soutenir par exemple qu'un utilitaire ne trouvera aucun plaisir dans la société d'autrui, la conversation, les réunions en commun, le bon accord avec ses voisins, etc. Nous ne faisons point de lui une sorte de sauvage fuyant les hommes ; nous le croyons au contraire capable d'éprouver tous les plaisirs sociaux, quoiqu'il sache que ces plaisirs se ramènent dans leur principe au développement du *moi*, à son épanouissement. Utilitaires ou non, nous obéissons volontiers à nos habitudes primitives et à nos instincts, même lorsque nous en sommes les maîtres et que nous sentons pouvoir les dominer d'un moment à l'autre. Il y a là un laisser-aller plein de charme. Mais, pour nous réveiller, il suffit d'un conflit entre ces instincts, par exemple entre l'instinct de sociabilité et celui de conservation ; aussitôt la raison se relève, intervient, pèse et juge. Or, chez l'utilitaire exclusif, comment ne déciderait-elle pas toujours en faveur de l'instinct de conservation, dont la force se trouvera ainsi sans cesse accrue aux dépens de son rival ? L'égoïsme raisonné est-il donc d'ailleurs une chose si rare dans la société actuelle pour qu'on refuse d'y croire dans une société utilitaire ? Nous voyons tous les jours des types d'égoïstes qui n'ont rien de repoussant, qui savent être aimables, être aimés, aimer même dans une certaine mesure, c'est-à-dire recueillir tous les profits de l'amour sans en courir les risques. Non-seulement certains individus, mais presque toutes les nations prises en corps ne sont autre chose que de grands égoïstes ; c'est que l'utilité règle la plupart du temps leurs rapports. Certes les peuples ne sont pas moins accessibles que les individus aux idées élevées d'humanité et de philanthropie ; mais ils trouvent qu'en cas de conflit le patriotisme doit dominer. En attendant, les peuples se font l'un à l'autre, par l'intermédiaire de leurs représentants, toutes les politesses imaginables ; ils se donnent toutes les marques possibles de bienveillance. La Russie et l'Angleterre, par exemple, protestent sans cesse de leur bonne amitié, tout en se tenant prêtes à la lutte ; elles sont amies en effet, à leurs intérêts près. Telle sera, semble-t-il, l'amitié des vrais utilitaires. Chaque individu n'a-t-il pas lui aussi son patriotisme, qui en vaut bien un autre, le patriotisme du *moi*, le respect sacré de ses propres intérêts ? Sous l'amour mutuel, on trouvera donc toujours de la diplomatie : ce sera une paix armée.

La diplomatie, — c'est-à-dire la ruse appuyée sur la force, — tel est le grand art de l'homme primitif. En général, un sauvage intelligent est un excellent diplomate ; avec un peu plus de raffinement dans les idées, il pourrait tenir une fort bonne place dans un congrès européen, — ou dans une société d'utilitaires radicaux. C'est que, au fond, le moi faisant effort pour se conserver, et rusant, et épuisant toutes les ressources possibles, tel est l'état primitif, l'état naturel par excellence. Rien de plus contraire à la nature — telle du moins que nous la voyons par le dehors — que l'amour franc et dévoué, l'oubli voulu de soi, le sacrifice : tout cela semble au-dessus d'elle, lui échappe pour ainsi dire. L'instinct conserve l'être, l'habitude conserve l'être, toutes les tendances naturelles conservent l'être : l'évolution conserve et augmente l'être, ou du moins varie les formes. Qui donc le sacrifiera, au besoin, pour quelque idéal supérieur? Nulle habitude, nulle tendance consciente d'elle-même, nulle évolution ne semble pouvoir le faire. Moi seul, si j'avais en moi quelque chose de plus que l'habitude, l'instinct, ou l'évolution fatale, je pourrais le faire, parce que je le concevrais et le voudrais, complétant ainsi et corrigeant la nature même dont je suis sorti.

Il est vrai que, dans la société future dont nous parle M. Spencer, les sphères d'activité se feront si parfaitement équilibre, que chacun agira pour le bien d'autrui comme pour le sien ; bien plus, il le fera spontanément et voudra le bien d'autrui comme le sien. Mais cet avenir élevé est-il bien réalisable par la voie de la nécessité physique, qui est seule ouverte aux utilitaires ? Est-il réalisable tant que la conscience et l'intelligence subsisteront dans l'homme, prêtes à s'opposer aux instincts ? La nécessité extérieure de la nature peut rapprocher nos sphères d'action ; elle peut me pousser vers vous, elle peut vous pousser vers moi et nous serrer l'un contre l'autre ; cette nécessité intérieure que les utilitaires appellent sympathie ou altruisme peut faire davantage : par elle, nos mécanismes entrent en équilibre et en harmonie. Est-ce là l'idéale fraternité de la bienveillance ? Non, car ni l'un ni l'autre nous n'avons voulu, et ni l'un ni l'autre nous ne nous sommes voulus. Notre place dans l'univers était réglée d'avance ; en gravitant l'un autour de l'autre, nous n'avons pas cessé un seul instant d'exécuter l'éternelle « gravitation de soi sur soi » ; nos mouvements l'un vers l'autre faisaient d'avance partie de l'universelle harmonie, et nous nous sentons malgré nous emportés dans le rythme monotone auquel obéissent à jamais les mondes. Avons-nous fait l'un vers l'autre un pas qui ne fût compté d'avance, qui ne fût nécessaire, qui ne se ramenât aux lois de l'instinct ou de l'intérêt ? Pourquoi donc encore une fois, aurions-nous l'un à l'égard de l'autre cette gratitude que semble impliquer l'amour ?

Sans doute, dans le type même de société que l'idéaliste imagine, l'amour des autres acquerrait en chacun de nous une fixité, une éternité qui, pour un spectateur du dehors, pourrait faire croire à l'action d'une puissance nécessaire. Comment voir de loin si c'est bien le lierre lui-même qui s'est attaché profondément à l'arbre et s'y retient de ses propres racines, ou s'il y est suspendu par des liens étrangers? De même, plus l'amour unit les hommes, plus on peut croire que le déterminisme les enchaîne. Mais cette apparente nécessité de l'amour véritable ne vient-elle pas de ce qu'il constituerait précisément la seule forme possible de liberté? Dans l'amour désintéressé d'autrui, il semble que l'esprit peut s'élever assez haut pour s'affranchir des tendances inférieures, pour enlever ainsi toute prise à un grand nombre de motifs et de mobiles, et pour devenir incapable de haine ou de bassesse non par impuissance et par nécessité, mais par une sorte de victoire et par un dégagement de sa primitive nature [1]. Dans la société idéale, nous pourrions tous compter les uns sur les autres, chacun serait également sûr et de soi-même et d'autrui; l'amour serait alors si spontané et si rapide en ses mouvements, qu'il ne laisserait plus place à nul sentiment d'envie ou de haine et s'étendrait à la société entière, pénétrant jusqu'au fond tous les cœurs; serait-ce là pure fatalité, comme M. Spencer le croit? Peut-être, diront les idéalistes, est-ce plutôt à ce moment que la volonté redevient maîtresse de soi. Parce qu'on ne la voit plus s'attarder dans la lutte et l'effort, serait-ce une raison pour ne plus croire à son élan spontané? L'aile qui bat le plus vite semble rester immobile.

On voit, dans la question de l'amour, quel est le pour et le contre, et sur quels points précis porte l'opposition de la morale purement naturaliste et de la morale idéaliste. Cette dernière doctrine est tout au moins la plus attrayante, et l'on aime à s'enchanter soi-même de ce sublime idéal de liberté et de désintéressement; on voudrait de toutes les forces de sa raison se prouver à soi-même et prouver aux autres qu'il est possible. Malheureusement le naturalisme peut toujours répondre : — Votre idéal serait fort beau sans doute; mais il est irréalisable, non-seulement parce qu'il est trop au-dessus de notre nature actuelle, mais parce qu'il est en pleine contradiction avec elle. La tendance essentielle et fondamentale des êtres est l'amour de soi. C'est là la base solide de tout notre être moral. Cet amour de soi, nous le diversi-

---

1. Voir M. Fouillée, *La liberté et le déterminisme*, et *L'idée moderne du droit*, 2ᵉ édition.

fions de mille manières, nous le transformons complètement sous l'action lente de l'évolution ; mais il reste toujours au fond de nous, caché comme les racines de l'arbre, et pourtant nous nourrissant tous de sa sève. Vous voulez l'arracher entièrement, l'enlever du monde moral, et vous ne vous apercevez pas que le monde moral tout entier s'écroulerait et se dissoudrait sans lui.

Ici, la question morale se transforme et devient une question vraiment métaphysique, portant sur le fond même de l'être et sur sa tendance primitive. Malgré les affirmations des utilitaires et des évolutionistes de l'école anglaise, est-il donc certain que le fond des choses soit un égoïsme tantôt conscient, tantôt inconscient ; ou bien ne peut-on se représenter l'univers sur un autre type et d'après une conception plus large? Nous entrons d'ailleurs ici dans cette sphère de l'inconnaissable qu'admet M. Spencer et où les diverses hypothèses ne peuvent se vérifier ou se démontrer; mais il en est au moins de plus belles que les autres; il en est qui nous semblent mieux rendre compte de toutes les puissances que nous sentons ou croyons sentir en nous; mirage ou vérité, elles nous attirent à elles par une séduction invincible. Nous croyons en notre « liberté » réelle ou virtuelle, en notre désintéressement ; nous avons foi en notre être moral, nous avons foi en nous : toutes ces croyances sont assurément mêlées d'illusions, de confusions, de faussetés ; et cependant n'y a-t-il rien au fond et ne peut-on tirer de notre conscience, qui nous trompe si souvent, comme un résidu de vérité? Il ne s'agit pas ici de se sauver dans le « noumène », comme fait Kant ; il faudrait trouver quelque tendance immanente à l'être même. Cette tendance fondamentale ne serait-elle pas, comme nous l'avons déjà dit, la tendance à l'élargissement de soi, à la délivrance de tout penchant inférieur, et par là à l'union avec les autres, à la sympathie, à l'amour?

Le penseur qui a donné à l'école anglaise ses plus purs principes et lui a tracé ses premières *genèses*, c'est assurément La Rochefoucauld, théoricien beaucoup plus profond qu'on ne le croit d'habitude ; c'est en lui que nous trouvons l'expression la plus saisissante de cette doctrine moitié psychologique et moitié métaphysique qui explique tout mouvement et tout développement de l'être par le seul amour de soi. « Tout vient se perdre, dit-il, dans l'amour de soi comme les fleuves dans la mer, » et l'école anglaise accepterait maintenant encore cette parole comme résumant bien l'histoire de l'humanité, comme rendant compte de son évolution tout entière. Nous sommes loin de nier la part immense de « l'amour-propre » dans la réalité actuelle, ni les « découvertes » faites par La Rochefoucauld et par l'école anglaise dans le monde de l'intérêt mal exploré jusqu'alors. Cet « océan » mobile de l'amour-propre dont parle La Rochefoucauld, nous le portons tous en nous : que d'actions, même chez les plus vertueux, n'en sont encore que les mouvements ! que d'amitiés où l'on s'aime soi-même ! que de désintéressements intéressés par quelque endroit ! Et cette force irrésistible de l'intérêt, que nous retrouvons sans cesse agissante en nous, elle y agit le plus souvent (comme l'a bien vu encore La Rochefoucauld) sans que nous nous en doutions : « l'intérêt nous conduit quand nous croyons nous « conduire. » Mais que faut-il conclure de tout cela ? Que l'intérêt ou l'amour de soi constitue notre essence, et l'utile notre unique fin ? — D'autres peuvent aussi bien conclure que, là où nous sommes intéressés, nous ne sommes pas encore assez nous-mêmes. Nous tenons encore à l'animal par une dernière attache. Le règne de l'intérêt, c'est le règne de l'animalité, des tendances nécessaires et bestiales : quoi d'étonnant à ce que la « bête » vive dans celui qui n'est point encore « l'ange » ? En lisant La Rochefoucauld, c'est bien nous-mêmes que nous découvrons dans ce miroir auquel La Fontaine comparait son livre ; mais c'est surtout notre passé, un peu notre présent ; ce n'est peut-être pas notre avenir. Les *Maximes*, que Rousseau appelait un triste livre, sont vraies, du moins jusqu'à un certain point, comme nous rappelant et évoquant pour ainsi dire toute une période d'existence dans laquelle le passé de l'humanité est renfermé en grande partie et à laquelle nous échappons chaque jour ; — elles sont vraies, dis-je ; espérons qu'elles le seront de moins en moins. Sans doute nous avons souvent une pensée intéressée de derrière la tête, que nous ne sommes pas parvenus à chasser, ou, si la pensée a été chassée, il reste un instinct vivace, une série de tendances inférieures qui nous entraînent parfois en bas, quand nous voudrions aller toujours en haut. Mais d'abord ces tendances et ces instincts de la nature animale, nous nous efforçons tout au moins de les voiler et de les cacher : La Rochefoucauld l'a bien reconnu avant l'école anglaise, et c'est ce qu'il appelle l'hypocrisie ;

Hobbes, son contemporain, n'avait conçu qu'une sorte d'intérêt, l'intérêt en armes et en forces, marchant ouvertement à ses fins ; La Rochefoucauld en conçoit une autre espèce, dans laquelle la première tend à se fondre et à disparaître, l'intérêt tortueux, rusé, habile plutôt que fort, avant tout hypocrite. Telle est la première métamorphose de l'intérêt. Mais cette seconde espèce d'intérêt n'est-elle pas déjà supérieure à la première, comme la doctrine de La Rochefoucauld est supérieure à celle de Hobbes? Si l'intérêt a honte, c'est peut-être qu'il se sent en présence de quelque chose de supérieur, c'est qu'il se voit en face de l'idéal conçu par notre pensée ; l'animal tend alors à fuir devant l'homme : on peut dire dans ce sens que l'hypocrisie est un commencement de vertu et de respect d'autrui [1]. En outre, dans l'hypocrisie, il y a encore ce progrès que, si l'intérêt est conscient de lui-même et se voit lui-même, du moins les autres ne le voient plus ; dès lors les actions d'autrui, en nous apparaissant comme désintéressées, nous offrent un type visible de conduite qui nous inspire le désir de le réaliser. Enfin, à force d'être oublié, l'intérêt finit par s'oublier lui-même. La Rochefoucauld a encore très-bien saisi ce moment de l'histoire humaine où l'homme ne calcule plus et où, s'il est encore intéressé, il l'est à son propre insu. — Nouvelle métamorphose de l'amour de soi, dit-il ; nouvelle évolution, diront les utilitaires contemporains. — Mais, répondra-t-on, est-il bien sûr qu'il n'y ait là qu'une simple métamorphose, une simple évolution? ou bien, dès le début, avec l'amour exclusif de soi ne coexistait-il pas chez l'homme une tendance opposée, et n'est-ce pas le triomphe de cette tendance qui produit l'effacement graduel de l'intérêt? Plus la conception de l'idéal devient en nous claire et lumineuse, plus s'obscurcissent tous les types d'action inférieurs : une sorte d'aurore se fait alors en nous ; faut-il donc nier le soleil précisément lorsque toutes les autres lumières pâlissent et s'éteignent devant la sienne?

On le voit, la doctrine de La Rochefoucauld et des utilitaires peut être en partie acceptée par tout philosophe, à condition seulement d'être complétée. Elle peut n'exprimer qu'un des moments et un des facteurs de l'évolu-

---

1. La Rochefoucauld a dit lui-même : « L'hypocrisie est un hommage rendu par le vice à la vertu. »

tion psychologique ; il reste toujours à savoir quels en sont le principe et le terme. — Nous sommes mus par l'intérêt, dit La Rochefoucauld. — Sans doute, peut-on répondre, au moins dans un très-grand nombre de cas. — Toutes nos vertus, vues par une certaine face, peuvent être des moyens de l'intérêt. — Sans doute, encore. Agrandissez tant que vous pourrez la part de l'intérêt ; montrez-nous en nous-mêmes, par une sorte de fantasmagorie, l'égoïsme naturel maître et seigneur, dominant toutes nos actions passées : toujours est-il que vous nous le *montrerez*, que nous ne le savions pas, que nous croyions le contraire, que nous croyions être épris seulement de la beauté du bien ; nous avions un idéal, et plus nous allions vers cet idéal, plus nous effacions en nous l'égoïsme. Ne pouvons-nous pas prévoir, ou tout au moins concevoir un moment où le désintéressement deviendrait à son tour maître de notre esprit ? Oui, nous portons encore dans les plus profondes et les plus basses parties de notre être le monde de l'intérêt, avec ses « abîmes », ses « ténèbres », ses sinuosités et ses détours ; mais, par la pensée concevant l'idéal, nous avons déjà la tête dans un autre monde, dont la lumière emplit nos yeux. Oui, l'intérêt et l'amour de soi ne nous sont pas encore devenus entièrement étrangers : s'ils nous l'étaient, nous ne comprendrions rien à votre livre des *Maximes*; nous ne vous admirons que parce que, en nous peignant l'égoïsme, vous nous avez représenté en définitive une partie de nous-mêmes, et une partie à laquelle nous devons nous-mêmes échapper par l'énergie de notre vouloir. A force de cacher aux autres nos instincts égoïstes, nous les avions cachés à nos propres yeux ; nous ne les reconnaissions plus, vous nous les révélez ; par là, vous nous êtes utile. Nous choisirons en plus grande connaissance de cause entre l'amour de soi et l'amour d'autrui.

On pourrait faire la contre-partie des *Maximes* de La Rochefoucauld ou des genèses de l'école anglaise, et montrer partout la volonté de désintéressement à côté de la volonté égoïste. Ce nouvel aspect des actions humaines, joint à celui que l'école anglaise nous découvre, servirait à mieux faire voir la vraie nature de l'évolution psychologique et morale. Bien plus : on pourrait peut-être montrer le germe de la volonté désintéressée au fond même de la volonté égoïste. Dans cette hypothèse, l'intérêt ne serait autre chose que le premier degré, la période d'enveloppement d'une volonté qui, de sa nature même, et lorsqu'elle s'est enfin débarrassée de ses entraves, s'ouvre à autrui, ne demandant qu'à aimer. L'égoïsme le plus grossier contient peut-être encore de la moralité à l'état latent. On peut, sans contradiction, faire rentrer l'intérêt et l'égoïsme, comme de simples moments, dans l'évolution d'une volonté normalement désintéressée ; on peut prétendre, en retournant la parole de La Rochefoucauld, que l'amour de soi se perd dans l'amour d'autrui, et même qu'au fond il en vient indirectement, comme les fleuves viennent de l'Océan même dans lequel ils vont ensuite se jeter et disparaître.

V

L'AMOUR DE LA VÉRITÉ DANS LA MORALE UTILITAIRE

Aimer véritablement les autres hommes, c'est tendre à dépasser l'utilitarisme exclusif ; aimer et poursuivre, par-delà soi-même et les autres, la vérité, n'est-ce pas encore s'élever au-dessus de cette doctrine trop étroite ?

La vérité, pour les empiristes anglais, se réduit entièrement à une association d'idées persistante ; l'idée, à son tour, trouve son origine dans la sensation. Comprendre, au fond, c'est donc sentir, et la vérité n'est qu'un abstrait de la sensation. Comme la vérité dérive ainsi tout entière des sens, l'intelligence qui la cherche ne peut être mue elle-même qu'au moyen des sens, par le désir et le plaisir. Aussi le rapport moral de la vérité et de l'intelligence, comme celui du bien et de la volonté, ne sera au fond qu'un plaisir délicat. La vérité n'a, subjectivement, rien de plus que la sensation et ne vaut comme elle que par la satisfaction qu'elle me procure. Chercher la vérité, c'est chercher la jouissance intellectuelle qu'on éprouve à la posséder, c'est chercher aussi la jouissance sensible qui découle pour nous de cette possession, comme les honneurs, la gloire, la puissance, etc. L'intelligence, cette faculté qui semblait essentiellement désintéressée, rentre comme toutes choses sous les lois de l'intérêt.

Mais, pourront demander les adversaires de l'empirisme anglais, chercher ainsi la vérité, comme on cherche un objet agréable, ne serait-ce pas s'exposer à ne la trouver jamais ? Peut-être, pour prendre tout son essor, l'intelligence a besoin, comme la volonté, de se rendre impersonnelle ; peut-être, sortant du *moi* étroit, elle a besoin de se faire large et libre, comme la vérité qu'elle veut embrasser. Pour trouver le vrai, ne faut-il pas que le penseur oublie l'agréable, oublie l'intérêt, s'oublie lui-même? et ne pourrait-on dire que la vérité intellectuelle, comme la bonté morale, doit être faite de désintéressement?

Si nous cherchons la vérité, en effet, si nous la trouvons, c'est que nous l'aimons; et si nous pouvons l'aimer, c'est que nous la croyons identique à ce qu'on nomme le bien. Il est bon d'être dans le vrai; il est bon, il est moral que la pensée s'accorde avec elle-même, ne s'annule pas par des contradictions, ne se rabaisse pas par des erreurs. Chercher la vérité, à ce point de vue, apparaît comme une dignité, ἀξίωμα; et c'est en la cherchant de cette façon qu'on peut la trouver tout entière. Au contraire, pourrait-on atteindre l'idéal qu'on ne ferait que désirer d'un désir égoïste? et si le seul égoïsme nous portait vers le vrai, pourrions-nous y parvenir? — Le génie, a dit un homme de génie, c'est de la persévérance. — Mais persévérance, c'est volonté, c'est courage. Pour découvrir les vérités les plus humbles, il a fallu souvent une volonté prête à tous les sacrifices, prête à donner sans mesure pour obtenir ce qui est sans prix. Il est peu de vérités acquises qui n'aient coûté un sacrifice; il en est, surtout dans le domaine moral et social, qui ont demandé des dévouements sans nombre et ont été payées avec le sang.

Si génie, c'est persévérance, c'est aussi et par-dessus tout enthousiasme. Le penseur, comme le poète et l'artiste, a une divinité en lui : ce dieu qui paraît alors lui être présent, ne serait-ce pas, diront les idéalistes, sa volonté à lui-même, sa volonté désintéressée et éprise de l'idée? Oui sans doute, dans ces moments où il semble qu'un dieu se fait jour en nous, c'est notre volonté qui se fait maîtresse; qui, après un lent travail, parvient à briser toute la chaîne habituelle et vulgaire de nos pensées, toutes nos associations d'idées, tout ce qui, d'après les empiristes exclusifs, constitue le fond même de l'esprit, et par-dessus toutes ces anticipations instinctives, ces « attentes » machinales et ces préjugés, fait apparaître enfin la vérité. L'enthousiasme, cette chose « divine », semble donc avant tout volonté et abnégation. Il faut que disparaisse de moi toute préoccupation d'intérêt exclusif, toute considération étrangère à la vérité poursuivie. Il faut que je me possède tout entier moi-même, pour me donner tout entier. Il faut que je puisse me dire en allant vers la vérité : Quoi que je trouve au bout de la voie où je m'engage, quand cela serait contraire à toutes mes prévisions et à tous mes désirs, à tout ce que je croyais et à tout ce qu'on croit autour de moi ; quand ce serait contraire à tout ce que j'ai dit moi-même ; quand cela déferait toutes mes associations d'idées, dérangerait toutes les combinaisons, tout le système que mon intelligence avait échafaudé jusque-là, quand cela anéantirait enfin tout le travail de ma vie passée, — si c'est la vérité, quelque pénible qu'elle soit, je veux la trouver, je veux y croire, parce que la vérité est digne d'amour et que je l'aime.

S'enthousiasmer de vérité, cela exige et dans la vérité et dans l'homme même quelque chose de supérieur à ce que semble y laisser l'utilitarisme brut. Quelle dignité la pensée et son objet auraient-ils dans ce système ? Sauf le plaisir qui s'attache à la possession du vrai et que Stuart Mill voudrait en vain rendre d'une « qualité » supérieure à celle des autres plaisirs, la vérité réduite à elle seule ne vaut ni plus ni moins pour moi que l'erreur : rien ne m'attire en elle, rien hors d'elle ne me repousse. Rabaissée au rang d'instrument, la vérité ne mérite plus que je la cherche pour elle-même et n'est plus digne de mon enthousiasme. Et moi-même, d'ailleurs, serais-je digne de la trouver ? Un homme a-t-il jamais éprouvé de l'enthousiasme en cherchant avec réflexion et conscience la satisfaction d'un simple plaisir, et pourrai-je en éprouver davantage en cherchant la vérité ? La pensée ne reste entière, semble-t-il, que si elle croit en elle-même et en sa dignité. Au contraire, croire que la pensée ne vaut que par le plaisir qu'elle donne, c'est peut-être, en lui enlevant sa valeur, lui enlever sa puissance. Si je ne pense que pour jouir, je penserai moins ; si je ne cherche la vérité que dans un but pratique et « industriel », pour ce qu'elle me rapportera, je courrai grand risque de ne pas la trouver.

La tâche du penseur est double : une fois la vérité découverte, il faut qu'il la communique et la répande. Là encore, n'est-il jamais besoin d'un certain désintéressement ?

Le plus grand représentant actuel de l'école anglaise, M. Herbert Spencer, a écrit une admirable page sur ce désintéressement avec lequel le penseur doit répandre la vérité. « Que si quelqu'un, dit-il, hésite à proclamer ce « qu'il croit être la vérité suprême, par peur qu'elle ne soit « trop avancée pour son temps, il trouvera des raisons de « se rassurer en envisageant ses actes à un point de vue « impersonnel... Son opinion est une unité de force qui, « avec d'autres unités du même ordre, constitue la puis-

« sance générale qui opère les changements sociaux... Elle
« produira l'effet qu'elle pourra. Ce n'est pas pour rien qu'il
« a en lui de la sympathie pour certains principes et de la
« répugnance pour d'autres. Avec toutes ses facultés, ses
« aspirations, ses croyances, il n'est pas un accident, il est
« le produit du temps. Qu'il se rappelle que, s'il est fils du
« passé, il est père de l'avenir ; que ses pensées sont ses
« enfants, et qu'il ne doit pas les laisser périr dans l'aban-
« don... L'homme sage ne regarde pas la foi qu'il porte en
« lui comme un accident sans importance. Il manifeste
« sans crainte la vérité suprême qu'il aperçoit. Il sait
« qu'alors, quoi qu'il advienne, il joue son vrai rôle dans
« le monde ; il sait que, s'il opère le changement voulu,
« c'est bien ; s'il échoue, c'est bien encore, mais sans
« doute *moins* bien [1]. »

L'idée qui semble dominer ces belles pages, c'est le respect de la pensée humaine, sous toutes ses formes et dans toutes ses œuvres ; ce que je pense doit m'être, en quelque sorte, sacré à moi-même. Pourtant, ce respect de la pensée, au lieu d'être inspiré ici par la dignité même de la pensée, semble plutôt inspiré par son utilité ; ce que je vénère en elle, ce n'est pas elle-même, c'est la série infinie de ses conséquences, c'est aussi la série infinie de ses causes ; afin de comprendre ce qu'elle vaut, il est nécessaire que je sorte de moi pour considérer le cours des choses, il est nécessaire que je plonge dans le passé et l'avenir. Ma pensée, enfin, lorsqu'elle dérange l'équilibre des opinions reçues par une nouveauté dangereuse, a besoin d'une justification, et la vérité, lorsqu'elle vient troubler le monde qui marchait et vivait sans elle, semble avoir besoin d'une excuse.

Mais si cette excuse peut valoir pour le monde, si réellement la vérité est plus utile au monde que l'erreur et, pour cette raison, ne doit jamais être cachée, la même raison vaudra-t-elle pour moi et m'inspirera-t-elle un respect inviolable du vrai ? Répandre la vérité, être parfois persécuté pour elle, souffrir pour une chose qui ne vaut qu'en tant qu'elle donne du plaisir, ne serait-ce pas me mettre en contradiction avec les principes mêmes qui doivent guider ma conduite ? Nous le savons déjà, avec quelque ardeur que l'école utilitaire commande à ses adeptes le désintéressement et l'altruisme, elle ne peut le commander

---

1. *Premiers Principes*, p. 132.

jamais qu'en vertu de tendances primitivement intéressées. — Or quel intérêt ai-je à répandre une vérité qui me causera de la douleur? Trouvez-moi, dans votre système, une raison, une seule, pour m'empêcher de mettre, selon une parole familière et profonde, la vérité intellectuelle, qui ne se mesure pas et ne se compte pas, sous le boisseau qui sert à mesurer ma subsistance matérielle.

Vous me dites que « la foi que je porte en moi n'est pas un accident, mais le produit du temps »; vous me prescrivez « de jouer mon vrai rôle dans le monde ». Mais, si ce rôle est un rôle de sacrifice et de malheur, c'est en vain que, pour me le faire accepter, vous invoquerez ce passé dont je suis le fils, ce temps dont je suis le produit fatal. Que m'importe un passé où je n'ai pas été? Que m'importe l'avenir où je ne serai pas? — Mes pensées sont mes enfants, dites-vous, et je ne *dois* pas les laisser périr dans l'abandon. — Eh quoi? mes pensées ne sont-elles pas nées au hasard d'une simple association d'idées? Enfants de la fatalité, je ne les ai point suscitées en moi par mon vouloir, je ne les ai point faites et créées. Elles me sont nuisibles, je les anéantis : qu'y voyez-vous de mal?

Chercherez-vous à vous appuyer sur l'instinctive *sympathie* que je possède à l'égard de certains principes, sur la *répugnance* que j'éprouve à l'égard d'autres principes? Comme cette vérité semble tomber bas, pour laquelle je ne posséderais que de la *sympathie!* D'ailleurs cette sympathie fatale pour la vérité, en devenant consciente d'elle-même, perdrait toute sa force, et l'homme se retrouverait de nouveau en présence de son intérêt personnel, qui lui commande de garder pour lui le vrai, si le vrai est périlleux à faire entendre.

Pour comprendre le progrès moral qui s'est produit depuis un siècle dans le système de l'utilité, parfois peut-être aux dépens de la logique, il faut comparer aux paroles élevées de M. Spencer ce passage si net et si positif de La Mettrie : « La vertu et la vérité sont des êtres qui ne valent
« qu'autant qu'ils servent à celui qui les possède... — Mais,
« faute de telle ou telle vertu, de telle ou telle vérité, les
« sociétés et les sciences en souffriront! — Soit; mais, si je
« ne les prive pas de ces avantages, moi j'en souffrirai. Or
« est-ce pour autrui ou pour moi que la raison m'ordonne
« d'être heureux [1]? » — C'est là, il faut en convenir, un

---

1. *Disc. sur le bonheur*, p. 218.

raisonnement difficile à réfuter, et je ne sais si les utilitaires anglais peuvent rien répondre à une telle logique.

Pour expliquer le désintéressement et le commander soit au penseur, soit à l'agent moral, ce n'est pas exclusivement au point de vue de la nature impersonnelle qu'il faut se placer. L'être qui ne se concevra que comme une simple « unité de force dans la nature » ne parviendra guère à découvrir dans cette conscience de sa force mécanique la force morale du désintéressement : nous retrouvons encore ici l'impuissance des sciences naturelles à constituer une morale complète sans l'intervention d'aucune hypothèse métaphysique. De toutes les idées de force, de temps, de nécessité, on aura peine à faire sortir ce simple précepte : — Aime la vérité et sacrifie-toi pour elle. — La force impersonnelle de la nature semble devoir ici céder la place à la volonté personnelle.

VI

L'AMOUR DE LA NATURE ET DE L'IDÉAL NATUREL DANS L'ÉCOLE UTILITAIRE.

On le voit, pour les derniers représentants de la doctrine utilitaire comme pour d'Holbach et Spinoza, l'amour de l'humanité et l'amour de la vérité se confondent avec l'amour de la nature, en qui l'humanité vit, en qui la vérité existe. Toutefois, le naturalisme utilitaire, par un point capital, est en progrès sur le naturalisme ancien, tel que Spinoza l'avait conçu. — Tout ce qui est, disait Spinoza, est bon et est le meilleur possible. Il n'y a pas de mieux ou de pire dans la nature; il n'y a pas d'idéal dominant la nature et à l'aide duquel nous pourrions la juger : le parfait, c'est le réel. — Tel n'est pas le langage du naturalisme utilitaire. Il admet une sorte d'idéal proposé aux efforts de l'homme, et dont nous devons maintenant rechercher la valeur finale.

Cet idéal qui domine la nature actuelle, ce n'est autre chose que la nature à venir, la nature à un autre degré de son éternelle et fatale évolution. Spinoza avait vu surtout l'immutabilité de la substance persévérant dans l'être; mais, pour le naturalisme anglais, outre la persistance de la force, il y a progrès dans l'organisation des forces. La nature se refait, se travaille, et cela d'ailleurs par une nécessité purement mécanique ; chaque moment de ce travail est par rapport au moment précédent une sorte de progrès, il constitue par rapport à lui une sorte d'idéal : pour connaître cet idéal et contribuer sciemment à sa réalisation, il n'est pas besoin de s'élever au-dessus de la nature même ; il suffit seulement de suivre des yeux la direction dans laquelle elle se trouve poussée et de marquer le point où elle arrivera nécessairement.

Ainsi le naturalisme, qui était en quelque sorte réaliste avec Spinoza, et qui n'admettait pas que l'art de la nature pût rien faire d'inachevé et d'imparfait, se transforme par l'introduction de la grande idée d'évolution. Avec Helvétius, Bentham et Stuart Mill, M. Spencer conçoit, comme nous l'avons vu, une perfection morale et sociale. Ne pouvant se contenter de l'homme imparfait qu'il a sous les yeux, et ne pouvant d'autre part lui attribuer le moyen de se perfectionner librement lui-même, il fait appel à la toute-puissante nature, afin qu'elle s'achève elle-même en lui. « Il est sûr, dit-il, que l'homme doit devenir parfait. » Cette perfection sera identique au plus grand bonheur ; c'est à elle que nous devons travailler de toutes nos forces ; c'est là l'idéal que nous devons réaliser, idéal purement naturel, et pourtant idéal. On peut considérer le système de M. Spencer comme l'effort suprême de l'utilitarisme allié au naturalisme pour satisfaire cette tendance invincible de l'homme à dépasser le fait actuel, l'incomplète réalité.

Il faut avouer pourtant, en premier lieu, que l'idéal utilitaire n'est nullement certain, comme M. Spencer semblait d'abord le croire dans sa *Statique sociale*. Sa réalisation est tout entière suspendue aux mouvements de notre planète : que l'évolution de notre système solaire soit terminée avant l'évolution de l'humanité, que la matière terrestre vienne à se disperser, et notre idéal en voie de réalisation va se trouver brusquement interrompu, notre perfection à peine ébauchée va être anéantie. L'idéal utilitaire est incertain ; il n'est pas non plus durable. Supposons les mouvements des sphères combinés de telle sorte que l'homme trouve le temps d'arriver à cette perfection relative que M. Spencer lui propose ; supposons l'évolution partout à son terme, l'équilibre partout établi, l' « intégration » accomplie à la fois dans l'homme, dans la société et dans tout le système solaire ; il existera encore tout autour de ce système des forces disponibles, non intégrées, non organisees, et du reste de l'univers elles accourront pour assiéger et dissoudre notre œuvre, comme les flots mouvants de la mer minent le rocher sur lequel l'homme a élevé ses constructions immobiles. Cette perfection morale et sociale, que soutenait le système solaire, sera donc avec lui anéantie ; car, ne le savons-nous pas? nos pensées et nos volontés ne sont qu'un peu de force et de chaleur organisées ; et comme toute chaleur terrestre vient du soleil, notre moralité n'est en dernière analyse que le faisceau de quelques rayons solaires emmagasinés dans notre cerveau. Un jour, pourtant, le soleil s'éteindra; que deviendra alors notre moralité? Toutes ces forces qui avaient constitué nos pensées et nos volontés repasseront à l'état de nébuleuse; puis, lentement, la nature recommencera son œuvre ; après la dissolution nouvelle, reviendra une évolution qui, au lieu d'envelopper notre seul système solaire, enveloppera d'autres mondes; et ainsi de suite, pendant l'éternité[1]. Ce qu'une onde du rhythme universel a apporté avec elle, elle le remporte. La nature, — et c'est ce qu'il y a en elle de désespérant, — ne finit jamais ses œuvres; elle recommence toujours les mêmes choses et revient continuellement sur soi-même, sans qu'on puisse trouver en elle rien de définitif. Pourtant, ce dont aurait besoin avant tout un idéal, du moins un idéal moral, un idéal pour lequel on sacrifie son égoïsme, ce serait d'être définitif. La volonté, elle, peut refuser de recommencer toujours ses sacrifices, comme la nature recommence ses mondes ; elle peut refuser de se donner tout entière à une perfection dont la durée est mesurée d'avance.

Ce n'est pas tout. En quoi cet idéal que nous montre dans l'avenir M. Spencer est-il vraiment notre idéal, à nous, hommes d'aujourd'hui? Qu'a-t-il même de commun avec nous? L'homme deviendra parfait, dites-vous; cet *homme* abstrait n'est pas nous. Lorsque la force qui nous constitue se sera dispersée, d'autres forces s'organiseront, formeront d'autres hommes ; ces autres hommes seront heureux, pleins de sympathie l'un pour l'autre : que nous importe? Votre morale altruiste vaudra pour eux, non pour nous. A ces hommes vous pourrez commander le

---

1. « Quand l'intégration, partout en progrès dans toute l'étendue de notre système solaire, aura atteint son plus haut degré, il restera encore à effectuer l'intégration immensément plus grande de notre système solaire avec d'autres systèmes. » (*Prem. Princ.*, 275).

désintéressement, ou plutôt vous n'aurez même plus besoin de le commander : chez ces êtres parfaits, le désintéressement de l'un trouvera une réponse chez tous les autres, il ne fera qu'un avec l'intérêt même ; soit. Mais moi, être imparfait et placé au milieu d'êtres imparfaits, pourquoi commencerais-je la série des sacrifices sans savoir qui la poursuivra, sans savoir qui me répondra ? C'est utilitairement impossible. Une volonté affranchie des intérêts pourrait plutôt, semble-t-il, prendre cette grave initiative du désintéressement : faire le bien sans savoir si personne le fera autour d'elle, commencer l'œuvre de bonté et de justice sans savoir qui la continuera, appeler au bien par son exemple sans savoir qui lui répondra et si sa voix ne se perdra pas dans le vide. Tout en niant la possibilité d'un acte qui ne soit pas utilitaire, vous voulez me présenter comme type de ma conduite un idéal à venir ; mais il est aussi impossible de régler ma conduite d'après l'avenir que d'après le passé, d'après votre Eden utilitaire que d'après l'Eden des religions. Les animaux du paradis terrestre avaient en quelque sorte, au point de vue utilitaire, une morale bien supérieure à la nôtre, puisqu'ils ne se mangeaient point entre eux et vivaient en paix ; dès lors, il serait aussi logique de proposer leur conduite comme règle morale et obligatoire de la nôtre que celle des hommes à venir. Je vous demande ce qu'il faut faire, et vous me répondez : — Fais ce que feront dans l'avenir les êtres humains ; imite les hommes à venir. — Pourquoi les imiterais-je ? Que m'importe l'avenir ? que m'importe le passé ? Pourquoi conformerais-je ma conduite à celle d'autres êtres, ayant d'autres intérêts, au lieu de la régler sur mes seuls intérêts à moi ? L'idéal des moralistes qui ne mesurent pas tout à l'utile, c'est moi-même, mais meilleur que je ne suis ; c'est moi-même accomplissant sans défaillance tous les actes conformes à ma vraie nature d'homme. Au lieu de cet idéal personnel, dont la condition et la racine sont en moi, qui est déjà à demi réel par cela seul que je le pense, qui se réalisera en moi par cela seul que je le voudrai, au lieu de cet idéal présent et vivant, les utilitaires nous offrent un idéal impersonnel, qui au fond n'est autre que celui du monde sensible tout entier : idéal soumis à la loi du temps, qu'il faut presque une éternité pour produire, et que la moindre déviation apportée dans le mouvement d'une planète suffirait à rendre impossible. Cet idéal, à vrai dire, m'est étranger. Je puis si peu pour réaliser cet ordre universel, que réalise avec moi et que réaliserait sans moi l'universalité des choses! Le premier agrégat venu de forces matérielles a peut-être autant et plus d'influence que moi sur ce bonheur et sur cette prétendue moralité des hommes à venir. Et si, encore une fois, le soleil dépense sa chaleur quelques millions de siècles trop tôt, avant l'équilibre parfait des hommes et de la nature, tous les efforts pour réaliser l'idéal seront donc perdus? L'action en vue de l'idéal, dans ce commerce de bonheur qui constitue la vie utilitaire, n'est rien qu'une spéculation hasardeuse.

Le seul idéal qui m'apparaîtra comme incapable de me tromper ou de me fuir, c'est celui que je croirai porter en moi : l'esprit positif de la science, spéculant sur le monde extérieur et son évolution dans le temps, doit ici céder la place à la pensée et à la croyance métaphysique, spéculant sur le monde intérieur. L'idéal moral de liberté serait le seul qui pût être à la fois universel et individuel, que l'homme pût réaliser en lui sans attendre qu'il se réalisât en toutes choses. L'homme de bien et de « liberté » pourrait devancer en quelque sorte la marche de l'univers, et par là la précipiter. En cette hypothèse mon idéal est vraiment bien le mien, et en même temps c'est celui du dernier des êtres de la terre ou du ciel. Sa réalisation en moi ne dépend que de ma volonté, — c'est-à-dire de la puissance de l'idéal même : que je veuille, et il se fera. Il est vrai que sa réalisation dans les autres êtres dépend à la fois et de ma volonté et de l'univers; mais comment en serait-il autrement? Ce qui importe, c'est que ma pensée, en concevant son idéal, croie y sentir quelque chose de solide, d'aussi vrai que la réalité même; il faudrait qu'il y eût, dans ce type suprême proposé par ma pensée spéculative à ma volonté, quelque chose de définitif; il faudrait exclure le perpétuel recommencement de la nature, qui défait sans cesse ce qu'elle fait, dissout ce qu'elle organise, détruit ce qu'elle crée. La nature, d'après Héraclite et les naturalistes modernes, est comme un feu qui s'allume et s'éteint en mesure; mais la volonté idéalement bonne n'aurait point de ces intermittences, qui sont des défaillances; lorsqu'en elle s'allumerait l'amour du bien, feu éternellement pur, il brillerait sans s'obscurcir, il éclairerait sans s'épuiser, il s'étendrait sans s'altérer.

Sans doute, dans l'amour de l'idéal suprême, il y a place encore pour le progrès; comme la nature, la volonté, lors même qu'elle possèderait le bien, aspirerait sans cesse au mieux. Aussi l'idéal moral n'est-il pas ce repos final que nous promettent parfois les évolutionnistes; c'est encore l'action, c'est encore le progrès, mais ce progrès peut être assez volontaire et assez dégagé des obstacles sensibles pour être à peu près continu. Je ne dois pas devenir meilleur selon un rythme, je ne dois pas vouloir « en mesure ». Le vrai progrès moral n'admet pas de retour en arrière, ni, comme disait Pascal, « d'allées et de venues ».

Là serait le véritable idéal, non pas celui du système solaire, celui de la terre, celui de la collection des machines humaines, mais le mien; par cela même, répétons-le, ce serait aussi le véritable idéal de tous les autres individus, de l'humanité, du monde. En effet, l'universalité qui semble appartenir à l'idéal d'une collection ou, comme dit M. Spencer, d'un agrégat, n'est qu'une apparence : cet idéal exprime simplement un rapport extérieur entre les êtres, qui ne pénètre point au fond même de leur volonté individuelle et qui peut rencontrer dans cette volonté une résistance sourde. L'idéal vraiment universel serait celui que se proposeraient à eux-mêmes avec réflexion des volontés désintéressées; c'est la volonté personnelle qui seule peut donner la complète universalité.

VII. — LE SCEPTICISME ET LE PESSIMISME UTILITAIRES.

Les sceptiques anciens comparaient leur pensée travaillée par le doute à la flamme qui non-seulement consume les objets, mais se consume, s'anéantit elle-même. Et en effet, douter entièrement de soi, ne serait-ce pas, autant qu'il est possible à l'homme, se consumer, s'anéantir?

Mais les sceptiques doutèrent surtout de leurs sens et de leur intelligence; le doute sur la moralité n'était dans leur système que la conséquence, non le principe. Or ce scepticisme tout intellectuel ne manque pas d'une certaine grandeur. La pensée s'affirme encore en se niant, elle montre sa force lorsqu'elle la tourne contre elle-même, elle a encore de la dignité lorsqu'elle se méprise. On peut croire que les sens se trompent : mes sens, ce n'est pas moi. On peut douter que l'intelligence atteigne le vrai : ce qui est vrai, en effet, m'apparaît encore comme différent de ma personnalité; en doutant du vrai, je ne douterai pas absolument de moi. Mais douter de sa volonté même en lui refusant l'initiative du désintéressement, nier avec les Bentham qu'on puisse faire jamais un pas vers autrui

sans être mû par l'égoïsme; se mettre ainsi dans l'impuissance logique de dire en face de l'injustice, « je ne *veux* pas », en face de la justice, « je *veux*, et je voudrai toujours » : ce serait là se supprimer véritablement soi-même, s'atteindre à la fois dans son essence et dans sa dignité. L'homme, qui se croit capable de réaliser un idéal supérieur, ne pourrait et ne devrait demander, soit aux sens soit à l'intelligence, que le plaisir : n'est-ce point là, diront les idéalistes, prendre pour fin ce qui est inférieur à soi ? « Il n'est pas honteux à l'homme, a écrit Pascal, de
« succomber sous la douleur, et il lui est honteux de suc-
« comber sous le plaisir. Ce qui ne vient pas de ce que la
« douleur nous vient d'ailleurs, et que nous recherchons
« le plaisir ; car on peut rechercher la douleur et y suc-
« comber à dessein, sans ce genre de bassesse. D'où vient
« donc qu'il est glorieux à la raison de succomber sous
« l'effort de la douleur et qu'il lui est honteux de suc-
« comber sous l'effort du plaisir ? C'est que ce n'est pas la
« douleur qui nous tente et nous attire : c'est nous-
« mêmes qui volontairement la choisissons et voulons la
« faire dominer sur nous : de sorte que nous sommes
« maîtres de la chose, et en cela c'est l'homme qui suc-
« combe à soi-même ; mais, dans le plaisir, c'est l'homme
« qui succombe au plaisir. Or il n'y a que la maîtrise et
« l'empire qui fait la gloire, et que la servitude qui fait la
« honte. »

Ainsi, en face du système qui subordonne l'homme au plaisir, se relève cet autre système, tant combattu par Bentham, qu fait accepter à l'homme la douleur, qui la lui fait au besoin rechercher en vue de l'idéal à atteindre. C'est que, comme l'a compris Pascal, ce que l'idéalisme stoïque cherche dans la douleur, ce n'est pas la douleur même, ce n'est pas quelque chose d'extérieur et d'inférieur ; la douleur pour lui n'est qu'un moyen, non une fin : ce qu'il poursuit en elle, c'est l'affranchissement de la volonté. De là vient sans doute que la douleur est parfois utile au relèvement de l'esprit; que souffrir, souvent, c'est renaître à soi, rentrer en possession de soi. C'est que souffrir est une occasion de vouloir, et que la souffrance abat ou relève, mais n'abaisse pas. Dans la souffrance, en effet, se séparent et s'opposent ces deux parties de nous-mêmes : instinct et volonté. La nature nous porte à nous éloigner de la souffrance; si donc nous allons à elle, ce n'est pas par un pur instinct, et c'est précisément pour cela qu'il est grand d'aller à elle, tandis qu'il est petit d'aller au plaisir. Je *désire* le plaisir, je puis *vouloir* la douleur; chercher la douleur, c'est donc élever sa volonté au-dessus de la douleur; chercher le plaisir, c'est mettre sa volonté au-dessous du plaisir.

Il faut s'estimer soi-même à un haut prix pour produire des actes dignes de soi. Ne doutons donc pas que nous puissions vouloir et aimer, que nous puissions tirer de nous-mêmes un acte supérieur à l'intérêt, que nous puissions être en une certaine mesure créateurs. Que le poète ne doute pas de son enthousiasme et de son génie, de peur de faire disparaître l'enthousiasme et d'éteindre le génie; que l'être moral, ce poète au grand sens du mot, ne doute pas de sa force de volonté et de sa moralité, de peur de rendre effectivement sa volonté esclave et d'altérer sa moralité. Si l'homme a parfois cette défaillance de douter de soi, c'est peut-être pour avoir le suprême pouvoir de s'affirmer soi-même.

Si l'homme est incapable de poursuivre et d'atteindre jamais d'autre bien que son plaisir, la valeur de la vie même n'en semblera-t-elle pas diminuée?

A vrai dire, si dans l'univers il n'y a pour tout bien que le plaisir, que de mal il y a! Comme l'optimisme des utilitaires se change aisément en pessimisme! Une des idées qui soutiennent l'humanité dans ses efforts incessants, c'est qu'elle s'imagine, à tort ou à raison, travailler pour autre chose que de la jouissance : elle croit à la volonté désintéressée. Vous supprimez la réalité du désintéressement et de l'amour; par là, n'allez-vous pas enlever à l'homme ce qui, en faisant à ses yeux sa grandeur, faisait une partie de son courage? L'effet décourageant de la doctrine fataliste et utilitaire, répond Stuart Mill, « ne peut être senti que là où est le désir de faire ce que cette doctrine déclare impossible [1]. » Mais ce que semble désirer avant tout l'humanité supérieure, n'est-ce pas de faire le bien, dans toute la force du terme, c'est-à-dire d'accomplir non pas seulement des actes dont les conséquences soient agréables, mais des actes de « bonne intention », « de bonne volonté »? Or c'est précisément ce que la doctrine fataliste et exclusivement utilitaire déclare impossible. L'homme s'épuiserait donc dans une impuissance éternelle à réaliser même partiellement son idéal suprême.

1. *Logique*, t. II, 424.

De ces prémisses mêmes d'où est sorti l'utilitarisme, — recherche universelle de l'intérêt, — est née récemment en Allemagne la doctrine de découragement qui a pris le nom de « philosophie du désespoir ». D'après les disciples de Schopenhauer et de Hartmann, comme d'après les utilitaires, le seul bien positif, c'est le plaisir ; seulement la somme de peine l'emporte et l'emportera toujours dans l'univers sur la somme de plaisir, et conséquemment le mal l'emporte à jamais sur le bien. Aussi le bonheur est-il une illusion, et le rechercher est une erreur. Dans les temps anciens, l'humanité rêvait le bonheur sur la terre pour l'individu : — illusion —; au moyen âge, elle rêva le bonheur dans le ciel : — illusion. — Maintenant elle rêve le bonheur non pas pour tel individu, non pas tout de suite, mais pour l'espèce humaine et dans un temps indéterminé : c'est là le rêve même des utilitaires, troisième et dernier « stade d'illusion », après lequel l'humanité, revenue de toutes ces chimères, comprendra enfin que la vie entière est une vaste illusion ; que vivre, c'est se tromper, se leurrer soi-même ; que la nature, en créant la vie, crée le malheur ; qu'il faut corriger la nature, et, par un beau désespoir, anéantir en soi la vie, pour faire rentrer la nature même dans le repos de l'inconscient.

Cette sorte d'utilitarisme retourné n'aurait-il pas un peu raison contre l'utilitarisme même ? Supprimez de la vie humaine cette grande idée de désintéressement qui la domine, la vie apparaîtra à l'idéaliste comme une recherche vaine, un effort sans but, une impuissance qui s'ignore. En de certaines heures, la vie serait insupportable à celui qui aurait la conviction pleine et entière qu'il ne peut rien vouloir avec désintéressement et, en conséquence, qu'il ne peut rien aimer. On ne tarderait pas à être persuadé du néant de l'existence, si l'on se persuadait complètement du néant de la volonté et du néant de l'affection. En vain, dira l'idéaliste, vous essayez de remplacer par l'espoir du plaisir ce désespoir de ne pas vouloir et de ne pas aimer ; je dédaignerai d'autant plus le plaisir que je le connaîtrai davantage et que je le prendrai pour fin avec plus de conscience. Le plaisir ne suffit pas pour donner un sens à la vie. Peut-être, en définitive, la vie n'est-elle pas faite pour être remplie par la jouissance. Nous ne sommes pas simplement des machines à sentir, bonnes en proportion qu'elles sentent bien ; jouir perpétuellement, ce ne serait pas encore avoir accompli tout son rôle dans l'existence. C'est une tâche que de vivre, c'est un labeur; se figurer la vie comme simplement agréable, c'est la rabaisser. Il faut sans doute espérer que peu à peu le travail de la vie deviendra de moins en moins forcé par le besoin, que nous serons de moins en moins nécessités à la peine ; mais, précisément pour cela, nous voudrons avec d'autant plus d'énergie peiner et travailler en vue d'un idéal supérieur. Ayant moins besoin du travail, nous n'en comprendrons que mieux la dignité ; nous comprendrons mieux que l'énergie morale, que la volonté n'est pas un moyen de la vie, mais en est le but; qu'il faut vivre pour vouloir et agir; que l'existence, comme l'avaient compris les stoïciens, est faite de tension, d'effort, non pas seulement d'effort pour soi, mais avant tout d'effort pour les autres et par là de désintéressement.

VIII.

CONCLUSION FINALE.

I. Nous avons mis en présence les systèmes adverses, utilitarisme et idéalisme; nous avons essayé de montrer le pour et le contre; nous avons recherché toutes les objections possibles à l'école anglaise contemporaine. Ce n'est pas que nous méconnaissions le haut rang de cette école dans l'histoire de la morale; nous pensons seulement qu'elle n'a pas encore tenu tout ce qu'elle avait promis, peut-être parce qu'elle avait promis plus qu'on ne peut tenir. C'est moins sa faute que celle même de l'esprit humain, que celle du monde entier tel qu'il est organisé, s'il subsiste jusque dans la morale une antinomie entre l'intérêt et le désintéressement. Comme on l'a vu, le plus récent représentant de la morale utilitaire, M. Leslie Stephen, reconnaît avec nous que l'utilitarisme n'a pas réponse à tout et n'est point parfait; il ajoute, avec quelque raison, que les autres systèmes ont aussi leurs *desiderata* et qu'il est heureux que l'humanité n'attende pas une science morale parfaite pour pratiquer les vertus sociales. Cette position modeste nous paraît mieux convenir à l'utilitarisme que sa primitive prétention de réconcilier tous les intérêts.

Le principal défaut de l'école utilitaire, c'est d'avoir considéré trop exclusivement dans l'activité humaine la tendance au plaisir, et dans le plaisir même sa forme la plus superficielle. Il y a deux sortes de plaisir. L'un répond à une forme particulière et passagère de l'activité, comme le plaisir de manger ou de boire ; l'autre est lié au fond même de l'activité, comme le plaisir de vivre, de vouloir, de penser. Le premier genre de plaisir est purement sensitif ; l'autre, plus indépendant des objets extérieurs, ne fait qu'un avec la conscience même de la vie. Les utilitaires ont trop exclusivement considéré la première espèce de jouissance. On n'agit pas toujours en vue de poursuivre un *plaisir particulier*, déterminé et extérieur à l'action même ; parfois on agit pour le plaisir d'agir, on vit pour vivre, on pense pour penser. Il y a en nous de la force accumulée qui demande à se dépenser ; quand la dépense en est entravée par quelque obstacle, cette force devient désir ou aversion ; quand le désir est satisfait, il y a plaisir ; quand il est contrarié, il y a peine ; mais il n'en résulte pas que l'activité emmagasinée se déploie uniquement en *vue* d'un plaisir, avec un plaisir pour *motif ;* la vie se déploie et s'exerce parce qu'elle est la vie. Le plaisir accompagne chez tous les êtres la recherche de la vie, beaucoup plus qu'il ne la provoque ; il faut vivre avant tout, jouir ensuite [1].

On peut montrer ainsi dans la vie, abstraction faite de la poursuite du plaisir, un principe naturel d'expansion et de fécondité : c'est ce qui fait que l'individu ne peut se suffire à lui-même ; la vie la plus riche se trouve être aussi la plus portée à se prodiguer, à se sacrifier dans une certaine mesure, à se partager aux autres. D'où il suit que l'organisme le plus parfait sera aussi le plus sociable, et que l'idéal de la vie individuelle, c'est la vie en commun [2].

De cette manière, croyons-nous, il est possible de replacer au fond même de l'être la source de tous ces instincts de sympathie et de sociabilité que l'école anglaise nous a trop souvent montrés comme acquis plus ou moins artificiellement dans le cours de l'évolution, et en conséquence comme plus ou moins adventices. Alors on s'aperçoit combien Bentham et les purs utilitaires ont tort de chercher à éviter partout la peine, de voir en elle l'irréconciliable ennemie : c'est comme si on ne voulait pas respirer

---

1. Voir ces idées développées dans notre *Esquisse d'une morale sans obligation ni sanction*, c. I.
2. Voir *ibid.*, c. II.

trop fort, de peur de se dépenser. Dans Herbert Spencer lui-même, il y a encore trop d'utilitarisme; trop souvent, en outre, il regarde les choses du dehors, ne voit dans les instincts désintéressés qu'un produit du milieu social et des circonstances. Il y a, croyons-nous, au sein même de la vie individuelle, une évolution correspondant à l'évolution de la vie sociale et qui la rend possible, qui en est la cause au lieu d'en être le résultat [1].

Grâce à ce principe essentiel de la *fécondité morale*, l'être est porté à se répandre vers autrui par la nature même de sa volonté; il n'est pas simplement sollicité par l'attrait d'un plaisir spécial, plaisir de la sympathie, de la louange, etc. Ici encore, l'étude de la « dynamique mentale » a été trop élémentaire et incomplète dans l'école anglaise. On peut mouvoir la volonté sans faire appel ni à un devoir mystique ni à tel ou tel plaisir particulier. Nous essaierons de montrer ailleurs que le devoir se ramène à la conscience d'une *puissance* intérieure. Sentir intérieurement ce qu'on est *capable* de faire, c'est par là même prendre la première conscience de ce qu'on a le *devoir* de faire. Le devoir est une surabondance de vie qui demande à s'exercer, à se donner; l'école anglaise l'a trop interprété comme le sentiment d'une nécessité ou d'une contrainte; c'est en même temps celui d'une puissance. L'obligation morale se ramène à cette grande loi de la nature : *la vie ne peut se maintenir qu'à condition de se répandre* [2].

Le devoir, qui se ramène ainsi à un *pouvoir*, apparaît à un autre point de vue comme une *idée*. L'intelligence, en effet, est par elle-même automotrice. D'après l'importante théorie qu'un philosophe contemporain a proposée sur les *idées-forces* [3], l'intelligence et l'activité ne semblent plus séparées par un abîme. Concevoir le mieux, c'est un premier travail pour le réaliser, et l'action n'est que le prolongement de l'idée. Il n'y a pas deux choses : conception du but, effort pour y parvenir. La conception même est un premier effort : on pense, on sent, et l'action suit. Nul besoin, dès lors, d'invoquer l'intermédiaire d'un plaisir extérieur, nul besoin de moyen-terme ni de pont pour passer de l'une à l'autre de ces deux choses : pensée, action. Elles sont au fond identiques. Ce qu'on appelle

---

1. *Esquisse d'une morale*, ibid.
2. *Ibid.*, ch. III.
3. Voir M. Alfred Fouillée, *la Liberté et le Déterminisme*, 2ᵉ édition, et *la Critique des systèmes de morale contemporains*.

obligation ou contrainte morale n'est, dans la sphère de l'intelligence, que le sentiment de cette radicale identité : l'obligation est une expansion intérieure, un besoin de parfaire nos idées en les faisant passer dans l'action. L'immoralité, au contraire, est une sorte de restriction, de mutilation intérieure.

L'utilitarisme a trop distingué la volonté de l'intelligence, de telle sorte qu'il a ensuite éprouvé le besoin de mouvoir exclusivement la volonté au moyen de mobiles sensibles. Mais les mobiles extérieurs n'ont pas à intervenir aussi longtemps que suffit l'action interne de la pensée et de la vie. On peut dire que la volonté n'est qu'un degré supérieur de l'intelligence, et l'action un degré supérieur de la volonté [1].

II. Le but dernier de toute morale, ce doit être de communiquer à ceux qui l'acceptent la puissance pratique la plus étendue et la volonté la plus forte, ou, selon une expression à la fois familière et profonde, de les moraliser. Les systèmes moraux, en effet, ne s'adressent pas seulement à la pensée logique : avant tout, ils s'adressent à la volonté, car c'est elle qu'ils prétendent diriger ; aussi la volonté elle-même pourrait les apprécier d'après le degré de puissance qu'ils lui confèrent. — Suis-je capable, dans votre système moral, de telle grande action ? Si je n'en suis pas capable, votre système, qui restreint ma sphère d'activité, est lui-même borné et restreint : il n'embrasse pas, comme il le devrait, le domaine infini de la volonté.

A l'aide de ce critérium nouveau, on pourrait juger de haut tous les systèmes de morale et les considérer comme les efforts successifs de la pensée humaine pour fortifier et affranchir la volonté ; ils apparaîtraient tous comme en émulation et en lutte pour savoir quel est celui qui grandira le plus l'être moral. Même dans ces sciences physiques et mécaniques auxquelles l'école anglaise veut plus ou moins ramener la morale, les inventions les plus parfaites ne sont-elles pas celles qui placent entre nos mains la force physique la plus invincible ? Ainsi la doctrine la meilleure sera celle qui donne à l'être le plus de force et de fécondité morale, et il n'est guère admissible que l'idée à laquelle j'emprunte le plus de puissance et d'où je tire le plus d'actes bons ne contienne pas une plus haute vérité.

---

1. V. notre *Esquisse d'une morale sans obligation ni sanction*, p. 29.

Or, nous le savons, le système du plaisir ou de l'intérêt, quels qu'en soient d'ailleurs les mérites et les côtés vrais, tend par essence à fortifier en nous la part de la nature instinctive, pour supprimer celle de la volonté consciente. Cette tendance essentielle, déjà inhérente au principe du système, nous l'avons retrouvée dans toutes ses conséquences. L'homme que conçoivent les utilitaires trop exclusifs et pour qui le mal suprême serait la douleur, nous l'avons mis en présence d'autrui : il ne peut aimer, il ne peut se dévouer que par erreur ; il ne peut être moral que par le dehors. Ni l'idéal à réaliser, ni la vérité à trouver et à répandre ne peuvent réellement le faire sortir de son intérêt : tout avenir de moralité véritable semble lui être fermé à jamais.

Aussi, nous l'avons vu, lorsque dans le domaine des habitudes inconscientes et des instincts l'utilitarisme cherche un principe d'obligation, ou plutôt de contrainte, pour nous faire accomplir le bien et le beau, un intérêt qui nous amène à nous désintéresser, un égoïsme qui nous amène à l'altruisme ; lorsqu'il cherche dans le fond le plus humble de notre être la force qui doit nous faire monter plus haut que nous-mêmes, il demeure le plus souvent impuissant, et avec Hobbes, Helvétius, d'Holbach, comme avec Bentham, Stuart Mill, Bain, comme avec Darwin et Spencer eux-mêmes, il semble tourner dans un cercle qu'il n'a pu encore ni éviter, ni briser, ni franchir. En vain, pour pousser l'être moral comme par derrière, Darwin et Spencer font appel à toute la série des êtres qui l'ont précédé et aux habitudes instinctives qui sont l'héritage accumulé des générations. Ils parlent à l'individu au nom des espèces et des genres ; ils s'efforcent de régler les actions de l'homme par les mêmes lois simples qui règlent les mouvements de la nature visible. Mais l'homme est peut-être plus difficile à conduire que les forces de la nature ; on maîtrise et on dirige plus facilement celles-ci que les mouvements de la volonté. Peut-être la pensée humaine pourra-t-elle parvenir à repenser tout l'univers, à deviner tous les rouages du grand mécanisme ; peut-être même, un jour, si la matière du monde était donnée à l'homme, l'homme serait devenu capable, en lui imposant les lois découvertes par sa science, d'ordonner cette matière et de créer un nouveau monde, non moins harmonieux que l'ancien, où les sphères, sans s'entrechoquer jamais, reprendraient leurs mouvements, recommenceraient la symphonie de l'univers. Mais, même alors, il n'est pas sûr que l'homme, par des moyens purement physiques, pût introduire l'harmonie dans le monde humain, gouverner les volontés, empêcher qu'elles ne s'entre-choquent et ne se brisent. Là, tout le génie de la nature, surpris et compris par l'homme, pourrait échouer. Quelle que soit la force que vous invoquerez, de si loin que vous tiriez ces instincts moraux que tous les êtres se passent l'un à l'autre à travers les siècles, il existera toujours en moi, semble-t-il, une force capable d'annuler cette force, une intelligence capable d'effacer ces instincts. Tout ce faisceau d'habitudes héréditaires et inconscientes que vous réunissiez en moi, je puis, par une série d'efforts et de pensées, le disperser. Il me suffit de bien connaître votre prétendue nécessité pour m'y soustraire. Contre moi risque donc d'échouer le pouvoir de tous les êtres, et seul, n'ayant que ma volonté et ma conscience pour surmonter toutes les tendances inconscientes accumulées en moi, je demeure encore indépendant et capable d'agir dans tel ou tel sens, prêt enfin à me délivrer de la « moralité organique » dont vous vouliez m'imposer le joug. Ma conscience, pleinement éclairée, me suffit pour tenir en échec tout ce monde inconscient que vous évoquez contre moi.

Pour être « obligé » efficacement au sacrifice de moi-même, il faut que je m'oblige moi-même et que moi-même je me sacrifie, au nom de quelque hypothèse métaphysique invérifiable. Par là, dans la mesure de mes forces, je travaille à la réalisation d'un état supérieur que ma pensée conçoit pour l'humanité et pour le monde. N'y aurait-il pas quelque chose de vrai dans la vieille conception de l'Hercule antique, ce fils des hommes qui aide la nature, travaille en quelque sorte avec elle, s'efforce de la délivrer des monstruosités qu'elle avait enfantées au hasard, et enfin, au-dessus de notre terre couverte encore de tant d'horreurs, élève et soutient le ciel étincelant ?

M. Spencer cite, en les interprétant dans le sens de sa pensée, ces vers sublimes où le poète montre qu'il n'y a point d'art supérieur à la nature et que la nature elle-même, par le développement de sa vie, suffit à réaliser graduellement l'idéal :

> Il n'y a pas de moyen de rendre la nature meilleure ;
> Mais la nature elle-même fait ce moyen : au-dessus de cet art
> Qui, croyez-vous, ajoute à la nature, est un art
> Que crée elle-même la nature.

— Il y a, pourrait répondre l'idéalisme, un moyen de rendre la nature meilleure : c'est de *vouloir* qu'elle soit meilleure. Par cette volonté du bien idéal, le bien commencera déjà à se réaliser. S'il n'est pas de moyen extérieur pour rendre meilleur le monde, si nul démiurge travaillant par le dehors et modelant les surfaces des choses ne pourrait y parvenir, il existe, nous le répétons, un moyen suprême, qui est de vouloir. A vrai dire, je porte en moi la nature : ne suis-je pas l'être qu'elle s'est plu à parfaire et dans lequel elle a comme personnifié toutes ses tendances et ses aspirations? Que cet être, de sa propre volonté et sans se décourager jamais, élève au-dessus de lui un idéal supérieur et tente de le réaliser : de l'élan qu'il s'imprimera, il soulèvera la nature; en se rendant meilleur, il l'aura rendue meilleure.

Si, selon la parole antique, c'est un art, et le plus beau de tous, que la vertu et la beauté morale, on peut vraiment dire de cet art, en un certain sens, qu'il ajoute à la nature : la volonté intelligente et aimante, inépuisable source, introduit dans le monde quelque chose de nouveau. Tandis que l'art inférieur y met des formes nouvelles, l'art supérieur et moral, la bonté, y ajoute sans cesse des pensées, des volontés nouvelles, et par là, providence humaine, il refait et crée sans cesse une plus parfaite nature.

FIN

TABLE DES MATIÈRES

Avant-Propos v

PREMIÈRE PARTIE
EXPOSITION DES DOCTRINES

Chapitre premier. — Bentham. — Principes de la morale....... 1
Chapitre II. — Bentham (suite). — L'arithmétique appliquée à la morale 27
Chapitre III. — Bentham (suite). — Politique utilitaire.......... 37
Chapitre IV. — Owen, Mackintosh, James Mill............... 64
Chapitre V. — Stuart Mill. — Principes théoriques de la morale.. 73
Chapitre VI. — Stuart Mill (suite). — Conception nouvelle du bonheur et de l'idéal humain.. 93
Chapitre VII. — Stuart Mill (suite). — Politique et législation utilitaires.. 116
Chapitre VIII. — Grote, Bain, Bailey, Lewes, Sidgwick...... 133
Chapitre IX. — Darwin.. 151
Chapitre X. — Herbert Spencer..................................... 163
Chapitre XI. — Les derniers disciples de Darwin et de M. Spencer; Clifford, Barratt, Leslie Stephen............ 187

DEUXIÈME PARTIE
CRITIQUE

Introduction 195

LIVRE PREMIER
DE LA MÉTHODE MORALE

Chapitre premier. — Méthode inductive et méthode intuitive... 200

LIVRE II

LA FIN MORALE

CHAPITRE PREMIER. — LA QUANTITÉ DES PLAISIRS, CRITÉRIUM MORAL. — Morale arithmétique de Bentham.................... 213

CHAPITRE II. — LA QUANTITÉ DES PLAISIRS, CRITÉRIUM MORAL. — Morale arithmétique de Bentham (suite)...................... 226

CHAPITRE III. — LA QUALITÉ DES PLAISIRS, CRITÉRIUM MORAL. — Morale semi-intellectuelle de Stuart Mill...................... 239

CHAPITRE IV. — LE BONHEUR DE L'HUMANITÉ, CRITÉRIUM MORAL. — Morale sympathique de Stuart Mill........................ 255

CHAPITRE V. — LES LOIS NÉCESSAIRES DE LA VIE, CRITÉRIUM MORAL. — Morale naturaliste et altruiste de M. Spencer........ 267

LIVRE III

DE L'OBLIGATION MORALE

CHAPITRE PREMIER. — L'IDENTITÉ NATURELLE DES INTÉRÊTS, PRINCIPE DE L'OBLIGATION SELON BENTHAM. — L'économie politique, la police sociale et la sympathie...................... 275

CHAPITRE II. — L'ASSOCIATION ARTIFICIELLE DES INTÉRÊTS DANS LA PENSÉE, PRINCIPE DE L'OBLIGATION D'APRÈS STUART MILL.. 292

CHAPITRE III. — L'IDENTIFICATION ARTIFICIELLE DES INTÉRÊTS PAR L'ORGANISATION SOCIALE SELON STUART MILL ET LES SOCIALISTES UTILITAIRES. — L'éducation et la religion utilitaires.... 304

CHAPITRE IV. — L'ORGANISME MORAL ET L'INSTINCT MORAL, PRINCIPES DE L'OBLIGATION D'APRÈS MM. DARWIN ET SPENCER..... 325

LIVRE IV

DE LA SANCTION MORALE

CHAPITRE PREMIER. — RESPONSABILITÉ MORALE.................. 344
CHAPITRE II. — RESPONSABILITÉ SOCIALE........................ 357

CONCLUSION

ET CONSIDÉRATIONS GÉNÉRALES

369

FIN DE LA TABLE DES MATIÈRES

Coulommiers. — Typ. P. BRODARD et GALLOIS.

www.ingramcontent.com/pod-product-compliance
Lightning Source LLC
Chambersburg PA
CBHW071108230426
43666CB00009B/1873